Die Geringfügigkeitsvorschriften als Teil der Problematik der Kollision zwischen primären und sekundären Prinzipien des Rechts

Frankfurter kriminalwissenschaftliche Studien

Bd./Vol. 137

PETER LANG
Frankfurt am Main · Berlin · Bern · Bruxelles · New York · Oxford · Wien

Konstantinos Diakonis

Die Geringfügigkeitsvorschriften als Teil der Problematik der Kollision zwischen primären und sekundären Prinzipien des Rechts

PETER LANG
Internationaler Verlag der Wissenschaften

Bibliografische Information der Deutschen Nationalbibliothek
Die Deutsche Nationalbibliothek verzeichnet diese Publikation in der Deutschen Nationalbibliografie; detaillierte bibliografische Daten sind im Internet über http://dnb.d-nb.de abrufbar.

Zugl.: Frankfurt (Main), Univ., Diss., 2011

D 30
ISSN 0170-6918
ISBN 978-3-631-63352-6

Internationaler Verlag der Wissenschaften
Frankfurt am Main 2012

www.peterlang.de

Vorwort / Danksagung

Die vorliegende Arbeit wurde der Johann Wolfgang Goethe Universität, Frankfurt am Main im September 2009 als Dissertation vorgelegt. Literatur und Rechtsprechung wurden bis zu diesem Zeitpunkt berücksichtigt.

An dieser Stelle möchte ich mich vor Allem bei meinem Doktorvater Prof. Dr. Dr. h.c. Ulfrid Neumann, welcher mich während des Schreibens und meinem Aufenthalt in Deutschland sehr unterstützt hat, herzlich bedanken. Ebenfalls richte ich meinen Dank an Prof. Dr. Theocharis Dalakouras, Prof. Dr. Aggelos Konstantinidis, Prof. Dr. Ioannis Bekas und Prof. Dr. Konstantinos Vathiotis, die mich in Vorbereitung auf das Schreiben meiner Doktorarbeit sehr unterstützt haben. Für die rasche Erstellung des Zweitgutachtens bedanke ich mich auch sehr bei Prof. Dr. Kargl. Ganz herzlich danken möchte ich an dieser Stelle außerdem auch meiner Verlobten Alessia Seibel, welche mir immer fürsorglich zur Seite stand. Abschließend danke ich meinen Eltern Vasileios und Kalliope Diakonis, durch welche mir das Studium überhaupt erst ermöglicht wurde.

Inhaltsverzeichnis

Einleitung: Die Bagatellproblematik im Allgemeinen

Der Begriff „Bagatelle" bezieht sich auf die Idee, dass sich eine Thematisierung, die Beschäftigung nämlich des materiellen Rechts mit einer illegalen Tat, nicht lohne, weil es sich um eine Belanglosigkeit handele[1]. Die oben zitierte kurze, negative Definition kann uns zu der Annahme zweier erster Gedanken führen, die auf den ersten Blick unumstritten zu sein scheinen.

Erstens, dass der Einsatz des materiellen Rechts nur dort am Platz ist, wo der Schutz der Rechtsgüter zwingend eine Bestrafung verlangt[2]. Das Strafrecht darf sich nämlich nicht mit Lappalien befassen, wegen seiner Eingriffsintensität bzw. seiner präventiven, stabilisierenden Gesellschaftsrolle und zweitens, dass die Abwägung, ob der Einsatz des materiellen Rechts bei der Begehung einer Tat notwendig ist, nach dem für die Absicherung der Demokratie grundlegenden Gewaltenteilungsprinzip, nur dem materiellen Gesetzgeber (der Legislative) zugesprochen ist, dessen Richtigkeit der Entscheidung die parlamentarische Kontrolle absichert.

Trotz der fundamentalen Bedeutung dieser Gedanken finden sie heute im Bereich der Bagatellkriminalität kaum Anwendung. Statt der Entkriminalisierung durch den Einsatz weniger intensiver Maßnahmen, die sich für die Bekämpfung leichterer Delikte als geeigneter erweisen, erleben wir noch heute eine ausgedehnte Mobilisierung des strafrechtlichen Mechanismus im Bereich der Kleinkriminalität.

Diese Verkennung der Rolle des materiellen Rechts hat besonders die Funktion der prozeduralen Gerechtigkeit negativ beeinflusst. Das Strafverfahren, welches seit dem Ende des 19. Jahrhunderts (RStPO 1877), fast nur für den aufwendigen Rechtsstaatsprozess konzipiert war, stark von den Straftheorien von Kant und Hegel geprägt[3], erlebte eine Flut von Bagatellfällen, die es durch seine komplizierten, zeitaufwendigen und auf die schwerwiegende Kriminalität orientierten Regelungen erledigen musste. „Staatsanwaltschaften und Strafgerichte leiden unter einer chronischen Bagatellfallverstopfung, die ihnen die Kraft

---

1 Karl-Ludwig Kunz, Das strafrechtliche Bagatellprinzip. Eine strafrechtsdogmatische und kriminalpolitische Untersuchung, Berlin 1984, S. 11.

2 Karl-Ludwig Kunz, a.a.O., S. 11.

3 Ulfrid Neumann, Ulrich Schuth, Neuere Theorien von Kriminalität und Strafe, Darmstadt 1980, S. 12, laut denen die Straftheorien von Kant und Hegel, welche die Strafe als sittlich werthafte Übelzufügung durch Vergeltung verstanden haben, sich nur auf die schwere Kriminalität und nicht auf das so genannte Polizeiunrecht beziehen. Von diesen Theorien stark geprägt widmeten die Gesetzeskodifikationen jener Zeit ihre Aufmerksamkeit ausschließlich schweren und mittelschweren Straftaten.

nimmt für die Bekämpfung gravierender sozialschädlicher Verhaltensweisen, und die damit die Funktionstüchtigkeit der Strafrechtspflege gefährdet[4]".

Der Versuch der prozeduralen Bekämpfung dieses Problems, welches die Folge der Verkennung der ersten[5] der zwei oben erwähnten Leitideen darstellt, hat dennoch im Bereich der Bagatellkriminalität zu einem wesentlichen Verstoß gegen die zweite geführt, dessen Folgen nicht nur die Funktion der prozeduralen Gerechtigkeit beschädigen können, sondern auch unter Voraussetzungen in der Lage sind, das ganze System der positiven Gerechtigkeit in die Luft zu sprengen dadurch, dass er die prozedurale Abschaffung der Gerechtigkeit des materiellen Rechts legitimiert.

4 Karl-Ludwig Kunz, a.a.O., S. 12 mit Verweis auf den Hamburger OLG Präsidenten Stiebeller (Die Zeit Nr.15/1981 vom 3.4.1981, S. 2).

5 Das Problem stellt daher nichts Anderes als die Folge der Verkennung der Leitidee dar, dass das Strafrecht nur dort am Platz ist, wo der Schutz der Rechtsgüter zwingend eine Bestrafung verlangt.

1. Kapitel: Der Versuch der Bekämpfung des Problems auf prozessualem Wege

Die geeignete Behandlung der Bagatellkriminalität schien für den materiellen Gesetzgeber besonders kompliziert zu sein, vor allem wegen der Subjektivität, die immer einem abstrakten Begriff, wie diesem der „Geringfügigkeit" einer illegalen Tat, immanent ist. Erstens wurde die Tatsache bewusst, dass die komplexe Natur der Realität eine absolut richtige Abwägung darüber nicht erlaubt, ob eine Tat geringfügig oder nicht ist, weil eine Tat nie absolut gleich sondern einfach ähnlich einer anderen ist. Sie sind immer unter anderen Umständen begangen worden und eine unter bestimmten Bedingungen als unbedeutend betrachtete Tat kann unter anderen Bedingungen strafwürdig erscheinen.

Nicht nur aber die von der komplexen Realitätsnatur hergeleitete Subjektivität sondern auch die Subjektivität der theoretischen Betrachtung über das Thema, welche Taten strafrechtlich unbedeutend sind, die am meisten die Folge der gewandelten gesellschaftlichen Situation darstellte, hat die Behandlung des Problems durch den Gesetzgeber des materiellen Rechts erschwert. Während z.B. mit dem Ende des ersten Weltkrieges sowohl die allgemeine Armut und Arbeitslosigkeit, die die kleine Kriminalität zum Alltag[6] machte (ein quantitatives nämlich und kein qualitatives Kriterium bestimmte in diesem Fall die Schwere der Tat) als auch die mit Kriegsfolgen und Reparationsverpflichtungen belastete volkswirtschaftliche Lage, die auch im Justizbereich drastische Einsparungsmaßnahmen erforderte, von einer Entkriminalisierung vieler zum Alltag gehörenden (zum Beispiel der zum Überleben dienenden Diebstähle) Vergehen sprachen, entziehen die sozialpolitischen Reformen und der allgemeine Wohlstand der sechziger Jahre der Gesellschaft das Verständnis für die weiterhin ständig wachsende Bagatellkriminalität[7].

Die wegen dieser Subjektivität erzeugte Schwierigkeit des Problems sowie die wissenschaftliche Ratlosigkeit haben zu der Annahme der leichten Lösung geführt, mit der Begründung, dass die Alternative, Bestrafung oder Sanktionslosigkeit im Bagatellbereich nicht genug für die Bekämpfung des Problems sei. Es bedürfe einer Regelung, die es gestattet, Bagatelldelikte nicht zu bestrafen, ohne damit gänzlich auf eine Reaktion zu verzichten8. „Steigerung der Abschreckungswirkung durch grundsätzliche Ahndungsmöglichkeit im Bagatellbereich bei gleichzeitiger Entkriminalisierung geringfügiger Taten schien das Ge-

6 Karl-Ludwig Kunz, a.a.O., S. 35, laut dem „nicht die Geringfügigkeit individuellen Verschuldens, vielmehr die Massenhaftigkeit des Vorkommens wird nunmehr für Bagatelldelikte kennzeichnend."

7 Karl-Ludwig Kunz, a.a.O., S. 34-36.

8 Karl-Ludwig Kunz, a.a.O., S. 49.

bot der Stunde zu sein"[9]. „Die Einlösung dieser Forderung konnte nicht materiellrechtlich sondern nur durch die Herstellung von Einzelfallgerechtigkeit für geringfügige Taten auf prozessualem Weg realisiert werden"[10].

Dadurch wurde die Last der Abwägung schwieriger soziologischer und kriminalpolitischer Faktoren dem dafür zuständigen Gesetzgeber des materiellen Rechts teilweise entzogen und wurde, durch die Einordnung der Regelungen der absoluten Geringfügigkeit (§§ 153, 153a, 153b StPO) in die Opportunitätsvorschriften der StPO, auf den für die Anwendung des Rechtes zuständigen Richter bzw. Staatsanwaltschaft übertragen[11].

Diese Lösung scheint dennoch besonders gefährlich zu sein, nicht nur, weil die Problematik der „Bagatellen" mit den allgemeinen Nachteilen der Zweckmäßigkeitsvorschriften belastet wurde, sondern auch da diese, nämlich die die absolute Geringfügigkeit regelnden Vorschriften (§§ 153, 153a StPO), fremd zu dem Ziel sowohl der korrekt angewandten Zweckmäßigkeitsregeln als auch der prozeduralen Gerechtigkeit sind.

Während nämlich eine einwandfrei angewandte Opportunitätsvorschrift der korrekten Anwendung der materiellen Gerechtigkeit, durch die Ergänzung des materiellen Rechts dienen würde, sorgen die Vorschriften der §§ 153, 153a StPO für eine generelle Kontrolle bzw. Abschaffung der schon existierenden materiellrechtlichen Abwägung darüber, ob eine Tat generell strafwürdig sein muss. Es geht um eine unmittelbare Abschaffung der Gerechtigkeit des materiellen Rechts durch die prozedurale, deren Folgen verheerend für das ganze System der Gerechtigkeit sein können.

Bevor wir aber auf diese Besonderheiten der Vorschriften, die die absolute Geringfügigkeit regeln, eingehen, wäre es vernünftig, kurz auf die korrekte Funktion der Opportunitätsvorschriften allgemein einen Blick zu werfen, in deren Rahmen die Bagatellproblematik, durch die Einordnung der §§ 153, 153a StPO in das System der Zweckmäßigkeitsregel, behandelt werden muss. Das kann zu der besseren Kennzeichnung nicht nur der Treffpunkte sondern auch der wesentlichen Unterschiede zwischen den übrigen oder zumindest den korrekt

---

9 Karl-Ludwig Kunz, a.a.O., S. 49.

10 Vgl. etwa Justus Krümpelmann, Die Bagatelldelikte, Berlin 1966, S. 28.

11 Über die Entstehungsgründe und die Entwicklung des § 153a StPO s.u.a. Frank Saliger, Grenzen des § 153a StPO und der Fall Kohl. Zugleich Besprechung von LG Bonn, Beschluss v. 28.2.2001, in: GA 2005, S. 155 ff., besonders. S. 158 ff.; Justus Krümpelmann, Die Bagatelldelikte, S. 202 ff.; Ernst Herrnstadt, Straflosigkeit strafbarer Handlungen nach § 153 StPO, Gleiwitz 1929; Erich Zwickel, Die Durchbrechung des Legalitätsgrundsatzes durch § 153 StPO, Zoppot, Freie Stadt Danzig 1932, S. 9, welcher dennoch den Charakter des § 153 StPO als Ausdruck des Opportunitätsdenkens bezweifelt.

angewandten Opportunitätsvorschriften und den das Bagatellproblem (die absolute Geringfügigkeit nämlich) behandelnden Regelungen führen[12].

12 Über die Behandlung des Problems der Geringfügigkeit im Ausland s.u.a. Friedrich Nowakowski, Die Behandlung der Bagatellkriminalität in Österreich- Unter besonderer Berücksichtigung der Stellung der Staatsanwaltschaft-, in: ZStW 92 (1980), S. 255 ff.; Damjan Korosec, Das materiellrechtliche Institut der Geringfügigkeit der Tat im slowenischen Strafrecht, in: ZStW 115 (2003), S. 742 ff.; Teresa Armenta Deu, Criminalidad de bagatela y principio de oportunidad: Alemania y Espana, Barcelona 1991.

2. Kapitel: Der erlaubte, verhältnismäßige Einsatz der prozeduralen Gerechtigkeit in dem Bereich des materiellen Rechts im Allgemeinen

Das Opportunitätsprinzip würde in seiner idealen Form einen Ausdruck des Prinzips der Verhältnismäßigkeit darstellen. Das sollte nämlich nur ein Ziel im Zentrum haben, durch den Einsatz von Verfahrensregeln, der korrekten Anwendung des materiellen bzw. prozeduralen Rechts zu dienen, in diesen Bereichen, wo der Einsatz des Gesetzgebers des materiellen bzw. des prozeduralen Rechts nicht reicht bzw. nicht möglich oder unverhältnismäßig zu sein scheint.

Den Kern der Zweckmäßigkeitsproblematik macht daher der Gedanke aus, dass alle Gesetze, wegen ihres generellen Charakters und der komplexen Natur der Realität, nicht in der Lage sind, alle möglichen Fälle absolut treffend zu regeln. Kennzeichnend der korrekt angewandten Opportunitätsvorschriften wäre daher ihr hauptsächlich das materielle Recht ergänzende Ausnahmecharakter.

Die Zweckmäßigkeitsnormen sollten in ihrer idealen Form die allgemeine Richtigkeit der materiellrechtlichen Abwägung über das Strafbedürfnis einer Tat nicht in Frage stellen, bzw. nicht überprüfen, ob der Gesetzgeber des materiellen Rechts diese Tat richtig für strafbar gehalten hat. Diese sollten die Gesetze der materiellen Gerechtigkeit als generell korrekt annehmen, als fähig nämlich die große Mehrheit der aufgetauchten Fälle richtig zu regeln. Eine Abweichungsmöglichkeit von der Anwendung dieser generell korrekten, materiellen Gesetze wäre ihnen nur unter bestimmten Ausnahmezustände zuzuteilen, die die Anwendung eines allgemein korrekten (verhältnismäßigen) Gesetzes unverhältnismäßig oder gesellschaftlich schädlich machen, und welche der materielle Gesetzgeber in den Tatbestand, die die Reaktion der materiellen Gerechtigkeit auf die Begehung der Tat vorsieht, nicht einordnen kann, sodass er eine materiellrechtliche Ausnahme von der Strafbarkeit erzeugen kann. Nur unter diesen Umständen hätte der prozedurale Gesetzgeber zumindest zunächst einmal das Recht, eine Abweichung von der Anwendung des materiellen Rechts zu schaffen.

Eine (aber nicht die einzige) notwendige Voraussetzung des erlaubten prozeduralen Eingriffs in den Bereich der materiellen Gerechtigkeit stellt nämlich die Schwäche des materiellen Gesetzgebers den Fall anders zu regeln dar. Das Gegenteil würde bedeuten, dass der eine Zweig der positiven Gerechtigkeit (die prozedurale Gerechtigkeit) den anderen (die Gerechtigkeit des materiellen Rechts) unmittelbar abschafft.

Das Beantworten der Frage, wann der materielle Gesetzgeber diese Möglichkeit nicht hat (nämlich eine materiellrechtliche Ausnahme von der Strafbarkeit zu schaffen), die eine (aber nicht die Einzige) grundlegende Voraussetzung des prozeduralen Eingriffs durch die Opportunitätsvorschriften darstellt, hat nicht nur mit der Problematik zu tun, „was fällt in die Zuständigkeit des materiellen Rechts“ sondern auch viel mehr mit der Annahme, dass das materielle Recht ein sehr allgemein konzipiertes System sein soll, damit es so viele verschiedene Fälle wie möglich decken kann. Die vorliegende Annahme kann zu den folgenden Bemerkungen führen.

Der prozedurale Gesetzgeber dürfte z.B. zunächst einmal und immer unter Berücksichtigung der weiteren Verhältnismäßigkeitsabwägungen in die Anwendung des materiellen Rechts eingreifen, wenn die Zustände, die diese Anwendung problematisch oder schädlich für die Gesellschaft machen, prozeduraler Natur sind. Charakteristisch dafür ist die Vorschrift des § 154 Abs. 2 StPO, welche das Absehen von der Verfolgung einer Tat vorsieht, „wenn ein Urteil wegen dieser Tat in angemessener Frist nicht zu erwarten sei und wenn eine Strafe oder Maßregel der Besserung und Sicherung, die gegen den Beschuldigten rechtskräftig verhängt worden ist... zur Einwirkung auf den Täter und zur Verteidigung der Rechtsordnung ausreichend erscheint.“[13]

Wenn aber die Umstände, die die Bedeutung der Anwendung des materiellen Rechts herunterstufen oder diese Anwendung unverhältnismäßig machen, nicht prozeduraler Natur sind, sie betreffen nämlich entweder den grundsätzlich von dem materiellen Recht geregelten Kern der Straftat, nämlich das historische Ereignis und die Person des Täters oder beziehen sich einfach auf parallele Ereignisse, die dazu führen, dass die Bestraffung einer sonst strafwürdigen Tat nicht mehr notwendig zu sein scheint, hätte (immer de lege ferenda) zunächst einmal und unter Vorbehalt der weiteren Verhältnismäßigkeitsabwägungen der Gesetzgeber des prozeduralen Rechts das Recht, durch die Anwendung von Opportunitätsregeln, einzuschreiten, besonders wenn das Einschreiten des materiellen Gesetzgebers, durch die Einordnung der Ausnahme in das StGB, die Abschaffung des generellen Charakters des materiellen Rechts, nämlich seine Zerstückelung, hervorrufen könnte.

Die Schaffung z.B. einer an eine Person orientierten Vorschrift, die vorsehen würde, dass ein unbedeutender Diebstahl in Deutschland strafbar ist, außer wenn er von dem Präsidenten einer Supermacht begangen würde (wegen der außergewöhnlich negativen Folgen einer solchen Verfolgung für die Beziehungen Deutschlands zu einer Supermacht), wäre wegen ihres ganz speziellen Charakters unannehmbar. Solche Ausnahmezustände könnten aber oft erfolgreich mit dem Einsatz der prozeduralen Gerechtigkeit behandelt werden, welche das

13 S.u.a Lutz Meyer-Goßner, Strafprozessordnung, 52. Auflage, München 2009, § 154 Rdnr. 1-26.

korrekte (weil niemand daran Zweifel hat, dass die Strafbarkeit eines Diebstahls korrekt ist) materielle Gesetz einfach flexibler macht. Diese Gedanken bringt z.B. in Ausdruck die Vorschrift des § 153d, die die Möglichkeit des Absehens von der Verfolgung einiger Straftaten vorsieht, wenn die Durchführung des Verfahrens die Gefahr eines schweren Nachteils für die Bundesrepublik Deutschland herbeiführen würde oder wenn der Verfolgung sonstige überwiegend öffentliche Interessen entgegenstehen[14].

Die Prozedurale Gerechtigkeit dürfte sich aber auch (zunächst einmal und unter Berücksichtigung von Verhältnismäßigkeitsabwägungen) in das Gebiet der materiellen Gerechtigkeit einmischen, wenn die Einordnung in das materielle Gesetz der oben erwähnten Umstände (welche der Schaffung einer materiellrechtlichen Ausnahme von der Strafbarkeit dienen), die die Bedeutung der Anwendung eines generell korrekten Gesetzes herunterstufen, die Abschaffung seiner Bildungsrolle bzw. seines gesellschaftsstabilisierenden Charakters hervorrufen könnte.

Die Einordnung z.B. in das materielle Recht einer Vorschrift, welche vorsehen würde, dass der Täter einer strafbaren Tat strafwürdig ist, außer wenn die zu erwartende Strafe neben einer Strafe, die er wegen der Begehung einer anderen schwereren Tat zu erwarten hat, nicht beträchtlich ins Gewicht fällt, könnte den präventiven bzw. Bildungscharakter des Strafrechts abschaffen, weil sie von den Gesellschaftsmietgliedern als Ermunterung interpretiert werden könnte, neben einer schweren Straftat auch eine geringfügige zu begehen. Die Überprüfung der Verhältnismäßigkeit und der Nützlichkeit der Bestrafung des Täters bei solchen Fällen dürfte auch ausnahmsweise durch die Anwendung von Zweckmäßigkeitsvorschriften der prozedurale Gesetzgeber übernehmen[15].

Bei den oben erwähnten Fällen, bei Erfüllung nämlich dieser allgemeinen Voraussetzung für die Anwendung der Zweckmäßigkeitsregeln, geht es nicht um die Abschaffung bzw. Negation des materiellen Rechts durch das Prozedurale, sondern um seine Ergänzung[16] durch die Kooperation beider Pole der formellen Gerechtigkeit (der prozeduralen und der materiellen Gerechtigkeit), um das Ziel der Verwirklichung der Gesellschaftsgerechtigkeit, deren Kern die Verhältnismäßigkeit[17] ist, zu realisieren.

---

14 S.u.a. Wolfgang Joecks, Studienkommentar StPO, 2. Aufl., München 2008, § 153d Rdnr.1-2.

15 Charakteristisch dafür scheinen die Vorschriften der §§ 154a und 154 c StPO zu sein; über die Auslegung dieser Vorschriften s.u.a. Lutz Meyer-Goßner, a.a.O., § 154a Rdnr. 1-28, § 154c Rdnr. 1-5.

16 Vgl. etwa Aristoteles, Nikomachische Ethik, Buch V, Kapitel 10.

17 vgl. etwa Aristoteles, Nikomachische Ethik, Buch V, Kapitel 6 und 7.

Selbst aber diese Ergänzungsmöglichkeit des prozeduralen Rechts muss nur_dann erlaubt sein, wenn sie sich als verhältnismäßig darstellt[18], nicht nur, weil auch sie eine mittelbare Einmischung der prozeduralen Gerechtigkeit in das Tätigkeitsgebiet des materiellen Gesetzgebers bildet, sondern auch wegen anderer weiterer Probleme, die dieser Angriff verursacht. Eine kurze Auflistung der Wichtigsten erscheint hier notwendig, weil sie auch Nachteile der hier behandelten, das prozedurale Bagatellprinzip vertretenden Vorschriften der §§ 153, 153a StPO, darstellen.

18 Diese Einmischungsmöglichkeit muss daher nur dann in Frage kommen, wenn sie als absolut notwendig erscheint.

3. Kapitel: Die wichtigsten Schwächen der Zweckmäßigkeitsvorschriften im Allgemeinen

I. Die Untergrabung der Fundamente der positiven Gerechtigkeit; des Legalitätsprinzips

Trotz der grundlegenden Bedeutung der Opportunitätsvorschriften in ihrer idealen Form für die Umsetzung der Verhältnismäßigkeit, die den Kern der Gesellschaftsgerechtigkeit darstellt, sind ihnen auch besonders gravierende Nachteile zuzuschreiben, welche auch die Regelungen der absoluten Geringfügigkeit, des prozeduralen Bagatellprinzips, belasten.

Eine der wichtigsten Schwächen der Übergabe dieser Zweckmäßigkeitsabwägungen an den Staatsanwalt, besonders durch die Einstellungsmöglichkeiten der §§ 153 ff. kann man darin sehen, dass sie die Fundamente des formellen Rechtsstaates untergraben. Die übertriebene Verwendung der sowieso nicht genügend bestimmten Abwägungsmöglichkeiten der Justizbehörden kann nämlich dazu führen, dass das von der staatsrechtlichen Gesetzmäßigkeit[19] abgeleitete Legalitätsprinzip[20] (sowohl im engeren als auch im weiteren Sinne)[21], welches den Eckpfeiler der formellen Gerechtigkeit darstellt[22], vollkommen abgeschafft wird[23].

---

19 Das staatsrechtliche Gesetzmäßigkeitsprinzip ist besonders in dem § 20 Abs. 3 GG verankert.

20 Über die Entstehung und die Entwicklung des Legalitätsprinzips s.u.a. Adolf Hertz, Die Geschichte des Legalitätsprinzips, Borna - Leipzig 1935; Karl-Heinz Schürer, Die Entwicklung des Legalitätsprinzips seit der Emmingerschen Verordnung, Hamburg 1965, S. 17 ff.

21 Über das Legalitätsprinzip im engeren Sinne und seine Funktion im Rahmen des Strafverfahrens s.u.a. Teresa Armenta Deu, Prinzipien und Systeme des Strafverfahrens: Das spanische System als Bezugspunkt, in: ZStW 114 (2002), S. 736 ff., S. 739, laut der das Legalitätsprinzip sowie die Anklageerhebung des Staatsanwalts als Fundamente der Gleichheit und der Rechtssicherheit dienen. Sie wirken nämlich als Ausgleich für den Verzicht der Bürger auf die Anklagefunktion, wie sie in der ursprünglichen Ausgestaltung des Akkusationssystems vorkam; eingehend dazu auch Johanna Schulenburg, Legalitäts- und Opportunitätsprinzip im Strafverfahren, in: JuS 2004, S. 765 ff.

22 S.u.a. Christine Pott, Die Außerkraftsetzung der Legalität durch das Opportunitätsdenken in den Vorschriften der §§ 154, 154a StPO: Zugleich ein Beitrag zu einer kritischen Strafverfahrensrechtstheorie, Bad Homburg 1996, S. 4, laut der das Legalitätsprinzip die bedeutendste Bürgschaft der Absicherung des formellen Rechtsstaates darstellt dadurch, dass sie die ausnahmslose Anwendung der positiven Normen durch die Bindung

II. Die Abschaffung des „rechtlichen Gleichheitsgebots“

Diese Negation der wichtigsten Bürgschaft für die Stabilisierung, Festigung der Gerechtigkeit im Rahmen der positiven Systeme, die Abschaffung der Fundamente des formellen Rechtsstaats, bringt auch die Negation mehrerer Prinzipien des positiven Rechts mit sich, deren wichtigste Bürgschaft das Legalitätsprinzip ist. Fraglich ist zum Beispiel, ob die Zweckmäßigkeitsregel der §§ 153 ff. einen prozeduralen Beitrag zu der Verwirklichung des im Art.3 Abs.1 GG verankerten „Gleichheitsgebots“ darstellen können[24]. Dieser aus der Logik hervorgehende[25]

---

der Staatsorgane an Gesetz und Recht gewährleistet; auch Volker Erb, Legalität und Opportunität. Gegensätzliche Prinzipien der Anwendung von Strafrechtsnormen im Spiegel rechtstheoretischer, rechtsstaatlicher und rechtspolitischer Überlegungen, Berlin 1999, bes. S. 67 ff.; ebenfalls Mark Deiters, Legalitätsprinzip und Normgeltung, Tübingen 2006, S. 3.

23 S.u.a. Walter Kargl / Stefan Sinner, Der Öffentlichkeitsgrundsatz und das öffentliche Interesse in § 153a StPO, in: Jura 1998, S. 231.

24 Über das umstrittene Problem, ob man im Rahmen des rechtlichen Verfahrens überhaupt von Waffengleichheit sprechen darf sowie über die Bedeutung des Begriffs s.u.a. Christoph Safferling, Audiatur et altera pars - die prozessuale Waffengleichheit als Prozessprinzip? Qui statuit aliquid parte inaudita altera; Aequm liquet statuerit haud aequs fuit, NStZ 2004, S. 181 ff., S. 186, laut dem „Einigkeit herrscht darüber, dass die Waffengleichheit ein wesentliches Merkmal des fairen Verfahrens ist.“ Unter Waffengleichheit versteht er „das Gebot der annähernd gleichen Chancen der Einflussnahme auf den Gang und das Ergebnis des Verfahrens“, dass nämlich die überlegene Position des Staatsanwalts durch effektive Verteidigungsmöglichkeiten ausgeglichen werden muss; ebenso Thomas Weigend, Unverzichtbares im Strafverfahrensrecht, ZStW 113 (2001), S. 270 ff., S. 304; über das Problem der ungleichen Behandlung nicht gleiche wirtschaftliche Möglichkeiten habenden Beschuldigten durch die Einführung der Auflagen und Weisungen des § 153a StPO und als Folge davon des Verstoßes gegen das Sozialstaatsprinzip s.u.a. Saliger, a.a.O., S. 159.

25 Über den logischen Begriff der Gleichheit s.u.a. Joo-Hwan Kim, Zur Konkretisierung des allgemeinen Gleichheitssatzes des Art.3 Abs.1 GG, Frankfurt am Main 2000, S. 29-30, welcher zitiert: „Gleichheit ist eine Beziehung zwischen verschiedenen Vergleichsobjekten, die in ihren zum tertium comparationis zusammengefassten gemeinsamen Merkmalen übereinstimmen, wenngleich sie neben den gemeinsamen Merkmalen auch noch unterschiedliche Merkmale besitzen“; über den besonderen Verstoß gegen das Prinzip der Gleichheit und das Sozialstaatsprinzip, welchen die Einführung des § 153a StPO mit sich gebracht hat, s.u.a. Eberhard Schmidhäuser, Freikaufverfahren mit Strafcharakter im Strafprozeß?, in: JZ 1973, S. 209 ff., S. 529 ff., S. 535; ebenso Hans Joachim Hirsch, Zur Behandlung der Bagatellkriminalität in der Bundesrepublik Deutschland - Unter besonderer Berücksichtigung der Stellung der Staatsanwaltschaft -, in: ZStW 92 (1980), S. 218 ff., S. 229.

und unter der Bezeichnung „rechtliche Gleichheit" in den Bereich des Rechtes übertragene Begriff hat für die Rechtsadressaten eine doppelte Bedeutung. Sie bedeutet nämlich Gleichbehandlung durch das Gesetz (oder im Gesetz) und Gleichbehandlung vor dem Gesetz. Ohne die Festigung der gleichen Behandlung der Rechtsadressaten vor dem Gesetz wäre die Gleichheit im Gesetz belanglos. Von dieser Gleichheit vor dem Gesetz darf man dennoch nur dann sprechen, wenn auf die gleichgelagerten Tatbestände die gleiche Rechtsnorm zur Anwendung gelange und die Rechtsanwendung auf diese Weise in inhaltlicher Übereinstimmung mit den Gesetzen gehalten werde[26].

Ein Beitrag zu der Verwirklichung dieses Zieles scheint daher den Zweckmäßigkeitsnormen nicht zugeschrieben zu sein. Im Gegensatz dazu haben sie, durch die Einführung der Möglichkeit der Abweichung von der Anwendung der materiellen Normen, unmittelbar zu der Herunterstufung auch der dem Gesetz immanenten Gleichheit und als Folge davon zu der Abschaffung des verfassungsrechtlich verankerten „rechtlichen Gleichheitsgebots" geführt.

III. Die Herunterstufung der Rechtssicherheit

Die Einschränkung des Legalitätsprinzips durch die Einführung der Opportunitätsvorschriften bringt auch andere Probleme mit sich. Die Herunterstufung der Rechtssicherheit ist auch unvermeidlich mit der Abschaffung des Legalitätsprinzips verbunden.

Die Rechtssicherheit kann nur dann gesichert werden, wenn die staatlichen Eingriffe sich durch Vorhersehbarkeit und Berechenbarkeit auszeichnen. Vorhersehbar und berechenbar müssen dennoch nicht nur die strafenden[27] Eingriffe des Staates sein[28], sondern auch die Strafbarkeit abbauenden Gesetze, denn die materiellen Strafgesetze spielen ebenfalls eine Bildungsrolle. Den Normadressaten wird nur dann bewusst, dass ein Verhalten unsozial bzw. verboten ist, wenn es ein stabiles Gesetz gibt, welches es durch die Drohung der Strafe verbietet. Die Generalprävention kann nämlich nur durch die Absicherung der Durchsetzung der staatlichen Normen realisiert werden.

---

26 Joo-Hwan Kim, a.a.O., S. 32; analytisch auch Gerhard Leibholz, Die Gleichheit vor dem Gesetz, 2. Auflage, München, Berlin 1959, bes. S. 31 ff.

27 S.u.a. Erhard Kausch, Der Staatsanwalt. Ein Richter vor dem Richter? Untersuchungen zu § 153a StPO, Berlin 1980, S. 167, der von Rechtssicherheit durch Vorhersehbarkeit und Berechenbarkeit der strafenden Eingriffe des Staates spricht.

28 Über die Bedeutung der Rechtssicherheit s.u.a. Hans-Ludwig Schreiber, Gesetz und Richter, Frankfurt am Main 1976, S. 215, laut dem die Rechtssicherheit die Willkür aufhebt und damit einen Zustand hervorruft, in dem man das Vertrauen haben kann, nicht mit willkürlichen Strafeingriffen überzogen zu werden.

IV. Die Aufhebung der bürgerlichen Zustimmung zu dem System der positiven Gerechtigkeit

Diese Erschütterung des Vertrauens der Bürger in die Gerechtigkeit, welche die Absage der Rechtssicherheit impliziert, hat auch die Aufhebung ihrer Zustimmung zu dem System der positiven Gesetze zur Folge, welche ihr kommunikativer Charakter absichert. Dieser kommunikative Charakter des Rechts kann aber nur das Ergebnis einer erfolgreichen staatlichen Argumentation sein, deren wichtigste Elemente die gleiche Behandlung aller vor dem Gesetz sowie die Vorhersehbarkeit der Folgen der staatlichen Reaktion auf die Straftat sind. Die Abschaffung dieser Elemente als Folge der Einführung der Zweckmäßigkeitsvorschriften schafft auch den kommunikativen Charakter des Rechts ab[29].

V. Die Herabwürdigung der „prozessinternen Gewaltenteilung"

Die oben erwähnten negativen Folgen der Einführung der Opportunitätsvorschriften stellen dennoch nicht ihre einzige Schwäche dar. Das ganze System und die Funktion besonders der prozeduralen Gerechtigkeit werden von der Einführung der Opportunitätsvorschriften und von der ihnen immanenten, staatsanwaltschaftlichen Einstellungsmöglichkeit negativ beeinflusst.

Besonders die dem Staatsanwalt verliehenen Sanktionsbefugnisse, die Möglichkeiten nämlich eine Vorentscheidung zu treffen, sind unter mehreren Gesichtspunkten bedenklich. Zu den fundamentalen Strukturprinzipien des heutigen deutschen Strafprozesses gehört die Trennung von Ermittlungs- und Urteilsfunktion. Die Einführung des Ermittlungsverfahrens stelle eine der wichtigsten Maßnahmen zum Schutze des Beschuldigten dadurch dar, dass sie eine unvoreingenommene, neutrale Haltung des Gerichts ermögliche[30]. Sie diene nämlich als ein „Vehikel richterlicher Objektivität"[31].

Diese Funktion des Ermittlungsverfahrens könnte dennoch nur in einem akkusationsgeprägten Prozess realisiert werden. Die Trennung der Staatsanwaltschaft vom Richter, die Durchsetzung nämlich des Akkusationsprinzips, die eine Form „justizinterner Gewaltenteilung[32]" ausmacht, stellt die wichtigste Voraus-

---

29 S.u.a. Jürgen Habermas, Theorie des kommunikativen Handelns, 2.Band, Frankfurt am Main 1981.

30 Kausch, a.a.O., S. 15.

31 Kausch, a.a.O., S. 228.

32 Hans Günther, Staatsanwaltschaft. Kind der Revolution, Frankfurt am Main, 1973, S. 46.

setzung dar, um das Ziel der Objektivität der richterlichen Entscheidung umzusetzen.

Die Aufgabenteilung zwischen Staatsanwalt und Richter[33] bedeutet sogar, dass die Rechtsstellung des Staatsanwalts nicht nur durch die Weisungsgebundenheit (§ 146 GVG) von dieser des Richters abgegrenzt ist, sondern auch dadurch, dass der Staatsanwalt keine richterlichen Geschäfte (§ 151 GVG) und keine Dienstaufsicht über Richter ausüben dürfe[34]. Als Folge davon übt der Staatsanwalt keine Rechtsprechung aus, insofern er nicht ausspricht, was rechtens ist[35] und daher kann er auch nicht der rechtssprechenden Gewalt, die in Art. 92 GG verankert ist, zugerechnet werden[36].

Dieses für die Absicherung der Objektivität der Entscheidung grundlegende Akkusationsprinzip verliert nach der Einführung der staatsanwaltschaftlichen Einstellungsmöglichkeit der § 153 ff StPO an Bedeutung, da seine Ausübung nichts Anderes bedeutet als, dass die gleiche Person, die die öffentliche Klage erhebt, die endgültige Entscheidung treffen kann. Die staatsanwaltschaftliche Verfahrenseinstellung nämlich, durch die der überwiegende Teil aller Verfahren erledigt werden kann, „kommt einem vorweggenommenen richterlichen Freispruch gleich"[37], was die Abschaffung der „justizinternen Gewaltenteilung" und die Umwandlung des Ermittlungsverfahrens in das Hauptverfahren mit sich bringt[38].

---

33 Über diese Aufgabeteilung s.u.a. Eberhard Schmidt, Lehrkommentar zur Strafprozessordnung und zum Gerichtsverfassungsgesetz, Teil 1, Die rechtstheoretischen und die rechtspolitischen Grundlagen des Strafverfahrensrechts, 2. Auflage, Göttingen 1964, Rn. 93.

34 Hans-Heiner Kühne, Strafprozessrecht, 8.Auflage, Heidelberg 2010, S. 96.

35 Ulfrid Neumann, Rechtspolitische Aspekte der Weisungsgebundenheit des Staatsanwalts, in: Vom unmöglichen Zustand des Strafrechts, Frankfurt, Berlin, New York, Wien, 1995, S. 197-205, S. 199.

36 Daniel Combe, Stellung und Objektivität der Staatsanwaltschaft im Ermittlungsverfahren, Band 5, Göttingen 2007, S. 60, laut dem „Eine Gleichstellung widerspricht dem eindeutigen Wortlaut des Art. 92 GG. Die Trennung von staatsanwaltschaftlichen Ermittlungsverfahren und dem durch den Richter geführten Hauptverfahren war gerade Grund und Errungenschaft der Einführung der Staatsanwaltschaft"; s. auch Hans-Ulrich Paeffgen, Das externe Weisungsrecht des Justizministers - Ein obsoletes Institut?, in: Gedächtnisschrift für Ellen Schlüchter, S. 563-586, Köln, Berlin, Bonn, München 2002, S. 569.

37 Max Kohlhaas, Die Stellung der Staatsanwaltschaft als Teil der rechtssprechenden Gewalt, Neuwied 1963, S. 226.

38 S.u.a. Saliger, Grenzen, S. 160, laut dem die teils alleinige, teils primäre Einstellungskompetenz der exekutivischen Staatsanwaltschaft das Richtermonopol (Art. 92 GG) und den Grundsatz der Gewaltenteilung (Art. 20 III GG) unterlaufe.

VI. Die Negation des „gesetzlichen Richters“

Die kurze Aufführung dieser Problematik wirft aber noch eine weitere Frage auf: Stellt die Einstellungsmöglichkeit des Staatsanwalts auch einen Verstoß, gegen den als „Eckpfeiler des rechtsstaatlichen Prozessierens[39]“ charakterisierten Grundsatz des gesetzlichen Richters[40], wie er in Art. 101 I 2GG und in § 16 GVG festgeschrieben ist, dar? Selbstverständlich muss die Antwort auch auf diese Frage positiv sein, sofern die Vorentscheidung des Staatsanwalts[41] dem dafür zuständigen Gericht die Möglichkeit entzieht, eine Sachentscheidung zu treffen[42].

VII. Die Degradation der „inneren“ und „äußeren“ Wahrheit

Ebenso bleibt unbestritten, dass die Suche nach der Wahrheit (besonders im Strafprozess, im Rahmen dessen die materielle Wahrheit eine ausschlaggebende

39 BGH, NJW 1997, S. 1452.

40 Über den Grundsatz des gesetzlichen Richters s.u.a. Christoph Sowada, Der gesetzliche Richter im Strafverfahren, Berlin, New York 2002, S. 1; ebenfalls Hans-Hugo Kellermann, Probleme des gesetzlichen Richters unter besonderer Berücksichtigung der großen Strafverfahren, Tübingen 1971, S. 50 ff., laut dem der Grundsatz des gesetzlichen Richters als Errungenschaft des Liberalismus im Kampf gegen die zur Zeit des Absolutismus geübte sog. Kabinettsjustiz angesehen werden müsse.

41 Bezüglich der Vorentscheidung der Staatsanwaltschaft und ihre Einstellung ist auch der potentielle Verstoß gegen das Rechtsschutzgebot zu berücksichtigen. Das Rechtsschutzgebot fordere denjenigen, der durch die öffentliche Gewalt in seinen Rechten verletzt sei, den Rechtsweg zu öffnen. Unter den weit auszulegenden Begriff der öffentlichen Gewalt falle jedes nicht in richterlicher Unabhängigkeit vorgenommene staatliche Tun und Unterlassen; eingehend dazu Matthias Terbach, Einstellungserzwingungsverfahren. Die verfassungskonform relativierte Zustimmungssperre als Rechtsschutz gegen die rechtswidrig verweigerte Zustimmung der Staatsanwaltschaft zur Verfahrenseinstellung nach §§ 153, 153a StPO, Nomos Verlagsgesellschaft, Baden-Baden 1996.

42 Zu der Abschaffung des gesetzlichen Richters durch die Einführung der §§ 153 bzw. 153a StPO, eingehend Gerhard Fezer, Vereinfachte Verfahren im Strafprozess, in: ZStW 106 (1994), S. 1 ff., S. 25; zu der Stellung des Staatsanwalts im Rahmen des Prozesses und zu seinen Beurteilungsspielräumen, s.u.a. Thomas-Michael Hoffmann, Beurteilungsspielräume der Staatsanwaltschaft als prozessuales Prinzip - eine Schranke auch bei der Haftprüfung nach den §§ 121 ff. StPO?, in: NStZ 2002, S. 566 ff.; Michael Heghmanns, Die prozessuale Rolle der Staatsanwaltschaft, in: GA 2003, S.433 ff.; über die verfassungswidrige Verlagerung richterlicher Kompetenzen auf den Staatsanwalt sowie die verfassungswidrige Vorbestimmung des richterlichen Aufgabenbereichs durch den Staatsanwalt s. auch Karl-Ludwig Kunz, Das strafrechtliche Bagatellprinzip, S. 71 ff., S. 103 ff.; ebenso Erhard Kausch, Der Staatsanwalt, S. 225 ff.

Rolle spielt) negativ von dieser Einstellungsmöglichkeit der Staatsanwaltschaft beeinflusst wird. Nicht nur die materielle Wahrheit durch den Entzug der gerichtlichen Möglichkeit den Sachverhalt zu prüfen[43], die innere Wahrheit, scheint betroffen zu sein, sondern auch die nach außen gerichtete, nämlich die an die Bürger und die Gesellschaft orientierte Wahrheit, welche mit der Vertretbarkeit der Entscheidung gleichzusetzen ist.

Besonders im Bereich der Justiz, wo das wichtigste Wahrheitskriterium einer rechtlichen Aussage die Begründbarkeit anhand juristischer Argumentationsregeln ist[44], scheint auch die zweite Annahme von großer Bedeutung zu sein. Nicht nur der Mangel an genügender Begründbarkeit, die den Fall bei den Einstellungen aus Zweckmäßigkeitsgründen ausmacht, spricht dafür, dass die staatsanwaltschaftliche Entscheidung als von den Bürger nicht akzeptabel angesehen werden muss, sondern auch die Weisungsgebundenheit der Staatsanwaltschaft, der Mangel an Öffentlichkeit und der summarische Charakter dieser Vorentscheidungen.

Die oben kurz erwähnten Schwächen, die die Anwendung der Opportunitätsvorschriften im Allgemeinen kennzeichnen, sind dennoch nicht die einzigen, die die Geringfügigkeitsregelungen der § 153 und 153a StPO belasten. Dadurch, dass sie einen besonderen Charakter besitzen, weisen sie auch besondere Nachteile auf, die den anderen Zweckmäßigkeitsvorschriften nicht immanent sind. Diese speziell von der Einführung der prozeduralen Bagatellvorschriften hervorgehenden Probleme können sogar so gewaltig sein, dass sie nicht nur die verfahrensinterne Funktion der Gerechtigkeit negativ beeinflussen, sondern auch die allgemeine Rechtsdogmatik entstellen können.

---

43 S.u.a. Thomas Weigend, Unverzichtbares, S. 270 ff., S. 302 „Von kritischer Bedeutung unter dem Aspekt einer Verfahrensbeschleunigung ist die Trennung zwischen Ermittlungsverfahren und Hauptverfahren. Es stellt sich deshalb die Frage, unter welchen Voraussetzungen es denkbar ist, das Urteil unmittelbar auf die Erkenntnisse aus dem Ermittlungsverfahren zu stützen.“

44 Besonders analytisch dazu Ulfrid Neumann, Wahrheit im Recht, Zu Problematik und Legitimität einer fragwürdigen Denkform, Baden-Baden 2004, S. 29-30, laut dem im Bereich rechtlicher Normen und Entscheidungen eine richterliche Aussage nur dann wahr sei, wenn sie anhand der juristischen Argumentationsregeln gerechtfertigt werden könne. „Das wichtigste Wahrheitskriterium im Recht im Gegensatz zu den Naturwissenschaften, scheint die Begründbarkeit der Entscheidung zu sein.“ S. auch Ulfrid Neumann, Juristische Argumentationslehre, Darmstadt 1986, S. 6 ff.

4. Kapitel: Die besondere systematische bzw. dogmatische Unvereinbarkeit der in den § 153 und 153a StPO verankerten Geringfügigkeitsvorschriften mit den anderen Opportunitätsregelungen der StPO

Bei dem Versuch, die rechtsdogmatischen Schwächen der Einführung der Geringfügigkeitsvorschriften zu registrieren, wäre es vielleicht hilfreich, mit einer kurzen Erklärung ihrer inhaltlichen Unvereinbarkeit mit den anderen Opportunitätsregelungen, selbst nämlich mit dem System, zu dem sie gehören, anzufangen.

I. Die absolute Unbestimmtheit der Geringfügigkeitsvorschriften

Die komplexe Natur der Realität sowie die Annahme der menschlichen Schwäche, hinter den Zielen zurückzubleiben, die sie sich selbst mit ihren Gerechtigkeitsvorstellungen gesetzt haben, vermögen auch die Defizite der positiven Gesetze zu beleuchten. Diese Unvollkommenheit könnte nur durch die Ausrüstung der Gesetze mit einem generellen Charakter bekämpft werden[45]. Nicht nur sollen die Gesetze die nur wichtigsten Fälle regeln, sondern sehr oft benötigen sie auch einer Auslegung.

Diese eingeschränkte Realisierungsmöglichkeit einer gesetzlichen absoluten Bestimmtheit bedeutet dennoch nicht, dass die positiven Normen absolut unbestimmt sein dürfen[46]. Dieses Minimum an Bestimmtheit der positiven Gesetze wurde abgesichert und verfassungsrechtlich verankert durch den § 103 Abs. 2 GG[47], durch die Einführung nämlich des Bestimmtheitsgebots.

Die Kennzeichnung dieser Vorschrift als verfassungsrechtlicher Ausdruck des „nulla poena sine lege" Gebots macht die Tatsache deutlich, dass die mit der Auferlegung einer Strafe drohenden Gesetze mindestens relativ bestimmt sein müssen. Die Frage, die jetzt auftaucht und in der Vergangenheit auch negativ beantwortet wurde, lautet: sollen laut diesem Bestimmtheitsgebot auch die von

45 Vgl. Platon, Nomoi, 6. Kapitel, 722a, 7. Kapitel, 843e, laut dem die Gesetze nur die wichtigsten Fälle regeln müssen.

46 Vgl. Platon, Nomoi, 916e.

47 Zu dem Sinn der § 103 Abs. 2 GG, s.u.a. Theodor Maunz / Günter Dürig, Grundgesetz, Kommentar, Band VI, Art. 100-146, Art. 103 Abs. 2, 53. Auflage, München 2009.

der Strafe befreienden Vorschriften genau wie die mit einer Strafe drohenden bestimmt sein? Geht man davon aus, dass die Aufgabe von Art. 103 Abs. 2 GG die Gewährleistung des Vertrauensschutzes der Bürger ist, dadurch dass die besonders einschneidenden strafrechtlichen Sanktionen nur in den gesetzlich vorgesehenen Fällen belegt werden dürfen, so steht das strafrechtliche Bestimmtheitsgebot einer Beschränkung der Strafverfolgung durch unbestimmte Vorschriften nicht entgegen[48].

Heute ist dennoch weitgehend anerkannt, dass der „nullum crimen nulla poena sine lege Satz“ und als Folge davon das Bestimmtheitsgebot nicht nur die Gewährleistung des Vertrauensschutzes bezwecken, sondern auch eine objektiv-institutionelle Funktion beanspruchen[49]. Nicht nur die präventive Funktion der positiven Gesetze sondern auch ihre Bildungsrolle[50], die Abwehr der Gefahr der Willkür der Staatsorgane und die Absicherung der Gleichheit aller vor dem Gesetz sprechen für eine Erweiterung des Bestimmtheitsgebots auch auf die von der Strafe befreienden Gesetze. Dieses Gebot ist mehr oder weniger fast allen Vorschriften des positiven Rechts, sowohl des materiellen als auch des prozeduralen, immanent und ihnen ist auch die präventive, stabilisierende bzw. Bildungsrolle zuzuschreiben.

Die materiellrechtlichen Vorschriften bestimmen z.B. immer eine relativ beschriebene Tat, deren Begehung unter bestimmten Voraussetzungen die Auferlegung strafrechtlicher Sanktionen mit sich bringt. Sie bestimmen nämlich sowohl das Anwendungsgebiet als auch die Voraussetzungen (Anwendungskriterien)[51], unter denen die materielle Gerechtigkeit eingreifen soll. Bei diesen Fällen darf man von einer Erfüllung des Bestimmtheitsgebots, von einer relativen[52]

---

48 Volker Erb, Legalität und Opportunität, S. 107.

49 Bernd Schünemann, Nulla poena sine lege? Rechtstheoretische und verfassungsrechtliche Implikationen der Rechtsgewinnung im Strafrecht, Berlin, New York 1978, S. 9 ff; Volker Erb, a.a.O., S. 107-108.

50 Diese Bildungsrolle der positiven Gesetze, die seit der Antike angenommen wurde (vgl. Platon, Nomoi, 772c-d, 846c, 957b laut dem, die stabilen und bestimmten Gesetze eins der wichtigsten Bildungsmittel seien, die die ausgeglichene Gemütsverfassung der Bürger gewährleistet) ist noch heute aktuell. Charakteristisch ist die Bezeichnung der Gesetze von Franz von Liszt (Über den Einfluss der soziologischen und anthropologischen Forschungen auf die Grundbegriffe des Strafrechts, Mitteilungen der IKV, Bd. IV, 1893, in desselben: Strafrechtliche Vorträge und Aufsätze, Berlin 1905, Bd. 2, S. 75 ff.) als „Magna Charta des Verbrechers“, die laut Volker Erb (a.a.O., S. 108) „eine klare Grenze zwischen der garantiert straffreien Sphäre und jenen Bereichen zieht, in denen mit einem bestimmten Strafrechtlichen Risiko gerechnet werden muss.“

51 Im materiellen Strafrecht schließen sich am meisten das Anwendungsgebiet und die Anwendungsvoraussetzungen der Vorschriften zusammen.

52 Wie oben aufgeführt wurde, ist die Bestimmtheit der positiven Normen wegen ihres generellen Charakters immer relativ.

Bestimmtheit der materiellrechtlichen Gesetze sprechen, denen die stabilisierende, präventive und Bildungsfunktion immanent ist.

Das Gleiche, dass sie nämlich einen relativ bestimmten Charakter aufweisen, denn sie schreiben mehr oder weniger klar vor, sowohl ihr Anwendungsgebiet als auch die Voraussetzungen dieser Anwendung, gilt auch für viele prozessrechtliche Vorschriften; manch andere von den prozeduralen Normen haben, wegen des dienenden bzw. ergänzenden Charakters der prozeduralen Gerechtigkeit, die nicht unmittelbar mit der Auferlegung einer Sanktion droht, den Bestimmtheitsgrad auf ein Mindestmaß reduziert. Dieser dienende Charakter des prozeduralen Rechts vermag dennoch nicht den potentiellen Mangel an Bestimmtheit seiner Gesetze zu rechtfertigen; er trägt einfach dazu bei, dass er sich falls existierend als akzeptabler darstellt. Bei den meisten prozeduralen Normen wird z.B. nicht ihr Anwendungsgebiet festgelegt und als solches gilt der ganze Bereich des materiellen Rechts[53]. Sie beschreiben dennoch immer, mehr oder weniger bestimmt, die Voraussetzungen ihrer Anwendung.

Selbst diese relative Bestimmtheit der Voraussetzungen der Anwendung der positiven Normen stellt sich aber durch die Einführung vieler von den Zweckmäßigkeitsvorschriften in Frage. Das bedeutet, dass selbst die Festlegung der Voraussetzungen der Anwendung dieser Normen an die „relative Unbestimmtheit" grenzt. Kriterium und Maß der Bestimmtheit der Anwendungsbedingungen einer Vorschrift muss immer ihr objektiv, empirisch feststellbarer Charakter sein. Die Richtigkeit dieses Kriteriums angenommen müssen immer diese Vorschriften als hinreichend bestimmt (was zumindest die Voraussetzungen ihrer Anwendung betrifft) bezeichnet werden, deren Anwendungsvoraussetzung die Existenz in der Außenwelt bestimmter, empirisch feststellbarer Umstände (z.B. einer Straftat, die schon begangen worden ist) ist[54].

Bezüglich aber der Vorschriften, deren Anwendung von einem Urteil der rechtsanwendenden Organe über das potentielle Auftreten eines künftigen Ereignisses abhängig ist, muss man folgendermaßen unterscheiden. Relativ bestimmt kann eine solche Vorschrift nur dann sein, wenn sie oder eine andere Vorschrift genau festlegt, welche die schon bestehenden, empirisch feststellbaren Zeichen sein sollen, die die Ankunft des künftigen Ereignisses begründen können.

---

53 Charakteristisch dafür scheint die Vorschrift des § 154c zu sein. Sie beschreibt überhaupt nicht die Taten, auf denen eine Einstellung nach § 154c möglich ist, aber nur die Voraussetzungen ihrer Anwendung (die Drohung durch Nötigung oder Erpressung diese Taten zu offenbaren).

54 Als relativ bestimmt z.B., was ihre Anwendungsvoraussetzungen betrifft, könnte die Vorschrift des § 154c bezeichnet werden, die eine schon begangene Nötigung oder Erpressung voraussetzt.

Fragwürdig scheint nach diesen Gedanken die Bestimmtheit der Anwendungsvoraussetzungen (z.B. des § 153d StPO) zu sein, soweit dieser seine Anwendung von einem Urteil darüber, ob die Durchführung des Verfahrens die Gefahr eines schweren Nachteils für die Bundesrepublik Deutschland herbeiführen würde, abhängig macht, ohne dass es zumindest festlegt, was als „schwerer Nachteil“ bezeichnet werden kann, oder zumindest, welche Zeichen es dafür, nämlich für die Ankunft dieser Gefahr, geben soll, welche diesen Verdacht begründen können.

Selbst aber wenn viele von den Opportunitätsvorschriften an die Unbestimmtheit grenzen, weil sie nicht so klar ihre Anwendungskriterien bestimmen, sind diese Grenzen durch die Einführung des § 153 StPO längst überschritten. Im § 153 erreicht die Unbestimmtheit einen neuen Höhepunkt, nicht weil er seine Anwendungsvoraussetzungen (Kriterien) nicht genau bestimmt, sondern, da er der einzige unter den Zweckmäßigkeitsvorschriften ist, der gar keine Anwendungsvoraussetzungen festlegt!

Die Unbestimmtheit des Anwendungsgebiets[55] auch dieser Vorschrift scheint sogar im Vergleich zu dem Mangel an Anwendungskriterien unbedeutend zu sein. Um den Unterschied zwischen dem § 153 und den anderen Opportunitätsvorschriften besser zu begreifen, müssen wir erst einen kurzen Blick auf das ganze System der Zweckmäßigkeitsregeln werfen. Die der StPO innewohnenden Opportunitätsnormen können in groben Strichen in die drei folgenden Hauptkategorien unterteilt werden, die die Möglichkeit einer Abweichung von der Anwendung des materiellen Rechts aus Zweckmäßigkeitsgründen anbieten.

1. In die Hauptkategorie des „absoluten Interessemangels“[56] an die Strafverfolgung bzw. an die Bestrafung des Täters. Diese allgemeine Kategorie der Zweckmäßigkeitsvorschriften bietet die Möglichkeit einer Abweichung von der Anwendung des materiellen Rechts durch den Gebrauch der Einstellungsmöglichkeit, wenn die Tat „an sich“ als strafrechtlich uninteressant anzusehen wäre. Die Bezeichnung „absolut“ bezieht sich nämlich in diesem Zusammenhang nicht auf das Wort „Interessemangel“ sondern muss so verstanden werden, dass die Tat an sich als strafrechtlich uninteressant anzusehen wäre.
2. In die Hauptkategorie des „relativen Interessenmangels“, bei der die Tat an sich als strafrechtlich bedeutend anzusehen wäre, die Bedeutung der Straf-

55 S.u.a. Erhard Kausch, Der Staatsanwalt, S. 158, welcher zitiert: „Darin liegt ein globaler Determinationsverlust der Strafgesetze, der sich von anderen Formen der Unbestimmtheit dadurch gravierend unterscheidet, dass er nicht nur eine einzelne Bestimmung, sondern eine ganze Deliktskategorie betrifft.“

56 Zu dieser Kategorie könnte man z.B. die §§ 153 und 153a StPO einordnen.

barkeit bzw. der Strafverfolgung wurde dennoch unter bestimmten Ausnahmebedingungen heruntergestuft[57].

3. und in die Hauptkategorie der „alternativen Interessenerfüllung“, wenn die Tat an sich als strafrechtlich interessant anzusehen ist, das Strafverfolgungsinteresse könnte dennoch auch auf andere Weise (verhältnismäßiger für die Gesellschaft) erfüllt werden[58].

Die oben erwähnten Hauptkategorien stellen dennoch wegen ihres allgemeinen, abstrakten Charakters keine hinreichend bestimmten Anwendungsvoraussetzungen dar, welche den Gebrauch der Zweckmäßigkeitsvorschriften rechtfertigen können. Sie bilden einfach den Rahmen, in dem bestimmte Kriterien entwickelt werden müssen, die diese Hauptkategorien und ihre Anwendungsbedingungen konkretisieren. Die Einführung dieser Kriterien, die die Hauptkategorien konkretisieren, macht die notwendige Voraussetzung für die Existenz eines Bestimmtheitsminimums in den Opportunitätsvorschriften aus. Aus diesem Grund haben die zweite und die dritte von den oben aufgeführten Hauptkategorien mehr oder weniger bestimmt ihre Anwendungskriterien konkretisiert.

Der zu der zweiten Hauptkategorie gehörende § 154c StPO konkretisiert z.B. die Ausnahmebedingungen, die die Strafverfolgung einer an sich bedeutenden Tat unverhältnismäßig machen, dadurch, dass sie als Kriterium der Anwendung der Zweckmäßigkeitskategorie „die Drohung durch Nötigung oder Erpressung die Tat zu offenbaren…“ benennt. Das Kriterium, welches den „relativen Interessenmangel“ für die Verfolgung der Tat verursacht, stellt nämlich die Drohung des Täters durch andere Kriminelle, dass sie die Tat offenbaren werden, dar.

Die einzige Hauptkategorie, die als absolut unbestimmt bezeichnet werden kann, weil sie absolut kein mehr oder weniger bestimmtes Kriterium ihrer Anwendung konkretisiert, ist die erste Kategorie, zu der die §§ 153 und 153a StPO gehören. Statt ein Kriterium für das „mangelnde öffentliche Interesse“ zu bestimmen scheint hier der prozedurale Gesetzgeber (im Gegensatz zu den anderen zwei Zweckmäßigkeitskategorien) ein notwendiges Element des Begriffs einfach zu wiederholen. Die „geringe Schuld“ nämlich, welche hauptsächlich zu dem Mangel an öffentlichem Interesse führt, stellt kein absolut unabhängiges Element von dem allgemeinen Kriterium der Hauptkategorie dar, was sie konkretisieren kann, sondern stellt selbst ein Element des „absoluten Interessenmangels“ dar.

---

57 Zu dieser Kategorie könnte man z.B. die §§ 153d, 153e, 154, 154a, 154b (teilweise) und 154c StPO einordnen.

58 Zu dieser Kategorie könnte man z.B. die §§ 153c und 154b StPO (teilweise) einordnen.

Der „absolute Interessemangel“ an der Strafverfolgung setzt immer die Geringfügigkeit der Tat[59] bzw. die geringe Schuld des Täters voraus und diese geringe Schuld bildet deswegen kein externes Kriterium, welches den „absoluten Interessenmangel“ konkretisiert, sondern das wichtigste seiner Elemente. Das hat das Paradox zur Folge, dass das Kriterium für die Konkretisierung der Hauptkategorie, dieselbe Hauptkategorie ist, anders gesagt: Geringwertigkeit gibt es, wenn die Schuld des Täters gering ist! Die Frage, die ohne Antwort geblieben ist, heißt dennoch, „welche sind diese Kriterien, die dazu führen, dass die Schuld des Täters als gering anzusehen wäre?“

In diesem Punkt und zum Zweck einer optimalen Darstellung der oben aufgeführten Gedanken wäre es sogar notwendig, eine kurze Erläuterung des Begriffs der Schuld, von der im Rahmen der oben erwähnten Paragraphen Gebrauch gemacht wird, zu unternehmen. Unter dem Begriff „Schuld“ muss man im Sinne der die Geringfügigkeit regelnden Vorschriften die Straftatschuld und nicht die Strafzumessungsschuld verstehen, weil Ziel des Gesetzgebers nicht die detaillierte Aufklärung einer Tat durch den Staatsanwalt sondern nur die Bestimmung einer allgemeinen Kategorie von Straftaten, welche potentiell (und in Rücksicht auf die in concreto existierenden Umstände) ohne Prozess bzw. ohne Strafe bleiben könnten, ist. Die detaillierte Suche nach den Umständen, auf denen die Begründung der Strafzumessungsschuld beruht, kann nur im Rahmen des Hauptverfahrens stattfinden und muss sogar den letzten Teil des Hauptverfahrens darstellen, welches dem Beweisverfahren über die Begehung der Tat folgt[60].

---

59 Der unbestimmte Begriff der Geringwertigkeit einer Tat wird heute nur im Einzelfall durch die Hilfe der Rechtssprechung konkretisiert; s. z.B. OLG Hamm, Beschluss v. 28.7.2003, StV 2003, S. 672.

60 Der gleichen Ansicht auch Rene Bloy, Zur Systematik der Einstellungsgründe im Strafverfahren, in: GA 1980, S. 160 ff., S. 172, welcher zitiert: „Die Schuld als Strafzumessungsbegriff dient dazu den individuellen Fall in seinen konkreten Besonderheiten zu erfassen, um die adäquate Rechtsfolge finden zu können. Darum geht es bei § 153 StPO aber gar nicht, denn die Einstellung des Verfahrens ist nicht als die angemessene Reaktion auf die Tat in dem Sinne zu verstehen, dass eine Bestrafung verfehlt wäre, sondern als Ergebnis einer kriminalpolitischen Entscheidung zugunsten der intensiveren Bekämpfung schwererer Taten als diejenigen, die unter § 153 StPO fallen; diese Begrenzungsfunktion kann nur die Tatschuld übernehmen, die ja ohnehin der Einschränkung des staatlichen Strafens dient"; anderer Meinung (dass nämlich die Schuld im Sinne der §§ 153 und 153a StPO als „Strafzumessungsschuld“ interpretiert werden muss) Dietrich Boxdorfer (Das öffentliche Interesse an der Strafverfolgung trotz geringer Schuld des Täters. Grenzen der Anwendung des § 153a StPO, in: NJW 1976, S. 317 ff., S. 318) laut dem Anknüpfungspunkt für ein konkretes Begriffsverständnis der geringen Schuld das Strafzumessungsrecht sein sollte, weil bei der Beurteilung der Schuld des Täters sämtliche Strafzumessungsgesichtspunkte gem. § 46 II StGB heranzuziehen seien; Gerhard

Die im Rahmen des vorliegenden Teils der Arbeit dargestellte absolute Unbestimmtheit führt nicht nur dazu, dass Regelungen wie diese der §§ 153 und 153a StPO in die Zone des verfassungsrechtlich bedenklichen geraten[61] sondern auch, dass diese Vorschriften durch ihre absolute Unbestimmtheit unvereinbar zu dem Wesen und der Funktion der positiven Gesetze zu sein scheinen, deren Kennzeichnungen die präventive Funktion, die Bildungsrolle, die Absicherung der Gleichheit und der Abwehr der Gefahr der Willkür der Staatsorgane durch ihre Bestimmtheit ist[62].

II. Die doppelte Degradation des „in dubio pro reo" Grundsatzes

Trotz diesen und noch anderen Problemen, auf die wir weiter unten eingehen werden, die die Einführung der Zweckmäßigkeitsvorschriften mit sich gebracht hat, sind auch ihre Kritiker darüber einig, dass diese als „pro reo" Regeln bezeichnet werden können. Das war zumindest unter anderem das Ziel ihrer Einführung. Selbst dieser unumstrittene Charakter wurde dennoch durch die Einführung der §§ 153 und 153a StPO in Frage gestellt.

Bei dem Versuch, eine Beschleunigung des Verfahrens bzw. Entlastung der Justiz von den Bagatellen durch den prozeduralen Weg zu schaffen, hat der Gesetzgeber den Weg für eine Herabwürdigung eines der wichtigsten rechtlichen Prinzipien, des „in dubio pro reo" Grundsatzes, durch beide Geringfügigkeitsvorschriften geöffnet.

Fezer, Vereinfachte Verfahren, S. 29; Peter Hünerfeld, Kleinkriminalität und Strafverfahren, in: ZStW 90 (1978), S. 905 ff., S. 919; Henning Lorenzen, Legalitätsprinzip und Opportunitätsprinzip - Kritische Betrachtungen aus der und für die Strafverfolgungspraxis -, in: Ostendorf, Heribert (Hrsg.): Strafverfolgung und Strafverzicht. Festschrift zum 125jährigen Bestehen der Staatsanwaltschaft Schleswig-Holstein, Köln, Berlin, Bonn, München 1992, S. 548 ff.

61 Kausch, a.a.O., S. 154.

62 Über die Unbestimmtheit des Begriffs der „geringen Schuld", welche zu der Anwendung des § 153a StPO auf den Bereich auch der „mittleren Schuld" geführt hat, s.u.a. Werner Beulke, Untreue zum Nachteil der CDU durch Dr. Kohl (Anmerkung zu dem LG Bonn, Beschluss v. 28.2.2001-27 AR 2/01), in: NStZ 2001, S. 426 ff., S. 427; s. auch Saliger, Grenzen, S. 160; zu dem Begriff der geringen Schuld s.u.a. Wolfgang Naucke, Der Begriff der „geringen Schuld" (§ 153 StPO) im Straftatsystem, in: Festschrift für Reinhart Maurach, C.F. Müller Verlag, Karlsruhe 1972, S. 197 ff.

1. Die Herabwürdigung des „in dubio pro reo“ Prinzips durch § 153 StPO

Laut dem § 170 (2) StPO muss der Staatsanwalt das Verfahren einstellen, wenn die Ermittlungen keinen genügenden Anlass zur Erhebung der öffentlichen Klage bieten. Diese Vorschrift, welche Ausdruck des Legalitätsprinzips ausmacht, stellt zugleich den Kern des „in dubio pro reo“ Prinzips im deutschen Strafprozessrecht dar. Nicht nur die Anwendung dieser Vorschrift wurde aber durch die Einführung des § 153 heruntergestuft, sondern auch die Bedeutung des in dieser verankerten „in dubio pro reo“ Grundsatzes. Denn der Gesetzgeber hat bei dem Versuch die Justiz von den „Bagatellfällen“ zu entlasten noch eine Neuerung eingeführt.

Die Anwendung der Einstellung nach § 153 StPO setzt nämlich nicht voraus, dass die Schuld des Täters nachgewiesen ist, dass nämlich die Frage des genügenden Anlasses zur Erhebung der öffentlichen Klage positiv aufgeklärt worden ist. Es scheine viel mehr genug zu sein, dass für sie eine gewisse Wahrscheinlichkeit bestehe[63]. Diese Unerforderlichkeit der Schuldfeststellung hat sogar der Gesetzgeber durch die Wendung „als gering anzusehen wäre“ klargestellt[64].

Allein diese „Verdachtsreduktion“ hätte dennoch keine negativen Folgen für die Geltung des „in dubio pro reo“ Grundsatzes, wenn die Anwendung der Einstellungsmöglichkeit der Zweckmäßigkeitsnormen nicht mit einer negativen für den Beschuldigten bzw. Angeklagten Begründung verbunden wäre. Der Beschuldigte bzw. Angeklagte, der von dem Privileg der Einstellung nach § 153 StPO Gebrauch macht, stellt einen mutmaßlichen Täter dar, dessen Tat nicht wert war, die Justiz zu belasten und nicht einen mutmaßlichen Unschuldigen, wie es bei der Anwendung der Einstellung der § 170 (2) der Fall ist; von dieser Einstellung wird Gebrauch gemacht, nicht weil die Schuld nicht nachgewiesen werden kann, sondern weil sie - selbst wenn sie nachgewiesen werden könnte - als gering anzusehen wäre. Die Schuldfrage bleibt daher immer noch in der Schwebe[65].

Dieser belastende Verdacht braucht dennoch nach dem § 153 nicht mehr aufgeklärt zu werden, als es für die oben erwähnte Prognose notwendig ist[66]. Auch wenn zu erwarten ist, dass sich eine dem Beschuldigten günstigere Erledi-

---

63 Lutz Meyer-Goßner, a.a.O., § 153 Rdnr. 3.

64 Karlsruher Kommentar zur Strafprozessordnung und zum Gerichtsverfassungsgesetz mit Einführungsgesetz (herausgegeben von Prof. Dr. Gerd Pfeiffer) 6. Auflage, München 2008, § 153.

65 Theo Vogler, Straf- und strafverfahrensrechtliche Fragen in der Spruchpraxis des Europäischen Gerichtshofs für Menschenrechte, in: ZStW 89 (1977), S. 785.

66 Lutz Meyer-Goßner, a.a.O., § 153 Rdnr. 3.

gungsart als die Einstellung nach § 153 ergeben könnte, z.B. Einstellung nach § 170 (2), sei diese zusätzliche Klärung nicht geboten[67].

Die notwendige gewisse Wahrscheinlichkeit für die Schuld des Täters kann dennoch nicht seine Unschuld ausschließen. Das hat zur Folge, dass der Gebrauch der Einstellung des § 153 nicht nur dem § 170 (2) einen Teil des Bereichs seiner Anwendung entzieht, sondern auch dem Beschuldigten die Möglichkeit einer Einstellung mit einer für ihn günstigeren Begründung wegnimmt. Es ist unumstritten, dass auch der Entzug der Möglichkeit einer günstigeren Begründung des Urteils gegen das „in dubio pro reo" Prinzip verstößt. Nicht nur die folgenden vier Sachverhaltsgruppen, die mit der Frage „Strafe oder Freispruch" zu tun haben, stellen nämlich den Kern des Grundsatzes, dar:

a. Zweifel an einem belastenden Umstand führt zum Freispruch
b. Zweifel an einem entlastenden Umstand führt zum Freispruch
c. Zweifel an einem belastenden Umstand führt zur -milderen- Bestrafung
d. Zweifel am Vorliegen entlastender Umstände führt zur -milderen- Bestrafung[68]

Viel mehr der gefährlichste Fall des „belastenden" Freispruchs, im Falle des Zweifels an einem belastenden Umstand, muss vom Inhalt des Prinzips bedeckt werden. Besonders, wenn er unter dem Vorwand der Freiwilligkeit vertuscht wird[69]. Wegen seines Charakters als „absolute Garantie" müsse die Unschuldsvermutung den Angeklagten nicht nur vor Äußerungen über die Schuld eines Nichtverurteilten oder vor übermäßigen Zwangsmaßnahmen im Laufe des Verfahrens, sondern bei einem nichtverurteilenden Verfahrensbeschluss auch in gewissem Maße vor belastenden Äußerungen im Rahmen der Urteilsbegründung schützen[70].

Eine Einstellung nach § 153 StPO sollte erst dann in Betracht kommen, wenn eine günstigere Erledigungsart, wie z.B. die Einstellung des § 170 (2) StPO, ausgeschlossen ist, wenn die Ermittlungen nämlich einen genügenden Anlass zur Erhebung der öffentlichen Klage geben, sonst überschreitet der § 153

67 Theo Vogler, a.a.O., S. 785.

68 Dazu analytisch Axel Montenbruck, In dubio pro reo aus normtheoretischer, straf- und strafverfahrensrechtlicher Sicht, Berlin 1985, S. 31.

69 Analytischer auf die Frage, ob die Zustimmung des Angeklagten als wirksamer Verzicht auf ein so fundamentales Element eines rechtsstaatlichen Verfahrens, wie es die Unschuldsvermutung darstellt, gedeutet werden kann (Theo Vogler, a.a.O., S. 785), werden wir im nächsten Kapitel eingehen.

70 Axel Montenbruck, a.a.O., S. 70 mit Verweis auf Stefan Trechsel, Struktur und Funktion der Vermutung der Schuldlosigkeit, in: SJZ 77 (1981), S. 317 ff.

den Anwendungsbereich des § 170 (2) und stellt seine Anwendung eine schwere Verletzung des „in dubio pro reo“ Satzes dar[71].

2. Die Abschaffung des „in dubio pro reo“ Satzes durch § 153a StPO

Selbst aber wenn der § 153 eine mittelbare Abschaffung des „in dubio pro reo“ Satzes hervorrufen kann, stellt die Einführung des 153a eine unmittelbare Herabwürdigung sowohl des oben erwähnten rechtlichen Axioms als auch des seinen Kern ausmachenden Unschuldsvermutungsprinzips[72] dar, dadurch dass er eine der schädlichsten prozeduralen Inkonsistenzen erlaubt, die Auferlegung nämlich einer Strafe, weil die Mehrheit der Auflagen und Weisungen nichts Anderes als Strafmaßnahmen darstellen, bei bloßem Verdacht über die Schuld des Beschuldigten bzw. Angeklagten[73]. Zu dieser Schlussfolgerung könnten wir dennoch erst dann kommen, wenn wir einen Blick auf das Wesen der Strafe werfen, so dass wir in der Lage sind, die Natur der Auflagen und Weisungen genauer zu bestimmen.

a. Vom Wesen der Strafe

Der Versuch, das Wesen der Strafe zu entziffern, setzt notwendig das Beantworten von zwei Schlüsselfragen voraus. Erstens „welche Begriffe bilden den Kern der Strafe“, nämlich welcher Charakter bzw. welche Eigenschaften einer staatlichen Maßnahme stellen eine „conditio sine qua non“ für ihre Bezeichnung als „Strafe“ dar und zweitens „auf wessen Urteil es bei der Interpretation dieses Charakters ankommen soll“.

Der Realgrund einer Strafe liegt immer in der Vergangenheit, auch wenn ihr Finalgrund zukunftsbezogen ist[74]. Diese Annahme reicht dennoch nicht um

---

71 Theo Vogler, a.a.O., S. 785.

72 Über den Verstoß gegen das Unschuldsvermutungsprinzip, welches die Einführung der §§ 153 ff. StPO mit sich bringt, s.u.a. Karl-Heinz Peifer, Die Rechtskraft der Einstellungsbeschlüsse nach den §§ 153 ff. StPO, Bonn 1965.

73 Dazu analytisch Frank Saliger, Grenzen, S. 159-160, laut dem die Auferlegung und Erfüllung von in der Sache strafähnlichen Sanktionen für Taten ohne rechtskräftigen Schuldspruch gegen die Unschuldsvermutung (Art. 6 II MRK) verstoße; ebenso Friedrich Dencker, Die Bagatelldelikte im Entwurf eines EGStGB, in: JZ 1973, S. 144 ff.; auch Hans-Joachim Hirsch, Zur Behandlung der Bagatellkriminalität, S. 232 ff.

74 Ulfrid Neumann / Ulrich Schuth, Neuere Theorien, S. 6, Günter Bierbrauer / Bernhard Haffke, Schuld und Schuldunfähigkeit, in: Winfried Hassemer / Klaus Lüderssen (Hrsg.), Sozialwissenschaften im Studium des Rechts, Bd. III, Strafrecht, München 1978, S. 165; Ulrich Klug, Phänomenologische Aspekte der Strafrechtsphilosophie von

den Charakter einer Maßnahme als Strafe oder nicht zu bestimmen. Bedeutend für diese Bezeichnung ist nur der Finalzweck, welchem die Auferlegung einer Strafe dient.

Einigkeit herrscht aber auch nicht darüber, welche von diesen zukunftsbezogenen Zielen/Eigenschaften einer Maßnahme dazu führen können, dass sie als Strafe bezeichnet werden kann. Als mögliche Definitionskriterien wurden unter anderem die Zufügung eines Übels (Strafe als Übel)[75] sowie der missbilligende Charakter einer Strafmaßnahme, welcher unabhängig davon ist, ob die Missbilligung von der Zufügung eines Übels gefolgt wird (Strafe als Missbilligung)[76] vorgeschlagen.

Besonders das erste, engere Definitionskriterium, laut dem eine Maßnahme nur dann als Strafe bezeichnet wird, wenn sie mit der Zufügung eines Übels verbunden ist, ist auf harte Kritik gestoßen. Viele Autoren betonen nämlich, dass die Strafe als gesellschaftliche Missbilligung und nicht als Übelzufügung anzusehen sei, weil nur so die existierende Möglichkeit einer Bestraffung ohne Übelzufügung (Strafaussetzung zur Bewährung, Verwarnung mit Strafvorbehalt usw.) sich rechtfertigen lässt[77]. Die Tatsache auch, dass die Strafe faktisch mit einem Übel verknüpft ist, besagt auch laut Ulfrid Neumann nichts über die begriffliche Zugehörigkeit des Übels zur Strafe[78].

Nicht nur aber diese zwei Einwände sondern auch die Subjektivität des menschlichen Empfindens darüber, was als Übel bezeichnet werden kann, verdeutlichen die Tatsache, dass die Einschränkung des Definitionskriteriums der Strafe auf die Übelzufügung einen gefährlichen[79] theoretischen Fehler ausmacht. Besonders treffend hat Klug[80] die von dieser Subjektivität hervorgehenden Schwierigkeiten durch die Zitierung eines Beispiels dargestellt. Laut ihm ist die Zufügung eines Übels kein notwendiges Merkmal der Strafe, da der Täter die Tat auch begehen könnte, um die Todesstrafe herbeizuführen, aufgrund dessen, dass er den Tod nicht als Übel, sondern als Erlösung empfindet.

Die oben kurz aufgeführten Bemerkungen können uns zu zwei ersten Schlussfolgerungen führen, was das Wesen einer strafenden Maßnahme betrifft. Notwendige Voraussetzung der Bezeichnung einer Maßnahme als „strafend“ stellt nicht die Realisierung des Zweckes, welchen der Staat durch ihre Einfüh-

---

Kant und Hegel, in: Phänomenologie, Rechtsphilosophie, Jurisprudenz, Festschrift für Gerhart Husserl zum 75. Geburtstag, Frankfurt am Main 1969, S. 212 ff., S. 219.

75 Dazu analytisch Ulfrid Neumann / Ulrich Schuth, a.a.O., S. 6; auch Herbert Hart, Prolegomena zu einer Theorie der Strafe, in: Hart, Recht und Moral, Göttingen 1971, S. 58 ff., S. 61.

76 Peter Noll, Die ethische Begründung der Strafe, Tübingen 1962, S. 19.

77 S.u.a. Ulfrid Neumann / Ulrich Schuth, a.a.O., S. 6, Peter Noll, a.a.O., S. 19.

78 Ulfrid Neumann / Ulrich Schuth, a.a.O., S. 6-7.

79 Soweit die Strafe immer mit der Einschränkung der menschlichen Freiheiten zu tun hat.

80 Ulrich Klug, a.a.O., S. 217.

rung bezweckt, die Beschränkung z.B. der persönlichen Freiheit des Täters aus general- bzw. spezialpräventiven Gründen. Vielmehr genügt es, um die oben erwähnten Schwierigkeiten auszuräumen, auf die Intention der Einführung der Maßnahme abzustellen[81]. Diese Intention muss immer bei den strafenden Maßnahmen die ausgedrückte Missbilligung der Gesellschaft gegen den Täter einer illegalen Tat beinhalten. Die Realisierung dieser Missbilligung durch die Auferlegung einer im engeren Sinne verstandenen Strafe, nämlich eines Übels, macht dennoch kein notwendiges Charakteristikum einer Strafe aus.

Die zweite Schlussfolgerung, zu der wir leicht durch eine kurze Betrachtung der oben aufgeführten Gedanken kommen können, bezieht sich auf die Frage, „auf wessen Urteil es bei der Interpretation sozialer Reaktionen auf Normverstoße ankommen soll", nämlich wer ist der Geeignete die staatliche Reaktion als „strafende" oder „nicht strafende" zu charakterisieren. Zu denken wäre an den Gesetzgeber, an die Betroffenen und an die Gesellschaft. Die Auswahl der zwei ersten Möglichkeiten stößt dennoch an die Subjektivität ihres Empfindens. Was der Gesetzgeber als sittlich indifferentes Erziehungsmittel verstehe, könne sogar von den Betroffenen als sozial und ethisch diskriminierend erlebt werden[82].

Die einzige Auswahl, die die Schwierigkeiten des subjektiven Empfindens ausräumen könnte, scheint die dritte zu sein. Nur das kollektive Empfinden der Gesellschaft, welches die Objektivität einer Entscheidung besser gewährleistet, scheint in der Lage zu sein, zuverlässig über den Charakter einer Maßnahme zu beurteilen. Letztlich entscheidet nämlich über den Charakter der staatlichen Reaktionen die Gesellschaft, dann ist die Frage, ob eine bestimmte Reaktion einen missbilligenden für den Täter Charakter hat, eine Frage nicht der Ausgestaltung der Reaktion, sondern der Interpretation durch die Gesellschaft[83].

Die Feststellung, dass notwendige Voraussetzung für die Charakterisierung einer Maßnahme als „strafend", die ihr immanente und von der Gesellschaft als solche empfundene Missbilligung ist, gibt dennoch keine endgültige Antwort auf die Frage, wann eine Maßnahme, selbst wenn sie einen missbilligenden Charakter besitzt, unbedingt als Strafe bezeichnet werden kann, denn die meisten von den staatlichen Reaktionen weisen einen gemischten, nämlich nicht nur einen missbilligenden (Sanktionscharakter) sondern auch einen dem Täter helfenden, Erziehungscharakter auf.

Die Charakterisierungsschwierigkeiten, die aus dieser Besonderheit der staatlichen Reaktionen hervorgehen, kann man nur durch eine genauere Betrachtung bzw. Einordnung dieser Maßnahmen, ausräumen. Die staatlichen Maß-

81 S. Ulfrid Neumann, in Ulfrid Neumann / Ulrich Schuth, a.a.O., S. 8, S. 9, laut dem Strafe die Übelzufügung durch Missbilligung ist.

82 S. Ulfrid Neumann, a.a.O., S. 8, der sogar von „Etikettenschwindel" spricht.

83 Ulfrid Neumann, a.a.O., S. 8.

nahmen könnten wir nämlich in drei wichtige Kategorien unterteilen, von denen jede einen besonderen Charakter aufweist.

1. In die Kategorie der staatlichen Reaktionen, die ausschließlich einen belastenden Charakter für den Täter haben. Die Maßnahmen dieser Kategorie, deren Hauptvertreter die Todesstrafe darstellt, finden heutzutage nur wenig Anwendung und weisen einen reinen Strafcharakter auf; dass die Maßnahmen dieser Kategorie als „Strafe“ bezeichnet werden müssen, ist nämlich unumstritten.
2. In die Kategorie der staatlichen Reaktionen, die sowohl einen belastenden für den Täter (Sanktionscharakter) als auch einen helfenden Charakter (Erziehungscharakter) haben. Diese Kategorie der gemischten Charakter aufweisenden Maßnahmen stellt nicht nur die Kategorie dar, die die meisten der staatlichen Maßnahmen beinhaltet, sondern auch die Kategorie der Maßnahmen, deren die Bezeichnung als „Strafe“ oder nicht, wegen dieses gemischten Charakters, am schwierigsten fällt.
3. Und schließlich in die Kategorie der staatlichen Reaktionen, die nur einen helfenden Charakter, einen Erziehungscharakter (und keinen belastenden) für den Täter aufweisen[84]. Was die Maßnahmen dieser Kategorie betrifft, ist die Tatsache auch unumstritten, dass sie nicht als „Strafe“ bezeichnet werden können, weil ihr Charakter „rein erziehend“ ist.

Diese kurze Aufführung der drei wichtigsten Maßnahmenkategorien macht die Tatsache deutlich, dass nur die Charakterisierung der staatlichen Reaktionen der zweiten Kategorie, wegen ihres gemischten Charakters, Schwierigkeiten aufweist. Die Frage, die jetzt auftaucht, lautet: „Müssen alle in die zweite Kategorie eingeordneten Maßnahmen, die mehr oder weniger auch einen Übelcharakter haben, als Strafen bezeichnet werden?“

Eine positive Antwort auf diese Frage wäre, wenn nicht übertrieben, zumindest, was einige von diesen Maßnahmen betrifft, dem Gesellschaftsempfinden widersprechend. Eine zuverlässige Antwort auf die Frage nach der Natur einer Maßnahme können wir nur dann geben, wenn wir beiden, sowohl nämlich den erziehenden als auch den missbilligenden Charakter dieser staatlichen Reaktion in Abwägung ziehen. Der herrschende, nach dem Empfinden der Gesellschaft in einem bestimmten Zeitalter, Charakter der Maßnahme muss der entscheidende für ihre Charakterisierung als „Strafe“ oder nicht sein.

Die oben aufgeführten Gedanken können leichter durch die kurze Zitierung eines Beispiels verständlich werden. Die Gefängnisstrafe der Volljährigen

84 In diese Kategorie der „rein erziehenden“ Maßnahmen können wir z.B. die in vielen Rechtsordnungen bestehende Verpflichtung des Täters eines Autounfalls Fahrunterricht zu besuchen einordnen.

stellt eine von diesen Maßnahmen, die einen gemischten Charakter aufweisen, dar. Es ist nämlich selbstverständlich, dass sie sowohl eine Missbilligung (sogar Übelzufügung) durch den Freiheitsentzug als auch eine Erziehungsrolle (Aktivitäten im Gefängnis, Bildungsrolle der Strafe usw.) beinhalten.

Es bleibt dennoch unumstritten, dass sowohl wegen der Intensität des Freiheitsentzugs, die die Erziehungsrolle der Maßnahme in den Schatten stellt als auch wegen des immer schwächeren Bildungsbeitrags der Gefängnisstrafe, die sich immer mehr als „Nährboden neuer Kriminellen“ erweist, diese Maßnahme von der Gesellschaft als Missbilligung, und als Folge davon als Strafe empfunden wird.

Das ist aber nicht der Fall, was die Maßnahmen zur Besserung der Jugendlichen betrifft, die auch einen gemischten Charakter aufweisen. Obwohl nämlich auch ihnen die Missbilligung für die Begehung der Tat immanent ist, die sogar auch durch den Entzug der Freiheit ausgedrückt wird, weisen sie einen überwiegend „erziehenden- bzw. Bildungscharakter“ auf.

Nicht nur die Privilegien bei der Behandlung der Jugendlichen und ihre Trennung von den Volljährigen zeigen den besonderen Charakter dieser Maßnahmen, vielmehr der Kern dieser Maßnahmen, den der tatsächliche Versuch der Wiedereingliederung der Jugendlichen in die Gesellschaft ausmacht (z.B. durch die Erteilung von Unterricht und die psychologische Unterstützung der Jugendlichen) führt dazu, dass der Freiheitsentzug als ein bloßes Mittel für die Verwirklichung dieses Zieles von der Gesellschaft empfunden wird.

Die oben aufgeführten Gedanken, die nicht vollständig sind, sondern nur eine erste Annäherung des Begriffs der Strafe darstellen, dienen dazu, uns bei dem Versuch zu helfen, den Charakter der „Auflagen und Weisungen“ des § 153a zu bestimmen. Die Bestimmung des Strafcharakters dieser Maßnahmen stellt den ersten Schritt dar, für die Feststellung des, durch die Einführung dieser Vorschrift, Verstoßes gegen das „in dubio pro reo“ Prinzip.

b. Vom Wesen der Auflagen und Weisungen

Die Frage, ob und inwieweit die staatliche Strafe durch andere Reaktionsformen ersetzbar ist, wurde vor allem in den achtziger Jahren unter dem Stichwort „Konflikt als Eigentum“ diskutiert und von einigen mit der Parole der Rückgabe des Konflikts an die Gesellschaft bejaht[85]. Teil dieses Versuchs der Rückgabe des Konflikts an die Gesellschaft stellte einigermaßen die Einführung der Geringfügigkeitsvorschriften dar, die dennoch zu dem Gegenergebnis, zu der Einführung „reiner Strafvorschriften“ nämlich, geführt hat.

85 Ulfrid Neumann, Alternativen zum Strafrecht, in Ulfrid Neumann / Cornelius Prittwitz (Hrsg.), Kritik und Rechtfertigung des Strafrechts, Peter Lang, Frankfurt am Main 2005, S. 92-93.

Den Sanktionscharakter der oben erwähnten Maßnahmen macht vor allem ihr Gebrauch deutlich. Die Auflage z.B., eine bestimmte Leistung zur Wiedergutmachung des Schadens zu erbringen, spiele im Rahmen dieser Vorschriften nur eine geringe Rolle. Zu ihr wäre der Beschuldigte zivilrechtlich ohnehin verpflichtet. Das Gleiche gelte sogar auch für die Weisung, Unterhaltszahlungen in bestimmter Höhe nachzukommen[86]. Im Gegensatz dazu liege der Schwerpunkt des § 153a eindeutig bei der Auflage, einen Geldbetrag zugunsten einer gemeinnützigen Einrichtung oder der Staatskasse zu zahlen[87]. Es muss unumstritten sein, dass diese Zahlungsverpflichtung den Beschuldigten vergleichbar einer Geldstrafe treffe[88].

Diese Ähnlichkeit der Mehrheit der Auflagen und Weisungen des § 153a zu der Geldstrafe hat sogar dazu geführt, dass selbst der Teil der Theorie, der ihren strafrechtlichen Sanktionscharakter bestreitet, zugibt, dass sie zumindest als „Sanktionen besonderer, nichtstrafrechtlicher Art" bezeichnet werden müssen[89]. Obwohl nämlich die Auflagen und Weisungen keine Strafe im Sinne des materiellen Strafrechts seien, lasse es sich nach dem oben erwähnten Teil der Theorie nicht bestreiten, dass ihre Erfüllung, besonders bei der am häufigsten genützten Geldzahlung nach § 153a Abs.1 Satz 2 Nr.2 StPO vom Beschuldigten „als ein Übel empfunden wird, welches ihn wegen des Tatvorwurfes trifft und dass es ihm von den Strafverfolgungsbehörden auferlegt wird"[90]. Es ist deswegen unumstritten, dass den Auflagen und Weisungen mindestens die Funktion einer Sanktion zukommt[91]. Die oben erwähnte größtenteils herrschende Einigkeit[92] über den Strafcharakter der Mehrheit der Auflagen und Weisungen lässt

86 Volker Hertwig, Die Einstellung des Strafverfahrens wegen Geringfügigkeit. Eine empirische Analyse der Handhabung der §§ 153, 153a StPO in der staatsanwaltschaftlichen und gerichtlichen Praxis, Göttingen 1982, S. 128.

87 Volker Hertwig, a.a.O., S. 128, laut dem 89,8 % der Fälle der Auferlegung einer von den in dem § 153 a beinhaltenden Auflagen und Weisungen die Zahlung eines Geldbetrages zugunsten einer gemeinnützigen Einrichtung oder der Staatskasse betrifft.

88 Volker Hertwig, a.a.O., S. 128.

89 Werner Beulke, in Ewald Löwe / Werner Rosenberg, Die Strafprozessordnung und das Gerichtsverfassungsgesetz, Großkommentar, Dritter Band, 25. Auflage, Berlin 1997, §§ 137-212b, S. 482.

90 Werner Beulke, in Löwe-Rosenberg, a.a.O.

91 Das lasse sich auch laut Werner Beulke, a.a.O., dadurch erklären, dass man andernfalls nicht erklären könnte, wie ihre Erfühlung das öffentliche Interesse an der Strafverfolgung und damit an der Verhängung einer strafrechtlichen Sanktion beseitigen könnte.

92 Als Vertreter der Meinung, dass die Auflagen und Weisungen einen Strafcharakter aufweisen gelten unter anderem Hans-Joachim Hirsch, Zur Behandlung der Bagatellkriminalität, S. 233; Heinz Wagner, Rechtliches Gehör im Ermittlungsverfahren, in: ZStW 109 (1997), S. 545 ff., S. 559; Thomas Weigend, „Das Opportunitätsprinzip" zwischen

sich leicht, durch den Gebrauch der im vorigen Kapitel aufgeführten Schlussfolgerungen über das Wesen der Strafe, erklären.

Die einzige von den Auflagen und Weisungen, die einen reinen Erziehungscharakter aufweist und als Folge davon in die dritte Kategorie der Maßnahmen, die nicht als Strafe bezeichnet werden können, eingeordnet werden muss, stellt die im § 153a (1) 6 verpflichtende Teilnahme des mutmaßlichen Täters an einem Aufbauseminar nach § 26 Abs. 2 Satz 2 oder § 4 Abs.8 Satz 4 des Straßenverkehrgesetzes dar.

Diese beinhaltet keine von dem Täter, dem Staat oder der Gesellschaft als Missbilligung empfundene Verpflichtung, während die einzige Verpflichtung, die sie durchsetzt, der besseren Wiedereingliederung des Beschuldigten bzw. Angeschuldigten in die Gesellschaft dient. Ihre inhaltliche Selbstständigkeit bzw. Differenzierung von den anderen Auflagen und Weisungen macht sogar die Tatsache deutlich, dass sie durch den Art. 4 Nr. 2 des Gesetzes zur Änderung des Straßenverkehrsgesetzes und anderer Gesetze vom 24.04.1998 (später nämlich als die Mehrheit der anderen Auflagen und Weisungen und zum Dienen einem anderen Zweck) eingeführt wurde[93].

In die zweite Kategorie der staatlichen Reaktionen, deren nämlich welche einen gemischten, sowohl missbilligenden als auch erziehenden Charakter für den Täter aufweisen[94], könnten wir die Auflagen und Weisungen einordnen, deren Kern zumindest teilweise die Wiedergutmachung für das Opfer ausmacht. Sie weisen neben dem Missbilligungscharakter, den die Geldzahlung beinhaltet, auch einen zweitrangigen Erziehungscharakter dadurch auf, dass der mutmaßliche Täter dazu verpflichtet ist, unmittelbar dem Opfer zu helfen. Trotz der Existenz auch dieses Charakters muss dennoch unumstritten bleiben, dass ihr Missbilligungscharakter bedeutender ist, soweit diese Zahlung von der Gesellschaft immer als ein Ausgleich des Täters mit dem Opfer, als eine Missbilligung des Täters durch Vermögensentzug wegen seiner illegalen Tat empfunden wird. Die Auflagen und Weisungen dieser Kategorie müssen nämlich durch die Anwendung des im vorigen Kapitel aufgeführten Kriteriums als „Strafen" angesehen werden.

Den dennoch augenfälligsten Fall von Auflagen und Weisungen, deren Charakter ausschließlich als missbilligend betrachtet werden muss, stellen diejenigen, die einen Geldbetrag zugunsten des Staates fordern, dar. Diese Zahlungen

---

Einzelfallgerechtigkeit und Systemeffizienz, in: ZStW 109 (1997), S. 102 ff., S. 106; Peter Hünerfeld, Kleinkriminalität, S. 920.

93 Löwe / Rosenberg, a.a.O., S. 473.

94 Für die Einführung von weiteren Auflagen dieser Kategorie, die einen gemeinnützigen Charakter aufweisen, Sascha Ziemann, Gläubigerbenachteilung durch Zahlung einer Geldauflage an die Staatskasse gemäß § 153a StPO? (Anmerkung zu dem BGH, Urt. v. 5.6.2008- IX ZR 17/07), in: JR 2009, S. 167 ff., S. 172.

machen sogar die von den Auflagen und Weisungen am meisten anwendbaren Maßnahmen aus. Die Einordnung dieser Maßnahmen in die erste Kategorie der staatlichen Reaktionen (Reine Strafmaßnahme) ist über alle Zweifel erhaben, weil sie nicht nur keinen Vorteil zugunsten des Beschuldigten bzw. Angeschuldigten gewähren, sondern auch nicht zugunsten des Opfers der Tat. Der einzige, der von der Auferlegung dieser Auflagen profitiert, ist zweifellos der Staat, der sich durch die Einführung der entsprechenden Regelung eine neue Einnahmequelle verschafft hat.

c. Hinreichender Verdacht ohne Prozess?

Die oben aufgeführten Gedanken machen die Tatsache deutlich, dass es bei den Auflagen und Weisungen mit der Ausnahme des § 153a (1) 6 StPO um Strafmaßnahmen geht, die sogar die Eigentümlichkeit aufweisen, unter bloßem Verdacht auferlegt zu werden. Diese augenscheinliche Wahrheit bestreiten die Verfasser der umstrittenen Regelungen der StPO, ohne dennoch in der Lage zu sein, die grundlegende Frage zu beantworten, wie kann der Verdacht hinreichend sein, ohne dass er sich der Kontrolle des Hauptverfahrens unterzogen hat.

Einstellungen gemäß § 153a seien nach dem Sinn dieses Paragraphen nicht zulässig bei zweifelhafter Beweislage[95]. Es müsse insoweit hinreichender Tatverdacht bestehen, denn nur dann könne dem Beschuldigten die „freiwillige" Übernahme besonderer Pflichten zugemutet werden[96]. Die im Schrifttum teilweise formulierte Feststellung, dass die Auferlegung der Aufnahmen und Weisungen die Existenz der Schuld bzw. die Überzeugung des Richters oder Staatsanwalts von der Schuld voraussetzt, bedeutet sogar den berechtigten Hinweis, dass Staatsanwalt oder Gericht nicht von sich aus auf Erfüllung von Auflagen und Weisungen hinwirken dürfen, solange sie noch Zweifel an einer andernfalls möglichen Verurteilung haben[97].

Die Frage, die dennoch jetzt logisch auftaucht lautet: kann das durch den Staatsanwalt geleitete und normalerweise aus Beschleunigungsgründen zeitlich beschränkte Ermittlungsverfahren, die relative Gewissheit, die der hinreichende Tatverdacht fordert, gewährleisten?[98] Kann es nämlich das Hauptverfahren so

95 Karlsruher Kommentar, § 153a Rdnr. 10.

96 Meyer-Goßner, a.a.O., § 153a.

97 Löwe / Rosenberg, Großkommentar, S. 496.

98 Zu der Problematik des Tatverdachts im Ermittlungsverfahren analytisch Erwin Lohner, Der Tatverdacht im Ermittlungsverfahren. Begriff, rechtliche Ausgestaltung, praktische Handhabung und Kontrolle am Beispiel der polizeilichen Verdachtsfeststellung, Frankfurt am Main 1994, besonders S. 61 ff.; Hans-Jürgen Bruns, Tatverdacht und Schlüssigkeitsprüfung im strafprozessualen Ermittlungsverfahren, in Hans-Joachim Hirsch u.a. (Hrsg.), Gedächtnisschrift für Hilde Kaufmann, Berlin, New York 1986, S. 863 ff.

erfolgreich ersetzen, dass eine auf seine Ergebnisse stützende Vorverurteilung legitimiert werden kann?

Die negative Antwort, die sich aus der Natur des Ermittlungsverfahrens ergibt sowie aus der Tatsache, dass der von grundlegender Bedeutung und im Art. 103 Abs. 1 GG verankerte Anspruch auf rechtliches Gehör ohne Hauptverfahren nicht befriedigt werden kann[99], führt sogar zu der Annahme folgender Schlussfolgerung: das Merkmal der Überzeugung könne hierbei nicht in dem sonst in der StPO gebrauchten Sinne verwendet werden, „denn eine Überzeugung von der Schuld lässt sich in aller Regel erst durch das Gericht nach völligem Abschluss der Beweisaufnahme nach den Schlussvorträgen und (im Kollegialgericht) nach Beratung gewinnen“[100].

Die Anwendung des § 153a ist aber nicht auf den oben erwähnten Verfahrenszeitpunkt beschränkt. Das Anerbieten, gegen eine Gegenleistung das Verfahren einzustellen, kommt sogar zu einem Zeitpunkt, in dem noch nicht ausermittelt ist und noch gar nicht abzusehen ist, ob Zweifel bleiben werden[101]. Das macht die Tatsache deutlich, dass § 153a die Schuld- bzw. Verurteilungswahrscheinlichkeit nur in der für die jeweilige Verfahrenslage vorgeschriebenen Verdachtsintensität verlangt[102]. Sie muss nämlich hinreichend im Sinne des § 203 für die Anwendung des § 153a Abs. 1 und 2 vor der Eröffnung des Hauptverfahrens sein[103]. Dieser Zweifel an die Schuld des Beschuldigten bzw. Angeschuldigten und die sich daraus ergebende Anknüpfung der Auflagen und Weisungen an einen bloßen Verdacht spricht bei der Auferlegung dieser Strafmaßnahmen für einen klaren Verstoß gegen das in dem Art. 6 Abs. 2 MRK festgeschriebene Unschuldsvermutungsprinzip[104].

Die unmittelbare Negation dieses Prinzip, die den Kern des „In dubio pro reo“ Satzes bildet[105] und in so engem Zusammenhang zu diesem Prinzip steht, dass viele Autoren den Satz „in dubio pro reo“ auf die Unschuldsvermutung des Artikels 6 II MRK zurückführen[106], scheint dennoch nicht genug zu sein, die

99 Vgl. Hans Dahs, Das rechtliche Gehör im Strafprozess, München und Berlin, 1965, S. 12, laut dem der Geltungsbereich des Anspruches auf rechtliches Gehör in Art. 103 Abs. 1 GG durch die Worte „vor Gericht“ umschrieben ist. Das hat eine doppelte Bedeutung, auf der einen Seite bedeutet es nämlich, dass der Geltungsbereich des Prinzips das Hauptverfahren ist und daher, dass der Anspruch auf rechtliches Gehör ohne Hauptverfahren nicht wirklich gewährleistet werden kann.

100 Löwe / Rosenberg, a.a.O., S. 496.

101 Schmidhäuser Eberhard, Freikaufsverfahren, S. 529 ff.

102 Löwe / Rosenberg, a.a.O., S. 496.

103 Löwe / Rosenberg, a.a.O., S. 496.

104 S.u.a. Hirsch, Zur Behandlung der Bagatellkriminalität, S. 233.

105 Claus Roxin, Strafverfahrensrecht, 26. Auflage, München 2009, S. 61.

106 Axel Montenbruck, In dubio pro reo aus normtheoretischer, straf- und strafverfahrensrechtlicher Sicht, Berlin 1985, S. 67.

Gesamtheit der mit dem Thema beschäftigten Theoretiker davon zu überzeugen, dass diese Negation auch zweifellos einen unmittelbaren Angriff gegen diesen fundamentalen Grundsatz des Strafprozessrechtes darstellt[107].

Sogar die Gegenmeinung lässt sich häufig finden[108]. Charakteristisch ist in diese Richtung die Ansicht, laut der die Auferlegung der Auflagen und Weisungen gegen die Unschuldsvermutung nicht verstoßt, weil die Schuldfrage offen bleibt[109]. „Diese gelte auch nach der Erfüllung der Auflagen und Weisungen weiter“[110]. Die oben erwähnte Meinung stellt dennoch einen Widerspruch in sich selbst dar, weil sie die Tatsache bestätigt, dass die Auferlegung von Strafmaßnahmen, wie sie die Mehrheit der Auflagen und Weisungen sind, erlaubt ist, auch wenn die Schuldfrage offensichtlich offen bleibt.

Selbst aber wenn man die oben erwähnte Meinung, dass nämlich die Anwendung des 153a gegen die Unschuldsvermutung nicht verstoßt, akzeptieren würde, schließe es auf keinen Fall einen potentiellen Verstoß gegen das „in dubio pro reo“ aus, welches einen umfassenderen (die Unschuldsvermutung einfach beinhaltenden) Begriff im Vergleich zu der Unschuldsvermutung darstellt. Im Gegensatz zu dem auf die Feststellung der Schuld beschränkten Begriff der Unschuldsvermutung gilt das „in dubio pro reo“ Prinzip uneingeschränkt für die tatsächlichen Feststellungen des materiellen Rechts einschließlich der Bestimmung der Rechtsfolgen[111].

Die unbeschränkte Anwendung des Grundsatzes im materiellen Recht erstreckt sich „auf sämtliche Merkmale des äußeren und inneren Tatbestandes und sämtliche schuld- bzw. rechtswidrigkeitsausschließende Umstände, einschließlich persönlicher Strafaufhebungs- und Strafausschließungsgründe[112]“, die vor dem Ende des Hauptverfahrens und der Präsentation des gesamten Beweismaterials nicht aufgeklärt werden können.

107 S. auch Montenbruck, a.a.O., S. 68, mit Verweis auf BverfG 22, 254, 265, laut dem „Einig ist man sich nur darin, dass es die Unschuldsvermutung nicht verbiete, an einen vagen Verdacht strafprozessuale Maßnahmen zu knüpfen.“

108 Vgl. etwa Lorenz Schulz, Grenzen prozessualer Normativierung. Aspekte der Unschuldsvermutung, in: GA 2001, S. 226 ff., S. 241; Thomas Weigend, Das „Opportunitätsprinzip“ zwischen Einzelfallgerechtigkeit und Systemeffizienz, in: ZStW 109 (1997), S. 102 ff., S. 109.

109 Werner Beulke, in Löwe / Rosenberg, a.a.O., S. 483.

110 Werner Beulke, a.a.O., S. 483, laut dem aus dieser Schuldneutralität der Auflagenerfüllung auch folgt, dass sich ihre Eignung, die Strafsanktion zu ersetzen in erster Linie auf die präventiven Strafzwecke bezieht.

111 Zu dem Thema analytisch Andreas Michael, Der Grundsatz in dubio pro reo im Strafverfahrensrecht. Zugleich ein Beitrag über das Verhältnis von materiellem Recht und Prozessrecht, Frankfurt am Main 1981.

112 Andreas Michael, a.a.O., S. 1.

Das „In dubio pro reo“ Prinzip beschränkt sich nicht auf die Tatsachen, die ausschließlich mit der Schuld des Täters zu tun haben, die sie nämlich begründen und auf die sich das Schuldurteil bezieht (Tatbestandsmäßige, rechtswidrige Tat)[113]. Es bildet sogar einen umfassenderen Begriff, der neben diesem grundlegenden Bereich des materiellen Strafrechts auch die sonstigen Tatsachen, welche Voraussetzungen des staatlichen Strafanspruches sind, umfasst. „Denn auch strafmildernde oder strafausschließende Umstände dienen als Wertungsmaßstab für die Frage der Strafwürdigkeit menschlichen Verhaltens und bestimmen näher welche Missbilligung jemandem für das, was er getan hat, gebührt[114]“.

Diese so umfassende und so anspruchsvolle Frage der Strafwürdigkeit, die nicht nur mit der Schuld des Täters zu tun hat, sondern auch mit der Aufklärung des gesamten historischen Ereignisses, in dessen Rahmen die Straftat begangen worden ist, kann nicht im Rahmen des Vorverfahrens beantwortet werden. Eine Antwort auf die Gesamtheit dieser so anspruchsvollen Fragen, die Aufklärung des gesamten historischen Ereignisses kann nur nach dem Ende des Hauptverfahrens, das ein Wahrheitsminimum gewährleistet, erreichbar sein.

Angesichts dieser Annahme kann man leicht zu der Schlussfolgerung kommen, dass jede Strafmaßnahmenauferlegung vor dem Ende des Hauptverfahrens, wo noch nicht die Frage der Strafwürdigkeit des mutmaßlichen Täters beantwortet ist, gegen das fundamentale für die Existenz des gesamten Rechtssystems „in dubio pro reo“ Prinzip verstoßt. Im Rahmen dieser Gedanken muss auch die Anwendung der Mehrheit der Auflagen und Weisungen als gegen das „in dubio pro reo“ verstoßend angesehen werden.

III. Die Herabwürdigung des „nullum crimen nulla poena sine processu“ Satzes

Sollte jedoch auch nur der geringste Zweifel an dem Verstoß gegen das „in dubio pro reo“ Prinzip bestehen, wäre die Herabwürdigung eines anderen elementaren Grundsatzes, des „nullum crimen nulla poena sine processu“, durch die Verhängung der oben aufgeführten Vorstrafe, unumstritten. Die Einführung des § 153a und die in ihr festgeschriebene Möglichkeit der Auferlegung von Auflagen und Weisungen, ohne dass der Prozess zu Ende ist, haben nämlich auch die Abschaffung eines Prinzips zur Folge, welches eine der ersten Errungenschaften des liberalen Geistes im Bereich der Gerechtigkeit darstellte und durch die „Magna Carta Libertatum“ im Jahr 1215 eingeführt wurde[115].

113 Andreas Michael, a.a.O., S. 1.

114 Andreas Michael, a.a.O., S. 2.

115 James Clarke Holt, Magna Carta and medieval government, London 1969, S. 229.

Die fundamentale Bedeutung des Prinzips für das Rechtssystem, liegt darin, dass durch seine Einführung bewusst wurde, dass die Auferlegung der Strafe immer die Gerechtigkeitsgewehrleistung des organisierten und disziplinierten Strafprozesses benötigt, weil sich die Strafe stark von den anderen Sanktionen bzw. staatlichen Maßnahmen darin unterscheidet, dass sie die größte Gefährdung der menschlichen Freiheiten in sich birgt.

Diese Eigenschaft der Strafe weisen nicht alle staatlichen Sanktionen auf. Es fehlt nämlich nicht an Sanktionsmaßnahmen, deren Auferlegung automatisch stattfindet, ohne dass es den Einsatz des Prozessmechanismus des Staates benötigt. Das ist sogar der Fall unter den sogenannten „negativen Sanktionen“[116]. Solche sind z.B. die Nichtigkeit von Rechtsgeschäften und Rechtsakten, sowie der von Amts wegen eingetretene Verlust eines rechtlichen Anspruches[117].

Im Gegensatz zu den negativen Sanktionen ist es nach dem Sinn der „positiven“ verboten, dass sie automatisch verhängt werden. Jemand, ein staatlicher Organ, muss sie im Rahmen eines organisierten Verfahrens auferlegen. Vor allem die Strafe, die die schwerste und gefährlichste für die persönlichen Freiheiten aller Sanktionen ausmacht, darf von keinem anderen sondern nur von dem Richter nach dem Ende des Hauptprozesses auferlegt werden[118].

Diese Verpflichtung scheint die notwendige Ergänzung des Strafmonopols des Staates zu sein, um die staatliche Macht zu begrenzen, weil sich die Strafe in den Händen eines allmächtigen bzw. unkontrollierten Staates nicht nur zu einer Waffe für die Bekämpfung der Kriminalität sondern auch zu einem Mittel, das die bürgerlichen Freiheiten unterdrückt, entwickeln kann[119]. „Mit der Ausnahme der bewaffneten Konflikte hat nichts Anderes so viele Sorgen, Qualen und Tränen der Menschheit hervorgerufen wie die staatliche Macht, die in Gestalt von der Strafe ausgedrückt wird“ hat treffend Eberhard Schmidt bemerkt[120].

Dieses Sicherheitsventil, was der Grundsatz „nulla poena sine processu“ gewährleistet, hat die Einführung der Auflagen und Weisungen des § 153a vollständig entzogen. Nicht nur den Entzug des für die Auferlegung einer Sanktion zuständigen Richters bedeutet die Anwendung der Vorschrift sondern auch den Entzug des Prozesses selbst, Tatsache, welche die Auferlegung einer Strafe trotz Zweifel an die Schuld des mutmaßlichen Täters impliziert.

---

116 Die Begriffe „negative“ und „positive“ Sanktionen gehen auf Nikolaos Androulakis zurück, s. Nikolaos Androulakis, Grundbegriffe des Strafprozesses (auf griechisch), 3. Auflage, Athen 2007, S. 6.

117 Nikolaos Androulakis, a.a.O., S. 6, 7.

118 Nikolaos Androulakis, a.a.O., S. 7.

119 Nikolaos Androulakis, a.a.O., S. 7.

120 Nikolaos Androulakis, a.a.O., S. 7 mit Verweis auf Eberhard Schmidt, a.a.O., S. 47.

IV. Weitere Probleme der Auferlegung dieser vorzeitigen Strafe

Die oben aufgeführten Folgen von fundamentaler Bedeutung, die die Vorverurteilung des § 153a StPO mit sich bringt, und welche einen schweren Verstoß auch gegen das Prinzip des fairen Verfahrens darstellen, machen dennoch nicht die einzigen Schwächen der Auferlegung der Auflagen und Weisungen. Parallel zu diesen grundlegenden Problemen ergeben sich auch einige andere, die aber nicht als marginal bezeichnet werden können. Auf diese weiteren Schwächen der Vorverurteilung des § 153a werden wir nur kurz in diesem Kapitel eingehen.

Bei der Auferlegung dieser Maßnahme erreicht z.B. der Mangel an Öffentlichkeit einen neuen Höhepunkt. Nicht nur dem Beurteilungsprozess des Staatsanwaltes, auf den die Auferlegung der Auflagen und Weisungen gegründet sind, fehlt es an Öffentlichkeit. Vielmehr die Schwere der aufzuerlegenden Maßnahme ist nicht vorhersehbar. Es besteht kein Zweifel, dass selbst die Geheimhaltung der Höhe der Zahlungen[121], zu denen der Beschuldigte bzw. Angeschuldigte gezwungen ist, einen schweren Verstoß gegen den Bestimmtheits- bzw. Öffentlichkeitsgrundsatz darstellen.

Nicht nur die Stellung des Beschuldigten oder Angeschuldigten wird durch die Auferlegung der Auflagen und Weisungen geschwächt sondern auch diese des Verletzten[122], welcher keine Rolle bei dem Entscheidungsprozess über die Einstellung des Verfahrens spielt. Er muss nämlich vor der Einstellung weder gehört werden noch hat er die Möglichkeit des Klageerzwingungsverfahrens, falls er mit der Entscheidung nicht einverstanden ist[123]. Bezüglich der Stellung des Beschuldigten bzw. Angeschuldigten scheint sogar charakteristisch die Tatsache zu sein, dass die mit Zustimmung des zuständigen Gerichts erfolgte Verfahrenseinstellung durch die Staatsanwaltschaft gem. § 153a Abs. 1 StPO durch den Verletzten auch dann nicht gerichtlich überprüfbar ist, wenn dieser der Auffassung ist, die Verfügung der Staatsanwaltschaft beruhe auf unzutreffenden tatsächlichen und rechtlichen Grundlagen[124].

Ferner darf auch nicht unbedacht gelassen werden, dass die Einführung der oben genannten Maßnahmen sogar zu einer Herabwürdigung der stabilisie-

---

121 Löwe / Rosenberg, a.a.O., S. 484.

122 S.u.a. Kerstin Jostes, Leistungsstörungen und Fehlverhalten von Gericht und Staatsanwaltschaft bei der Einstellung von Strafverfahren gem. 153a StPO, Frankfurt am Main 2004, S. 67, laut der auch der Leistungsempfänger entscheidend für die Beurteilung der Frage sei, ob das Strafverfolgungsinteresse behoben werden könne.

123 Löwe / Rosenberg, a.a.O., S. 484, Heinz Schöch, Kriminologie und Sanktionsgesetzgebung, in: ZStW 92 (1980), s. 142 ff., S. 204.

124 Vgl. BVerfG, Beschluss v. 5.11.2001- 2 BvR 1551/01 (4. Kammer), StV 2002, S. 114, 115.

renden Gesellschaftsrolle des Strafrechtes führen kann. Es wird nämlich befürchtet, dass der Beschuldigte, der handlungsmächtig und vermögend ist, sich von der Strafsanktion freikaufen kann, „dass der Ungleichbehandlung Tür und Tor geöffnet sind“[125]. Umgekehrt bestehe gegenüber denjenigen, für die eine Einstellung ausscheide, die Gefahr einer vergleichsweise schärferen Sanktionierung bzw. einer zunehmenden Marginalisierung[126]. Schließlich ist auch zu erwähnen, dass die Einführung der durch den Staatsanwalt auferlegten Auflagen und Weisungen zu einem Rückfall in den Inquisitionsprozess führt, dadurch dass der Staatsanwalt durch die Erteilung dieser Zuständigkeit de facto als Sanktionsinstanz anerkannt wird[127].

V. Der Versuch das Problem der Vorverurteilung zu vertuschen: Das Paradox der Freiwilligkeit unter Drohung

Die enormen theoretischen und praktischen Probleme, die diese Vorverurteilung mit sich gebracht hat, sollten zumindest einigermaßen gerechtfertigt und dadurch auch gemildert werden. Die Annahme dieser Tatsache und der damit verbundene Versuch das Problem zu lösen haben dennoch noch mal zu dem Gegenergebnis geführt, zu einem neuen theoretischen Fehler der Verfasser der Vorschrift, die die Vorverurteilung durch die ihr scheinbar „freiwilligen Unterwerfung des Beschuldigten“ zu rechtfertigen versucht haben.

Laut Thomas Weigend[128] sah man einen Ausweg vom Problem der Überlastung der Justiz in einem auf Absprachen orientierten vereinfachten Verfahrensmodell, nämlich darin, eine große Verfahrenszahl anders als auf dem normalen Weg zu „erledigen“. Dabei würden solche Verfahrensformen vorgezogen, „bei denen sich der Beschuldigte einem Sanktionsvorschlag der Staatsanwaltschaft und / oder dem (Schuld-) Spruch des Gerichts und einer bestimmten Strafe in einem möglichst unkomplizierten Procedere unterwirft und auf diese Weise die Aufnahme von Beweisen überflüssig macht.“ „Es geht um ein Model des Verfahrens mit Unterwerfung unter eine vorher festgelegte Sanktionierung (negotiated guilty plea im angloamerikanischen Rechtskreis, patteggiamento in Italien, conformidad in Spanien, Absprachen in Deutschland).[129]“

125 Dazu analytisch Jürgen Baumann, Grabgesang für das Legalitätsprinzip, in: ZRP 1972, S. 273 ff., Löwe / Rosenberg, a.a.O., S. 485.

126 Löwe / Rosenberg, a.a.O., S. 485.

127 Hans-Joachim Hirsch, Zur Behandlung der Bagatellkriminalität, S. 230.

128 S. Thomas Weigend, Unverzichtbares, S. 273 ff.

129 Thomas Weigend, a.a.O.; zu der Institution der Absprachen im Strafverfahren s.u.a. Michael Lindemann, Zur Absprache im Strafverfahren (Anmerkung zu dem BGH, Urt.

Dieser Versuch ist aber verurteilt, an dem theoretischen bzw. logischen Begriff der Freiwilligkeit zu scheitern. Die Meinung einiger Theoretiker, welche, wegen dieser scheinbar freiwilligen Unterwerfung des Beschuldigten unter die Auflagen und Weisungen, in dem Verfahren nach § 153a einen Verfahrenstyp mit kooperativer Verfahrensbeendigung sehen[130], scheint, nach einem ersten kurzen Blick auf den Begriff der Freiwilligkeit[131], inkonsistent zu sein.

1. Die drei wichtigsten Elemente der Freiwilligkeit

Der Begriff der Freiwilligkeit[132] besteht hauptsächlich aus 3 Elementen, deren Abwesenheit das nicht Freiwillige einer Entscheidung impliziert. Diese grundlegenden Bestandteile der Freiwilligkeit stellen auf der einen Seite die Freiwilligkeit der Wählbarkeit und die Nichtrestriktion der Optionen (beide könnte man als Elemente der Handlungsfreiheit bezeichnen) und auf der anderen Seite die Freiwilligkeit bei dem Treffen der Entscheidung zu handeln überhaupt, die Existenz nämlich eines Angebots, welches den Beweggrund der Entscheidung zu handeln überhaupt ausmacht, dar (negativ ausgedrückt: Der Beweggrund der Entscheidung, überhaupt zu handeln, darf nicht die Drohung bzw. Täuschung[133] des Handelnden sein). Der „freiwilligen" Entscheidung des Beschuldigten, im Fall des § 153a StPO fehlt dennoch an mindestens zwei von diesen wichtigen Freiwilligkeitselementen.

---

v. 12.3.2008-3 StR 433/07), in: JR 2009, S. 79 ff.; Hans Dahs, Absprachen im Strafprozess- Wirksamkeit eines Rechtsmittelsverzichts (Anmerkung zu dem BGH Beschluss v. 3.3.2005), in: NStZ 2005, S. 580 ff.; ebenso Edda Weßlau, Absprachen im Strafverfahren, in: ZStW 116 (2004), S. 150 ff.; s. auch Frank Saliger, Absprachen im Strafprozess an den Grenzen der Rechtsfortbildung - BGH (G5), in: NJW 2005, S. 1440, in: JuS 2006, S. 8 ff.

130 S.u.a. Werner Beulke, in Löwe / Rosenberg, a.a.O., S. 483.

131 Zu dem Begriff der Freiwilligkeit im Allgemeinen s.u.a. Knut Amelung, Grundsätzliches zur Freiwilligkeit der Einwilligung des Verletzten, in: NStZ 2006, S. 317 ff.

132 Die Ursprünge der Einwilligung und als Folge davon der Freiwilligkeit befinden sich als allgemeiner Rechtsgrundsatz schon im römischen Recht „Cuique licet his que pro se introducta sunt renuntiare"; eingehend dazu Alexander Kolz, Einwilligung und Richtervorbehalt, Frankfurt am Main 2006, mit Verweis auf Codex Justinianus zitiert bei Illian Eckart, Der Verzicht Privater im Verwaltungsrecht, Bonn 1993, S. 1.

133 Mit der Problematik der Täuschung bei dem Treffen dieser Entscheidung werden wir uns hier nicht beschäftigen, weil es sich bei den Auflagen und Weisungen um einen Drohungs- und nicht um einen Täuschungsfall handelt.

a. Die Freiwilligkeit der Wählbarkeit

Den ersten Bestandteil des Freiwilligen einer Entscheidung macht die Freiwilligkeit der Wählbarkeit aus. Kern dieser Freiwilligkeit stellt ein anderer, verwandter Begriff dar, dieser der Autonomie bei dem Treffen einer Entscheidung. Auf diesen Begriff müssen wir zurückgreifen, um eine erste Antwort auf die Frage zu geben, was dieses erste Element bedeutet.

Die personale Autonomie bezeichnet in einer ersten Annäherung die normative Zuständigkeit und die tatsächliche Fähigkeit einer Person, nach eigenen Maximen über ihr Leben zu bestimmen[134]. „Mit einer Unterscheidung von Habermas[135] geht es bei dieser Frage, wann nämlich ein Individuum von seinen Zuständigkeiten und Entscheidungsspielräumen Gebrauch macht, nicht um den moralischen sondern um den pragmatischen und ethischen Gebrauch der praktischen Vernunft"[136]. Autonom seien nämlich die Individuen, wenn sie in der Lage seien, sich in ihrer Freiheitssphären selbst gewählte Ziele zu setzen, diese zu bewerten und zu verfolgen[137]. Wie aus den oben erwähnten hervorgeht, stellen vor allem zwei wichtige Begriffe den Kern dieses ersten Elements dar: Die Autonomie[138] bei dem Treffen der Entscheidung, als die Fähigkeit einer Person ihr Leben zu formen sowie sein Verlauf zu bestimmen[139] und die subjektive Rationalität dieser Entscheidung.

Als subjektiv-rational könnte man etwas bezeichnen, was nach dem abstrahierenden, zergliedernden, analytischen Verstand einer Person logisch zu sein scheint[140]. Den Kern dieser rationalistischen und von der Macht des Verstands geprägten Betrachtung bildet nämlich die Vernunft[141], die aristotelische[142] Lo-

---

134 Thomas Gutmann, Freiwilligkeit als Rechtsbegriff, München 2001, S. 5.

135 Jürgen Habermas, Vom pragmatischen, ethischen und moralischen Gebrauch der praktischen Vernunft in: Jürgen Habermas, Erläuterungen zur Diskursethik, Frankfurt am Main, 1991, S. 102 ff., Thomas Gutmann, a.a.O., S. 5.

136 Thomas Gutmann, a.a.O., S. 5.

137 Thomas Gutmann, a.a.O., S. 5, laut dem, der historische Gewährsmann für dieses Autonomiekonzept nicht der Kant der „Kritik der praktischen Vernunft" ist, sondern John Stuart Mill, der in seinem Essay on Liberty das Urbild des liberalen Freiheitsbegriffes umschrieben hat; analytisch John Stuart Mill, Über die Freiheit, Leipzig 1991, S. 17 ff.

138 S.u.a. Ohly Angsar, "Volenti non fit iniuria" - Die Einwilligung im Privatrecht, 2002, S. 207, laut dem die Einwilligung zutreffend als Aktualisierung von Autonomie bezeichnet wird. Sie leitet sich aus den griechischen Begriffen „αυτός" (selbst) und „νόμος" (Gesetz) ab und steht im Gegensatz zu dem Begriff „Heteronomie" (Fremdbestimmung).

139 Joseph Raz, The morality of freedom, Oxford 1986, S. 154.

140 Vgl. etwa Arthur Kaufmann, Problemgeschichte der Rechtsphilosophie, in: Kaufmann, Hassemer, Neumann (Hrsg.), Einführung in Rechtsphilosophie und Rechtstheorie der Gegenwart, 7. Auflage, Heidelberg 2004, S. 26 ff., S. 48.

141 Die Begriffe des Verstands und der Vernunft darf man nicht als Gegenbegriffe bezeichnen. Sie stellen eine Übersetzung der griechischen Begriffe διάνοια (dianoia = Ver-

gik, die immer das Ergebnis eines durch den Verstand geprägten Syllogismus ist.

John Rawls bezeichnet auch das autonome Leben (dessen Element die Freiwilligkeit der Entscheidungen ist) als ein Leben, „was einem vernünftigen Lebensplan folgt, der derjenige ist, den dieser Mensch unter vollem Einsatz seiner abwägenden Vernunft wählen würde, d.h. bei vollständiger Kenntnis der wesentlichen Tatsachen und nach sorgfältiger Erwägung seiner Folgen.“[143]

Als Freiwilligkeit der Wählbarkeit könnte man zusammenfassend die Möglichkeit einer Person bezeichnen, auf eine bestimmte Weise zu handeln (unter mehr Möglichkeiten nämlich eine auszuwählen), die nach dem Gebrauch eines von dem Verstand abgeleiteten logischen Syllogismus ihr als vernünftig erscheint. Ein gutes Beispiel freiwilliger in diesem Sinn Entscheidung kann folgender Satz geben:

Ich will Medizin studieren, weil ich durch den Gebrauch der medizinischen Kenntnisse die Menschheit retten möchte.

Bei diesem Beispiel geht es um eine selbstgetroffene Entscheidung, die der Interessierte, durch den Gebrauch seiner Autonomie, eines nämlich durch seinen eigenen Verstand abgeleiteten logischen Syllogismus, getroffen hat, weil er sie für vernünftig gehalten hat. Die Frage, die aber jetzt auftaucht und welche vielleicht den Kern des Problems, ob die Unterwerfung des Beschuldigten bzw. Angeschuldigten unter die Auflagen und Weisungen als freiwillig angesehen werden darf, bildet, lautet: reichen allein diese zwei Elemente aus, damit eine Entscheidung als freiwillig bezeichnet werden kann? Diese Unterwerfung stellt auch eine selbstgetroffene Entscheidung dar, welche der Interessierte auch getroffen hat, weil er sie nach dem Gebrauch seines eigenen Verstandes für die vernünftigste hält. Auch in diesem Fall werden nämlich die oben aufgeführten Kriterien erfüllt.

In diesem Fall betrachten wir dennoch das Paradox, dass die vernünftigste oder zumindest als solche angesehene Entscheidung keine positive Entscheidung im engeren Sinn für den Interessierten ist. Im Gegensatz zu dem Medizinstudium des oben zitierten Paradigmas, ist für den Beschuldigten die vernünftigste Entscheidung, eine Entscheidung, die ihm mehr oder weniger schadet. Ei-

---

stand) und νους (nous = Logik). Den Ursprung beider Wörter bildet das Wort „nous“, die Logik, die das Ergebnis des Verstands darstellt.

142 Die Gesetze der Logik hat zum ersten Mal mit Präzision Aristoteles formuliert, laut dem immer ein logischer Syllogismus aus drei Sätzen besteht, aus dem Obersatz, aus dem Untersatz und aus dem Schluss. „Wenn alle B C sind und alle A B sind, dann sind alle A C.“

143 John Rawls, Eine Theorie der Gerechtigkeit (auf Englisch: Theory of justice), Frankfurt am Main 1979, S. 446.

ne Strafe hat für den Täter immer einen zumindest missbilligenden Charakter. Das entsprechende dieser „freiwilligen“ Unterwerfung Beispiel, welches unsere oben aufgeführte Gedanken ergänzt, ist im folgenden Satz immanent:

Ich „will“ arbeiten, sonst werde ich verhungern.

Die Auseinandersetzung dieser zwei Beispiele kann uns zu der Lösung unseres Problems führen. Diese befindet sich nicht in dem ersten sondern in dem zweiten Element des Begriffs der Freiwilligkeit, in den wir im folgenden Kapitel eingehen werden.

b. Das zweite Element einer freiwilligen Entscheidung: Die Nichtrestriktion der Optionen.

Die Frage, ob die Unterwerfung des Beschuldigten bzw. Angeschuldigten unter die Auflagen und Weisungen als „freiwillig“ angesehen werden darf, kann nur dann vollständig aufgeklärt werden, wenn wir erst eine Antwort auf ein anderes Problem geben können, worin nämlich der Unterschied zwischen den zwei oben aufgeführten Studiumsbeispielen liegt.

Nach diesem Unterschied muss man dennoch nicht im ersten Element der Freiwilligkeit suchen. Hinter dem oben aufgeführten Kriterium „der Freiwilligkeit der Wählbarkeit“ stehe ein weiteres Element der Handlungsfreiheit, was als ein Zustand der „Nichtrestriktion von Optionen“ definiert werden kann[144]. Die Freiwilligkeit der Wählbarkeit reicht nämlich nicht aus, damit eine Entscheidung als freiwillig bezeichnet werden kann. Die Optionen müssen auch unbeschränkt sein, sonst ist manchmal der Interessierte dazu gezwungen, eine der „wählbaren“ Lösungen auszuwählen.

Eine Person steht nämlich unter Zwang, wenn sie sich „unwählbaren“ Alternativen gegenübersieht[145]. Diese „Unwählbarkeit“ wurde sogar anhand eines generalisierenden und idealisierenden Maßstabs definiert. Eine Option ist genau dann unwählbar, wenn es für einen vernünftigen und klugen Menschen unangemessen wäre, sie auszuwählen[146], wenn also die Annahme unvernünftig wäre, dass irgendjemand bereit wäre, die Handlung zu diesen Kosten auszuführen[147].

---

144 Thomas Gutmann, a.a.O., S. 79.

145 Thomas Gutmann, a.a.O., S. 80.

146 Diese Annahme hat sogar Augustinus dadurch begründet, dass im Zentrum jeder freien Handlung immer der fundamentale, vernünftige Wünsch, nicht unglücklich sondern glücklich zu sein, steht; eingehend dazu Augustinus, De libero arbitrio - Der freie Wille, Zweisprachige Ausgabe, eingeleitet, übersetzt und herausgegeben von Johannes Brachtendorf, Ferdinand Schöning, Padendorf 2006, S. 47, Fußnote 65.

147 Thomas Gutmann, a.a.O., S. 80.

Diese Zwangssituation, die bei dem ersten der zwei oben zitierten Beispielen nicht existiert, weil sich der Interessierte keiner „unwählbaren“ Alternative gegenübersah, er könnte nämlich eine andere Wahl treffen, ohne dass es für ihn negative oder belastende Konsequenzen impliziert (Er könnte z.B. einen anderen Studiengang auswählen, oder er könnte sogar überhaupt nicht studieren, weil er kein finanzielles Problem hat), ist dennoch bei dem zweiten Beispiel der Fall.

Für ihn stellt die Arbeit die einzige Möglichkeit zum Erwerb des Lebensunterhalts dar. Diese Tatsache, dass er sich nämlich durch das Leben schlägt, beschränkt seine Wahlmöglichkeiten. Er muss unbedingt arbeiten, um zu überleben. Die zweite Option, die er vielleicht vorziehen würde, dass er nicht arbeitet, scheint ihm so unverhältnismäßig zu sein, dass sie „unwählbar“ ist. Er wird deswegen von den Optionen, die ihm zur Verfügung stehen, diese auswählen, welche er durch den Gebrauch seines Verstands, für die vernünftigste hält.

Obwohl in diesem Beispiel die erste Voraussetzung, das erste Element der Freiwilligkeit einer Entscheidung erfüllt worden ist, darf man nicht von einer freiwilligen Handlung sprechen, da die Wahlmöglichkeiten des Interessierten beschränkt sind[148]. Die zweite nämlich Voraussetzung der Freiwilligkeit des Handelns, die „Nichtrestriktion der Optionen“, wird in diesem Fall nicht erfüllt.

Ein sehr bekannter Fall von Unfreiwilligkeit wegen Restriktion der Optionen stellt die strafrechtliche „vis compulsiva“ dar. Im Fall von „vis compulsiva“ wird die Unfreiwilligkeit im Sinne der Beschränkung von Optionen durch das Verändern der Folgen der Wahlmöglichkeiten geschaffen, so dass diese für gewöhnliche praktische Zwecke unwählbar werden[149].

Diese zwei zitierten Beispiele von Restriktion der Optionen und besonders das zweite, des strafrechtlichen „vis compulsiva“ ähneln so viel der Unterwerfung des Beschuldigten bzw. Angeschuldigten unter die Auflagen und Weisungen des § 153a StPO, dass wir in diesem Fall von einer „prozeduralen vis compulsiva“ sprechen könnten[150]. Obwohl nämlich die Entscheidung von dem Be-

---

148 Selbst die klassische Antike hatte Freiheit vor allem als Handlungsfreiheit, d.h. als Freiheit von äußeren aber auch inneren Zwängen, die den Handelnden an der Durchführung seiner Absichten hindern könnten; vgl. etwa Augustinus, a.a.O., S. 46.

149 Thomas Gutmann, a.a.O., S. 79-80.

150 Besonders treffend zitiert Thomas Weigend, Unverzichtbares, S. 300 „Der Angeklagte befindet sich von vornherein in einer prekären Situation: Der Strafverfolgungsapparat des Staates hat seine Machtmittel in Bewegung gesetzt, um ihm die schuldhafte Begehung einer Straftat nachzuweisen und es drohen ihm, falls er verurteilt wird, erhebliche Sanktionen, deren genaues Maß in der Entscheidungsmacht des Gerichts liegt. Auch kann der Staat dem Beschuldigten schon während des Verfahrens die Freiheit und, im Wege der Beschlagnahme, erhebliche Vermögensteile entziehen. In dieser Situation ist der Beschuldigte äußerst sensibel für Angebote von Seiten des Staates, die zu erwartenden Einbußen zu reduzieren, zumindest aber genauer vorhersehbar zu machen. Wenn

schuldigten selbst getroffen wurde, weil er sie tatsächlich in diesem Moment für die vernünftigste Möglichkeit, die ihm zur Verfügung steht, hält, darf man nicht von einer freiwilligen Entscheidung sprechen, weil seine Wahlmöglichkeiten beschränkt sind[151].

Er hat zwischen zwei Übel, einem größeren und einem erträglicheren zu wählen[152]. Wenn er nicht die Möglichkeit der Auflagen bzw. Weisungen aus-

---

nun die Polizei, die Staatsanwaltschaft oder das Gericht diese Lage des Beschuldigten ausnutzen, um ihm eine mehr oder weniger präzisierte, vergleichsweise moderate Sanktion als Gegenleistung für prozedurale Kooperation, insbesondere für ein verfahrensabkürzendes Eingeständnis seiner Schuld anzubieten, dann stellt sich in aller Schärfe die Frage, ob man bei einer auf diese Weise induzierten Erklärung des Angeklagten noch von Freiwilligkeit sprechen kann."; vgl. auch Gerhard Fezer, Vereinfachte, S. 26, laut dem der Beschuldigte durch die Anfrage des Staatsanwalts, ob er dem Verfahren nach § 153a StPO zustimmen wolle, in einen Druckzustand geraten könne, welche die Grenzen der durch § 136a StPO verbotenen Methoden einer Einwirkung auf den Beschuldigten erreichen oder überschreiten könne; vgl. auch Winfried Hassemer, Pacta sunt servanda- auch im Strafprozeß?- BGH NJW 1989, 2270, in: JuS 1989, S. 890 ff.; ebenso Friedrich Dencker, Die Bagatelldelikte, in: JZ 1973, S. 144 ff., S. 149.

151 Tatsächlich darf man nicht in diesem Fall (wenn man nämlich eine Bestraffung gegen sich selbst auswählt) von einer freiwilligen Entscheidung, vom Konsens nämlich sprechen, weil Konsens nur „im Erwarten von Erwartungen" hergestellt werden kann (dazu analytisch Niklas Luhmann, Rechtssoziologie 1, Reinbek bei Hamburg 1972, S. 68). Nur sehr schwierig aber oder überhaupt nicht könnte man eine Bestraffung als Erwartung eines vernünftigen Menschen definieren.

152 Vgl. etwa Saliger, Grenzen, S. 159, laut dem die wesentlichen Kritikpunkte dahingehen, dass der Beschuldigte bei § 153a StPO in eine mit § 136a StPO vergleichbare Drucksituation gerate - in Gestalt der Wahl zwischen den Übeln, entweder die Auflage zu erfüllen oder aber Anklage, Hauptverfahren und ggf. Verurteilung zu riskieren; vgl. auch Arthur Kaufmann, Läßt sich die Hauptverhandlung in Strafsachen als rationaler Diskurs auffassen?, in: Dogmatik und Praxis des Strafverfahrens. Beiträge anlässlich des Colloquiums zum 65. Geburtstag von Gerhard Kielwein, Jung / Müller-Dietz (Hrsg.), Carl Heymanns Verlag KG, Köln Berlin Bonn München 1989, S. 15 ff., bes. S. 22 ff., welcher die Freiwilligkeit in solchen Fällen verneint, weil man das Strafverfahren wegen der überragenden im Verhältnis zu dem Beschuldigten Stellung des Richters als fähig für die Entwicklung eines rationalen Diskurses nicht betrachten darf; Ebenso Mathias Jahn, Zurück in die Zukunft - Die Diskurstheorie des Rechts als Paradigma des neuen konsensualen Strafverfahrens, in: GA 2004, S. 272 ff., S. 278, welcher die Gedanken von Arthur Kaufmann ergänzend zitiert „In der monologischen Struktur und Richterzentrierung des Verfahrens scheitere der Gedanke herrschaftsfreier Kommunikation. Die ideale Sprechsituation könne es im Strafprozess nicht geben, weil die Interaktion durch ein Machtgefälle zwischen den staatlichen Strafverfolgungsorganen und dem Angeklagten geprägt sei. Die latent vorhandene Ressource der Zwangsausübung setze daher diskursiven Elementen eine klare Grenze. Nichts Anderes, so müsste man für die

wählen würde, würde die Gefahr lauern, dass er durch die Anwendung einer anderen Maßnahme für diese Kooperationsabgeneigtheit bestraft werden würde. Kein vernünftiger Mensch würde dennoch ein solches Risiko eingehen und deswegen trifft der Beschuldigte eine Entscheidung, welche er unter normalen Bedingungen nie treffen würde[153], weil kein vernünftiger Mensch freiwillig eine Strafe oder Missbilligung für sich selbst, eine Selbstbestraffung auswählen würde.

c. Das dritte Element der Freiwilligkeit einer Entscheidung: Ihr Beweggrund

Die oben erwähnte Tatsache, dass der Beschuldigte zwischen zwei Übeln auswählen muss, kann auch zu einer weiteren Feststellung führen. Die scheinbar freiwillige Entscheidung über die Annahme der Auflagen oder Weisungen verstoßt nicht nur gegen das Element der „Nichtrestriktion von Optionen"; vielmehr erfüllt sie nicht die grundlegendste Voraussetzung der Freiwilligkeit jeder Entscheidung, dass sie (nämlich die Entscheidung) immer das Ergebnis eines An-

---

aktuelle Diskussion folgern, dürfte dann aber auch für den Problembereich Deal und Diskurs gelten. Bei Verständigungen über Tatsachen könnte man sich auf den Standpunkt stellen, dass die anstehende Entscheidung über Schuld oder Freispruch die gesamte Kommunikation verzerrt. Betont man zudem die Sanktionenschere, also die latente Drohung, für den Fall ausbleibender Zustimmung zur Verständigung eine höhere Strafe zu verhängen, dann könnte es sich hier nur um das Paradox eines erzwungenen Konsenses handeln."; vgl. auch Ulfrid Neumann, Zur Interpretation des forensischen Diskurses in der Rechtsphilosophie von Jürgen Habermas, in: Rechtstheorie 27 (1996), S. 415 ff., (mit Verweis auf Jürgen Habermas, Theorie der Gesellschaft oder Sozialtechnologie? Eine Auseinandersetzung mit Niklas Luhmann, in: Jürgen Habermas / Niklas Luhmann, Theorie der Gesellschaft oder Sozialtechnologie, Suhrkamp, Frankfurt am Main 1971, S. 142 ff., S. 201) welcher zitiert: „Habermas bestreitet auch jetzt nicht, dass sich die Argumentation vor Gericht, wie andere Arten der juristischen Argumentation vom allgemein-praktischen Diskurs durch spezifische Bedingungen unterscheidet… Habermas hat das Verhältnis von forensischer Argumentation und moralisch-praktischen Diskursen mehrfach neu bestimmt. Zunächst wird (1971) die juristische Argumentation in Gestalt des forensischen Disputes dem Diskurs antithetisch gegenübergestellt. Mit dem Anspruch kooperativer Wahrheitssuche, unter dem der Diskurs stehe, sei die interessenorientierte und damit strategisch bestimmte Interaktion der Parteien vor Gericht nicht zu vereinbaren… Die Parteien wollen wie in einem strategischen Spiel Gewinne erzielen und Verluste vermeiden."

153 S.u.a. Thomas Gutmann, a.a.O., S. 81 laut dem, die Wählbarkeit einer Option zunächst nur ein Urteil über ihren Status als mögliches Objekt subjektiv-rationaler Wahl auf der Grundlage individueller, auch idiosynkratischer Präferenzen des Wählenden ist.

gebots und nie einer Drohung[154] sein muss[155]. Diese stellt sogar die notwendige Voraussetzung dar, deren Erfüllung uns das Eingehen auf das nächste Stadium der Freiwilligkeitsüberprüfung erlauben kann, wo die Freiwilligkeit des Handelns an sich untersucht wird, die wir in den vorigen zwei Kapiteln unter die Lupe genommen haben. Nur im Rahmen eines Angebots kann die Möglichkeit einer freien Wahl gewährleistet werden[156], anders gesagt: Zwang kann nur mittels Drohung[157] nicht aber mittels eines Angebots ausgeübt werden[158].

---

154 Die nicht Zitierung der Täuschung, die den anderen wichtigen Faktor bildet, welcher den Mangel an Willensfreiwilligkeit verursacht, in diesem oder in einem anderen Kapitel, liegt einfach daran, dass die Täuschung bei dem Problem der „freiwilligen Unterwerfung“ unter die Auflagen und Weisungen nicht der Fall ist, sonst scheint das Ergebnis des Einflusses der Täuschung und der Drohung auf den Willen des Entscheidung Treffenden sehr ähnlich zu sein. „In der Struktur ihrer Wirkung unterscheiden sich Täuschung und Drohung offenbar grundsätzlich nicht. Allerdings verursacht die Täuschung bei ihrem Opfer einen Irrtum, die Drohung hingegen Furcht“; eingehend Sebastian Martens, Durch Dritte verursachte Willensmängel, Tübingen 2007, S. 338 mit Verweis auf Friedrich Karl von Savigny, System des heutigen römischen Rechts (1840), Bd. III, Darmstadt 1956 S. 116, welcher von einem „vollständigen Parallelismus“ sprach; über das Verhältnis von Drohung und Täuschung s.u.a. Christian Liegl, Die Drohung mit einem an sich rechtmäßigen Verhalten. Eine strafrechtliche Untersuchung mit Bezügen zum Zivil-, Arbeits-, Wettbewerbs-, und Kartellrecht, Regensburg 2001, S. 60-63.

155 S. Alexander Kolz, Einwilligung, S. 109, laut dem die rechtfertige Wirkung der Einwilligung auf dem Recht und der Fähigkeit zur Selbstbestimmung beruht. Die Rechtsordnung will den Berechtigten durch die Einwilligungsmöglichkeit nicht belasten sondern ihm einen Vorteil gewähren. Daraus folgt, dass die durch Täuschung, Drohung oder Zwang erwirkte Einwilligung zweifelsohne keine Wirkungen entfaltet; vgl. auch Michael Kußmann, Einwilligung und Einverständnis bei Täuschung, Irrtum und Zwang, Bonn 1988, S. 257.

156 S.u.a. Sebastian Martens, Durch Dritte, S. 338, laut dem der Entscheidung Treffende durch die Drohung in eine Zwangslage versetzt werde, die eine rationale Entscheidung für ihn unmöglich mache. Er verliere infolge der Drohung seine Geschäftsfähigkeit und könne deshalb keine Willenserklärung mehr abgeben.

157 In diesem Punkt wäre es sogar brauchbar zu unterstreichen, dass man unter dem hier verwendeten Begriff „Drohung“ nicht nur die widerrechtliche Furchterregung verstehen darf. Gegenstand z.B. des hier im philosophischen Sinn verwendeten Begriffes ist nicht nur die Begehung eines Verbrechens, wie der Tatbestand des § 241 (1) StGB voraussieht. Der Begriff hat hier eine umfassendere Bedeutung, die alle Aussagen bzw. Handlungen, welche den freien Willen des Entscheidung Treffenden zu beugen vermögen (die nämlich Willensmangel verursachen). Über den strafrechtlichen Tatbestand der Drohung und der Täuschung s.u.a. Urs Kindhäuser / Ulfrid Neumann / Hans-Ulrich Paeffgen, Nomos Kommentar, Strafgesetzbuch Band 2, 3. Auflage, Baden-Baden 2010, § 241.

158 Thomas Gutmann, a.a.O., S. 87.

Bevor wir aber auf die Überprüfung des Charakters des Beweggrundes der Entscheidung des Beschuldigten im Fall der Auflagen und Weisungen eingehen, welcher die erste Voraussetzung der Freiwilligkeit einer Entscheidung ausmacht, wäre es vielleicht sinnvoll zum Ziel des besseren Verständnisses des gesamten Syllogismus, die zwei Hauptstadien, die logische Struktur der Überprüfung der Freiwilligkeit zusammenzufassen.

Diese besteht hauptsächlich aus zwei Stadien. Diese sind (a.) die Überprüfung der Freiwilligkeit der Entscheidung „zu handeln überhaupt“ und (b.) die Überprüfung der Handlungsfreiheit an sich. Bei dem ersten muss man den Beweggrund überprüfen, der den Entscheidung Treffenden dazu gebracht hat, überhaupt zu handeln. Wenn der Beweggrund kein Spielraum für das Treffen einer freien Entscheidung lässt (wenn der Beweggrund nämlich eine Täuschung oder Drohung ist), dann darf man überhaupt nicht auf das zweite Stadium der Überprüfung der Freiwilligkeit eingehen. Wenn dagegen der Beweggrund der Entscheidung keine Täuschung oder Drohung ist, dann darf man auf das zweite Stadium, auf das Stadium der Überprüfung der Handlungsfreiheit nämlich, eingehen. Dieses Stadium besteht aus der Überprüfung (b.1) der Freiwilligkeit der Wählbarkeit (in diesem Stadium überprüft man, ob der Entscheidung Treffende die Möglichkeit hatte, zwischen mehr Möglichkeiten, diejenige auszuwählen, die er nach dem Gebrauch seiner Vernunft für logisch hält) und aus der Überprüfung (b.2) der „nicht Restriktion der Optionen“ (in diesem Stadium überprüft man, ob die Möglichkeiten, unter denen der Handelnde eine ausgewählt hat, beschränkt waren).

In diesem Punkt wäre es auch sinnvoll, zu betonen, dass die Existenz der im ersten Stadium festgestellten Drohung und die im zweiten Stadium zu überprüfende „nicht Restriktion von Optionen“ nicht das Gleiche darstellen. Während nämlich die Existenz der Drohung automatisch die Restriktion der Optionen bedeutet, die Existenz der Restriktion der Optionen bedeutet nicht immer die Existenz einer Drohung bzw. Täuschung. Die Restriktion der Optionen kann auch das Ergebnis von Alltags- bzw. Naturgegebenheiten sein. Das zeigt das Beispiel deutlich, in dem die Arbeit als der einzige Weg zum Überleben dargestellt worden ist. Diese Restriktion macht dennoch nicht das Ergebnis einer Drohung sondern eines Naturzustandes aus. Im Licht dieser Gedanken werden wir hier auf die Untersuchung der ersten Voraussetzung der Freiwilligkeit eingehen.

Die Annahme, dass eine freie Entscheidung die Folge nur eines Angebots und nie einer Drohung darstellen kann, welche auf den ersten Blick selbstverständlich zu sein scheint, ruft, wegen der Schwierigkeit, die Grenzen zwischen Angebot und Drohung genau zu bestimmen, eine gewisse Unsicherheit darüber hervor, ob eine Entscheidung unter Zwang oder nach Belieben getroffen wurde. Auf diese Frage, wo nämlich die Grenze zwischen dem Begriff des Angebots und diesem der Drohung liegt, werden wir in diesem Kapitel eingehen. Die Antwort auf diese Frage vermag die Schlussfolgerung unseres Syllogismus, laut der es der Entscheidung über die Annahme der Auflage und Weisungen an Freiwilligkeit fehlt, endgültig zu bestätigen.

Bevor wir aber auf die Unterschiede zwischen Drohungen und Angebote eingehen, wäre es sinnvoll einen Blick auf ihre strukturelle Ähnlichkeiten zu werfen. Das kann auch die Tatsache verdeutlichen, dass viele Autoren in dem Prozess der Einstellung nach § 153a keinen Zwang sondern eine kooperative Verfahrensbeendigung sehen[159]. Eine erste Ähnlichkeit beider Begriffe liegt darin, dass sowohl die Drohungen als auch die Angebote nichts Anderes als den Versuch kommunikativer Aufforderungshandlungen darstellen. Das hat sogar zur Folge, dass sie die gleiche bikonditionale Struktur aufweisen[160]:

1. Wenn du x tust, tue ich y
2. Wenn du nicht x tust, tue ich auch nicht y

In beiden Fällen, sowohl bei einer Drohung als auch im Falle eines Angebots, vermittelt der Ansinnende dem Adressaten mit Absicht einen Grund bzw. Gründe, um ihn zu überzeugen, auf bestimmte Weise zu handeln[161]. Diese neuen Tatsachen, die durch das Angebot oder Drohung des Ansinnenden dem Adressaten bekannt gegeben werden, lassen auch die zweite der Strukturellen Ähnlichkeiten dieser zwei Begriffe erkennen.

Die Ähnlichkeit bezieht sich dieses Mal nicht auf die allgemeine Struktur der Angebote bzw. Drohungen sondern auf die Verhaltensweise des Adressaten bei solchen Fällen. Sowohl die Drohung als auch das Angebot haben einen solchen Einfluss auf diese Person, dass sie dahingehend beeinflusst, veranlasst oder dazu gebracht werden kann, etwas zu tun, was sie sonst nicht tun würde[162].

Diese Wirkung auf den Handlungsverlauf des Adressaten ergibt noch eine wichtige Ähnlichkeit, die beide Begriffe aufweisen, welche mit ihrer Intensivität zu tun hat. Eine Drohung kann nämlich so gewichtig sein, „dass von einer formal entscheidungsrationalen Person nicht vernünftigerweise erwartet werden kann, sich ihr nicht zu fügen“[163], das gleiche gilt dennoch auch für das Angebot. Es vermag auch so bedeutsam zu sein, dass von jeder Person vernünftigerweise[164] zumindest nicht erwartet werden kann, es nicht anzunehmen[165].

159 Z.B. Werner Beulke, in Löwe / Rosenberg, a.a.O., S. 483.

160 Thomas Gutmann, a.a.O., S. 87.

161 Thomas Gutmann, a.a.O., S. 87.

162 Thomas Gutmann, a.a.O., S. 88.

163 Thomas Gutmann, a.a.O., S. 88.

164 Die Vernunft spielte auch bei der Entwicklung des Begriffs der Autonomie eine besonders wichtige Rolle. Kant sprach z.B. vom freien Willen eines vernünftigen Menschen und laut dem sei die Autonomie „Grund der Würde der menschlichen Natur“; s. Immanuel Kant, Grundlegung zur Metaphysik der Sitten, Hamburg 1999, S. 63.

165 Thomas Gutmann, a.a.O., S. 88.

„Die oben erwähnte Intensivität sowohl der Drohung als auch des Angebots bringt die Person dazu, dass sie die Last der Entscheidung in beiden Fällen als schwer erleben kann“[166]. Die Tatsache daher, dass die Person selbst die Entscheidung trifft, sowohl im Falle eines Angebots als auch im Falle einer Drohung, scheint wegen des psychischen Drucks, welcher in beiden Fällen auf die Person ausgeübt wird, ohne Bedeutung zu sein .

Diese kurze Zitierung der strukturellen Ähnlichkeit der zwei Begriffe macht die Tatsache deutlich, warum die Annahme der Auflagen und Weisungen des § 153a StPO oft als das Ergebnis eines Angebots, als das Ergebnis einer Kooperation zwischen der Strafjustiz und dem Beschuldigten bzw. Angeschuldigten empfunden wird. Dieser erste Eindruck entspricht dennoch nicht der Wahrheit, da das „Angebot“ dieser Maßnahme solche Eigenschaften aufweist, die nur einer Drohung immanent sind, die sogar eine Drohung von einem Angebot wesentlich unterscheiden. Auf diese besonderen Eigenschaften einer Drohung, die zugleich Kennzeichen des „Angebots“ der Auflagen und Weisungen darstellen, werden wir hier eingehen.

In der Mitte dieser Unterscheidungsproblematik scheint der Begriff des „hypothetischen, normal zu erwartenden Verlaufs der Dinge[167]“ zu sein. Dieser definiert eine Grundlinie, die Drohungen von Angeboten unterscheidet. Die Differenz scheint nämlich darin zu liegen: „in welche Richtung, was der Ansinnende zu tun ankündigt, die Folgen verändert, die für den Adressaten ohne das Ansinnen nach dem alternativ zu erwartenden Verlauf der Dinge gemäß seiner Nutzenskala eingetreten wären[168]“. Dieses Kriterium des „hypothetischen, normal, zu erwartenden Verlaufs der Dinge“, worin der Kern der Unterscheidung der Drohungen von den Angeboten besteht, hat Thomas Gutmann durch die Zitierung eines Beispiels verdeutlicht[169]:

> „Wenn Q in dem Fall, dass er P´s Ansinnen nicht akzeptiert, schlechter dasteht als in der relevanten Grundlinienposition, dann droht ihm P; Wenn Q in diesem Fall nicht schlechter dasteht als in der relevanten Grundlinienposition, dann macht ihm P nur ein Angebot[170]“.

In diesem Punkt, der Veränderung des „normalen Verlaufs der Dinge“ unterscheiden sich die Auflagen und Weisungen des § 153a StPO von einem Angebot. Obwohl die Ablehnung eines Angebots keine Änderung des Lebensverlaufs des Adressaten hervorruft, er lebt nämlich weiterhin wie früher unabhängig davon, ob die Annahme des Angebots sein Leben verbessern oder ver-

166 Thomas Gutmann, a.a.O., S. 88.
167 Thomas Gutmann, a.a.O., S. 88.
168 Thomas Gutmann, a.a.O., S. 88.
169 Thomas Gutmann, a.a.O., S. 88.
170 Thomas Gutmann, a.a.O., S. 88.

schlechtern würde, vermag die Ablehnung der Auflagen und Weisungen seitens des Beschuldigten eine große Veränderung seines Lebens ins Schlechtere zu verursachen. Wenn er nämlich nicht bereit wäre die Auferlegung einer nachlässigen Strafmaßnahme zu akzeptieren, dann würde ihm die Auferlegung einer im engeren Sinn verstandenen und vielleicht seine persönliche Freiheit beschränkenden Strafe drohen[171].

In der vorliegenden Frage, wo die Veränderung des normalen Verlaufs der Dinge so augenfällig ist, scheint die Anrufung der Freiwilligkeit der Entscheidung des Beschuldigten, die Auflagen bzw. Weisungen zu akzeptieren, das Paradox anzunehmen, dass eine freiwillige Entscheidung das Ergebnis eines „drohenden Angebots" sein kann. Der Versuch nämlich, die Vorverurteilung, die die Auferlegung der Auflagen und Weisungen mit sich bringt, zu rechtfertigen, hat die Verfasser der Vorschrift zu einem weiteren Fehler geführt, zu der Erfindung der „Freiwilligkeit unter drohendem Angebot".

VI. Die Herabwürdigung der prozeduralen Wahrheit

Diese den Auflagen und Weisungen immanente Vorverurteilung, die durch die Erfindung der Freiwilligkeit nicht zu rechtfertigen ist, kann sogar im Gegensatz zu den anderen Zweckmäßigkeitsvorschriften, nicht nur zu einer Herabwürdigung der materiellen Wahrheit führen[172], sondern auch zu der Abschaffung eines der wichtigsten Elementen des Prozesses, von denen welche seine Existenz rechtfertigen, der prozeduralen Wahrheit.

Die Einführung der oben erwähnten Vorschrift hat nämlich dazu geführt, dass nicht nur die Annäherung der materiellen Wahrheit sondern auch das Wahrheitsminimum, was jeder Prozess gewährleistet, die prozedurale Wahrheit,

---

171 S.u.a. Löwe / Rosenberg, a.a.O., S. 484, laut dem dieses „Angebot" auch gegen den Grundgedanken des 136a bzw. den Grundsatz des fairen Verfahrens verstoße, weil es den Beschuldigten in einer Drucksituation der Entscheidung über die Zustimmung aussetze.

172 Zu diesem Thema analytisch Bernd Schünemann, Die Verständigung im Strafprozeß-Wunderwaffe oder Bankrotterklärung der Verteidigung?, in: NJW 1989, Heft 31, S. 1895 ff., S. 1896, welcher zitiert: „während Absprachen über das Verfahrensergebnis im Sinne eines im Prozess zustande kommenden Vergleiches überall dort prozesstypisch sind, wo die Dispositionsmaxime gilt, wo die Beteiligten also - wie im Zivilprozess und wie im angloamerikanischen Strafprozeß - über den Verfahrensgegenstand verfügen können, schließt die Strafprozessordnung derartige Absprachen grundsätzlich aus, weil sie nicht als das Dispositionsprinzip und die dazu gehörende Kategorie der formellen Wahrheit, sondern die Ermittlung der materiellen Wahrheit zum Angelpunkt des Strafverfahrens bestimmt."

gefährdet ist. Um diese Tatsache, welche noch mal die Unvereinbarkeit der Geringfügigkeitsvorschriften zu dem System der Zweckmäßigkeitsnormen ans Licht bringt, zu verdeutlichen, wäre es erst sinnvoll, einen kurzen Blick auf den Kern dieser Problematik, nämlich auf den Begriff der Wahrheit zu werfen.

1. Die materielle Wahrheit als die ideale, vollkommene Wahrheitsform

Die Suche nach der absoluten Wahrheit stellt nicht das Ergebnis der theoretischen bzw. philosophischen Diskussion der Gegenwart dar. Es herrscht seit der Antike die Ansicht, dass es eine vor der Sprache existierende, allgemeingültige Wahrheit gibt[173], die nur schwer oder überhaupt nicht durch die beschränkten menschlichen Fähigkeiten zu erkennen ist, die so genannte materielle Wahrheit.

Den Begriff „materiell" hat man benutzt, um etwas zu beschreiben, was vor der Sprache existiere[174]. Aus diesem Grund kann die „Erkenntnis der materiellen Wahrheit als die Erkenntnis über ein Objekt bezeichnet werden[175]". Der Begriff stammt aus der Philosophie der Vorsokratiker, laut denen die Materie als der Urstoff bezeichnet worden ist, aus dem alles entstanden ist[176]. Dadurch kann man definieren, dass die materielle Wahrheit eine Wirklichkeit sei, die in der objektiven Welt vor der Sprache existiert[177].

Als Vorkämpfer dieser absoluten Wahrheit gilt Platon, der durch seine Ideenlehre den Relativismus der Sophisten überwunden zu haben scheint. Im Gegensatz zu den Sophisten, die gelehrt haben, dass ein jeder Mensch Maßstab seiner Wahrheit ist, jeder also sich seine eigene Realität schaffen kann, geht Platon von der Möglichkeit allgemeingültiger Erkenntnis aus.

Als Objekte einer solchen verbindlichen Erkenntnis gelten nach Platon, übergeordnete, abstrakte Begriffe, deren Existenz unabhängig vom Menschen sei. Diese Begriffe, die Platon „Ideen" genannt hat, seien ewig und absolut war und niemand könne sie verändern. An ihnen kann man nämlich nur im Denken, geistig, teilhaben. Dieser abstrakte und vom Menschen unabhängige (objektive)

---

173 Platon, Theaitetos, auf Deutsch von F. Schleiermacher, S. 161 ff.

174 Ro-Seop Park, Die Wahrheitsfindung im Ermittlungsverfahren, Frankfurt am Main, 2003, S. 33.

175 Ro-Seop Park, a.a.O., S. 33.

176 Vgl. etwa Arthur Kaufmann, Läßt sich die Hauptverhandlung, S. 16, welcher zitiert: „Nach der traditionellen, auf Aristoteles zurückgehenden Lehre findet sich die Wahrheit primär am Gegenstand; dies ist die ontologische Wahrheit. Die gnoseologische Wahrheit liegt in der Entsprechung des Denkens mit der Wahrheit des Gegenstands. In der klassischen Formel kommt dieser Korrespondenzcharakter der Erkenntniswahrheit klar zum Ausdruck „Veritas es adaequatio intellectus et rei."

177 Ro-Seop Park, a.a.O., S. 33.

Charakter der materiellen Wahrheit, auf den Platon mit seiner Idealistischen Lehre[178] zum ersten Mal hingewiesen hat, unterstreicht gleichzeitig die zwei wichtigsten Probleme bei dem Versuch der Menschen, diese Wahrheit zu entdecken.

2. Das erste Problem bei dem Versuch diese Wahrheit zu entdecken

Das erste und vielleicht wichtigste Problem, bei dem Versuch der Menschen, ein absolutes Element zu begreifen, stellt die Relativität ihrer Erkenntnisfähigkeiten dar. Die Entzifferung der Natur, die eine unbeschreibliche Komplexität aufweist, überschreitet sehr oft, wenn nicht immer, das menschliche Begriffsvermögen. Der Mensch und jedes menschliche Werk zeichnen sich nämlich dadurch aus, dass sie nicht immer in der Lage sind, der Komplexität der Natur zu folgen und absolut zu begreifen[179]. Diese Naturkomplexität bedeutet nichts Anderes als die Unendlichkeit der Möglichkeiten, die sich für das faktische Erleben abzeichnen. Diese wurde ausdrücklich von Niklas Luhmann mit dem Begriff „Weltkomplexität" beschrieben[180].

Diese Tatsache, dass den Menschen die Wesensgründe der Dinge unbekannt sind[181] sowie dass jeder Versuch das Absolute durch positive Aussagen zu bestimmen, unvermeidlich zu Aporien und Paradoxien führe[182], hat sogar zu den Gedanken geführt, dass nur Aussagen negativen Charakters möglich seien[183].

178 Als Idealismus (im Gegensatz zum Empirismus und zum Rationalismus) bezeichnet man heute in der Philosophie unterschiedliche Strömungen, welche es gemein haben, dass das eigentlich Wirkliche die Ideen sind. Alles Andere, was wir wahrnehmen, sind nur Abbilder davon.

179 Zu den Folgen der mangelhaften Erkenntnisfähigkeiten der Menschen im Rahmen des Prozesses s.u.a. Hans-Heiner Kühne, Die Instrumentalisierung der Wahrheitsfindung im Strafverfahren, in: GA 2008, S. 361 ff., S. 362, welcher besonders treffend zitiert: „bei den Bemühungen im Rahmen des Verfahrens die Wahrheit zu entdecken kann es zu Ergebnissen kommen, die nicht so sehr einer Rekonstruktion historisch- objektiver Realität, sondern vielmehr, wie Luhmann dies durchaus aggressiv formuliert hat, einer Neukonstruktion lediglich prozessualer Realität entsprechen, die dann auch als Dekonstruktion der historischen Wahrheit bezeichnet werden kann."

180 Niklas Luhmann, Legitimation durch Verfahren, Neuwied am Rhein 1969, S. 41.

181 Thomas von Aquin, Kommentar zur aristotelischen Metaphysik I, 3, Nr. 15 (1588), Frankfurt am Main 1964.

182 Robert Reiniger, Metaphysik der Wirklichkeit, 2. Band, Nachdruck der 2. Auflage (1948), München 1970, S. 179 ff.

183 S.u.a. Karl Popper, Logik der Forschung, 9. Auflage, Tübingen 1989, S. 3 ff., 256 ff.

Diese Gedanken stellten den Grund für die Entstehung einer „negativen Philosophie[184]" und des daraus hervorgehenden „negativen Utilitarismus" dar.

„Es gibt" laut Arthur Kaufmann[185] „in der Wissenschaft, zumal in der Philosophie so etwas wie ein negatives Prinzip und man spricht von alters her von einer negativen Philosophie[186]". Der Grundgedanke, der zu der Entstehung dieses philosophischen Stroms geführt hat, liegt in der Begrenztheit der menschlichen Erkenntnisfähigkeiten. Wegen dieser Begrenztheit sind wir in vielen Dingen in der Lage zu erkennen, „was etwas nicht ist, nicht aber was etwas ist[187]".

Noch eine theoretische Annahme der Tatsache, dass die Menschen nicht in der Lage sind, die absolute Wahrheit zu begreifen, macht der aus diesem „negativen Prinzip" hervorgehende „negative Utilitarismus" [188] aus, dessen zwei Hauptvertreter Mill[189] und Bentham[190] sind. Nach der utilitaristischen Lehre liegt das Ziel der Ethik darin, dass das größtmögliche Glück der größtmöglichen Zahl verwirklicht werden muss[191]. Dieser theoretische Strom zeichnet sich dadurch aus, dass er die Relativität der menschlichen Erkenntnisfähigkeiten und als Folge davon des menschlichen Handelns anerkennt.

Die utilitaristische Lehre, die auf die „negative Philosophie" zurückgeht, hat neue Wege in diesem philosophischen Strom eingeschlagen, durch die Einführung der Theorie des „negativen Utilitarismus". Laut dem müssen wir nicht nach dem Guten, weil wir es, nicht begreifen können, sondern auf das nicht-Ungute streben[192]. Angewandt auf den negativen Utilitarismus heißt es, dass es

---

184 Arthur Kaufmann, Negativer Utilitarismus. Ein Versuch über das bonum commune, München 1994, S. 13.

185 Arthur Kaufmann, a.a.O., S. 13.

186 Arthur Kaufmann, a.a.O., S. 13.

187 Arthur Kaufmann, a.a.O., S. 13.

188 Park, a.a.O., S. 36 laut dem der negative Utilitarismus Wert darauf legt, das Unglück abzuwehren, während positiver Utilitarismus die Verwirklichung des größtmöglichen Glücks für die größtmögliche Anzahl von Menschen betont; über die utilitaristische Lehre im Allgemeinen s. besonders analytisch Ota Weinberger, Theorie der Utilität, in: Rechtstheorie 34 (2003), S. Theorie der unsichtbaren Hand S. 195 ff., S. 205; „um seine Ware verkaufen zu können und Gewinn zu erzielen, muss er das produzieren und anbieten, was der Konsument braucht bzw. wünscht. Der gesellschaftliche Effekt der Tätigkeit des Produzenten, die durch subjektives Gewinnstreben motiviert ist, führt oft (oder meist) zur Förderung des gesellschaftlichen Wohls, wird durch das Wirken der unsichtbaren Hand zum gesellschaftlichen Nutzen."

189 Besonders eingehend dazu John Stuart Mill, Utilitarism, 1863 (auf Deutsch "Utilitarismus", Hamburg 2006).

190 Dazu analytisch Jeremy Bentham, Introduction to the principles of morals and legislation (1789), 2. Auflage Oxford 1996.

191 Arthur Kaufmann, a.a.O., S. 17.

192 Arthur Kaufmann, a.a.O., S. 18.

mehr gilt dem Unglück zu wehren, als das Glück zu fordern[193]. Arthur Kaufmann hat sogar diese Schlussfolgerung treffend durch die Zitierung eines Beispiels, welches besonders nützlich für das Weiterleiten unseres Syllogismus ist, erläutern lassen. „Ein Fußballschiedsrichter hat" laut dem Beispiel „nicht dafür zu sorgen, dass ein Spiel gut ist, er hat nur negativ darüber zu wachen, dass es nicht ungut ist, nämlich, dass keine Regelverstoße vorkommen[194]". Das Fußballspiel könnte man problemlos mit dem Prozess vergleichen und die relative Wahrheit, nach der der Schiedsrichter strebt, mit der prozeduralen Wahrheit. Bevor wir uns aber mit der Frage beschäftigen, wozu die oben aufgeführten Gedanken unserem Syllogismus dienen, wäre es vielleicht sinnvoll, noch einen kurzen Blick auf die Folgen zu werfen, die diese theoretische Lehre für den Wahrheitsbegriff hatte.

Die oben aufgeführten Gedanken und die Lehre des „negativen Utilitarismus" ebneten auch den Weg für eine Relativierung des Wahrheitsbegriffs und des Versuchs, sie absolut zu begreifen. Die Wahrheitsfindung ist nicht etwas, was man um jeden Preis verwirklichen muss, weil ihre absolute Entdeckung nicht immer realisierbar ist.

Diese Gedanken stellten den Grundstein für die Entwicklung eines relativen Wahrheitsbegriffs dar, dieses der „negativen materiellen Wahrheit[195]", die von fundamentaler Bedeutung für das Verständnis des Begriffs der prozeduralen Wahrheit ist. Bei diesem relativen Wahrheitsbegriff, welcher ein wichtiges Element der auch relativen prozeduralen Wahrheit ausmacht und daher besonders zu berücksichtigen ist, geht es vorrangig um den Schutz der Persönlichkeit des Beschuldigten und der Menschenwürde[196].

Die erste Schlussfolgerung, die man aus den oben aufgeführten Gedanken ziehen kann, ist, dass die komplexe Natur der Realität und die Vergegenwärtigung der beschränkten menschlichen Erkenntnisfähigkeiten zu einer Relativierung des Wahrheitsbegriffs geführt haben. Die Wahrheitsentdeckung darf nicht um jeden Preis verwirklicht werden. Diese Gedanken, die auch zu der Relativie-

---

193 Arthur Kaufmann, a.a.O., S. 23, mit Verweis auf Immanuel Kant, Versuch den Begriff der negativen Größen in die Weltweisheit einzuführen, Bd. 1, Königsberg 1763, S. 777 ff.

194 Arthur Kaufmann, a.a.O., S. 23.

195 Dazu analytisch Park, a.a.O., S. 36, laut dem der Begriff „materielle Wahrheit" im Allgemeinen in positive und negative Aspekte geteilt werde. Die positive betone, dass ein Schuldiger jedenfalls nicht freigesprochen werden darf, wenn der ganze Sachverhalt ohne Ausnahme aufgeklärt worden ist, während die negative materielle Wahrheit betone, dass es besser ist, hundert Schuldige unbestraft zu lassen, als einen Unschuldigen zu bestrafen.

196 Arthur Kaufmann, a.a.O., S. 488; Klaus Tiedermann, Das Strafprozessrecht, in Roxin, Arzt, Tiedermann (Hrsg.), Einführung in das Strafrecht und das Strafprozessrecht, Heidelberg 1994, S. 113 ff., S. 120.

rung des Versuchs, im Rahmen des Strafverfahrens die Wahrheit zu entdecken, geführt haben, machen den Eckpfeiler des Begriffs der „prozeduralen Wahrheit" aus.

3. Ein weiteres Problem: Die Subjektivität des menschlichen Empfindens

Die oben aufgeführten Probleme stellen dennoch nicht das einzige Hindernis, bei dem Versuch die absolute Wahrheit zu entdecken, dar. Die Subjektivität des menschlichen Empfindens erschwert auch den Versuch, etwas Objektives, unabhängig von den Menschen Geltendes, absolut zu begreifen. Die Subjektivität der Persönlichkeit, der Denkweise und der Gestaltung der inneren Welt der Menschen, können uns zu der Schlussfolgerung führen, dass selbst die absolute Wahrheit durch die Einmischung des menschlichen Faktors, des menschlichen Auffassungsvermögens, subjektiviert werden kann.

Diese Schwierigkeit war Immanuel Kant bewusst und stellte den Grund dar, aus dem er zum Eudämonismus als Wahrheitskriterium in kritischer Distanz stand[197]. Alle materiale praktische Prinzipien gehörten laut Kant unter das allgemeine Prinzip der Selbstliebe, oder eigenen Glückseligkeit und würden den Bestimmungsgrund der Willkür in der, aus irgendeines Gegenstandes Wirklichkeit zu empfindenden, Lust oder Unlust setzen[198]. Diese Bestimmungsgründe seien dennoch nur subjektiv gültig[199].

„Die Tapferkeit eines Gegners, die selbst unsere Achtung erheischen würde, kann für uns so schmerzlich sein, dass seine Heldentaten mit unserem Empfinden nicht als solche interpretiert werden können"[200]. Das subjektive Empfinden der Menschen darf daher kein allgemeines Wahrheitskriterium darstellen, im Gegensatz dazu macht es ein wesentliches Hindernis aus, bei dem Versuch die Wahrheit zu entdecken.

197 Immanuel Kant, Grundlegung zur Metaphysik der Sitten, S. 28.

198 Immanuel Kant, Kritik der praktischen Vernunft, Riga 1788, S. 40 ff.; besonders eingehend dazu auch Reinhold Zippelius, Das Wesen des Rechts. Eine Einführung in die Rechtsphilosophie, München 1997, S. 96 ff., S. 97.

199 Immanuel Kant, Kritik der praktischen Vernunft, a.a.O., S. 41; Reinhold Zippelius, a.a.O., S. 97.

200 Reinhold Zippelius, a.a.O., S. 97.

4. Die Relativität der formellen Wahrheit des Gesetzes als Folge der menschlichen Schwäche, die absolute Wahrheit zu entdecken

Die Schwäche der Menschen, die absolute Wahrheit zu begreifen, die in den zwei oben aufgeführten Beispielen dargestellt wurde, hatte folgenden Syllogismus zur Folge: „Wenn nicht aus den Fakten“, da die Menschen nicht in der Lage sind, die komplexe Natur der Realität absolut zu entziffern und wenn nicht aus den subjektiven Gefühlen, dann muss man die Wahrheit nur durch die Hilfe der Vernunft entdecken[201].

Als ultimum refugium hat nämlich Kant den Rationalismus ausgewählt dadurch, dass er die Vernunft als das für den Erkenntnisprozess wesentliche Kriterium hervorhebt. „Und wenn es überdies gar kein inhaltlich bestimmtes Richtmaß richtigen Handelns gibt, dann bleibt in der Tat nichts übrig als die bloße Form einer allgemeinen Gesetzgebung[202]“. Sie müsse als Maßstab des richtigen Rechts gelten. Diese Gedanken stellten die Fundamente des Begriffs der formellen Wahrheit dar.

Das Gesetz gilt nämlich im Bereich der Gerechtigkeit als Maßstab der Wahrheit, weil es den meist zuverlässigen und begründbaren Vertreter der Vernunft darstellt, obwohl sich auch diese Wahrheit des Gesetzes durch ihre Relativität auszeichnet. Die formelle Wahrheit der menschlichen Gesetze, weist aber, außer ihrer Relativität, noch zwei Eigenschaften auf, die auch als das Ergebnis der gleichen Gedanken erscheinen. Die Relativität der Wahrheit des Gesetzes ist seit Jahrhunderten den Menschen bewusst. Die ideale, die absolut richtige Problemlösung könnte nur das Ergebnis einer übermenschlichen Intervention sein. Diese Annahme kann zu einer weiteren Schlussfolgerung führen. Die Wahrheit des Gesetzes ist nicht nur relativ, sondern auch von den Menschen als erträglich betrachtend, trotz ihrer potentiellen Fehler.

Die Frage, die dennoch jetzt auftaucht, und dringend beantwortet werden muss, lautet: Wie weit können die potentiellen Fehler der formellen Wahrheit des Gesetzes durch die oben erwähnte Annahme gerechtfertigt werden? Die Antwort liegt in der logischen Begründbarkeit des Gesetzes, die ihre dritte Eigenschaft darstellt.

---

201 Immanuel Kant, Grundlegung , S. 113; Reinhold Zippelius, a.a.O., S. 97.

202 Immanuel Kant, a.a.O., 1788, S. 113; Reinhold Zippelius, a.a.O., S. 97; s. auch Winfried Hassemer, Juristische Methodenlehre und richterliche Pragmatik, in: Rechtstheorie 39 (2008), S. 1 ff., S. 6, laut dem die juristische Logik den Königsweg zur unbeschränkten Herrschaft des Gesetzes, zum reinen Gesetzesstaat bilde.

5. Die prozedurale Wahrheit als Teil der formellen Wahrheit der Gesetze

Teil dieser formellen Wahrheit der menschlichen Gesetze stellt die so genannte „prozedurale Wahrheit“ dar, die daher alle oben zitierten Eigenschaften der formellen Wahrheit aufweist[203]. Bevor wir aber auf ihre wichtigsten Eigenschaften eingehen, wäre es vielleicht nützlich, eine erste Definition der prozeduralen Wahrheit darzulegen. Das kann uns bei dem Versuch helfen, diese Eigenschaften besser zu begreifen.

Zunächst einmal kann man die Wahrheit des Verfahrens als die Wahrheit definieren, die sich durch die Anwendung der prozeduralen Regeln ergibt und hauptsächlich dazu dient, die Anwendung des materiellen Rechtes, die formelle Wahrheit nämlich der Normen des materiellen Strafrechts zu rechtfertigen. Es geht um eine die formelle Wahrheit des materiellen Rechts unterstützende Wahrheit, die auch selbst einen Teil derselben formellen Wahrheit darstellt.

Dieser die formelle Wahrheit des materiellen Rechts unterstützende Charakter der prozeduralen Wahrheit verdeutlicht die Tatsache, dass auch sie einen relativen Begriff ausmacht. Die Unterstützung der relativen Wahrheit der materiellen Normen könnte nämlich keinen absoluten Charakter haben. Anders gesagt: Der Versuch eine relative Wahrheit zu entdecken darf nicht im Rahmen

203 Über die Möglichkeit, die Wahrheit im Rahmen des Verfahrens zu entdecken, s.u.a. Wolfgang Bock, Über die Möglichkeit von Erkenntnis in der Rechtswissenschaft. Zum methodischen Verhältnis von Rechtsdogmatik, Rechtskonkretisierung, Rechtsphilosophie und Sozialwissenschaften aus kantianischer Perspektive, Rechtstheorie 36 (2005), S. 449 ff.; das Problem der Möglichkeit der Wahrheitsentdeckung im Rahmen eines rechtlichen Verfahrens bzw. die Frage nach der Eignung der positiven Normen einen Richtigkeitsanspruch für sich zu erheben hängt eng nicht nur mit der Frage „Positivismus oder Naturalismus“ sondern auch mit der Diskurs- und Konsensustheorie zusammen; s. Arthur Kaufmann, Läßt sich, S. 15 ff., S. 15-16, laut dem die Konsensustheorie den Anspruch, eine Wahrheits- bzw. Richtigkeitstheorie zu sein, erhebe. „Wahrheit und Richtigkeit betreffen den Unterschied von theoretischem und praktischem Diskurs; In jenem geht es um die Wahrheit empirischer Tatsachen, in diesem um die Richtigkeit normativer Urteile. Eine der Kernfragen der Diskurstheorie betrifft das Problem, ob sich richtige Normen ähnlich begründen lassen wie wahre Tatsachen- Aussagen oder noch anders; ob es eine Wertevidenz im selben oder doch vergleichbaren Sinne wie eine Beobachtungsevidenz gibt… Die Naturrechtlehre bejaht diese Frage während nach nominalistischer, empirischer, positivistischer Auffassung normative Urteile überhaupt nicht wahrheits- bzw. richtigkeitsfähig sind.“ Diese Auffassung der Konsensustheorie als Wahrheitstheorie ist laut Arthur Kaufmann so zu verstehen, dass „der unter bestimmten Bedingungen durchgeführte und konsensuserzielende Diskurs Wahrheit bzw. Richtigkeit erzeugt und sich nicht nur als etwas außerhalb des Diskurses Gelegenes auffindet.“ Die Wahrheit entstehe danach im Prozess der Wahrheitsfindung und man spreche daher von einer „prozeduralen Theorie der Wahrheit“ oder auch der Gerechtigkeit.

des Strafverfahrens um jeden Preis verfolgt werden[204]. Undurchdringliche Grenze des Versuchs die Wahrheit zu finden, stellt im Strafverfahren, der Schutz der Menschenwürde und Menschenrechte dar[205].

Dieser relative Charakter der Verfahrenswahrheit lässt auch den relativen Charakter der prozeduralen Mittel erklären. Er lässt die Frage beantworten, warum es nur zwei Rechtsmittel gibt, warum es eine Frist und Beweisverbote[206] bei dem Versuch, im Prozess die Wahrheit zu entdecken gibt. Selbst die Vorentscheidungen, die eine Einstellung des Verfahrens nach den §§ 153 ff. mit sich bringt, unterstreichen den relativen Charakter der prozeduralen Wahrheitssuche.

Die Annahme der oben aufgeführten Erkenntnisdefiziten und des daraus hervorgehenden relativen Charakters der Wahrheit des Prozesses verdeutlichen auch die Nachsicht der Menschen selbst einer unvollkommenen, manchmal fehlerhaften, prozeduralen Wahrheit gegenüber. Selbst eine unvollkommene prozedurale Wahrheit kann im Rahmen der menschlichen Gesellschaft angenommen werden, weil auch sie nichts Anderes als das Ergebnis ihrer Defizite, hinter den Zielen, die sie selbst gesetzt hat, zurückzubleiben, darstellt.

Der ideale Richter, der der idealen Aufgabe des Auffindens gültiger Prinzipien und Zielsetzungen, aus denen eine konkrete Rechtsordnung in ihren wesentlichen Elementen so gerechtfertigt werden kann, dass sich ihr alle Einzelfallentscheidungen als kohärente Bestandteile einfügen, gewachsen ist, welchen Dworkin „Herkules" nennt, sollte über solche intellektuelle Fähigkeiten verfügen, die sich mit den physischen Kräften eines Herkules messen könnten[207]. „Er verfügt über zwei Bestandteile eines idealen Wissens: Er kennt alle gültigen Prinzipien und Zielsetzungen, die zur Rechtfertigung nötig sind und hat zugleich einen vollständigen Überblick über das dichte Gewebe, der durch argumentative Fäden verknüpften Elemente des geltenden Rechts, das er vorfindet."[208]

Die Tatsache dennoch, dass diese Akzeptanz der Menschen einer relativen prozeduralen Wahrheit gegenüber, das Ergebnis der Annahme der mensch-

---

204 Vgl. Detlef Krauß, Das Prinzip der materiellen Wahrheit im Strafprozess, in: Festschrift für Friedrich Schaffstein zum 70. Geburtstag, Göttingen 1975, S. 411-431, S. 411, der darauf hinweist, dass die Wahrheit im Recht nicht schrankenlos zu finden ist.

205 Zu dem Thema s.u.a. Markus Löffelmann, Die normativen Grenzen der Wahrheitsforschung im Strafverfahren. Ideen zu einer Kritik der Funktionsfähigkeit der Strafrechtspflege, De Gruyter Recht, Berlin 2008.

206 Zu der Problematik der Beweisverbote im Rahmen des strafrechtlichen Verfahrens s.u.a. Theoharis Dalakouras, Beweisverbote bezüglich der Achtung der Intimsphäre. Unter besonderer Berücksichtigung der Grundrechtsproblematik sowie des griechischen Rechts, Berlin 1988.

207 Jürgen Habermas, Faktizität und Geltung, Beiträge zur Diskurstheorie des Rechts und des demokratischen Rechtsstaats, Frankfurt am Main 1994, S. 259.

208 Jürgen Habermas, a.a.O., S. 259-260 mit Verweis auf Ronald Dworkin, Bürgerrechte ernstgenommen, Frankfurt am Main 1984, S. 153.

lichen Erkenntnis- bzw. Umsetzungsdefizite darstellt und auch einen emotionalen Hintergrund aufweist, erleuchtet auch die Frage, warum sich selbst diese Billigkeit durch Relativität auszeichnet. Die Billigkeit der Menschen nämlich, die das Ergebnis emotionaler Prozesse ausmacht, hat keinen absoluten Charakter. Vielmehr zeichnet sie sich dadurch aus, dass sie Schwankungen aufweist. Sie ist nämlich davon abhängig, ob auch die prozedurale Gerechtigkeit gegenüber den Menschen billig ist. Je billiger eine juristische Entscheidung gegenüber den Menschen ist, desto nachsichtiger sind die Menschen gegenüber ihrer potentiellen Fehler. Ein fehlerhafter Freispruch wird immer leichter als eine fehlerhafte Verurteilung angenommen.

Die Billigkeit der Menschen der Relativität der prozeduralen Wahrheit gegenüber stellt dennoch nicht den wichtigsten Faktor für ihre Rechtfertigung. Der prozeduralen Wahrheit soll auch ein Wahrheitsminimum immanent sein. Der Prozess muss nämlich ein Minimum an Garantien absichern, welche potentiell zu diesem Wahrheitsminimum führen können. Anders gesagt: Die zulässige Wahrheitsabweichung muss begrenzt sein.

Die Frage, die dennoch jetzt auftaucht lautet: Wo liegt die Grenze der zulässigen Wahrheitsabweichung, wo liegt die Grenze, deren Überschreitung die Aufhebung der Akzeptanz der Gesellschaft impliziert? Welche sind nämlich diese unbedingt abzusichernden Garantien, aus denen sich dieses Wahrheitsminimum ergibt, was man als Prozedurale Wahrheit bezeichnen darf?

Die Relativität der prozeduralen Wahrheit hat seit Jahrhunderten die Gedanken zur Folge, dass das Minimum, welches durch die prozedurale Wahrheit abzusichern ist, in der Begründbarkeit der Entscheidungen liegt, die auf diese Wahrheit gegründet sind. Dieser Begriff dennoch, welcher tatsächlich die Fundamente zu der Rechtfertigung der prozeduralen Wahrheit gelegt hat, hat sich zu einem Mittel entwickelt, welches im Laufe der Jahrhunderte hauptsächlich Vorsätzlichkeiten gedient hat. Die Begründbarkeit wurde nämlich als bloße Überzeugung der Bürger betrachtet.

a. Begründbarkeit als die bloße Überzeugung der Gesellschaft

Den Kern dieser theoretischen Vereinfachung des Begriffs der Begründbarkeit der prozeduralen Wahrheit, die auf die platonische Theorie der „nützlichen Lüge[209]" zurückführt und von Hans Kelsen zumindest teilweise übernommen und weiterentwickelt wurde, stellt die Annahme dar, dass es von allein reicht, damit eine prozedurale Aussage als akzeptabel angesehen wird, dass sie so begründet wird, dass sie die Bürger über ihre Wahrheit überzeugt und als Folge davon den Gehorsam gegenüber dem Gesetz garantiert[210].

---

209 Vgl. Platon, Politeia (Der Staat), 414b-415d; s. auch Martin Heidegger, Platons Lehre von der Wahrheit, 1947.

210 vgl. Hans Kelsen, Was ist Gerechtigkeit, Stuttgart 2007, S. 19.

Der Gehorsam gegenüber dem Gesetz und nicht die Absicherung eines Wahrheitsminimums stellt nach dieser Begründbarkeitsauffassung den Kern des Begriffs der Begründbarkeit dar. Die Lügen sind laut dieser Auffassung erlaubt, unter der Voraussetzung, dass sie in der Lage sind, den Gehorsam gegenüber dem Gesetz zu garantieren. „Wenn dies eine Lüge ist, dann ist es eine höchst nützliche Lüge, denn diese Lüge garantiert den Gehorsam gegenüber dem Gesetz[211]“. Prozedurale Wahrheit bedeutet nämlich nach dieser Auslegung, die Fähigkeit der juristischen, prozeduralen Aussagen, durch die geeignete Begründung, als gerechtfertigt zu erscheinen, selbst wenn der Kern dieser Begründung aus nicht wahren Aussagen besteht.

„Eine rechtliche Aussage ist nicht dann wahr, wenn sie zutreffend eine Beziehung zwischen einer Aussage und einem Sachverhalt benennt, sondern dann, wenn ein kompetenter juristischer Akteur ihre Behauptung rechtfertigen kann[212]“. Eine richtige Entscheidung bedeutet nur eine „methodengerecht begründete Entscheidung[213]“ und die prozedurale Wahrheit ist nichts anderes als bloßer Überzeugungsversuch.

b. Die richtige Bedeutung der Begründbarkeit als Wahrheitselement

Tatsächlich kann man im Bereich rechtlicher Normen und Entscheidungen eine Aussage als wahr bezeichnen, „wenn sie anhand der juristischen Argumentationslehre gerechtfertigt werden kann[214]“. Das wichtigste Wahrheitskriterium im Recht im Gegensatz zu den Naturwissenschaften scheint die Begründbarkeit der Entscheidungen zu sein[215].

Die oben zitierte Begründbarkeitsauffassung dennoch, laut der von allein die nach außen gerichtete Rechtfertigung, die bloße Vertretbarkeit nämlich einer rechtlichen Aussage reicht, damit sie als Wahr bezeichnet werden kann, scheint ein wichtiges Element der Wahrheit und als Folge davon der Begründbarkeit einer rechtlichen Entscheidung zu ignorieren. Außer der nach außen gerichteten Vertretbarkeit, besteht die Begründbarkeit der rechtlichen Aussagen, aus noch einem Element, welches eine Conditio sine qua non für ihre Rolle als Wahrheitskriterium darstellt. Das ist die innere Legitimierung, die innere Begründbarkeit einer juristischen Aussage.

---

211 Hans Kelsen, a.a.O., S. 19.

212 Dennis Paterson, Recht und Wahrheit, Baden-Baden 1996, S. 173; ebenfalls analytisch dazu Ulfrid Neumann, Wahrheit im Recht, S. 29.

213 Karl Engisch, Wahrheit und Richtigkeit im juristischen Denken, Berlin 1963, S. 14; s. auch Ulfrid Neumann, a.a.O., S. 29.

214 Ulfrid Neumann, Wahrheit im Recht, S. 29-30.

215 Ulfrid Neumann, a.a.O., S. 29-30; s. auch Ulfrid Neumann, Juristische Argumentationslehre, S. 6 ff.

Laut Ulfrid Neumann bedeutet sogar die Tatsache, dass das Ziel der juristischen Argumentation die überzeugende Begründung der Entscheidung darstellt, nicht dass aus der Sicht einer Theorie der juristischen Argumentation der Prozess der Entscheidungsfindung dem freien Spiel rationaler und irrationaler Kräfte überlassen wäre. Die radikale Trennung von rationaler Entscheidungsfindung und (irrationaler) Entscheidungsbegründung, wie sie sich exemplarisch bei H. Isay findet, sei laut Ulfrid Neumann weder als empirische These überzeugend noch als Basis einer Beschränkung der normativen Ansprüche einer juristischen Argumentationslehre akzeptabel. Eine Theorie der juristischen Argumentation, die sich auf den Appell zu lege artis formulierten Scheinbegründungen einlassen wollte, würde sich selbst die Grundlage entziehen[216]."

Diese innere Legitimierung, die das unbedingt abzusichernde Minimum der prozeduralen Wahrheit ausmacht, bedeutet nichts Anderes als, dass die oben erwähnte Rechtfertigung der Anwendung des materiellen Rechts durch das prozedurale Recht, das Ergebnis eines ernsthaften Versuchs[217] der Straforganen im Rahmen des Verfahrens durch den fairen Gebrauch der prozeduralen Mittel der Wahrheit des historischen Ereignisses anzunähern ist, welches den Streitgegenstand bildet. Dieses legitimierende Wahrheitsminimum des Verfahrens nennt man „prozedurale Wahrheit".

Für eine ausführliche Zitierung der Elemente, aus denen die prozedurale Wahrheit besteht, ist hier nicht der Ort. In diesem Punkt werden wir uns, nur auf eine sehr kurze Erwähnung der wichtigsten von denen, beschränken, die uns bei dem Versuch helfen kann, die Abschaffung selbst dieses prozeduralen Wahrheitsminimums durch die Einführung der Auflagen und Weisungen des §153a StPO zu zeigen.

Die wichtigsten Elemente dieses prozeduralen Versuchs, sich der Wahrheit des historischen Ereignisses anzunähern, stellen a. die gleichberechtigte Behandlung der Bürger und der zu diesem Zweck b. gerechte Gebrauch c. aller zur Verfügung stehenden prozeduralen Mittel dar. Selbst aber diese von fundamentaler Bedeutung zu der Absicherung eines prozeduralen Wahrheitsminimums Elemente werden durch die Einführung des § 153a abgeschafft. Nicht nur der Versuch, sich der materiellen Wahrheit anzunähern, wird durch die Einführung der Auflagen und Weisungen herabgewürdigt, wie es der Fall ist, bei allen vor-

216 S. Ulfrid Neumann, Juristische Methodenlehre und Theorie der juristischen Argumentation, in: Rechtstheorie 32 (2001), S. 239 ff., S. 255,; näher dazu Ulfrid Neumann, Juristische Argumentationslehre, S. 3 ff.

217 Vgl. etwa Heinrich Henkel, Strafverfahrensrecht, 2.Auflage, Stuttgart 1968, S. 84, laut dem die Verfahrensordnung als Wegweiser zur Wahrheit und Gerechtigkeit bezeichnet werden kann; s. auch Wolfgang Hetzer, Wahrheitsfindung im Strafprozess, unter Mitwirkung psychiatrisch / psychologischer Sachverständiger, Berlin 1982, S. 20.

zeitigen Urteilen durch die Zweckmäßigkeitsregel, wegen der mangelhaften Ermittlung.

Die Vertretbarkeit der Entscheidung, die Rechtfertigung einer rechtlichen Aussage wird nicht nur durch den mangelhaften Gebrauch der prozeduralen Mittel (kein Gebrauch des Hauptverfahrens) oder der ungleichberechtigten Behandlung der Rechtsteilhaber (der wohlhabende Beschuldigte kann oft durch die Zahlung eines Betrags der Strafe entkommen, das gleiche gilt aber nicht für den Beschuldigten, der die gleichen wirtschaftlichen Möglichkeiten nicht hat) geschädigt.

Die Einführung der Auflagen und Weisungen, welche größtenteils, wie oben aufgeführt wurde, einen reinen Strafcharakter haben, weist noch einen Nachteil auf, der bei der Anwendung der anderen Opportunitätsvorschriften nicht anzutreffen ist. Die Auferlegung einer im engeren oder im weiteren Sinn verstandenen Strafe, ohne dass ein ernsthafter Versuch, die Wahrheit zu entdecken, durch den Gebrauch auch des Hauptverfahrens, gemacht worden ist, entzieht der vertretbaren Wahrheit des Prozesses noch ein Element, von denen, die ihren Kern ausmachen: Die Billigkeit. Nicht nur einen Verstoß gegen den Versuch, sich der materiellen Wahrheit im Rahmen des Verfahrens anzunähern, stellt die Einführung des § 153a StPO dar, sondern auch eine Bedrohung selbst gegen den Versuch ein Minimum vertretbarer prozeduraler Wahrheit abzusichern.

VII. Die Abschaffung der Neutralität der Strafbarkeit durch die Einführung des § 153a StPO

Die sogenannte Vorverurteilung und ihre Folgen stellen dennoch nicht die einzigen Probleme der Einführung der Auflagen und Weisungen der § 153a StPO dar. Sie haben noch ein weiteres Problem verursacht, welches vor allem den Charakter der staatlichen Strafe und des Strafprozesses allgemein als kommunikatives Mittel trifft. Sie schaffen nämlich die Neutralität der Strafbarkeit dadurch ab, dass sie den Konflikt erneut personifizieren.

Die Einführung der Auflagen und Weisungen könnte man als einen Versuch des Staates interpretieren, der Gesellschaft zumindest teilweise den Konflikt zurückzugeben. Opfer des staatlichen Übergriffs sei zunächst, laut dieser Ansicht, das Opfer der Straftat, welches im Strafverfahren nur eine marginale Rolle spiele und dessen persönliche Betroffenheit hinter die strafrechtliche Interpretation des Geschehens durch Staatsanwalt und Gericht verschwinde[218]. Die Abschaffung des Strafrechts wäre lediglich die Korrektur eines strafrechtlichen Übergriffs auf fremdes gesellschaftliches Territorium[219].

Diese teilweise realisierte, durch die Einführung einiger der Auflagen und Weisungen, Rückgabe des Konflikts an die Gesellschaft weist dennoch einige Probleme auf, welche die kommunikative Rolle und als Folge davon die Erhaltungsfähigkeit eines Rechtssystems schwer treffen. Die Rückgabe des Konflikts an die Gesellschaft bringt nämlich immer die Probleme der Erhaltung des Konflikts in der Gesellschaft mit sich.

Eins der bedeutendsten von diesen Schwächen stellt die erneute Personifizierung der Strafbarkeit dar, die der unmittelbaren Wiedergutmachung des Opfers vom Täter und nicht vom Staat[220], der Weisung des § 153a (1) 4, die Unterhaltspflichten zugunsten des Opfers vorschreibt, und dem „Täter-Opfer Ausgleich" des § 153a (1) 5 immanent ist. Der Konflikt wird dadurch von einem durch den Staat zu lösendem Problem in einen inter partes ohne die staatliche Intervention bzw. Vermittlung beizulegenden Streit umgewandelt. Das hat die Abschaffung der Neutralität der Strafbarkeit zur Folge, die auf dem staatlichen Charakter der Strafe beruht und führt dazu, dass sich beide Teile des Konflikts ungerecht behandelt fühlen; Der Täter, weil er den unmittelbaren Ausgleich als Selbstjustiz empfindet und das Opfer, weil es sich so behandelt fühlt, dass es in einem Kompromiss teilnimmt, ohne dass es an dieser Entscheidung teilgenommen hat. Diese Rückgabe des Konflikts ist auch von der Gesellschaft als Selbstjustiz, als Rache empfunden, „welche die Objektivität einer juristischen Entscheidung, die Neutralität der Strafbarkeit abschafft und den Konflikt zwischen dem Täter und dem Opfer zu einem symmetrisch konstituierten Antagonismus aufzulösen droht"[221].

---

218 Ulfrid Neumann, Alternativen zum Strafrecht, in: Ulfrid Neumann / Cornelius Prittwitz (Hrsg.), Kritik und Rechtfertigung des Strafrechts, Frankfurt am Main 2005, S. 89 ff., S. 93.

219 Ulfrid Neumann, a.a.O., S. 92, welcher als mögliche Lösung des Problems, die staatliche Interventionen mit rein präventivem Charakter betrachtet.

220 153a (1) 1 StPO.

221 Vgl. etwa Ulfrid Neumann, a.a.O., S. 93.

5. Kapitel: Die Geringfügigkeitsvorschriften als dogmatische Dissonanz zu dem gesamten System der positiven Gerechtigkeit

I. Der Hauptgrund dieser Dissonanz: Die unmittelbare Negation des materiellen Rechts

Die Unvereinbarkeit der Geringfügigkeitsvorschriften zu dem System der Zweckmäßigkeitsnormen der StPO wäre vielleicht genug, um ihre Anwendung auszuschließen, sie stellt dennoch nicht das einzige Problem, welches ihre Einführung mit sich gebracht hat. Diese Regelungen stehen auch mit dem Wesen und der Funktion des gesamten positiven Gerechtigkeitssystems nicht im Einklang.

Wie schon oben aufgeführt wurde, führt die korrekte Anwendung der Zweckmäßigkeitsregeln nicht zu der Abschaffung sondern zu der Ergänzung des materiellen Rechts durch das prozedurale. Diese Vorschriften (mit der Ausnahme der §§ 153 und 153a StPO) sagen ausdrücklich aus, dass sie die materiellrechtlichen Gesetze als generell korrekt annehmen, sie bestätigen nämlich die Tatsache, dass die materiellen Gesetze fähig sind, die große Mehrheit der auftauchenden Fälle korrekt zu regeln. Sie stellen dadurch nicht die allgemeine Abwägung des materiellen Gesetzgebers darüber in Frage, ob eine Tat strafbar sein muss.

Ihre von dem materiellen Recht abweichende Funktion liegt einfach darin, dass sie bestimmte Ausnahmezustände, die die Anwendung eines generell korrekten materiellen Gesetzes herunterstufen, prozedural regeln, aber immer[222] unter der Voraussetzung, dass der materielle Gesetzgeber bei diesen Fällen nicht (bzw. nicht verhältnismäßig) eingreifen könnte, sodass er das Problem im Rahmen des materiellen Rechts bekämpft[223], und immer unter Berücksichtigung der Verhältnismäßigkeit dieses Eingriffs. Die Opportunitätsvorschriften sollen nämlich einen dem materiellen Recht dienenden Charakter bei dem Versuch der Annäherung der Gesellschaftsgerechtigkeit aufweisen.

Im Gegensatz dazu ist eine solche Rolle den das prozedurale Bagatellprinzip beinhaltenden Geringfügigkeitsnormen der §§ 153 und 153a nicht zuzuschreiben. Dadurch, dass sie die schon von dem materiellen Gesetzgeber durchgeführte Überprüfung des öffentlichen Interesses für die Strafbarkeit einer Tat noch mal (allgemein und nicht ausnahmsweise) unter die Lupe nehmen, sorgen

222 Das ist zumindest nach der Stellung der Arbeit theoretisch Korrekt.

223 Beispiele von diesen Fällen finden sich auf den Seiten 11 ff.

diese Vorschriften für eine potentielle unmittelbare Negation des materiellen Rechts.

Der Hauptunterschied zwischen den anderen Opportunitätsvorschriften und den diesem Zusammenhang immanenten Geringfügigkeitsregelungen liegt darin, dass sie keine Ausnahmezustände regeln, die der materielle Gesetzgeber nicht regeln könnte, sondern allgemein die Abwägung des materiellen Gesetzgebers darüber, ob eine Tat oder Kategorie von Taten strafbar sein muss, in Frage stellen.

1. Die „rechtsinterne" Folge der Negation des materiellen Rechts: Die Unvereinbarkeit der prozeduralen Bagatellvorschriften mit dem ganzen Bauwerk der positiven Gerechtigkeit

Diese Abschaffung des materiellen Rechts durch die Anwendung prozeduralrechtlicher Vorschriften ist dennoch nicht nur mit dem System der Opportunitätsvorschriften sondern auch mit dem ganzen System der positiven Gerechtigkeit unvereinbar. Zu einem besseren Verständnis dieser Schlussfolgerung können wir nur, durch eine kurze Aufführung einiger Gedanken über das System der positiven Gerechtigkeit allgemein, geführt werden.

Die Geringfügigkeitsvorschriften der §§ 153 und 153a stellen einen Teil der das Strafverfahren regelnden Vorschriften dar, sie sind nämlich Teil des Strafverfahrens und dadurch einer prozeduralen Gerechtigkeit. Die dem Strafverfahren immanente prozedurale Gerechtigkeit hat dennoch keinen reinen Charakter[224], weil man sie nur dann als „rein" bezeichnen darf, wenn bei ihr die Verfahrensexternen Gerechtigkeitskriterien fehlen, so dass eine Definitionswirkung für die Gerechtigkeit des Ergebnisses eintrete. Als „Rein" in diesem Sinne könnte man daher beispielsweise die prozedurale Gerechtigkeit der Glückspiele bezeichnen, bei denen das Ergebnis immer gerecht ist, solange die Spielregeln eingehalten werden[225], nicht aber die Gerechtigkeit des prozeduralen Strafrechts, deren Kriterien verfahrensexterne - vorrechtliche Elemente ausmachen. Diese

224 Zu der von John Rawls eingeführten Unterscheidung zwischen „reiner" , „quasi reiner", „vollkommener" und „unvollkommener" Gerechtigkeit („pure", „quasi-pur", „perfekt" und „imperfekt" procedural justice) analytisch John Rawls, Eine Theorie der Gerechtigkeit, bes. S. 85 ff., Ulfrid Neumann, Zur Interpretation des forensischen Diskurses, S. 423; Axel Tschentscher, Prozedurale Theorien der Gerechtigkeit, Baden-Baden 2000, S. 124 ff.; Claus Wilhelm Canaris, Die Bedeutung der iustitia distributiva im deutschen Vertragsrecht: aktualisierte und stark erweiterte Fassung des Vortrags vom 2. Juli 1993, München 1997, S. 58.

225 s.u.a. Ulfrid Neumann, Zur Interpretation des forensischen Diskurses, S. 423

stellt einfach eine dienende[226] und sogar unvollkommene[227] prozedurale Gerechtigkeit aus. Ein verfahrensexternes Kriterium und nicht das Verfahren an sich legt nämlich fest, was gerecht ist und nach dieser verfahrensexternen Gerechtigkeit, die wir als verhältnismäßige Gesellschaftsgerechtigkeit bezeichnen könnten, muss das Strafverfahren streben.

Zu dieser Annäherung der Gesellschaftsgerechtigkeit kann nicht allein die prozedurale Gerechtigkeit des Strafverfahrens führen, sondern nur durch die Kooperation der Gerechtigkeit des materiellen Rechts. Beide stellen die zwei Pole der positiven Gerechtigkeit dar, deren Ziel die Annäherung bzw. Stabilisierung der Gerechtigkeit in der menschlichen Gesellschaft ist.

Was das Verhältnis zwischen den zwei Polen der positiven Gerechtigkeit betrifft, stellt auch das Strafverfahren eine dienende Gerechtigkeit dar. Das Prozessziel der Annäherung der verhältnismäßigen Gesellschaftsgerechtigkeit durch die Herbeiführung einer gerechten Entscheidung spricht für eine klare Dominanz der materiellen Gerechtigkeit. Das Strafprozessrecht ist nämlich bei diesem Versuch von dem materiellen Recht „existenziell abhängig“[228], das bedeutet, die Existenz der prozeduralen Regel hätte keine Bedeutung ohne die vorausgesetzte Existenz der materiellen Normen. Das materielle Recht könnte im Gegensatz dazu in einem für die Menschen idealen Kooperations- bzw. Gerechtigkeitszustand – was natürlich im Rahmen der menschlichen Gesellschaft aus Gründen, die wir im Rahmen der vorliegenden Arbeit ausführlich zu erklären versuchen werden, nicht der Fall ist - ohne das prozedurale Recht existieren, das Gegenteil wäre dennoch unmöglich.

Die prozedurale Gerechtigkeit des Strafverfahrens kann deswegen als eine im doppelten Sinn dienende Gerechtigkeit bezeichnet werden. Sie dient nämlich zu der Annäherung der verhältnismäßigen, idealen Gerechtigkeit der Gesellschaft dadurch, dass sie der Gerechtigkeit des materiellen Rechts prozedurale

226 Über die Definition der dienenden Gerechtigkeit, s.u.a. Ulfrid Neumann, a.a.O., S. 423, laut dem: Dienende (unvollkommene oder vollkommene aber nicht reine) die prozedurale Gerechtigkeit nur dann sei, wenn es ein Gerechtigkeitskriterium außerhalb des Verfahrens gebe, an dem die Substantielle (Ergebnisgerechtigkeit) gemessen werde; auch laut Axel Tschentscher, a.a.O., S. 129, „setzen die Formen der dienenden Verfahrensgerechtigkeit ein Kriterium außerhalb des Verfahrens voraus, meist ein Prinzip der Verteilungsgerechtigkeit, mit dem sich die Gerechtigkeit des Ergebnisses unabhängig von der Durchführung des Verfahrens beurteilen lässt.“

227 Als unvollkommene wird diese dienende prozedurale Gerechtigkeit bezeichnet, die die Annäherung eines gerechten Ergebnisses wahrscheinlicher macht aber nicht sicher. Das bedeutet: Bei einem solchen Verfahren ist nie ausgeschlossen, dass es zu einem Fehlurteil kommen kann s.u.a. Ulfrid Neumann, a.a.O., S. 70, Axel Tschentscher, a.a.O., S. 127.

228 Ulfrid Neumann, Materiale und prozedurale Gerechtigkeit im Strafverfahren, in: ZStW 101 (1989), Heft 1, S. 52 ff., S. 53.

Hilfe leistet. Diese Hilfe sichert das Strafverfahren hauptsächlich dadurch ab, dass es die korrekte bzw. verhältnismäßige Anwendung der materiellen Gesetze prozedural durch die Einführung von das materielle Recht unterstützenden Normen[229] gewährleistet.

Eine Abweichung von der Anwendung des materiellen Rechts durch die Einführung prozeduraler Normen ist wegen des dienenden Charakters des Prozesses grundsätzlich verboten. Nur ausnahmsweise, wenn die Anwendung eines generell geeigneten ein gerechtes Ergebnis zu fordern materiellen Gesetzes unter bestimmten Bedingungen zu der Abschaffung der verhältnismäßigen Gerechtigkeit führen könnte, darf der Gesetzgeber des prozeduralen Rechts eingreifen, um die Verhältnismäßigkeit wiederherzustellen, aber immer unter der Voraussetzung, dass der materiellrechtliche Eingriff als nicht geeignet[230] erscheint, ein ähnliches Ergebnis zu fordern. Einen solchen Fall erlaubter prozeduraler Hilfe zu der korrekten Anwendung des materiellen Rechts, die die Kooperation beider Pole der positiven Gerechtigkeit verkörpert, stellt der korrekte Gebrauch einiger anderer (mit der Ausnahme der Geringfügigkeitsvorschriften der §§ 153 und 153a StPO) Opportunitätsregelungen der deutschen Strafprozessordnung.

Im Gegensatz dazu führt die Anwendung der in den §§ 153 und 153a festgeschriebenen Einstellungsmöglichkeit, durch die allgemeine Überprüfungsmöglichkeit der Richtigkeit der Entscheidung des materiellen Gesetzgebers darüber, ob eine Kategorie von Taten strafwürdig sein muss, zu einer unmittelbaren potentiellen Abschaffung des einen Pols der positiven Gerechtigkeit (des materiellen Rechts) durch den anderen (nämlich durch das prozedurale Recht). Die Folgen dieser Abschaffung des materiellen Rechts durch das prozedurale sind für das ganze Gerechtigkeitssystem ungeheuer und können bis zu dem Einsturz des Bauwerks der positiven Gerechtigkeit führen, deren Eckpfeiler die beiden Pole der positiven Gerechtigkeit bilden.

2. Die „rechtsexterne" Folge der Negation des materiellen Rechts: Die Untergrabung der Gewaltenteilung

Die oben erwähnte Negation des materiellen Rechts durch das prozedurale hat aber auch Folgen, welche sich weit über die Grenzen des Prozesses und des im engeren Sinn verstandenen Rechtes erstrecken und welche die Fundamente eines

229 Zu diesen das materielle Recht unterstützenden verfahrensrechtlichen Institutionen zählt z.B. die Institution der Rechtsmittel, die die korrekte Anwendung des materiellen Rechts durch die Gewährleistung der Wahrheitsfindung absichert.

230 Zu dem Thema, wann der Eingriff des materiellen Gesetzgebers nicht geeignet ist, durch die Einführung einer neuen materiellrechtlichen Vorschrift, die von der Anwendung eines materiellen Gesetzes ausgelöste Unverhältnismäßigkeit wiederherzustellen, s. oben S. 11 ff.

umfassenderen Systems, dem alle juristische Institutionen dienen und im Rahmen dessen sie eingegliedert sind, zu unterwandern drohen. Nicht nur die Abschaffung des materiellen Rechts durch das prozedurale, des einen Pols des positiven Rechts durch den anderen, sondern auch die Untergrabung eines der Fundamente des demokratischen Systems, nämlich des Gewaltenteilungsprinzips, durch die Erschaffung des „Staatsanwalts-Gesetzgebers" hat die Einführung der §§ 153, 153a StPO zur Folge.

Die Herunterstufung der „prozessinternen Gewaltenteilung" (der Trennung nämlich zwischen Richter und Staatsanwalt) durch die Anwendung der Zweckmäßigkeitsvorschriften stellt nicht die einzige „Gewaltenteilungsnegation" der Einführung der Geringfügigkeitsvorschriften der StPO dar. Vielmehr sorgen sie auch für eine unmittelbare Negation der „prozessexternen Gewaltenteilung", nämlich der im Grundgesetz[231] festgeschriebenen Unterscheidung zwischen Legislative, Exekutive, und Judikative[232], dadurch dass sie die einzigen Zweckmäßigkeitsvorschriften sind, die nicht ausnahmsweise sondern allgemein und unmittelbar die Abwägung des materiellen Gesetzgebers darüber, ob eine Tat Strafwürdig sein muss, in Frage stellen[233]. Das hat natürlich das Paradox zur Folge, dass der für die Überprüfung dieser Abwägung zuständige Staatsanwalt nicht nur den Richter sondern auch den materiellen Gesetzgeber im Fall der umstrittenen Paragraphen durch seine Einstellungskompetenz ersetzen kann.

Um das Ausmaß des Problems besser begreifen zu können wäre es vielleicht sinnvoll, einen kurzen Blick auf den Begriff der Gewaltenteilung zu werfen. Das Prinzip der Gewaltenteilung gilt als „das Kernstück der rechtsstaatlichen Verfassung"[234], wie sie im Laufe der letzten Jahrhunderte entwickelt wurde. Das wurde auch offenbar gemeint, durch den berühmten Artikel 16 der Erklärung der Menschen- und Bürgerrechte der französischen Nationalversammlung von 1789: „Eine Gesellschaft, in der die Garantie der Rechte nicht zugesichert und die Teilung der Gewalten nicht festgelegt ist, hat keine Verfassung"[235].

Heutzutage ist der Grundsatz der Gewaltenteilung in dem Artikel 20 Abs. 2 des Grundgesetzes verankert, laut dem die Ausübung der Staatsgewalt durch besondere Organe der gesetzgebenden (Legislative), der vollziehenden (Exekutive) und der Rechtsprechung (Judikative) erfolge[236]. Das Grundgesetz weise

---

231 Art. 20 Abs. 2 und 3 GG.

232 Zu der Verletzung des Gewaltenteilungsgrundsatzes durch die Anwendung des § 153 StPO s.u.a. Ulrike Männlein, Empirische und kriminalpolitische Aspekte zur Anwendung der Opportunitätsvorschriften §§ 153, 153a StPO durch die Staatsanwaltschaft, Bielefeld 1992, S. 148.

233 S. besonders S. 62, 63.

234 Peter Badura, Staatsrecht. Systematische Erläuterung des Grundgesetzes, 3. Auflage, München 2003, S. 312-313.

235 Peter Badura, a.a.O., S. 312-313.

236 Peter Badura, a.a.O.

nämlich ausdrücklich die Ausübung der in diesen drei Gewalten in Erscheinung tretenden Staatsgewalt besonderen Organen zu[237].

Die Bedeutung dieser Gedanken und zugleich die theoretischen Grundlagen der Gewaltenteilung wurden zum ersten Mal (zumindest in der Neuzeit) von John Locke („two treatises on government", 1690) und Charles de Montesquieu („De l' esprit de lois", 1708) analytisch dargelegt[238]. Nichts Anderes stellt das Ziel des Grundsatzes, nämlich seinen theoretischen Hintergrund dar, als die Begrenzung der staatlichen Machtausübung, durch die wechselseitige Kontrolle, Hemmung und Mäßigung[239] der Teilgewalten („Checks and balances"), sowie die Sicherstellung, dass staatliche Funktionen bestmöglich wahrgenommen werden[240].

Aus diesem Grund gilt in der parlamentarischen Demokratie, also auch der Demokratie des Grundgesetzes, das Parlament als Träger der „Legislative". Dem wurde die Gesetzgebende Gewalt zugeteilt, weil nur die parlamentarische Kontrolle, der Kern der Demokratie, die Gerechtigkeit der Gesetze gewährleisten kann[241]. Die Legislative sei deswegen die eigentliche Leitgewalt in der Demokratie und daher darf nur das Gesetz, welches vom Parlament angenommen wurde, Grundlage für die Ausübung staatlicher Gewalt darstellen.

Die Normsetzung in der Form der parlamentarischen Gesetzgebung obliegt nämlich nur dem Parlament, welches die „Legislative" ausmacht[242], der „Judikativen" dagegen nur die Auslegung bzw. korrekte Anwendung der schon vom Parlament eingeführten Gesetze. Eine hypothetische Vereinigung beider Gewalten, welche katastrophale Folge für die Beständigkeit der demokratischen Regierungsform haben könnte, hielt auch Montesquieu für verhängnisvoll. „Denn dann ist der Richter zugleich Gesetzgeber und kann anstatt festzustellen, was unabhängig von seinem Willen geltendes Recht ist, das Recht jederzeit so formen, wie es ihm beliebt"[243].

Nicht nur das ist aber der Fall bei der Einführung der §§ 153 und 153a StPO. Die Abschaffung des parlamentarischen Gesetzes wird nämlich hier nicht nur von dem zumindest mit dem Treffen der Entscheidung beauftragten Vertre-

---

237 Peter Badura, a.a.O., S. 312; s. auch Christoph Degenhart, Staatsrecht I. Staatsorganisationsrecht, 25. Auflage, Heidelberg 2009, S. 103 ff.

238 Alfred Katz, Staatsrecht. Grundkurs im öffentlichen Recht, 16. Auflage, Heidelberg 2005, S. 88.

239 S. auch Carl Schmitt, Verfassungslehre (1928), 4. unveränderte Auflage, Berlin 1965, S. 131, laut dem die Teilung und Unterscheidung der Gewalten das Grundprinzip dieser allgemeinen Messbarkeit aller staatlichen Machtäußerungen enthält.

240 Christoph Degenhart, a.a.O., S. 102; vgl. auch BVerfG 95,1.

241 Christoph Degenhart, a.a.O., S. 100 ff.

242 Christoph Degenhart, a.a.O., S. 102.

243 Ekkehart Stein / Götz Frank, Staatsrecht, 18. Auflage, Tübingen 2002, S. 101 mit Verweis auf Charles de Montesquieu, De l'esprit de lois, II. Buch, 6. Kapitel, Paris 1748.

ter der Legislative und nach dem Ende des Prozesses verwirklicht sondern einfach dadurch, dass der überhaupt nicht für das Urteil zuständige Staatsanwalt vor dem Ende des Prozesses die Anwendung dieser Gesetze ablehnt.

Die dem Richter bzw. Staatsanwalt solch gewährte Möglichkeit kann aber ohne Zweifel, selbst wenn sie in den meisten Fällen als konstruktiv bezeichnet werden kann (weil sie die Gerechtigkeit des Einzelfalls, durch ihre korrekte Anwendung, gewährleistet), langfristig und für die Allgemeinheit verheerende Folge haben, dadurch dass sie die Fundamente der Demokratie, die auf der gegenseitigen Kontrolle beruht, entzieht.

6. Kapitel: Der positive Beitrag der Geringfügigkeitsvorschriften

Den Vorschriften der §§ 153 und 153a StPO, deren negative Rolle bis jetzt aufgeführt wurde, ist auch ein marginaler, positiver Beitrag zuzuschreiben. Auf die Frage, warum dieser positive Beitrag als marginal bezeichnet werden kann, werden wir im nächsten Kapitel eingehen, wo wir auch den positiven und den negativen Beitrag der oben erwähnten Paragraphen in Abwägung ziehen werden. Hier werden wir uns nur auf eine kurze Zitierung ihres konstruktiven Charakters beschränken, die uns dazu helfen kann, bei der Abwägung ihrer Vorteile und Nachteile korrekte Schlüsse ziehen zu können.

I. Der vorteilhafte Beschleunigungsbeitrag der §§ 153, 153a StPO

In der Strafprozessordnung ist das Prinzip der Beschleunigung nicht ausdrücklich ausgesprochen. Das bedeutet dennoch nicht, dass die Bedeutung des Prinzips durch die (bzw. in der) StPO heruntergestuft worden ist[244]. Im Gegenteil liege ihm eine Reihe von Einzelvorschriften zugrunde (insbesondere das §1 StVRG sowie die StVÄGe 1979 und 1987 dienen dem Ziel der Verfahrensbeschleunigung)[245]. Einige der wichtigsten Vertreter dieses Beschleunigungsversuchs stellen alle in der Strafprozessordnung festgeschriebenen Opportunitätsregeln[246] dar und besonders die das prozedurale Bagatellproblem regelnden §§ 153 bzw. 153a. Die Einführung dieser Vorschriften ist sogar mit einer Entlastung der Justiz[247] durch die Beschleunigung des Verfahrens[248] verbunden.

---

244 Zu der Bedeutung des Prinzips der Beschleunigung für die Funktionstüchtigkeit eines Verfahrens s.u.a. Herbert Landau, Die Pflicht des Staates zum Erhalt einer funktionstüchtigen Strafrechtspflege, in: NStZ 2007, S. 121 ff., S. 121, laut dem die Wirtschaftlichkeit und der wirksame Einsatz der Strafverfolgung als Teilkategorien eines umfassenderen Systems, welches im weitesten Sinne die Funktionstüchtigkeit des Systems beinhalte, zu betrachten sei; ebenso Martin-Paul Waßmer, Rechtsstaatswidrige Verfahrensverzögerungen im Strafverfahren als Verfahrenshindernis von Verfassungs wegen, in: ZStW 2006, S. 159 ff.

245 Claus Roxin, Strafverfahrensrecht, S. 82.

246 Das bedeutet dennoch nicht, dass das Opportunitätsprinzip mit dem Prinzip der Beschleunigung gleichzusetzen ist oder vielmehr dass das Erste einen Teil des Zweiten darstellt.

247 Dazu analytisch Ulrike Männlein, Empirische und kriminalpolitische Aspekte, S. 34, 35 mit Verweis auf Entwurf 1 StVG und Entwurf EGStGB.

Die Frage, die dennoch jetzt auftaucht und eine wichtige Rolle für das Weiterleiten unseres Syllogismus spielt, lautet: „In wie fern vermag die Einführung bzw. Anwendung der Geringfügigkeitsvorschriften den Zielen des Prinzips der Beschleunigung des Verfahrens zu dienen?“, insoweit auch das Beschleunigungsprinzip kein eigenständiges Ziel des Prozesses, sondern wie alle Prozessregeln und Prinzipien Mittel zum Zweck der Verwirklichung der verhältnismäßigen Gesellschaftsgerechtigkeit darstellt; anders gefragt „Darf man sich bei der Anwendung der §§ 153 und 153a StPO auf eine vorteilhafte Beschleunigung des Verfahrens berufen?“

Um eine erste Antwort auf die oben gestellte Frage ermöglichen zu können, wäre es vielleicht sinnvoll, einen schnellen Blick auf die Ziele des Prinzips der Beschleunigung des Verfahrens zu werfen. Diese könnte man in zwei wichtige Kategorien unterteilen. Den Kern der einen bildet die Person des Beschuldigten und die Effizienz des konkreten Prozesses, den Angelpunkt der anderen stellt der Dienst der Allgemeinheit dar.

Den Schwerpunkt der ersten Kategorie machen nämlich auf der einen Seite der Schutz des möglicherweise zu Unrecht Beschuldigten, in denen den Rechtskreis der Strafprozess empfindlich eingreift (in diesem Sinn sieht auch das Art. 6 I 1 MRK vor, dass „jedermann einen Anspruch darauf hat, dass seine Sache … innerhalb einer angemessenen Frist gehört wird), und auf der anderen Seite die Verwirklichung eines effizienten Verfahrens aus[249], welches nur durch die Sicherung der Beweismittel umgesetzt werden kann (zumal die Güte der Beweismittel, namentlich die Erinnerungskraft der Zeugen im Laufe der Zeit abnimmt[250]) . Beide rufen ein erhebliches Interesse für eine schnelle Strafrechtspflege hervor.

Weder das eine noch das andere von den oben erwähnten (in der ersten Kategorie beinhaltenden) Zielen kann dennoch durch die Beschleunigung, welche die Anwendung der §§ 153 und 153a StPO verursacht, umgesetzt werden. Der Schutz des Beschuldigten vor dem strafrechtlichen Angriff, der in dem Art. 6 I 1 MRK verankert ist, ist immer mit dem Gedanken verbunden, dass diese Person einen potentiell Unschuldigen darstellt, dessen Rechte durch die Beteiligung an dem Prozess brutal angegriffen worden sind. Im Gegensatz dazu bedeutet die Beschleunigung des Verfahrens durch die Anwendung der Geringfügigkeitsvor-

248 Über das beschleunigte Verfahren und das Prinzip der Beschleunigung allgemein s.u.a. Eva Kohler, Beschleunigte Strafverfahren im deutschen und französischen Recht, Berlin 2001; Lai-Jier Her, Das beschleunigte Verfahren (§§ 417-420 StPO) nach dem Verbrechensbekämpfungsgesetz: Unter besonderer Berücksichtigung des Beschleunigungsgebots im Strafprozess, Tübingen 1998; Eike Schröer, Das beschleunigte Verfahren gem. §§ 417 ff. StPO, Berlin 1998.

249 Vgl. etwa Claus Roxin, a.a.O., S. 82 ff.

250 Claus Roxin, a.a.O., S. 82.

schriften die Existenz eines hohen Wahrscheinlichkeitsgrades (wenn nicht Gewissheit), dass diese Person schuldig ist. Darüber hinaus könnte man nur sehr schwer oder überhaupt nicht behaupten, dass die große Mehrheit der Prozesse, die durch die Anwendung dieser Vorschriften eingestellt worden sind, die Grenze der „angemessenen Frist“ des § 6 I 1 MRK überschritten hat[251].

Was das zweite der ersten Kategorie innewohnende Ziel der Beschleunigung, nämlich die Sicherung der Beweismittel, deren Qualität im Laufe der Zeit abnimmt, betrifft, könnte man nicht ernsthaft behaupten, dass es das Endziel des durch die Anwendung der §§ 153, 153a StPO unternehmenden Beschleunigungsversuchs ausmacht. Diese Beschleunigungsrolle kann aber nur in den Prozessen von Bedeutung sein, in denen die Entdeckung der Wahrheit eine zentrale Rolle spielt, in den Prozessen nämlich, dessen Ende ein auf der Findung der Wahrheit (sei sie nur eine formelle prozedurale Wahrheit) beruhtes Urteil darstellt. Das ist aber bei der Anwendung der Geringfügigkeitsvorschriften nicht der Fall, hier geht es nicht um die Annäherung der Wahrheit, sondern nur um das schnelle „Ausräumen“ einer störenden, unbedeutenden nach der Meinung des Staatsanwalts Sache. In einem solchen Prozess spielt natürlich die Sicherung des Beweismaterials eine nur marginale, wenn nicht überhaupt keine Rolle.

Was die zweite Kategorie der Beschleunigungsziele und ihre Verwirklichungsmöglichkeit durch die Anwendung der Einstellung wegen Geringfügigkeit betrifft, werden wir auch kurz einige ersten Gedanken zitieren. Den Kern der allgemeinheitsorientierten (nämlich nicht nur an den konkreten Beschuldigten und den konkreten Prozess orientierten) Rolle des Prinzips der Beschleunigung stellen auf der einen Seite die Unterstützung der Effizienz des gesamten Justizsystems und auf der anderen Seite die Wiederherstellung bzw. Stabilisierung des Gesellschaftsfriedens, der solange ein Prozess dauert, nicht realisiert werden kann.

Bezüglich der Absicherung der Effizienz des gesamten Systems, die durch die Beschleunigung[252] (oder in diesem Fall durch die Einstellung, welche einen der wichtigsten Vertreter des Beschleunigungsversuchs darstellt) des Verfahrens verfolgt wird, bei diesen Fällen, in denen die Beschäftigung mit einem nicht wichtigen aber trotzdem sehr zeitaufwändigen Fall[253], die vielleicht sehr wichti-

251 Zu den Fällen, bei denen die überlange Dauer des Verfahrens das öffentliche Interesse an der Beschleunigung hervorrufen kann, s.u.a. Christian Laue, Das öffentliche Interesse an der Beschleunigung des Strafverfahrens, in: GA 2005, S. 648 ff.

252 Über das Maß der Beschleunigung, die eine Einstellung des Verfahrens rechtfertigen kann, s. Saarl. OLG, Beschluss v. 18.1.2007 - 1 Ws 263/06, StV 2007; BGH, Urteil v. 13.3.2008 - 4 StR 511/07 (LG Halle), StV 28 (2008), S. 299.

253 Zu den negativen Folgen bzw. zu der Rechtsstaatswidrigkeit eines langen Verfahrens s.u.a. Lucian Krawczyk, Rechtsstaatswidrige Verfahrensdauer durch langes Verfahren vor dem Bundesverfassungsgericht (Anmerkung zu dem EGMR, Urt. v. 22.1.2009 - Nr. 45749/06 und Nr. 51115/06), in: JR 2009, S. 172 ff.; s. auch BGH Beschluss v.

ge für die Aufklärung anderer schwerwiegenden Fälle Zeit der Justizorgane aufbrauchen würde, ist tatsächlich diese Rolle, mit der Ausnahme des § 154, den §§ 153 und 153a StPO zugedacht.

Der allgemeinheitsorientierte Beitrag der Geringfügigkeitsvorschriften beschränkt sich dennoch nicht nur auf die Effektivität des Systems der Gerechtigkeit. Ihnen ist auch und vor allem eine gesellschaftsstabilisierende Rolle zuzuschreiben. Eine schnelle Erledigung des Strafverfahrens, welches nicht nur gegen die Privatrechte des Beschuldigten eingreift sondern auch den Gesellschaftsfrieden durch die Wegnahme eines Mitglieds aus dem Gesellschaftsgewebe und durch die Beschäftigung eines großen Netzes von Beteiligten mit dem konkreten Fall in die Luft zu sprengen vermag, hat es unabhängig von dem Ergebnis des Prozesses zur Folge, dass sie (nämlich die schnelle Erledigung des Verfahrens) immer eine zumindest teilweise Gesellschaftsbefriedung mit sich bringt. Diese stellt sogar den wichtigsten Beitrag der §§ 153 und 153a StPO zu der Gesellschaftsgerechtigkeit[254].

Auf die Frage, in wie fern die von diesen Vorschriften hervorgerufene Beschleunigung für die Verwirklichung der Gesellschaftsgerechtigkeit tatsächlich notwendig ist, so dass ihre Nachteile im Verhältnis zu ihren Beitrag als nicht so wichtig angesehen werden dürfen, in wie fern nämlich ihre Anwendung als verhältnismäßig bezeichnet werden kann, werden wir weiter unten eingehen. Hier werden wir uns nur auf die Zitierung einiger ersten Gedanken beschränken.

Die Herunterstufung sehr wichtiger Prinzipien für die Umsetzung der verhältnismäßigen Gesellschaftsgerechtigkeit, welche das Endziel aller Gesellschaftssysteme[255] darstellt, hat zu dem Gedanken geführt, dass die sich von den oben erwähnten Vorschriften ableitende Beschleunigung nur ganz selten oder überhaupt nicht angewendet werden darf. Charakteristisch in diese Richtung

---

17.1.2008, NStZ 28 2008, S. 234 ff., nach dem, wenn der Abschluss des Verfahrens rechtsstaatswidrig derart verzögert worden ist, dass bei der Durchsetzung des staatlichen Strafanspruchs unter näherer Bestimmung des Ausmaßes berücksichtigt werden muss, an Stelle der bisher gewährten Strafminderung es auszusprechen ist, dass zur Entschädigung für die überlange Verfahrensdauer ein bezifferter Teil der verhängten Strafe als vollstreckt gilt; ebenso BGH Beschluss v. 21.02.2008- 3 StR 505/08; StV 28 (2008), S. 299; BGH Beschluss v. 23.8.2007 - 3 StR 50/07, StV 28 (2008), S. 14 ff.

254 Vgl. etwa Gerhard Fezer, Vereinfachte Verfahren, S. 1 ff.; Rene Bloy, Zur Systematik, S. 172 ff.

255 Darunter auch des Justizsystems; ebenso Walter Kargl / Stefan Sinner, Der Öffentlichkeitsgrundsatz, S. 234, welcher explizit diese Rolle des § 153a StPO ausdruckt: „Da das öffentliche Interesse an der Strafverfolgung vorausgesetzt wird und eine Sanktionierung u.a. in Form von Wiedergutmachungsleistungen oder Geldbußen vorgeschrieben ist, hält die Norm augenscheinlich am allgemeinen Prozessziel der Friedensstiftung fest.“ Vgl. auch Thomas Weigend, Das „Opportunitätsprinzip“ zwischen Einzelfallgerechtigkeit und Systemeffizienz, in: ZStW 109 (1997), S. 103 ff., bes. S. 105 ff.

sind die zwei folgenden Ansichten. Imme Roxin kommt bei dem Versuch, die Frage zu beantworten, wann ein solcher Extremfall vorliegt, welcher die Beschleunigungsfunktion der §§ 153 bzw. 153a StPO rechtfertigen könnte, zu der interessanten Schlussfolgerung, dass ein Verfahren nur dann einzustellen ist, wenn der Zeitraum der Verfahrensverzögerungen den Regelstrafrahmen des begangenen (bzw. vorgeworfenen) Delikts bereits ausschöpft[256]. Diese Schlussfolgerung darf man dennoch nicht als absolut treffend ansehen, denn die komplexe Natur der Realität, deren Teil immer eine Straftat ist, erlaubt uns nicht die Wichtigkeit oder nicht einer Tat nur durch die bloße Zitierung von Zahlen zu bewerten, soweit jede Tat nie identisch sondern nur gleich (teilweise identisch) mit einer anderen ähnlichen sein kann. Im gleichen Sinn, obwohl radikaler formuliert, scheint auch die Anschauung von Kühne zu sein, laut der die Forderung nach möglichster Schnelligkeit der Durchführung, welche nicht als ein absolutes Leitprinzip des Strafverfahrens angesehen werden kann, nicht auf Kosten der Wahrheitsermittlung gehen dürfe[257].

Zusammenfassend und unabhängig von der weiter unten zu untersuchenden Verhältnismäßigkeit der Anwendung der durch die §§ 153, 153a StPO verursachten Verfahrensbeschleunigung ist hier zu behalten, dass sie auch eine mehr oder weniger vorteilhafte Gesellschaftsrolle spielt, dass nämlich die Geringfügigkeitsvorschriften unter Umständen in der Lage sind, einen positiven Beschleunigungsbeitrag aufzuweisen.

II. Die Entlastung der Justiz

Die für die Gesellschaft mehr oder weniger vorteilhafte Beschleunigungsfunktion der Geringfügigkeitsregel, stellt dennoch nicht ihren einzigen positiven Beitrag dar. Vielmehr hat ihre Anwendung noch einige Vorteile zur Folge, zu denen die Entlastung der Justiz zählt.

Um die Effektivität der Strafverfolgung und der Strafjustiz allgemein weiter gewährleisten zu können, sah man es als wichtig an, dass die Justizorgane, besonders die Strafverfolgungsbehörden und die Staatsanwaltschaft entlastet werden sollten[258]. Dieses Ziel der Entlastung könnte durch den Entwurf von Verfah-

---

256 Analytisch dazu Imme Roxin, Die Rechtsfolgen schwerwiegender Rechtsstaatsverstöße in der Strafrechtspflege, 2. Auflage, München 1995, S. 255 ff.; Uwe Scheffler, Die Überlange Dauer von Strafverfahren. Materiellrechtliche und prozessuale Rechtsfolgen, Berlin 1991, S. 42, 43.

257 Hans-Heiner Kühne, Strafprozessrecht, S.175 ff.

258 Norbert Paschmanns, Die staatsanwaltschaftliche Verfahrenseinstellung wegen Geringfügigkeit nach §§ 153, 153a StPO - Entscheidungsgrenzen und Entscheidungskontrolle, Frankfurt am Main 1988, S. 99 mit Verweis auf den ersten Bericht des Sonderausschusses für die Strafrechtsreform, BT-DS 7/1261, 27.

rensgestaltungen verwirklicht werden, die darauf abzielen würden, die Verfolgungsorgane und Gerichte im Bereich der so genannten Kleinkriminalität zugunsten einer intensiveren Verfolgung der mittleren und schweren Kriminalität zu entlasten[259].

Die Hauptrolle zu der Realisierung des oben erwähnten Zieles seien nach dem Entwurf des Einführungsgesetzes zum Strafgesetzbuch (BT-DS VI/3250, 284) die §§ 153 und 153a StPO zu spielen berufen. Laut dem oben genannten Entwurf kämen nämlich in erster Linie in Betracht als Verfahrensgestaltung, die in diesem Sinn entlastend sein könnte, die Geringfügigkeitsvorschriften der Strafprozessordnung[260]. Besonders bezüglich des § 153a wurde ausgeführt, dass die Vorschrift die Möglichkeit schaffe, „kleinere Strafverfahren rasch und zweckmäßig ohne Schuldspruch und Hauptverhandlung zu erledigen. Sie ermöglicht damit zugleich Staatsanwaltschaften und Gerichten, sich mit der mittleren und schweren Kriminalität intensiver zu befassen“[261].

Tatsächlich scheint die Anwendung der §§ 153, 153a StPO in der staatsanwaltschaftlichen und in der gerichtlichen Praxis allgemein eine Beschleunigungs- bzw. Entlastungswirkung zu haben. Sie wird besonders durch die intensive Handhabung[262] der Einstellungsmöglichkeit wegen Geringfügigkeit im Ermittlungsverfahren verwirklicht, welche dazu führt dass die Prozessdauer deutlich abgekürzt wird. Außerdem wäre es auch nötig zu erwähnen, dass die oben genannten Paragraphen die nachlassende Entlastungswirkung des Strafbefehlsverfahrens zu kompensieren vermögen[263].

Selbst aber diese positiven verfahrensökonomischen Auswirkungen ihrer Anwendung sind dennoch nicht unumstritten. Zweifel an dem Entlastungseffekt ist sogar mehrmals unmittelbar oder mittelbar ausgedrückt. Charakteristisch dafür scheint unter anderem das Bedenken von Volker Hertwig darüber zu sein, „ob die verfahrensökonomische Auswirkungen im Bereich der Kleinkriminalität, Verfolgungskapazitäten zur intensiveren Bewältigung der mittleren und schweren Kriminalität freisetzen werden oder sogar ob sich die Belastung der Strafverfolgungsorgane zumindest für gewisse Zeit wieder stabilisieren lässt“[264].

---

259 Norbert Paschmanns, a.a.O., S. 98-99, laut dem der Sonderausschuss des Deutschen Bundestages für die Strafrechtsreform (BT-DS V/4095, 49 ff.) darauf hingewiesen hat, dass der Verzicht auf die Privilegierungstatbestände der Übertretungen und insbesondere des Mundraubes auch zu der Frage führt, ob für die Verfolgung der Kleinkriminalität nicht besondere Verfahrensgestaltungen vorzusehen seien.

260 Norbert Paschmanns, a.a.O., S. 99.

261 Norbert Paschmanns, a.a.O., S. 99 mit Verweis auf Einführungsgesetz zum Strafgesetzbuch (BT-DS VI 3250, 284).

262 S.u.a. Volker Hertwig, Die Einstellung, S. 252.

263 Volker Hertwig, a.a.O., S. 253.

264 Volker Hertwig, a.a.O., S. 253.

Unabhängig von diesen Bedenken müssen wir zunächst einmal den Entlastungseffekt der Anwendung der §§ 153 und 153a StPO annehmen. Unbeantwortet bleibt dennoch, genau wie bei dem Beschleunigungseffekt, die Frage nach der Verhältnismäßigkeit der Anwendung der oben genannten Vorschriften, um ein Ziel wie die Entlastung der Justiz umzusetzen, ob nämlich dieser Beitrag so wichtig ist, dass er die Herunterstufung bzw. Abschaffung von so vielen wichtigen Prinzipien der prozeduralen Gerechtigkeit und der Gerechtigkeit allgemein zu erlauben vermag.

III. Die Flexibilitätswirkung der Einstellung wegen Geringfügigkeit

Der Entlastungs- bzw. Beschleunigungseffekt des Gebrauchs einer Verfahrenseinstellung darf dennoch nicht von einer anderen, unter normalen Bedingungen mit sich verbundenen, Folge isoliert betrachtet werden. Die Entlastungs- und Beschleunigungswirkung der Einstellung eines Verfahrens bringt nämlich sehr oft auch seine Flexibilität mit sich.

Die Flexibilität eines Systems muss man dennoch immer von seiner Schnelligkeit bzw. Beschleunigung unterscheiden. Flexibilität bedeutet in einem Verfahrenssystem, die Fähigkeit dieses Systems sich von der Anwendung von positiven, in ihm immanenten, Gesetzen zu befreien, bei diesen Fällen, in denen sie dem Endziel des Systems nicht dienen. Das kann z.B., wie oben aufgeführt wurde, dann geschehen, wenn die Anwendung eines allgemein korrekten Gesetzes, unter bestimmten Bedingungen unverhältnismäßig zu sein scheint[265] oder wenn die Zeit, die die Aufklärung der Sache benötigt im Verhältnis zu der Schwere der Tat als disproportional bezeichnet werden kann.

Diese für die Gewährleistung der Verhältnismäßigkeit der prozeduralen Gerechtigkeit notwendigen Fälle hat dennoch der Gesetzgeber durch die Einführung der anderen, relativ bestimmten[266] Opportunitätsvorschriften gesichert. Durch die Einführung des § 153d wurde z.B. die Möglichkeit des Absehens vor der Verhängung einer Strafe vorgeschrieben, bei diesen Fällen, in denen die Durchführung des Verfahrens die Gefahr eines schweren Nachteils für die Bundesrepublik Deutschland herbeiführen würde oder wenn der Verfolgung sonstige überwiegende öffentliche Interessen entgegenstehen. Im Gegensatz dazu wirken in den meisten Fällen die absolut unbestimmten §§ 153 und 153a StPO als ein

---

265 Vgl. etwa Aristoteles, Nikomachische Ethik, 5. Buch, 11376, der als Billigkeit die Korrektur eines Gesetzes bezeichnet, wenn es, wegen seines allgemeinen Charakters Lucken aufweist.

266 Über die Unterscheidung zwischen den „relativ bestimmten“ und den „unbestimmten“ Opportunitätsvorschriften s. oben S. 22 ff.

bloßes Beschleunigungsmittel, weil sich ihre Anwendung nicht nur in den Fällen beschränkt, wo es für die Wiederherstellung der Verhältnismäßigkeit tatsächlich notwendig ist, sondern die Strafwürdigkeit einer gesamten Straftatenkategorie in Frage stellt.

Das bedeutet natürlich nicht, dass es keine solchen Fälle gibt, bei denen die allgemeine Möglichkeit der Einstellung wegen Geringfügigkeit zu der Wiederherstellung der Verhältnismäßigkeit beiträgt, der dennoch allgemeine Mangel an Anwendungsvoraussetzungen und die Willkürgefahr, welche dieser Mangel mit sich bringt, drohen diese sowieso marginale Flexibilitätsrolle der Geringfügigkeitsvorschriften noch mehr herunterzustufen.

IV. Die Billigkeitsfunktion der §§ 153 und 153a StPO

Die Möglichkeit der Einstellung eines Verfahrens und besonders des Strafverfahrens zeichnet sich dadurch aus, dass ihr immer mehr oder weniger ein Billigkeitscharakter immanent ist. Diese Billigkeitsfunktion ist zumindest teilweise auch den Geringfügigkeitsvorschriften der Strafprozessordnung zugeschrieben. Um die Frage, wie wesentlich dieser Billigkeitseffekt der oben genannten Paragraphen ist, beantworten zu können, müssen wir erst kurz einige Gedanken über die Funktion der Billigkeit im Recht sowie über ihre Unterteilungen, zitieren.

Das Verständnis der Relativität der Wahrheit bzw. der Defizite der positiven Systeme[267] hat zu dem Gedanken geführt, dass die Dauerhaftigkeit, welche sie aufweisen, vor allem das Ergebnis ihrer Nachsicht gegenüber den Bürgern ist. Die Langlebigkeit eines unvollkommenen Systems und als Folge davon die Umsetzung der Gesellschaftsstabilität kann nur durch den Konsens der Rechtsteilhaber, nämlich der Bürger gewährleistet werden. Einen der wichtigsten Träger dieses Konsenses stellt die Billigkeit des Systems gegenüber seinen Teilhaber dar.

Diese Tatsache war auch Aristoteles bewusst, der das billige Recht als wichtiger (besser) als das positive Recht hielt. Die einzige Rechtsform, welche laut ihm besser als das billige Recht ist, sei nur das vollkommene Recht[268], was aber nicht von den Menschen umgesetzt werden kann. Dieses würde keine Rechtfertigung brauchen. Der Gehorsam gegenüber diesen Systemen macht dennoch im Gegensatz dazu am meisten das Ergebnis ihrer Überzeugungsfähigkeit und als Folge davon ihrer Billigkeit aus.

---

267 Roland Dworkin, Bürgerrechte ernstgenommen, S. 153; vgl. auch Jürgen Habermas, Faktizität und Geltung, S. 259.

268 Aristoteles, a.a.O., 5. Buch, 1137b.

Auch Niklas Luhmann sah die Grundlage der Legitimität in einem Grundkonsens der Bürger mit dem funktionierenden System[269]. Dieser sei „eine pauschale Anerkennung der Entscheidungen, die in bestimmten rechtlichen Verfahren hergestellt werden, ein Sich-Abfinden mit den in einem Rechtssystem hergestellten Entscheidungen, das notwendig sei, um dieses System zu stabilisieren“[270]. Eine der Fundamente dieser Übereinstimmung bildet die Billigkeit des Systems.

Die Frage, die aber jetzt auftaucht lautet, in wie fern die Einstellung des Verfahrens wegen Geringfügigkeit der §§ 153 und 153a StPO in der Lage ist, dieser Billigkeitsfunktion zu dienen. Eine Antwort auf diese Frage kann man nicht einheitlich sondern nur unter Berücksichtigung der besonderen Äste (der Unterteilungen nämlich) dieses Billigkeitseffekts im Rahmen des Strafprozesses geben.

Ein erwünschtes Ziel der Einführung der Geringfügigkeitsvorschriften der StPO war, wie oben aufgeführt wurde, dem Beschuldigten, der wegen einer „Bagatelle“ verfolgt wird, eine Möglichkeit zu geben, „ohne den Makel der Vorstrafe, diskret, ohne Hauptverhandlung und billig ohne Strafbelastung von der Straftat wegzukommen.“[271] Die kurze Zitierung dieser Zielsetzung kann uns die Tatsache verdeutlichen, dass die Billigkeitsfunktion eines Systems, in diesem Fall des Strafprozesses in drei wichtige Unterkategorien eingeteilt werden kann. In die Kategorie der „Entscheidungsbilligkeit“, in diese der „Billigkeit der prozeduralen Behandlung“ und schließlich in die „kommunikative Billigkeit“ des vorliegenden prozeduralen Systems.

Der wichtigste vielleicht „Billigkeitsbeitrag“ im Rahmen der Funktion eines Verfahrenssystems scheint die Billigkeit seiner Entscheidungen zu sein. Sehr schwierig könnte aber die Entscheidung der Einstellung des Prozesses wegen Geringfügigkeit als „billig“ in diesem Zusammenhang bezeichnet werden, denn sie bringt sehr oft eine Strafe[272] (ohne sogar Gewissheit über die Schuld des Beschuldigten) oder zumindest den Makel der Begehung einer strafbaren Tat – soweit die Einstellung wegen Geringfügigkeit einen hohen Wahrscheinlichkeitsgrad über die Schuld des Täters benötigt - mit sich. Bezüglich der Billigkeitsfunktion einer Entscheidung kann man folglich nicht ernsthaft behaupten, dass sie der Einstellung wegen Geringfügigkeit immanent ist. Nur bei diesen wenigen

269 Niklas Luhmann, Legitimation durch Verfahren, S. 29 ff.

270 Niklas Luhmann, a.a.O., S. 29 ff.

271 Ulrich Schuth, Die Einstellung unter Auflagen im System der Verfahrensvorschriften des Sanktionsrechts, Gießen 1979, S. 5,6; dazu auch Ulrike Männlein, Empirische und kriminalpolitische Aspekte, S. 35.

272 Die Mehrheit der in dem § 153a beinhaltenden Auflagen und Weisungen stellt, wie schon im Rahmen der vorliegenden Arbeit aufgeführt wurde, nichts Anderes als eine Strafe, die vor dem Ende des Prozesses (und sogar ohne Hauptverfahren) verhängt wird, dar; s. oben S.35 ff.

Fällen, in denen die Geringfügigkeitsvorschriften nicht als bloße Beschleunigungsorgane verwendet werden sondern die Wiederherstellung der Verhältnismäßigkeit im Recht[273] bestreben – nämlich bei diesen Fällen, in denen die bloße Anwendung eines generell korrekten Gesetzes unter bestimmten Bedingungen als gesellschaftsschädlich bzw. unverhältnismäßig betrachtet werden kann - darf man ihnen eine Billigkeitsrolle zuschreiben[274].

Im Gegensatz dazu scheint es unumstritten zu sein, dass die Einstellung wegen Geringfügigkeit die billige prozedurale Behandlung des Beschuldigten bzw. Angeschuldigten gewährleistet, dadurch dass sie die Vereinfachung des von Natur aus komplizierten Prozesses impliziert. Der Beschuldigte unterzieht sich nicht nur einem weniger zeitaufwendigen Verfahrens sondern entkommt auch dem öffentlichen Hauptverfahren. Die Vermeidung der Öffentlichkeit stellt in diesem Punkt den wichtigsten Billigkeitsbeitrag der Anwendung der Einstellung der §§ 153 bzw. 153a dar.

Auch die „kommunikative Billigkeit"[275] spielt bei der Einstellung des Verfahrens wegen Geringfügigkeit eine bedeutende Rolle. Unabhängig nämlich davon, dass die Mehrheit der Auflagen und Weisungen von der Gesellschaft als eine Strafform betrachtet werden können, wäre es zu erwähnen, dass sie auch als „Gnadenstrafe", als Reduktion einer normalerweise schwereren Strafe wahrgenommen werden. Dieser von der Gesellschaft als solche betrachtete Eigenschaft des prozeduralen Systems ist eine enorme Gesellschaftsbedeutung zugeschrieben, denn die Billigkeit eines unvollkommenen Systems gegenüber den Rechtsteilhabern stellt, wie oben aufgeführt wurde, einen der wichtigsten Konsensfaktoren, die seine Langlebigkeit und die Gesellschaftsstabilität absichern, dar[276].

Zusammenfassend kann man zugeben, dass unabhängig von dem nicht billigen (strafenden) für den Beschuldigten bzw. Angeschuldigten Charakter der Einstellung des Verfahrens wegen Geringfügigkeit, ihr ein mehr oder weniger wichtiger Billigkeitsbeitrag zuzuschreiben ist[277]. Mit der Frage: In wie fern nicht

273 Analytisch dazu oben besonders Kapitel 3.

274 Vgl. Aristoteles, Nikomachische Ethik, 5. Buch, 1137b, laut dem die Billigkeit nichts Anderes als die Korrektur eines Gesetzes sei, wenn es, wegen seines generellen Charakters Fehler bzw. Lücken aufweise.

275 Unter dem Begriff „kommunikative Billigkeit einer Entscheidung" muss man die Eigenschaft (Fähigkeit) dieser Entscheidung verstehen, von der Gesellschaft als billig wahrgenommen zu werden, unabhängig davon, ob sie tatsächlich billig ist.

276 Niklas Luhmann, a.a.O., S. 29 ff.

277 Dieser Billigkeitsbeitrag der Geringfügigkeitsvorschriften widerspiegelt sogar die Gedanken des Gesetzgebers, welcher eine unbeabsichtigte Härte, die sich aus einer wortgetreuen Anwendung des Gesetzes ergeben würde, durch die Einführung der Vorschriften ausgleichen möchte; s. Nr. 82 II der Richtlinien für das Strafverfahren und das Bußgeldverfahren (RiStBV); analytisch dazu Dietrich Boxdorfer, Das öffentliche Interesse, S. 318.

nur dieser Beitrag sondern auch die gesamte Gerechtigkeitsförderung der §§ 153 und 153a StPO in der Lage ist, ihre Anwendung zu rechtfertigen bzw. ihre negativen Folgen zu überschatten, werden wir uns ab diesem Teil der Arbeit beschäftigen.

Der Versuch eine Antwort auf diese Frage zu geben, welche die Abwägung des positiven und negativen Beitrags der Geringfügigkeitsvorschriften zu der Verwirklichung des Endziels des Systems, der idealen aus der menschlichen Perspektive Gerechtigkeit voraussetzt[278], wirft dennoch eine weitere Frage auf, die wir als erste beantworten müssen. Bevor wir nämlich auf eine Abwägung der von der Anwendung der Geringfügigkeitsregeln unterstützten und abgelehnten im prozeduralen Recht immanenten Prinzipien eingehen dürfen, müssen wir erst die Frage beantworten, was zumindest ungefähr diese Gerechtigkeit (deren Umsetzung das Endziel des Systems impliziert) für die menschliche Gesellschaft bedeuten muss, denn der Beitrag der prozeduralen Prinzipien zu ihrer Verwirklichung im Rahmen des menschlichen Systems macht das einzige zuverlässige Kriterium für ihre Abwägung bzw. Einstufung aus.

Diese stellt keine Kenntnis, keinen Wertungsmaßstab „a priori", sondern vielmehr das Ergebnis der empirischen Betrachtung der Menschen dar. Die Betrachtung ihrer Umwelt, der Natur bildete nämlich den einzigen den Menschen verfügbaren Maßstab für die inhaltliche Deckung immaterieller Elemente und Ideen, wie der Funktionstüchtigkeit bzw. Unvollkommenheit oder der Gerechtigkeit. Diese wandten sich als Folge davon an die Natur, um sich einen idealen Vollkommenheits- bzw. Gerechtigkeitszustand vorzustellen und diese Vorstellungen prägten durch Jahrhunderte hindurch jeden rechtlichen Gedanken. Die Wichtigkeit dieser Ideen für die Entstehung und inhaltliche Bestimmung des Endziels des rechtlichen Systems, „zwingt" uns dazu, ihnen die ersten Seiten des ersten Kapitels des rechtsphilosophischen Teiles der Arbeit zu widmen, obwohl sie sich diesen Ansichten nicht anschließt oder zumindest sie nicht zu rechtfertigen vermag.

278 Der Versuch die vorliegende Frage zu beantworten setzt nämlich einen weiteren Versuch voraus, die im Strafprozess beinhaltenden Mittel für die Umsetzung der Gerechtigkeit in Abwägung zu ziehen, weil der oben erwähnte Beitrag der Geringfügigkeitsregeln nichts Anderes bedeutet, als die Unterstützung und zugleich die Negation einiger von diesen Mittel durch ihre Anwendung.

7. Kapitel: Das Endziel des strafrechtlichen prozeduralen Systems; das einzige zuverlässige Kriterium für die Abwägung des positiven und negativen Beitrags der Geringfügigkeitsvorschriften in seinem Rahmen

I. Die Idee der „Vollkommenheit“ bzw. „Verhältnismäßigkeit“ der Natur und ihre aus der menschlichen Perspektive als „negativ“ betrachteten Elemente

1. Die Entstehung der Idee der „Vollkommenheit“ bzw. „Verhältnismäßigkeit“ der Natur und ihre Bedeutung für die Entwicklung der Gerechtigkeitsidee

Die zumindest scheinbare Funktionstüchtigkeit der Natur hat schon seit der Antike zu der Idee geführt, dass sie sich durch „Vollkommenheit“ kennzeichnet. Zu der Entstehung bzw. Festigung dieser Ansicht haben sogar schon die durch Aristoteles im 4. Jahrhundert v. Chr. vertretenen philosophischen Ideen und vor allem religiöse Thesen über die Weisheit Gottes und die „Perfektion“ seiner Werke beigetragen („Τα πάντα εν σοφία εποίησεν.“). So lag den Vertretern der Naturrechtsidee[279] das Kriterium der Vollkommenheit auf der Hand. Diese gäbe es und wäre mit dem Naturzustand gleichzusetzen. Als Naturzustand wurde in diesem Sinne dieser der Natur immanente Zustand verstanden, welcher die Existenz kennzeichnet während zugleich zu der Schöpfung bzw. Entwicklung und

279 Da die Begriffe des „Naturalismus“ und des „Naturrechts“, welche im Rahmen des vorliegenden Kapitels mehrmals verwendet werden, mehrdeutig sind, wäre es vielleicht notwendig in diesem Punkt genauer zu erklären, in welcher Bedeutung sie hier Verwendung finden. Ausgehend von dem Gedanken, dass die Welt ein vernünftig geordneter Kosmos sei, wollte das von der stoischen Philosophie geprägte Rechtsdenken den Schlüssel zur Gerechtigkeit in der bestehenden Weltordnung finden. Im Seienden selbst sollte daher laut der naturalistischen Lehre ein Richtmaß für das Gesollte liegen. Cicero (De legibus, I 18) bezeichnete dieses Recht als die Vernunft, die der natürlichen Ordnung innewohnt (Lex est ratio summa, insita in natura). Eingehend dazu Reinhold Zippelius, Das Wesen des Rechts. Eine Einführung in die Rechtsphilosophie, 5. Auflage, München 1997, S. 88.

vielleicht (aus der menschlichen Perspektive betrachtet) Verewigung der Natur beiträgt. Es ginge um einen Zustand, welcher aus den oben genannten Gründen von den Vertretern dieser Idee als „Vollkommenheit“ oder „absolute Verhältnismäßigkeit“ betrachtet wurde.

Diese Gedanken, von denen die Menschheit durch Jahrhunderte hindurch geprägt war, brachte vor allem in der Antike Aristoteles in seinem Werk „Metaphysik“ in Ausdruck. Er hat von der allen Dingen innewohnenden Bewegung[280] gesprochen, welche auf ein bestimmtes Ziel gerichtet sei, das Ding zu seiner Vollendung zu bringen[281]. Die Vollkommenheit war daher laut Aristoteles der Zustand, welcher die Natur kennzeichnet. Diese hat man nämlich versucht als eine Gleichung zu bezeichnen, in der die absolute Verhältnismäßigkeit herrscht, als eine Gleichung, in der die proportional absolut geeignete Teilnahme bzw. Kombination all ihrer Glieder mit einander immer zu dem erwünschten, zu dem für sie bestmöglichen Ergebnis führt.

Diese Idee, laut der die Natur von „absoluter Verhältnismäßigkeit“ gekennzeichnet wird, könnte dennoch die Tatsache nicht umgehen und auch nicht erklären, dass in diesem Zustand auch „negative“ für die Menschen oder aus der menschlichen Perspektive Begriffe zu finden sind. Eine solche Vermutung könnte sogar die Tatsache nicht erklären, dass ein Teil dieser „vollkommenen“ Natur, der Mensch „Unvollkommenheit“ aufweist, dass in seinem Leben Begriffe wie z.B. das Böse, der Fehler und der Tod eine wichtige Rolle spielen. Wie könnte man aber diese Inkonsequenz zumindest scheinbar glaubwürdig machen?

Einer radikal naturalistischen Betrachtung nach könnte man vielleicht behaupten, dass diese von den Menschen als negativ betrachteten Elemente im Rahmen der oben erwähnten absolut verhältnismäßigen Naturgleichung eine sogar ausschlaggebende Rolle spielen. Sie stellten nämlich Teile der Gegensätze dar, aus denen der Zustand der absoluten Verhältnismäßigkeit in der Natur bestehe. Nur die Kollision dieser Gegensätze bringe die Erzeugung, die Entstehung des Neuen mit sich und als Folge davon die Verewigung der Natur und ihre Vollkommenheit. Nur die Kollision und der Vergleich der aus der menschlichen Perspektive als Gegensätze betrachteten Begriffe (des Guten und des Bösen, der Gleichheit und der Ungleichheit, der Wahrheit und der Lüge) bringe die Bewegung in der Natur mit sich und nur durch diese Kollision der Gegensätze entstehe das in der Natur herrschende richtige Maß, der ideale Zustand der absoluten Proportionalität und Verhältnismäßigkeit[282]. Ohne die Kollision dieser Gegen-

280 Diese innere Bewegung aller Dinge hat Aristoteles “Entelechie“ genannt.

281 Aristoteles, Metaphysik, I, 7; dazu analytisch auch Hans Kelsen, Allgemeine Theorie der Normen, Wien 1979, S. 43.

282 Nach der heute herrschenden Meinung hat z.B. zu der Schöpfung des Weltalls eine große Explosion geführt. Eine Explosion setzt immer eine Kollision voraus. Vgl. Big Bang Theorie, welche zum ersten Mal von Georges Lemaitre im Jahr 1927 veröffentlicht

sätze, welche aus der menschlichen Perspektive einen positiven oder negativen Charakter haben, würde einer solchen Anschauung zufolge in der Natur Stillstand herrschen und die Entstehung des Neuen würde nur als Fiktion betrachtet werden können. In einem solchen Zustand würde die Verhältnismäßigkeit keine Rolle spielen und ohne den Vergleich der koexistierenden Gegensätze hätten auch die Menschen keinen Maßstab, um sich einen für sie idealen Zustand vorzustellen.

Unabhängig von der Glaubwürdigkeit solcher Gedanken, welche als Relikte oder Weiterentwicklung der byzantinischen theologischen Lehre und vor allem dieser von Gregorios Palamas über die Vollkommenheit Gottes und die Unfähigkeit der Menschen die Perfektion seiner Werke zu schätzen und zu beurteilen anzusehen sind[283], sind sie wegen ihrer Nichtbeweisbarkeit zu wissenschaftlicher Verachtung verurteilt. Diesen Begriff der „Naturverhältnismäßigkeit" bzw. „Naturvollkommenheit" könnte man außerdem, wie schon oben aufgeführt wurde, mit dem Begriff der aus der menschlichen Perspektive betrachteten „Vollkommenheit", mit dem für die Menschen Zustand idealen nicht gleichsetzen und daher wird ihm im Rahmen der vorliegenden Arbeit und in der modernen Rechtswissenschaft lediglich die Rolle des ersten Gerechtigkeitskriteriums zugeteilt.

Die oben aufgeführte radikal naturalistische Hypothese, der sich die vorliegende Arbeit nicht anschließt, vermag dennoch eine rationale und sehr wichtige für die Bestimmung des für die Menschheit idealen Zustandes Frage aufzuwerfen, denn die Bestimmung eines absolut positiven Zustandes setzt die Entfernung aller in der menschlichen Umwelt, in der Natur zu findenden und aus der menschlichen Perspektive als negativ betrachteten Elemente voraus; die Frage lautet, welche von den neutralen Gliedern der Naturgleichung (nämlich von den Elementen, Werten, Zuständen, die in der Umwelt der Menschen zu finden sind) für die Menschheit einen negativen Charakter entwickelt haben und in einem für

---

worden ist; analytisch dazu s. Georges Lemaitre, Un univers homogene de masse constante et de rayon croissant rendant compte de la vitesse radiale des nebuleuses extragalactiques, in : Annales de la Societe Scientifique de Bruxelles, 1927.

283 Vgl. etwa die „absolut formelle Wahrheit" des theologischen Beweisprozesses von Gregorios Palamas, laut dem die Sätze dieses Prozesses, wegen der Vollkommenheit Gottes und der Unvollkommenheit der Menschen nicht bewiesen werden können oder dürfen; eingehend dazu John Meyendorff, A study of Gregory Palamas, 2. Auflage, Leighton Buzzard 1974, laut dem (S.128-131) die Annahme von platonischen Ideen als kosmologischen Ursachen unsinnig sei, denn sie führe zu einem infiniten Regress. Nach der Lehre von Palamas, wenn Ideen der Dinge Voraussetzung für die Erschaffung der Welt seien, dann sollten auch diese Ideen, Ideen von Ideen voraussetzen. Die Logik des Aristoteles könnte sogar laut ihm (a.a.O. S. 131) dem Menschen nicht einmal dazu verhelfen, eine apodiktische Aussage über etwas Geschaffenes zu schaffen.

die Menschen idealen Zustand keinen Platz haben können. Eine erste Antwort auf diese Frage vermag die Stellung der Menschen in der Natur zu geben.

Die Menschen stellen nämlich nur einen ganz kleinen Teil der Natur und nicht die Natur selbst dar. Man kann daher nicht ausschließen, dass einige Naturzustände und Begriffe, sich gegen die Menschheit wenden, weil sie den im engeren Sinne Lebensraum der Menschen angreifen. Diese Faktoren bilden für die Menschen negative Begriffe in dem Sinne, dass sie selbst die oben aufgeführte radikal naturalistische Anschauung angenommen die vermutliche „Proportionalität", das „Gleichgewicht in der Natur" auf Kosten der Menschen gewährleisten.

Die Vernichtung z.B. eines Teiles der menschlichen Bevölkerung, welche aus der Perspektive der oben erwähnten naturalistischen Anschauung möglicherweise dem Gleichgewicht auf dem Planeten dienen könnte, hätte für den im engeren Sinne verstandenen Lebensraum[284] der Menschen verheerenden Folgen. Eine menschliche Handlung, die sich gegen das Leben eines anderen Menschen wendet, hat daher immer aus der menschlichen Perspektive einen negativen Charakter, unabhängig davon, dass ihr vielleicht einer naturalistischen Ansicht nach eine Rolle für die Stabilisierung bzw. Umsetzung der Verhältnismäßigkeit der Natur in ihrer Gesamtheit zuzuschreiben wäre. Diese Faktoren, welche den im engeren Sinn verstehenden Lebensraum der Menschen angreifen, stellen die erste aber nicht die einzige Kategorie von Naturelementen dar, die von den Menschen als „negativ" empfunden werden und von dem Begriff eines für sie idealen Zustandes abzulehnen sind.

Als „negativ" werden nämlich von den Menschen nicht nur diese Elemente, die den Lebensraum der Menschen tatsächlich angreifen sondern auch einige andere Prinzipien, und Werte, wie z.B. Verhaltensweise, welche für die Menschheit in ihrer Gesamtheit oder für einige Teile von ihr im Laufe der Zeit einen negativen Charakter entwickelt haben, obwohl sie in vielen Fällen für die Menschen und das menschliche Zusammenleben keine oder zumindest keine reine Gefahr ausmachen. Ein gutes Beispiel dafür würde beispielsweise die unterschiedliche Auslegung in den verschiedenen ethnischen Gesellschaften der Essmanieren oder sogar des Begriffs der Schönheit darstellen.

Es fehlt sogar nicht an diesen Fällen, in denen auch den Menschen mittelbar oder unmittelbar bewusst geworden ist, dass ihre Wertungen stark von Subjektivität geprägt sind. Charakteristisch dafür scheint das von dem amerikanischen Philosophen Nelson Goodman erforschtes „Paradox der Hässlichkeit", laut dem Gegenstände, die nach den menschlichen, üblichen Maßstäben als hässlich emp-

---

284 Als im engeren Sinn verstandenen Lebensraum der Menschen bezeichnen wir im Rahmen der Vorliegenden Arbeit die menschliche Gesellschaft, der Tatsache angenommen, dass der im weiteren Sinn Lebensraum der Menschen, dessen Teil die Menschheit ausmacht, die Natur in ihrer Gesamtheit darstellt.

funden werden, einen ästhetischen Reiz ausüben können[285]. Die oben erwähnten zwei Kategorien von Elementen, welche von den Menschen bzw. aus der menschlichen Perspektive als „negativ“ betrachtet werden, werden wir in diesem Teil der Arbeit analytischer darzustellen versuchen.

2. Die aus der menschlichen Perspektive als „negativ“ betrachteten Naturelemente und die Gründe ihrer Ablehnung von dem Begriff der „menschlichen Verhältnismäßigkeit“

Die Suche nach den Ursachen der seitens der Menschen „negativen“ Betrachtung einiger in ihrer Umwelt existierenden oder auftretenden Zustände und Handlungen, führt uns auf den ewigen, auf den „Urgegner“ der menschlichen Wesen in aller Zeiten, auf die Angst des Todes, zurück[286]. Die Annahme des Todes als Erzfeind der Menschen vermag nämlich unmittelbar oder mittelbar der „negativen“ Interpretation und Betrachtung der zwei oben aufgeführten Handlungen- bzw. Zustandskategorien ein theoretisches Fundament zu geben. Auf welche Art und Weise die Anwesenheit dieser Angst ungefähr das Empfinden der Menschen sowie ihre Bewertungskriterien beeinflusst, werden wir in diesem Teil der Arbeit zu erklären versuchen.

Die Tatsache, dass der Urgegner jeder menschlichen Existenz, der Tod, und ihre Angst vor ihm schon immer und im Laufe der Jahrhunderte das Denken, die Lebensbetrachtung und die Philosophie der Menschen stark geprägt haben, stellt nichts Anderes dar, als das Ergebnis ihrer Liebe für ihr eigenes Leben. Diese unzweifelhafte Annahme vermag uns unmittelbar auf die erste Kategorie der von den Menschen abgelehnten Elemente der Naturgleichung zu führen.

Die erste und vielleicht wichtigste Kategorie „negativer“ für die Menschen Elemente umfasst nämlich all diese Zustände bzw. Handlungen, die in der Lage sind, ihre Existenz sowie die Freiheit dieser Existenz tatsächlich zu bedrohen. Die Bedrohung des menschlichen Lebens und besonders der Totschlag sind z.B. daher auf die Spitze der Pyramide dieser unerwünschten Elemente einzustufen. Nicht nur die Ablehnung der Bedrohung der Existenz an sich sondern auch ihrer Beschränkung stellt ein klares Zeichen der Liebe der Menschen für das Leben dar. Verneint und als „negativ“ angesehen werden nämlich auch alle Zustände,

---

285 Näher dazu Nelson Goodman, Languages of Art, 1. Ausgabe, 1969, auf Deutsch: Sprachen der Kunst. Entwurf einer Symboltheorie, Frankfurt am Main 1995, S. 235.

286 Diese Tatsache hat sogar unter anderen Fjodor Dostojevski in seinem Werk „die Besessenen“ mittelbar ausgedrückt durch die Annahme, dass die „Erfindung“ des Gottes nichts Anderes als ein Mittel war, was dabei half, die Angst der Menschen vor den Naturphänomenen (wie z.B. vor dem Blitz) zu verdrängen.

die zu der Negation bzw. Einschränkung der freien Bestimmung, der Selbstbestimmung unserer sowieso beschränkten Lebenszeit führen. Die Verneinung solcher reinen Beschränkungen der freien Entfaltung der Existenz und der Persönlichkeit ist in jedem Bereich unseres Verhaltens zu sehen (das bringen z.B. in Ausdruck die Klage der Menschen, wenn andere Menschen unpünktlich sind, was natürlich die persönliche Zeit(planung) der Ersteren bedroht), die schwersten sogar von den einschränkenden unsere Freiheit Handlungen sind vom StGB als strafwürdige Taten vorgesehen. Charakteristisch dafür scheint das Beispiel der Strafbarkeit des Menschenraubs § 234 StGB oder der Geiselnahme des § 239b StGB zu sein.

Die Angst der Menschen vor dem Urgegner bzw. vor dem „Beschränkten" des menschlichen Lebens scheint dennoch auch in der Lage zu sein, mittelbar die Ablehnung bzw. das Unerwünschte noch einer zweiten Kategorie von Zuständen und Handlungen zu erklären. Dabei geht es nicht um Zustände und Handlungen, welche, wie es bei den Elementen der ersten Kategorie der Fall ist, eine reine Bedrohung der Existenz selbst oder ihrer Freiheit darstellen, sondern nur um Situationen, Verhältnisse oder menschliche Taten, welche die von den Menschen hergestellten und im Laufe der Zeit manchmal wechselbaren Institutionen missachten, zerstören oder gefährden. Auf die Frage, in welchem Zusammenhang die oben genannte uralte Angst der Menschen zu diesen Taten steht bzw. wie sie mittelbar ihre Ablehnung fundieren kann, werden wir gleich eingehen.

Die Tatsache der Existenz eines Gegners, der auf alle menschliche Wesen wartet und nicht zu bekämpfen ist, gibt den Menschen keine andere Möglichkeit als den Versuch diese Angst vor dem Ende zu vergessen oder mindestens zu verschieben. Das kann ihnen dennoch nur durch die Erzeugung von „künstlichen" Gegnern und ihre lebenslange Beschäftigung mit ihnen gelingen[287].

Diese auf den ersten Blick abstrakte Annahme können wir sogar durch die Zitierung eines Beispiels ausdrücklicher darstellen. Ein Charakteristikum der menschlichen Natur macht ihre scheinbare Unzufriedenheit aus. Die Menschen beschweren sich nämlich während ihres ganzen Lebens darüber, dass andere Menschen oder Zustände ihnen Schwierigkeiten bereiten, manchmal sogar ohne Grund. Wie wäre dennoch ein Mensch, dessen Leben und seinen Alltag absolut keine Schwierigkeiten bestimmen würden, ein Mensch, der befreit von der Last

287 Diese Annahme bestätigt sogar und bringt besonders treffend in Ausdruck Johann Wolfgang von Goethe, in seinem Werk „Die Leiden des jungen Werther" (Anaconda Verlag, Köln, Ausgabe vom Jahr 2005, S. 11) durch eine Beschreibung des menschlichen Charakters: „Wenn du fragst, wie die Leute hier sind, muss ich dir sagen: Wie überall! Es ist ein einförmiges Ding um das Menschengeschlecht. Die meisten verarbeiten den größten Teil der Zeit, um zu leben, und das bisschen, das ihnen von Freiheit übrig bleibt, ängstigt sie so, dass sie alle Mittel aufsuchen, um es los zu werden."

der Arbeit und der „Schwierigkeiten“ des Alltags sein ganzes Leben damit verbringen würde, die Schönheit des Lebens zu betrachten und zu erleben? Wäre er ein glücklicher Mensch? Ein kurzer Blick auf die Realität solcher Menschen (z.B. sehr reicher Leute, für welche der Alltag keine Hindernisse bzw. Schwierigkeiten aufweist) vermag uns eine Antwort auf diese Frage zu geben bzw. unseren Syllogismus zu bestätigen: Die Menschen, dessen Leben sich durch die Beschäftigung mit den „künstlichen“ Gegnern des Alltags nicht kennzeichnet, können nicht glücklich sein, weil sie dann durch die Idee der Vergänglichkeit der Existenz, nämlich durch die Gewissheit, dass sie nicht für immer diese Güter genießen dürfen, gequält werden würden. Die Angst der Menschen vor dem Naturgegner würde in diesen Fällen an der Stelle der in den meisten Fällen harmlosen „künstlichen“ Gegner mit verheerenden Folgen für die menschliche Seele auftreten. Die Menschen können daher nur dann glücklich sein, wenn ihr Leben von Antagonismus, von Konkurrenz geprägt ist, weil der künstliche Gegner, welchen die anderen Gesellschaftsmitglieder personifizieren, ihnen dabei hilft, das Vergängliche ihrer eigenen Existenz zu vergessen.

Folge dieses Antagonismus und des menschlichen Strebens nach Macht stellt die Schaffung vieler Institutionen, welche im Rahmen der Gesellschaft eine ausschlaggebende Rolle spielen, weil sie im Laufe der Jahrhunderte gerechtfertigt worden sind, obwohl die Suche nach dem tatsächlichen Bedarf ihrer Existenz keine andere rationalistische Antwort ergibt. Diese auf den ersten Blick abstrakte und gefährliche Hypothese kann dennoch durch eine ganze Reihe von Beispielen konkretisiert und dokumentiert werden.

Ein erstes gutes Beispiel für die Fundierung der oben zitierten Annahme stellt die seit Jahrtausenden als Selbstverständlichkeit geltende Institution des Eigentums und die sich gegen sie wendenden und als Straftaten geltenden menschlichen Handlungen dar. Ein gegen einen Menschen begangener Diebstahl verstößt beispielsweise gegen die Institution des Eigentums, das Recht aller Menschen über es zu verfügen und es nach ihrem eigenen Willen und unbeschränkt zu gebrauchen. Dieser Gedanke gilt sogar als selbstredend richtig; Wenn sich nämlich eine menschliche Handlung gegen eine von den Menschen geschaffene gesellschaftliche Institution wendet, muss sie nur als „negativ“ angesehen werden und soll sogar abgelehnt werden.

Was hat aber die Menschen dazu getrieben, die Institution des Eigentums zu schaffen? Anders gefragt: Waren schon immer die Trennung und Einteilung des Dominiums eine conditio sine qua non für das menschliche Überleben oder sollen sie auch als ein Ausdruck der antagonistischen Natur der Menschen betrachtet werden? Diese zweite Ansicht scheint am wahrscheinlichsten zu sein. Nichts deutet nämlich darauf hin, dass in einer Welt, wo es kein separates Eigentum geben würde bzw. wo die Gütergemeinschaft herrschen würde, kein Wohlstand verwirklicht werden könnte oder dass dadurch die Existenz der menschlichen Wesen gefährdet werden würde. In einer solchen Welt hätte auch die Straftat des Diebstahls keinen Existenzgrund. Im Rahmen der menschlichen Gesellschaft betrachten wir dennoch das Paradox und zugleich Oxymoron, dass die Menschen den Wohlstand und die Kooperation durch die Konkurrenz und den Antagonismus zu realisieren versuchen.

Aus der gleichen Perspektive müssen wir noch andere von den „negativen“ Handlungen ansehen. Ein gutes Beispiel dafür stellt eine ebenfalls strafwürdige Tat, diese des Betruges, dar. Auch diese Tat würde dennoch nicht existieren, wenn es die von den Menschen geschaffenen Institutionen des Geldes und des Eigentums nicht geben würden. Niemand von den großen Theoretikern des Geldes vermochte eine rationalistische Antwort auf die Frage zu geben, warum die Menschen die Schaffung des Geldes statt die gegenseitige Hilfe um produktiver zu werden vorgezogen haben oder warum keine Wiederverteilung der sowieso unfairen Einteilung der Güter unter den Menschen realisierbar ist. Die Antwort ist dennoch viel einfacher als man denkt und liegt in der Natur der Menschen. Der Mensch könnte nämlich ohne Konkurrenz nicht produzieren und würde in einer Welt, wo die absolute Gleichheit herrschen würde, wo er die Möglichkeit nicht hätte, seine Überlegenheit gegenüber seinen Mitmenschen zu zeigen in Depression verfallen.

Selbst der Versuch, die Institution des Geldes als absolut notwendig darzustellen, zeigt beispielsweise deutlich die antagonistische Natur seines Ursprungs. Seine Existenz ermögliche und vereinfache den Tausch der Güter, verbessere die Effizienz der Marktwirtschaft, erlaube die Speicherung, Bewahrung sowie die Akkumulation der Werte. Geld sei daher eine der grundlegenden Voraussetzungen für eine dynamische Ökonomie, weil es die Bildung erheblicher Vermögen unterstütze[288]! Die Institution des Geldes soll daher nicht als eine für das Überleben oder die Wohlfahrt der Menschen absolut notwendige Errungenschaft betrachtet werden, sondern nur als eine Institution, deren Ursprung in der antagonistischen Natur der Menschen liegt und welche mit anderen ähnlicher Natur Institutionen (wie z.B. mit dem Staat), die sie unterstützt, in Verbindung steht. Die Idee sogar, dass das Geld entstehe und existiere durch Anordnung des

288 Diese Tatsache vermag sogar noch deutlicher die „Quantitative Theorie des Geldes“ Milton Friedmans zu veranschaulichen; laut dem die Verdoppelung des umlaufenden Geldes nicht in der Lage wäre, die Leute aus der Armut heraus zu bringen, weil die Produzenten in einem solchen Fall die Gelegenheit nutzen würden, ihre Preise deutlich zu erhöhen. In einem solchen Fall hätten die Menschen mehr Geld, könnten sie dennoch trotzdem nicht mehr Güter erwerben; dazu analytisch Milton Friedman, „The Quantity Theory of Money. A restatement in studies in the quantity theory of money, edited by Milton Friedman, reprinted in: Milton Friedman, The Optimum Quantity of Money, Berlin 2005.

Staates, ist einem großen Deutschen Ökonomen, Georg Friedrich Knapp zugeschrieben[289].

Die Annahme des antagonistischen Ursprungs vieler Institutionen vermag uns die Herstellung von auch anderen „negativen“ Handlungen und Situationen zu veranschaulichen. Charakteristisch dafür scheint das Beispiel eines der negativsten für die Menschen Zustände zu sein, des Krieges, welcher dennoch, wegen seiner die menschliche Existenz unmittelbar bedrohende Natur, auch in die erste Kategorie der für die Menschen negativen Zustände einzuordnen ist. Niemand darf nämlich daran Zweifel haben, dass der Angriff von Menschen gegen andere Menschen abzulehnen ist. Dieser stellt dennoch genau wie die anderen zwei oben kurz aufgeführten „negativen“ Handlungen das Ergebnis der antagonistischen Natur der Menschen dar. Wenn die Menschen Institutionen wie den separaten Staat und vielmehr das Militär nicht entwickelt hätten bzw. nicht haben möchten, könnte es einfach keinen Krieg mehr geben. Bei allen „negativen“ Handlungen dieser zweiten Kategorie geht es nämlich nur um Probleme, die die Menschen selbst obwohl vielleicht unterbewusst verursacht haben, weil ihre Beschäftigung mit diesen Schwierigkeiten, mit diesen künstlichen Gegnern nämlich, sie von ihren einzig wahren Gegner abzulenken vermag[290].

Die Annahme, dass der Begriff der menschlichen Verhältnismäßigkeit mit keinem in der Natur existierenden Zustand gleichzusetzen ist, weil die Menschen viele in ihrer Umwelt existierende bzw. auftretende Zustände als für sie „negativ“ abgelehnt haben, wirft dennoch eine weitere Frage auf, nämlich was dieser Begriff für die Menschen und ihre Gesellschaft zu bedeuten hat. Eine erste, schnelle und natürlich nicht vollkommene Antwort auf diese grundlegende philosophische Frage werden wir im Rahmen der nächsten Kapitel zu geben versuchen.

---

289 Analytisch dazu Georg Friedrich Knapp, Staatliche Theorie des Geldes, München und Leipzig, 1918. Unmittelbar gegen die Betrachtung der absoluten Notwendigkeit bzw. der Nützlichkeit des Geldes sprach sich dennoch ein anderer Deutscher Wissenschaftler aus, Bernhard Laum. In seinem Werk „Heiliges Geld“ verträt er die Sakraltheorie des Geldes laut der, der Grund für die Entstehung des Geldes nicht die Nützlichkeit des Mittels wäre. Laut ihm entstand das Geld als religiöses Opfer, indem die Leute in der Antike durch die Hingabe von Metallen Gegenleistungen von den Göttern erhofften (eingehend dazu Bernhard Laum, Heiliges Geld, Tübingen 1924); Zu den Theorien der Umlaufsmittel s. auch Ludwig Mises, Theorie des Geldes und der Umlaufsmittel (Unveränderter Nachdruck der zweiten neubearbeiteten Auflage von 1924), Berlin 2005.

290 Diese Tatsache hat der griechische Dichter Konstantinos Kavafis in seinem Gedicht „Warten auf die Barbaren“ im Jahr 1904 besonders treffend ausgedrückt „...Warum gehen alle so nachdenklich nach Hause? Weil die Nacht gekommen ist und die Barbaren doch nicht erschienen sind. Einige Leute sind von der Grenze gekommen und haben berichtet, es gäbe nicht mehr die Barbaren. Und nun, was sollen wir ohne Barbaren tun? Diese Menschen waren immerhin eine Lösung.“

II. Formelle und materielle Folgen der klaren Unterscheidung des Begriffs des für die Menschen idealen Zustandes von jeder Naturzustandsvorstellung und der Ablehnung der naturalistischen These von der Vollkommenheit der Natur. Der ideale Gesellschaftszustand: Die für die Menschen absolute Gesellschaftsverhältnismäßigkeit

Bevor wir aber auf diese für die Weiterführung unseres Syllogismus fundamentale Frage eingehen dürfen, wäre es vielleicht hilfreich für das bessere Verstehen der Eingliederung der Gedanken, zuerst einige formelle Folgen der Ablehnung des naturalistischen Denkens über die Vollkommenheit der Natur für die Terminologie der vorliegenden Arbeit kurz zusammenzufassen. Diese schnelle Auflistung kann uns vor allem dabei helfen, terminologische Missverständnisse in ihrem Rahmen zu vermeiden.

Wie schon oben aufgeführt wurde, schließt sich diese Abhandlung naturalistischen Ideen wie dieser der Vollkommenheit der Natur oder der Existenz einer göttlichen Gerechtigkeit nicht an. Die Betrachtung der Natur und von in der Natur existierenden oder auftretenden Zuständen stellt dennoch das einzige verfügbare Kriterium, den einzigen Maßstab der Menschen für die Bestimmung und die inhaltliche Deckung immaterieller Begriffe bzw. Werte, wie diese der Vollkommenheit oder der Gerechtigkeit, dar; sie hat durch Jahrhunderte hindurch das Denken und die Philosophie der Menschen stark geprägt und genau aus diesem Grund findet sie einen Platz am Anfang des philosophischen Teiles der Arbeit als Ausgangspunkt aller rechtlichen Gedanken.

Die Nichtbegründbarkeit und als Folge davon die Ablehnung der oben erwähnten Ideen bringt dennoch den Bedarf mit sich, einige in dieser Abhandlung verwendete Begriffe ausführlicher zu erklären. Unter der Definition „natur“ oder „materiell“ für die Bezeichnung von Elementen der Gerechtigkeit (z.B. „Naturelemente“ bzw. „materielle Elemente“ der Gerechtigkeit) versteht man beispielsweise im Rahmen der vorliegenden Arbeit nicht, dass sie (z.B. die Gleichheit oder die Verhältnismäßigkeit) den Naturzustand ausmachen, sondern nur dass sie vor der Schaffung der Gesellschafts- bzw. positivrechtlichen Strukturen existieren, im Sinne, dass die Maßstäbe für ihre inhaltliche Bestimmung in der unmittelbaren Umwelt der Menschen auftretende und vor der Schaffung der positiven Systeme existierende Zustände ausmachten. Die positiven Systeme sind als Folge davon an die Umwelt der Menschen orientiert, weil diese ihre Vorbilder bzw. Ziele darstellten, und nicht diese Umwelt an die positiven Systeme. Die

Bezeichnungen „natur-„ und „materiell“ sind daher hier im Gegensatz zu der Lehre des Naturrechts[291] nur mit der Bezeichnung „vorrechtlich“ gleichzusetzen

Im gleichen Sinne deutet die Verwendung des Begriffs „menschliche Unvollkommenheit“ auf keinen Fall auf die Existenz einer übermenschlichen natürlichen oder göttlichen Vollkommenheit hin. Dieser bringt einfach die Umsetzungsdefizite der Menschen in Ausdruck, nämlich ihre Schwäche hinter den Zielen zurückzubleiben, die sie sich selbst mit ihren Gerechtigkeitsvorstellungen gesetzt haben.

Aus der gleichen Perspektive muss man abschließend auch den Gebrauch des Begriffs „menschliche Gerechtigkeit“ ansehen. Diesen setzt man im Rahmen der vorliegenden Abhandlung nicht in Gegenüberstellung zu einer perfekten, vollkommenen übermenschlichen bzw. göttlichen Gerechtigkeit. Unter dem Begriff „menschliche Gerechtigkeit“ beschreibt man einfach die Gerechtigkeitsvorstellungen, welche die menschliche Gesellschaft hat sowie die Ziele, die sie selbst anhand dieser Vorstellungen gesetzt haben.

Die klare Unterscheidung des idealen für die Menschen Zustandes von jedem Kriterium der Lehre des Naturrechts bzw. von den theologisch geprägten Ideen des idealen in der Natur Zustandes zieht dennoch auch eine materielle Konsequenz für die Weiterentwicklung unseres Syllogismus nach sich, den Bedarf den Begriff des für die Menschen idealen Zustandes genauer zu definieren. Das naturalistische Denken, laut dem die absolute Verhältnismäßigkeit bzw. die Gerechtigkeit den Naturzustand darstelle und laut dem die Natur nichts Anderes als eine Gleichung sei, in der die absolut proportionale Teilnahme und Kombination all ihrer Glieder mit einander die Existenz und die ewige Schöpfung verursache, hat, wie schon im Rahmen der vorliegenden Arbeit zitiert wurde, zu der Entstehung des Gedanken geführt, dass wenn für die Natur der absolute Zustand mit der Verhältnismäßigkeit gleichzusetzen sei, der ideale für die Menschheit Zustand, welche einen Teil der Natur ausmache, auf der absoluten Proportionalität in der Gesellschaft, auf der für die Menschen idealen Verhältnismäßigkeit beruhen muss.

Das Vorhandensein von negativen für die Menschen und daher von ihnen abgelehnten Begriffen in der Natur veranschaulicht dennoch das Faktum, dass die zwei Begriffe, die von den Naturalisten[292] als solche betrachtete „Naturverhältnismäßigkeit“ – die Funktionstüchtigkeit der Natur nämlich - und die ideale für die Menschen Gesellschaftsverhältnismäßigkeit nicht gleichzusetzen sind. Die oben erwähnten aus der menschlichen Perspektive negativen Zustände bzw. Elemente werden sogar von dem Begriff der menschlichen Verhältnismäßigkeit weggenommen und abgelehnt. Die klare Unterscheidung zwischen den beiden Begriffen, sowie die Annahme, dass der Erste auch aus negativen für die Men-

291 Zu dieser Lehre s. oben S. 92, Fn. 279.

292 Zu der Lehre des Naturrechts s. oben, S. 92, Fn. 279.

schen Elementen besteht, hat den Bedarf mit sich gebracht, nach dem für die Menschen idealen Zustand nicht durch naturorientierte sondern mit Hilfe humanistischer, gesellschaftsorientierter Kriterien zu suchen.

Eine vollständige Antwort auf die Frage, welcher Zustand genau den Vollkommenheitsvorstellungen der Menschen entspricht, kann man in diesem Teil der Arbeit nicht geben, weil sie die Darstellung seiner Bestandteile (z.B. der Gerechtigkeitsvorstellungen der Menschen) voraussetzen würde. Diese Frage wird daher nur schrittweise im Laufe der Arbeit beantwortet werden. In diesem Punkt wäre es einfach sinnvoll, kurz einige erste Gedanken darüber zu zitieren, was ungefähr als ein aus der menschlichen Perspektive idealer Verhältnismäßigkeitszustand in der Gesellschaft anzusehen wäre, dessen Realisierung durch den Beitrag der Gerechtigkeit beabsichtigt wird. Diese würde nicht nur die Verwirklichung der Vollkommenheit der Gesellschaft in ihrer Gesamtheit sondern auch zugleich die Umsetzung der persönlichen Glückseligkeit[293] der Gesellschaftsmitglieder durch die Realisierung des richtigen Maßes bedeuten. Auf der Umsetzung dieses Zustands beruht die Beständigkeit der Gesellschaft, denn nur sie setzt die Fundamente der Kooperation. Dieses auf dem ersten Blick abstrakte Doppelziel aller an der Gesellschaft teilnehmenden Menschen kann nur im Rahmen einer „gerechten" Gesellschaft realisiert und durch die Annäherung des Begriffs der Gesellschaftsgerechtigkeit veranschaulicht werden.

III. Die verhältnismäßige Gesellschaftsgerechtigkeit als Voraussetzung für die Realisierung dieses Zustandes

Was muss man aber unter dem Begriff „Gerechtigkeit" in ihrer für die Menschen absoluten, Form verstehen? Die Annahme, dass den für die menschliche Gesellschaft idealen Zustand die Umsetzung des richtigen Maßes darstellt, kann uns leicht zu der Schlussfolgerung führen, dass man in diesem Zustand nach dem Gerechtigkeitsmaßstab suchen müsse. Diese Hypothese werden wir in diesem Punkt durch die Zitierung folgender Gedanken zu bestätigen versuchen.

In einer Welt, in der die Gleichheit herrschen würde, in der nämlich alle Wesen und alle auftretenden Zustände, nicht einfach ähnlich sondern identisch miteinander wären, könnte man die Gerechtigkeit als einen Aufbewahrungs- bzw. Stabilisierungsversuch dieser Gleichheit bezeichnen. Das kann dennoch

293 Die „persönliche Glückseligkeit" der Gesellschaftsmitglieder hat auch Aristoteles als wichtiges Ziel aller positiven Systeme und des Systems der Gerechtigkeit eingestuft. Diese hat er „Eu zein" (wohl Leben) genannt; analytisch dazu Aristoteles, Nikomachische Ethik, 5. Buch, Kapitel 6 und 7; auch Alfred Verdross, Grundlinien der antiken Rechts- und Staatsphilosophie, Zweite Auflage, Wien 1948, S. 140.

nicht in unserer Welt der Fall sein, welche sich aus unbegreiflicher Komplexität[294] kennzeichnet. In einer Welt, in der es keine gleichen sondern nur ähnlichen Zustände gibt und in der kein menschliches Wesen gleich mit einem anderen ist, darf man nämlich nur von einer „verhältnismäßigen, analogischen Gerechtigkeit" sprechen. Die Bewahrung der Verhältnismäßigkeit in der Gesellschaft macht in unserer Welt die ideale Form der Gerechtigkeit aus.

Diese verhältnismäßige Gesellschaftsgerechtigkeit könne z.B. die Bedeutung haben, a. dass der „Verdienst" jedes Bürgers im Verhältnis zu seinem Gesellschaftsbeitrag stehen muss oder b. dass sein „Verlust" (z.B. eine Strafe) auch im Verhältnis zu seinem schädlichen für die Gesellschaft Verhalten steht. Anders gesagt könnte man die verhältnismäßig gerechte Gesellschaft als eine Gesellschaft bezeichnen, in welcher der den Bürgern verdankende gesellschaftliche Erfolg zu ihnen proportional (gerecht) zurückkehrt. In dieser Gesellschaft würde jeder Bürger proportional das Gleiche von den erzeugten Gütern der Gesellschaft verdienen, wie jemand Anderer, der für ihre Erzeugung, und unter Berücksichtigung der persönlichen Fähigkeiten und der immer unterschiedlichen Umstände, gleich gearbeitet hat.

Die Verwirklichung der verhältnismäßigen Gerechtigkeit (des richtigen Maßes nämlich) in ihrer aus der menschlichen Perspektive absoluten Form hätte diesen Zustand zufolge, in dem das Interesse aller Bürger eins wird und das Interesse der Gesellschaft das Interesse aller einzelnen Bürger darstellt, einen Zustand nämlich, in dem, durch die Beziehungen zwischen zwei Gesellschaftsmitgliedern nicht nur beide sondern auch die gesamte Gesellschaft profitiert. In einer Welt, wo diese für die Menschheit ideale, absolut verhältnismäßige Gerechtigkeit herrschen würde, würden auch die auf die Menschen bezogenen vorrechtlichen Elemente der Freiheit, der Menschenwürde, der Gleichheit und der Verhältnismäßigkeit eins werden und durch den Gewinn des Einen könnte niemand verlieren. Von dieser aus der menschlichen Perspektive betrachtet „verhältnismäßigen" Gerechtigkeit, welche nur aus positiven für die Menschen vorrechtlichen Elementen besteht, wird ab jetzt immer im Rahmen dieser Arbeit die Rede sein, wenn es um den Begriff der „idealen Gerechtigkeit" geht.

294 Vgl. Niklas Luhmann, Legitimation durch Verfahren, S. 41, der von „Weltkomplexität" spricht, vgl. auch Niklas Luhmann, Funktionale Methode und juristische Entscheidung, in: AÖR 1969, Bd. 94, S. 1 ff., S. 11.

IV. Der Versuch der Annäherung der verhältnismäßigen Gerechtigkeit durch das positive Recht

1. Die Gerechtigkeit des materiellen Rechts als Mittel für ihre Verwirklichung

Die Umsetzung einer solchen aus der menschlichen Perspektive absoluten, idealen Gerechtigkeitsform könnte dennoch im Rahmen der Gesellschaft und der positiven Systeme, aufgrund der Defizite, die sie aufweisen hinter den Zielen zurückzubleiben, die sie selbst gesetzt haben, nur als Fiktion betrachtet werden. Dieser kann man sich nur annähern aber nicht ihre absolute Form realisieren. Der vollkommenste Versuch für diese Annäherung scheint daher die Einführung der positiven Gesetze[295] zu sein, sowohl des materiellen als auch des prozeduralen Rechts, weil sie wegen ihrer Begründbarkeit die brillantesten Vertreter der Vernunft darstellen.

Die Annahme, dass die Realisierung der verhältnismäßigen Gerechtigkeit das einzige Ziel der Einführung des positiven Rechts ist[296], erhellt die Tatsache, dass man nur dann von einem vorteilhaften Eingriff des materiellen Strafrechts sprechen darf, wenn seine Anwendung:

a. die Folge eines schweren Angriffs des Täters gegen die Gesellschaft ist; sonst könnte man den immer schweren Angriff des Strafrechtes gegen die persönliche Freiheit der Bürger mit dem Kriterium der Verhältnismäßigkeit nicht rechtfertigen.
b. und wenn der oben genannte Eingriff des Strafrechtes in der Lage ist, die Verhältnismäßigkeit in der Gesellschaft, welche mit der Straftat gestört

---

295 S. oben besonders S. 63-64.

296 Dass ein materielles, ein vorrechtliches Naturprinzip das Endziel des positiven Rechtssystems ausmacht, wurde von vielen Rechtstheoretikern anerkannt. Charakteristisch zitiert Adolf Merkl (s. Herbert Schambeck, Der Begriff der „Natur der Sache“, in Arthur Kaufmann (hrsg.), Die ontologische Begründung des Rechts, Darmstadt 1965, S. 164 ff., S. 166) „Soll das Chaos von Rechtsgestalten als eine Summe zusammengehöriger Erscheinungen, mit einem Wort als Rechtssystem, als ein rechtlicher Kosmos gedeutet werden können, dann muss diesem Chaos ein delegierendes Prinzip nicht bloß subintelligiert, dann muss es vielmehr als Ausfluss eines gemeinsamen Ursprungs erkannt werden.“; s. auch Johannes Messner, Das Naturrecht, 3. Auflage, Innsbruck 1958, bes. S. 39 ff., laut dem die Quelle der Rechtsordnung nicht im Wunsch bzw. in der Entscheidung des Gesetzgebers zu finden sei. Diese existiere seit jahrhunderten und sei die „Natur der Sache“ als Ausdruck der „ordo rerum“, welche das einzige Maß des Sach- und Naturrichtigen darstelle.

worden ist, wiederherzustellen, wenn nämlich die Auferlegung einer Strafe nicht nur der Einzelfallgerechtigkeit dient, sondern als mehr oder weniger vorteilhaft für die Gesellschaft betrachtet werden darf.

Das materielle Strafrecht, welches den einen Pol der positiven Gerechtigkeit darstellt, kann nämlich nur dann seiner Rolle als Mittel für die Verwirklichung der verhältnismäßigen Gerechtigkeit bzw. der Messbarkeit genügen, wenn es selbst als Träger einer zumindest relativen Verhältnismäßigkeit angesehen werden kann.

2. Die prozedurale Gerechtigkeit als Mittel für die Annäherung der aus der menschlichen Perspektive verhältnismäßigen Gerechtigkeit. Verfahrensendziel und Zwischenziele

Dieser Annäherungsversuch der verhältnismäßigen Gesellschaftsgerechtigkeit macht auch das Endziel des prozeduralen Rechts aus[297], welches der andere von den zwei Zweigen des positiven Rechts ist. Das hat natürlich zur Folge, dass die kombinierte Anwendung aller prozeduralen Normen nur das oben genannte Ziel verfolgt. Dieses Endziel des Prozesses müssen wir von den Zwischenzielen der einzelnen Prinzipien und Regeln des Strafprozesses unterscheiden, welche die Mittel für seine Umsetzung darstellen.

Die Existenz jeder Verfahrensregel bzw. jedes Verfahrensprinzips dient nämlich der Schaffung eines Zustandes, welcher zu der Verwirklichung des oben genannten Endziels beiträgt. Diese Ziele der einzelnen Prinzipien und Regeln sind dennoch nur Mittel für die Realisierung des Endziels des Prozesses. Deswegen darf man nicht, wenn z.B. von der Beschleunigung des Verfahrens die Rede ist, vom „Verfahrensziel“ bzw. vom „Ziel des Prozessrechtes“ sprechen, sondern nur vom „Ziel eines bestimmten Prinzips oder einer Regel“, welches nur Mittel für die Umsetzung des Endzieles des Prozesses darstellt[298]. Die Ziele der einzelnen Verfahrensnormen und Grundsätze könnte man nur als „Mittel für die Umsetzung der verhältnismäßigen Gerechtigkeit“ oder vielleicht als „Zwischenziele des Verfahrens“ bezeichnen.

---

297 Vgl. etwa Brian Bix, Robert Alexy, Radbruch's Formula, and the natur of legal theory, Rechtstheorie 37 (2006), S. 139 ff.

298 Vgl. etwa die „traditionelle Organisationstheorie“, laut der das Ganze durch einen feststehenden Zweck definiert wird, zu dem die Teile des Systems als Mittel beitragen; dazu analytisch Niklas Luhmann, Funktionen und Folgen formaler Organisation, zweite Auflage, Berlin 1972 (Nachdruck), besonders S. 23.

Diese „Zwischenziele“ und ihre Träger, die nämlich rein oder nicht rein prozeduralen Prinzipien, welche von der Einführung der Geringfügigkeitsvorschriften unterstützt oder abgelehnt werden, müssen wir in Abwägung ziehen, um eine erste Antwort auf die Frage geben zu können, inwiefern die Anwendung der §§ 153 und 153a StPO als Vorteilhaft für die Umsetzung der Verhältnismäßigen Gerechtigkeit angesehen werden darf. Das einzige zuverlässige Kriterium für diese Abwägung bzw. Einstufung der Prinzipien des prozeduralen Rechts scheint der Beitrag, den sie zu der Umsetzung des Endziels des positiven Rechtes, nämlich zu der verhältnismäßigen Gerechtigkeit der Gesellschaft leisten, zu sein.

8. Kapitel: Die Struktur des strafrechtlichen Verfahrenssystems; ein Einstufungsversuch der das Prozessrecht regelnden Prinzipien

Der Versuch, die im Prozessrecht angewandten Prinzipien einzustufen, stellt keine Innovation der vorliegenden Arbeit dar[299]. Es wimmelt sogar von vorgeschlagenen Kriterien, die den Theoretikern dabei geholfen haben, Klassifizierungskriterien zu entwickeln. Allein ihre Erwähnung würde dennoch den Umfang einer großen Monographie benötigen und aus diesem Grund werden wir uns nur auf einigen ersten Gedanken beschränken, welche uns bei dem Versuch die Bedeutung der Geringfügigkeitsnormen im strafprozessualen System zu erblicken, helfen können.

Die Annahme, dass die Umsetzung der verhältnismäßigen Gesellschaftsgerechtigkeit das Endziel des Prozesses darstellt, veranschaulicht, wie oben zitiert wurde, die Tatsache, dass das einzige zuverlässige Kriterium für die Einstufung der prozeduralen Prinzipien ihr Beitrag zu der Realisierung dieser Gerechtigkeit ist[300]. Anhand dieses Kriteriums könnte man die im prozeduralen Recht immanenten oder einfach angewandten Prinzipien in drei Hauptkategorien unterteilen,

---

299 Es fehlt nicht an Klassifizierungsversuchen der Regeln und Prinzipien des Rechts. Einen solchen Versuch stellt z.B. die vorwiegend in der angloamerikanischen Rechtstheorie und von Ronald Dworkin, hauptsächlich in seinem Werk: Taking rights seriously (auf Deutsch „Burgerrechte ernstgenommen") sowie in zwei anderen Werken von ihm, „A matter of Principle", Cambridge 1985 und „Laws Empire" (1986), Oxford 2003, entwickelte Theorie der „General Principles of Law", laut der es nicht nur „Rules" sondern auch „General Principles of Law" gebe, die für alle Staatsgewalten rechtlich bindend seien; diese seien der Meinung Dworkins nach die Gerechtigkeit, Fairness und Rechtsstaatlichkeit. Zu der von Roland Dworkin vertretene Meinung eingehend Arthur Kaufmann, Problemgeschichte der Rechtsphilosophie, in Kaufmann / Hassemer / Neumann (Hrsg.), Einführung in der Rechtsphilosophie und Rechtstheorie der Gegenwart, 7. Auflage, Heidelberg 2004, S. 26 ff., S. 106-107.

300 Ein solches Verhältnis von „übergeordneten" und „untergeordneten" Prinzipien des Rechtes haben schon mehrere von den großen Rechtstheoretikern als Tatsache angenommen, charakteristisch zitiert Herbert Schambeck, a.a.O., S. 164 „In diesem Sinne erweist sich die gesamte Rechtsordnung als ein Zusammenhang von bedingten und bedingenden Rechtssatzformen, die im Verhältnis der Über- und Unterordnung zueinander stehen und das Bild eines Stufenbaues vermitteln." Über die Lehre vom Stufenbau der Rechtsordnung s.u.a. Adolf Merkl, Prolegomena einer Theorie des rechtlichen Stufenbaues, in: Gesellschaft, Staat und Recht, Festschrift für Hans Kelsen, herausgegeben von Alfred Verdross, Wien 1931, S. 252 ff.; auch Adolf Merkl, Das Recht im Lichte seiner Anwendung, in: Deutsche Richterzeitung 1918, S. 56 ff.

in die primären, in die sekundären, und in die hauptsächlich kommunikativen. Die primären Prinzipien befinden sich auf der obersten Stufe dieser Skala.

I. Die „primären" Prinzipien des Rechtes

1. Die „primären-materiellen" Prinzipien des prozeduralen Rechts

Auf der höheren Stufe der Klassifikationsskala der im Strafverfahren angewendeten Prinzipien muss man die Positivierungen, die Übertragung nämlich auf das positive Recht einiger nicht rein prozeduraler Prinzipien einordnen, die wir hier als „primäre-materielle" bezeichnen. Diese stellen nichts Anderes als die (aus der menschlichen Perspektive) wichtigsten der von den Menschen als „positiv" empfundenen Naturelemente dar. Die Bezeichnung „materiell" bezieht sich nämlich auf die Idee, dass sie die einzelnen im prozeduralen Recht eine Rolle spielenden Prinzipien sind, welche kein bloßes Verfahrensmittel für die Umsetzung des Endziels des Prozesses darstellen. Im Gegenteil macht ihr Kern nicht nur ein prozedurales Mittel sondern vielmehr ein vorrechtliches Element, eine unter der menschlichen Perspektive notwendige vorrechtliche Voraussetzung für die Stabilisierung - Festigung der idealen, verhältnismäßigen Gerechtigkeit der Gesellschaft aus.

Diese bilden keine „formellen" Prinzipien des positiven Rechts, von denen nämlich, welche die Menschen entwickelt haben, um der Umsetzung der verhältnismäßigen Gerechtigkeit zu dienen, sondern die unmittelbare Übertragung von materiellen, vorrechtlichen Grundsätzen auf das positive Recht[301]. Diese Prinzipien könnten daher auch in einem Zustand existieren, in dem es kein positives Rechtssystem geben würde.

Auf der anderen Seite bezieht sich die Bezeichnung „primär" auf die Bedeutung dieser Prinzipien für die Umsetzung der (aus der menschlichen Perspektive betrachteten) idealen, verhältnismäßigen Gerechtigkeit. Sie sind nämlich nach dem menschlichen Kriterium notwendige Voraussetzungen für die Realisierung des oben genannten Ziels und sogar (und darin liegt der Hauptunterschied zwischen den „primären-materiellen" und den „primären-formellen") nicht nur im

---

301 Die Bedeutung dieser „vorrechtlichen Prinzipien", welche Leitideen und zugleich Ziele des positiven Rechtes darstellen müssen, wurde schnell nach dem zweiten Weltkrieg bewusst, wegen der in diesem Krieg wider die Menschlichkeit begangenen obwohl in positiven Normen beruhenden Verbrechen. „An der Stelle der Überzeugung Gesetz ist Gesetz, der Ansicht nämlich dass der Staat der einzige Kraft ihm innewohnender, ursprünglicher, rechtlich von keiner anderen Macht abgeleiteter Macht herrschende Verband ist" (Georg Jellinek, Allgemeine Staatslehre, 3. Auflage, Berlin 1929, S. 180) trat nun die Auffassung Recht vor Gesetz; analytisch zu dem Thema Herbert Schambeck, a.a.O., S. 165 ff.

Rahmen des positiven Rechts und des Prozesses sondern auch in einem hypothetischen Abwesenheitszustand aller positiven Gerechtigkeitssysteme[302]. Eine kurze Zitierung der wichtigsten von diesen „primären-materiellen" Prinzipien könnte uns bei dem Versuch helfen, die vorliegende Problematik besser zu begreifen.

a. Die wichtigsten von den „primären-materiellen" Prinzipien im Überblick. Die von den Menschen als solche betrachteten Naturelemente der Gerechtigkeit

aa. Das vorrechtliche Wahrheitsprinzip

Wie oben schon aufgeführt wurde, stellen die im positiven Rechtssystem zu findenden „primären-materiellen" Prinzipien keine reinen prozeduralen Mittel, sondern zugleich vorrechtliche Elemente der verhältnismäßigen Gesellschaftsgerechtigkeit, „materielle" Voraussetzungen für ihre Umsetzung dar. Eine solche „vorrechtliche-materielle" Voraussetzung, die als conditio sine qua non für die Realisierung des oben genannten Endzieles bezeichnet werden kann, stellt die Findung der Wahrheit dar.

Ihre Existenz macht eine erforderliche Bedingung für die Umsetzung der Gerechtigkeit aus, nicht nur im Rahmen des Rechtssystems sondern auch in einem für die Menschen idealen Zustand, wo es kein positives Rechtssystem geben würde. Sie kann nämlich dadurch als ein wichtiges Element der „idealen, verhältnismäßigen" Gesellschaftsgerechtigkeit bezeichnet werden, dass die Letzte nur durch die Entdeckung der Wahrheit realisiert werden kann, unabhängig von der Existenz der von den Menschen erzeugten positiven Systeme. Aus diesem Grund könnte man von der Existenz eines allgemeinen Wahrheitsgebots, eines abstrakten „Wahrheitsfindungsprinzips" im Strafprozessrecht sprechen, die mit der „primären-formellen" Instruktionsmaxime sowie mit dem Prinzip des rechtlichen Gehörs, welche ihm einfach durch den Gebrauch der prozeduralen Mittel (Ermittlungen, Verhör, Gehör usw.) dienen, nicht gleichzusetzen ist.

Das Prinzip der „Wahrheitsfindung" sowie jedes andere von den „primären-materiellen" muss man nämlich von allen Prinzipien des prozeduralen Rechts dadurch unterscheiden, dass sie bei dem Versuch der Umsetzung der idealen, verhältnismäßigen Gerechtigkeit auch ohne „prozedurale Hilfe" - unabhängig

302 Diese auch im prozeduralen Recht zu findenden Prinzipien könnte man vielleicht mit den „General Principles of Law" einigermaßen vergleichen, vgl. etwa Arthur Kaufmann, a.a.O., S. 106-107; zu den sog. „General Principles" s.u.a. Werner Lorenz, General Principles of Law. Their elaboration in the Court of Justice of the European Communities, in: American Journal of Comparative Law 13, 1964, S. 1 ff.; bezüglich der Prinzipien des Strafrechts s.u.a. Jerome Hall, General principles of criminal law, Second edition, Indianapolis-New York 1960.

davon, dass sie in den meisten Fällen, durch speziellere prozedurale Prinzipien und Regeln konkretisiert und unterstützt werden - eine Rolle spielen könnten, weil sie selbst auch vorrechtliche Elemente der verhältnismäßigen Gerechtigkeit darstellen. Obwohl es nämlich auch ein Mittel zum Zweck ist, steht es zu diesem Zweck, im Gegensatz zu den reinen prozeduralen Prinzipien, in unmittelbarer Beziehung.

Diese auf den ersten Blick vielleicht unverständlichen Gedanken könnte man einfach durch die Zitierung eines Beispiels verdeutlichen. Kern dieses Beispiels ist die Gegenüberstellung des als „primär-materiell" bezeichneten „Wahrheitsfindungsprinzips" mit einem anderen, ihm dienenden, „reinen prozeduralen Prinzip", mit dem Instruktionsprinzip. Alle vorrechtlichen, materiellen Prinzipien sind auch, wie oben aufgeführt wurde, allgemeine Prinzipien, die im Rahmen des positiven Rechts von anderen, spezielleren, prozeduralen Prinzipien unterstützt und konkretisiert werden, so dass sie bei dem Versuch, die ideale, verhältnismäßige Gerechtigkeit zu realisieren, effektiver sein können. Eines von diesen spezielleren Prinzipien, das im Rahmen des prozeduralen Rechts der Wahrheitsfindung dient, macht die Instruktionsmaxime aus.

Das Instruktionsprinzip, welches auch als Untersuchungs-, Ermittlungs-, und Inquisitionsgrundsatz sowie als Prinzip der materiellen Wahrheit bezeichnet wird[303], trägt zu der Wahrheitsentdeckung und als Folge davon zu der Verwirklichung der Gerechtigkeit dadurch bei, dass es die Pflicht auf Wahrheitsforschung im Strafverfahren von Amts wegen vorschreibt. Diese Maxime kann im Gegensatz zu dem vorrechtlichen, allgemeinen Prinzip der Wahrheitsfindung nur im Rahmen des Verfahrens und daher nur durch die Hilfe des Verfahrens ihren Beitrag leisten. Sie steht nämlich in mittelbarer (von dem Prozess abhängiger) Beziehung zu dem Ziel.

Die kurze Zitierung der Funktion eines rein prozeduralen Prinzips kann uns leicht zu einigen ersten Gedanken führen, die uns bei dem Versuch die Positivierungen der „primären-materiellen" mit den rein prozeduralen Prinzipien zu vergleichen, helfen können. Zusammenfassend kann man nämlich sagen, dass die Hauptunterschiede der oben erwähnten Prinzipienkategorien darin liegen, dass:

a. während die „materiellen-primären" in ihrer „vorrechtlichen Form", von der Existenz der positiven Rechtssysteme nicht abhängig sind, alle rein prozeduralen Prinzipien nur als „formell", „positivrechtlich" betrachtet werden müssen.
b. während die „materiellen-primären" in unmittelbarer Beziehung zu dem Endziel aller positiven, rechtlichen Systeme stehen (dessen sogar zugleich wichtigen Naturelemente bzw. Bestandteile – vorrechtliche Gerechtig-

303 Dazu analytisch Kühne, Strafprozessrecht, S. 195; über die Instruktionsmaxime s. auch §§ 160 II, 163, 244 II, 264 II StPO.

keitskriterien - ausmachen), alle andere „formelle" Prinzipien und Regeln nur mittelbar, nur im Rahmen und durch die Hilfe nämlich des Strafverfahrens ihren Beitrag leisten können.

c. während die „materiellen-primären" als abstrakte, allgemeinen Charakters Prinzipien bezeichnet werden können, alle formellen, rein prozeduralen Prinzipien, als speziell, sehr oft der Funktion der Ersten helfenden und sie konkretisierenden angesehen werden müssen.

bb. Der vorrechtliche Gleichheitsgrundsatz

Das Prinzip der „Wahrheitsfindung" stellt nicht das einzige „primäre- materielle" Prinzip dar, was auch im Rahmen des Strafprozesses eine ausschlaggebende Rolle spielt. Eins der bedeutendsten vorrechtlichen Elemente der für die Menschen idealen Gerechtigkeit scheint auch die Gleichheit, die Gleichbehandlung aller menschlichen Wesen zu sein, nicht nur im Rahmen einer Gesellschaft, wo das positive Gesetz herrscht, sondern auch in einem Abwesenheitszustand aller positiven Rechtssysteme.

Der „primäre-materielle" Gleichheitsgrundsatz macht nicht nur eine notwendige Voraussetzung für die Verwirklichung der für die Menschen verhältnismäßigen Gerechtigkeit, sondern selbst einen wichtigen Teil ihres Kerns aus[304]. Verhältnismäßigkeit bedeutet aus der menschlichen Perspektive betrachtet einen Zustand, wo wesentlich Gleiche gleich zu behandeln sind, während Verhältnismäßigkeit und Gleichheit in einer Welt, wo sich alles in einem für die Menschen idealen Zustand befinden würde, eins wären. Die Verhältnismäßigkeit kann nämlich nicht ohne Streben nach Gleichheit realisiert werden, und die Gleichheit in einer Welt, wo die Ungleichheit herrscht, darf nicht von der Verhältnismäßigkeit isoliert betrachtet werden. Auch im Rahmen des positiven Rechts verlange das Gebot der Gleichbehandlung keine „Gleichmacherei"[305]. Anders gesagt müssen nur diejenige vom Recht gleichbehandelt werden, die tatsächlich gleich sind, die ungleiche dennoch „je nach der Eigenart seines Tatbestandes ungleich"[306].

---

304 S. auch Reinhold Zippelius / Thomas Würtenberger, Deutsches Staatsrecht. Ein Studienbuch, 32. Auflage, München 2008, S. 247 mit Verweis auf BVerfGE 1, 233; 23; 99, laut denen der Grundsatz der Gleichheit zugleich ein grundlegendes objektives Prinzip der Gerechtigkeit sei und ein Fundament unserer Rechtsordnung überhaupt.

305 Zippelius / Würtenberger, a.a.O., S. 248 ff.

306 Zippelius / Würtenberger, a.a.O., S. 249, mit Verweis auf BVerfGE 1, 52, laut denen das Gebot der Gleichbehandlung z.B. nicht bedeute, dass jeder ohne Rücksicht auf seine Bedürftigkeit Anspruch auf Fürsorgeleistungen hätte.

Das positive Gleichheitsprinzip[307], welches als eine der wichtigsten Positivierungen der Gerechtigkeitsgedanken[308] angesehen werden muss, ist auch im Grundgesetz in dem Artikel 3 I als Gleichheit des Gesetzes und vor dem Gesetz verankert[309]. Im Rahmen des Strafverfahrens wird dieses vorrechtliche Gebot durch eine Reihe von Verfahrensnormen weitergeführt und konkretisiert[310]. Sogar eine Selbstbindung der Rechtsprechung ist auf den Gleichheitsgrundsatz zurückzuführen[311].

cc. Die Menschenwürde als Naturelement der aus der menschlichen Perspektive betrachtet „idealen", verhältnismäßigen Gerechtigkeit

Eine notwendige Voraussetzung und zugleich Konsequenz der Gleichheitsrealisierung bildet das auch vorrechtliche Gebot der Garantie der Menschenwürde. Der Gedanke, dass niemand diskriminiert werden darf, stellt nämlich nicht nur eine wichtige Bedingung für die Existenz und Stabilisierung der menschlichen Freiheiten dar, vielmehr ergänzt und konkretisiert er das Gleichheitsprinzip dadurch, dass er die prinzipiell gleiche Würde aller Menschen sowie ihre Gleichwertigkeit verlangt. Diese Annahme hat sogar zu dem Gedanken geführt, dass diese Garantie als der ideale Ausgangspunkt aller anderen Grundrechte angesehen werden muss[312].

Unabhängig von der Wahrheit, die eine solche Aussage beinhaltet und welche die Möglichkeit einer Einstufung der vorrechtlichen, von den Menschen als Verhältnismäßigkeits- bzw. als Gerechtigkeitselemente angenommenen „Naturprinzipien" voraussetzen würde, stellt die Garantie der Menschenwürde nicht nur eine im Grundgesetz festgeschriebene, positivierte Grundmaxime, die sogar zu den wichtigsten zählt[313] sondern auch ein vorrechtliches „primäres-materielles" Prinzip, nämlich eins von den „Naturelementen", von den vorrecht-

---

307 Zu der Bedeutung des positiven Gleichheitsprinzips s.u.a. Michael Krugmann, Gleichheit, Willkür und Evidenz, in: JuS 1997, S. 7 ff.; Detlev-Christian Dicke, Der allgemeine Gleichheitssatz und die Selbstbindung der Verwaltung, in: VerwArch 59 (1968), S. 293 ff.

308 s.u.a. Alfred Katz, Staatsrecht, S. 345.

309 Analytisch dazu Alfred Katz, a.a.O., S. 345 ff.

310 Vgl. etwa Kühne, Strafprozessrecht, a.a.O., S. 159 mit Verweis auf EGMR Garcia Alva et al. vs. Deutschland, StV 2002, 201, und BVerfGE, StV 2006, 281, laut denen die Gleichheit im Rahmen des Verfahrens nur durch die Schaffung der Möglichkeit gleicher Informiertheit durchgesetzt werden kann.

311 Vgl. etwa Zippelius / Würtenberger, a.a.O., S. 248 ff.

312 S. Zippelius / Würtenberger, a.a.O., S. 247.

313 Das zeigt z.B. deutlich die Einordnung des Gebots der Garantie der Menschenwürde zu dem Art. 1 des Grundgesetzes; über den Begriff der Menschenwürde s.u.a. Hans-Eberhard Heyke, Über die Würde des Menschen, Rechtstheorie 36 (2005), S. 281 ff.

lichen Kriterien-Bestandteilen der idealen, verhältnismäßigen Gesellschaftsgerechtigkeit dar.

Die Garantie der Menschenwürde ist, wie oben zitiert wurde, im ersten Absatz des ersten Artikels des Grundgesetzes festgeschrieben, welches die unverletzlichen und unveräußerlichen Menschenrechte als Grundlage jeder menschlichen Gemeinschaft, des Friedens und der Gerechtigkeit in der Gesellschaft bekennt[314]. Dieses verfassungsrechtliche Bekenntnis veranschaulicht auch die Bedeutung der Menschenwürde für die Umsetzung der Gesellschaftsziele.

Das Doppelendziel aller positiven Systeme und als Folge davon der menschlichen Gesellschaft bildet, wie oben[315] aufgeführt wurde, die Verhältnismäßigkeit in der Gesellschaft, nämlich auf der einen Seite die Verwirklichung der Gesellschaftsvollkommenheit und auf der anderen Seite die Umsetzung der persönlichen Glückseeligkeit der Gesellschaftsmitglieder durch die Umsetzung des richtigen Maßes. Dieses Doppelziel stellt daher auch das Endziel der verhältnismäßigen Gerechtigkeit dar, deren wichtigstes Mittel das positive Recht ist.

Die Schwäche einer Gesellschaft, die Garantie der Menschenwürde zu gewährleisten, könnte verheerende Folgen für die Realisierung dieses Zustandes haben. Sie würde bedeuten, dass die Gerechtigkeit ihr Doppelziel zumindest um die Hälfte nicht erreicht hat, weil sie auch nach der persönlichen Glückseligkeit strebt. Diese persönliche Vollkommenheit bzw. Glückseligkeit setzt immer die Garantie der Menschenwürde voraus. Anders gesagt; Die Gerechtigkeit darf nie als für die Menschen ideal bezeichnet werden, wenn sie ihre Ziele nicht verfolgen kann, wenn ihr die Garantie der Menschenwürde als Element nicht immanent ist[316].

Nicht nur als nicht ideal sondern auch als unverhältnismäßig (nach dem menschlichen Kriterium und aus der menschlichen Perspektive betrachtet) könnte diese Gerechtigkeitsform angesehen werden, in der die Garantie der Menschenwürde nicht zu ihren Elementen zählt. Das würde nämlich bedeuten, dass es bei dem Versuch ihrer Realisierung an Maß fehlt, weil nur der Mangel eines Gerechtigkeitssystems an Maß, seine Unverhältnismäßigkeit nämlich, Phänomene wie die Missachtung der menschlichen Persönlichkeit sowie der Menschenwürde erlauben kann.

---

314 S. Zippelius / Würtenberger, a.a.O., S. 229.

315 S. oben S. 101 ff.

316 Vgl. Alfred Katz, a.a.O., S. 275, laut dem die Gesetzausübung nicht zu einem Privileg Weniger werden dürfe, sondern zu einer realen Chance für möglichst viele werden müsse. Zwar siehe auch das Grundgesetz den zentralen Ausgangspunkt der Grundrechte in dem Schutz des Einzelnen gegen den als allmächtig und willkürlich gedachten Staat.

dd. Das vorrechtliche Freiheitsprinzip

Die oben zitierten Gedanken machen die Tatsache deutlich, dass jeder Person ein absoluter Wert als Würde zukomme[317]. Diese Würde, welche jedem menschlichen Wesen den gleichen absoluten Wert mit jedem anderen gäbe[318], setzt jedoch noch ein Bestandteil der idealen, vorrechtlichen Gerechtigkeit voraus, das Element der Freiheit[319]. Die vorrechtliche Garantie der Menschenwürde und die Gleichheit können nämlich nur in einem Freiheitszustand gewährleistet bzw. realisiert werden und als Folge davon zählt auch sie (nämlich die Freiheit) zu den elementaren für die Umsetzung der menschlichen verhältnismäßigen Gerechtigkeit vorrechtlichen Prinzipien.

Die Gleichheit dürfen wir nämlich in ihrer für die menschliche Gesellschaft idealen Form von der Freiheit nicht isoliert betrachten. In einer solchen nach den menschlichen Kriterien absoluten Form ergänzen sie einander und jede Kollision zwischen den beiden Prinzipien muss nur als Fiktion angesehen werden. Die längst vertretene Meinung über die Kollision der Gleichheit und der Freiheit hätte einen Sinn im Rahmen der Gesellschaft nur vom individualistischen Standpunkt betrachtet[320], wenn das Endziel der positiven Systeme nur die Genugtuung des Individuums wäre, wenn die Gesellschaft und die Gesamtheit bei der Zielsetzung dieser Systeme keine Rolle spielen würden.

Der Gebrauch dieser individualistisch geprägten Betrachtungsweise hat sich dennoch immer als gefährlich erwiesen, weil er den Ansatzpunkt für die Vertretung gesellschaftsschädlicher Ideen darstellte. Entweder schuf er nämlich das Fundament für das Dienen der Interessen mächtiger Minderheiten oder für die theoretische Unterstützung rechtsextremistischer Ziele. Charakteristisch ist in diesem Sinn die Begründung der einst diskriminierenden Behandlung der Schwarzen in den USA und in England im Bereich der Bildung durch den Gebrauch des Arguments des angeblichen Konflikts zwischen Gleichheit und Freiheit. Das Recht der Schwarzen auf gleiche Behandlung im Bereich der Bildung, ihr Recht nämlich auf gleiche Bildungsmöglichkeiten und besonders auf das Studium an den gleichen Universitäten, wo die Weißen studierten, stoße, nach den Vertretern der oben zitierten Meinung gegen die Freiheit der Weißen, ihren Lebens- bzw. Studiumsraum zu bestimmen[321]. Die oben zitierte angebliche Freiheit stellt dennoch nicht nur eine befremdliche „Freiheit-Tyrannei Koexistenz“ dar, ebenso kann sie nicht als Freiheit in ihrer idealen Form betrachtet

317 Vgl. Julius Binder, Philosophie des Rechts, Berlin 1925, S. 344 mit Verweis auf Fries.

318 Julius Binder, a.a.O., S. 344.

319 Die Verbindung der zwei oben zitierten Elemente zeigt Binder deutlich, wenn er vom „Sittengesetz“ bzw. „Gesetz der Freiheit“ spricht, um den oben zitierten Satz zu beschreiben, analytisch dazu Julius Binder, a.a.O., S. 344.

320 Vgl. auch Julius Binder, a.a.O., S. 343.

321 Analytisch dazu Ronald Dworkin, Bürgerrechte ernstgenommen, S. 429 ff.

werden. Als Freiheit in ihrer für die Menschen idealen Form darf nur die vom Standpunkt der Gesamtheit betrachtende angesehen werden. Diese setzt immer den Versuch, die Gleichbehandlung bzw. die verhältnismäßige Behandlung umzusetzen, voraus.

Diese ideale Gesellschaftsfreiheit bedeutet nichts Anderes, als dass alle[322] menschliche Wesen gleich (bzw. verhältnismäßig) frei sein müssen. In einem idealen Gerechtigkeitszustand dürfen die Freiheiten des Einen die Freiheiten des Anderen nur soweit beschränken, dass alle gleiche bzw. verhältnismäßig ähnliche Chancen im Rahmen der Gesellschaft haben. Die Grenzen der Freiheit des Einen bildet nämlich in einem idealen für die menschliche Gesellschaft Freiheitszustand die Freiheit des Anderen[323].

Die Verwirklichung der Freiheit des Einen ohne Berücksichtigung der Freiheiten der Gesamtheit hätte im Gegensatz dazu eine doppelte Bedeutung. Auf der einen Seite würde sie bedeuten, dass jemand Anderes zumindest teilweise unfrei ist, soweit der Erste mindestens einen Teil seiner Freiheit ausnutzt. Selbst aber derjenige, der die Freiheit des Anderen wegnimmt und in einem bestimmten Fall davon profitiert, ist nicht wirklich frei, sondern erlebt nur eine Freiheitsillusion. Dadurch nämlich, dass er die Gleichheit bei der Freiheitsverteilung nicht respektiert, bei diesen Fällen, in denen er mächtiger als jemand Anderes ist, ebnet er den Weg für die Einschränkung seiner eigenen Freiheit, in einem anderen Fall, wo er schwächer als der Andere ist[324]. Ein solcher Zustand könnte daher nicht als Freiheit für die Menschen (oder zumindest nicht als Freiheit in ihrer für sie idealen Form) angesehen werden, weil er schädlich für das Gesellschaftsgewebe ist. Man darf nämlich in diesen Fällen nicht von privilegierter individueller Freiheit sondern nur von einer Freiheitsillusion sprechen.

Die Wichtigkeit der überrechtlichen Garantie der Freiheit für die menschliche Gesellschaft wurde sogar schnell bewusst und durch ihre Positivierung in Ausdruck gebracht. Das Freiheitsgebot, nämlich der besondere Schutz der Freiheit des Gesellschaftsmitglieds durch ein Grundrecht gehöre zu den klassischen

---

322 Genau darin liegt der Unterschied zwischen der reinen, idealen Freiheit und der Freiheit des Individuums, deren Verwirklichung manchmal zu der Beschränkung der Freiheiten von anderen menschlichen Wesen führt.

323 Diese Bedeutung hatte auch die Aussage von Immanuel Kant, laut dem die Willkür des Einen mit der des Anderen durch das Recht in der Freiheit vereinigt werde; s. Julius Binder, a.a.O., S. 345.

324 Die Richtigkeit dieser Bemerkung könnte man leicht durch die Hilfe des Beispiel der Bildungsdiskriminierung der Schwarzen, was oben zitiert wurde, überprüfen und bestätigen. Der Versuch der Legitimierung der diskriminierenden Behandlung der Schwarzen durch die Weißen im Bereich der Bildung kann nämlich nur dazu führen, dass sich diese Legitimierung gegen sie wenden wird, in einem Zustand der Herrschaft der Schwarzen. Die Unfreiheit impliziert nur Unfreiheit.

Garantien des Rechtsstaats („Habeas corpus“)[325], und ist besonders in den Art. 2 Abs. 2 und 104 GG zu finden, welche die Bedeutung der unverletzlichen Freiheit der Person unterstreichen.

ee. Der Kern der für die Menschen idealen, überrechtlichen Gesellschaftsgerechtigkeit; das Verhältnismäßigkeitsprinzip

Allein die oben kurz zitierten Bestandteile der vorrechtlichen Gerechtigkeit könnten dennoch das Doppelziel aller positiven Systeme nicht verfolgen. Den Maßstab aller anderen Naturelemente der für die Menschen idealen Gerechtigkeit und ihren Kern bildet in einer Welt, wo die Komplexität und die Ungleichheit – im Sinne, dass kein menschliches Wesen bzw. kein Ereignis gleich sondern nur ähnlich zu einem anderen sein kann - herrschen, das Prinzip der Verhältnismäßigkeit. Es bestimmt die Grenze des Gerechten, in einer Welt, wo die absolute Gleichheit nicht existiert und stellt den Maßstab für seine Absicherung dar.

In seinem von der menschlichen Perspektive als ideal betrachteten Sinn bedeutet es die Verwirklichung „des Gerechten Maßes“, nämlich der absoluten Proportionalität in den Beziehungen aller Wesen zueinander und stellt das einzige zuverlässige Maß für die Umsetzung des Doppelzieles aller positiven Systeme dar. Es bildet sogar den Kern der für die Menschen idealen, vorrechtlichen Gesellschaftsgerechtigkeit, weil die Existenz aller anderen ihrer Kernelemente (der Freiheit, der Gleichheit und der Menschenwürde - nicht der Wahrheit, weil sie die vorrechtliche *Voraussetzung* für die Umsetzung der anderen Elemente und *kein reines Element* der für die Menschen idealen Gerechtigkeit darstellt -) in ihrer für die menschliche Gesellschaft idealen Form die Verhältnismäßigkeit voraussetzt. Eine unverhältnismäßige Freiheit könnte man z.B. kaum als ideale Freiheit bezeichnen, weil sie als Ergebnis die Wegnahme der Freiheit eines anderen implizieren würde. Die Durchsetzung der Unverhältnismäßigkeit hätte ebenso den Verstoß gegen die Menschenwürde zur Folge und der Versuch nach Verwirklichung der Gleichheit, ohne Verhältnismäßigkeitsabwägungen würde in einer komplexen Welt, wo die Gleichheit der Umstände und der menschlichen Wesen nicht der Fall ist, mehr oder weniger die tatsächliche Ungleichheit hervorrufen[326]. Das Prinzip der Verhältnismäßigkeit, nämlich die Abwägung[327] der

325 Peter Badura, Staatsrecht, S. 131.

326 Diese gegenseitige Abhängigkeit der vier Elemente, welche den Kern der für die Menschen idealen vorrechtlichen Gerechtigkeit ausmachen, wird dennoch im Rahmen der positiven Systeme aus Gründen, die wir weiter unten analysieren werden, relativiert.

327 Vgl. Ekkehart Stein / Götz Frank, Staatsrecht, S. 235, laut denen, der Grundsatz der Verhältnismäßigkeit die wichtigste rechtliche Bindung des Ermessens im Verwaltungsrecht darstelle.

Interessen zum Zweck der Umsetzung des gerechten Maßes, stellt daher das einzige zuverlässige Kriterium der Fähigkeit jedes positiven Gesetzes dar, das doppelte Endziel aller positiven Systeme zu verfolgen. Sie bildet den Kern und das vorrechtliche Kriterium der Gerechtigkeit.

Die Konkretisierung bzw. Positivierung des oben genannten Naturelements der Gerechtigkeit im Recht macht das im Grundgesetz festgeschriebene Prinzip der Verhältnismäßigkeit[328] aus, welches das gerechte Maß des staatlichen Eingriffs fordert. Das Prinzip, welches sich auf das Verhältnis von Mittel und Zweck bezieht, strebt nach der Proportionalität des staatlichen Eingriffs, nach der Vermeidung nämlich „der unnötigen, d.h. ungeeigneten, nicht erforderlichen und unzumutbaren Eingriffe der öffentlichen Gewalt“[329].

Elemente dieses Positivierungsversuchs, welcher sich auf die Beziehungen zwischen dem Staat und den Bürgern bezieht, stellen die Erforderlichkeit, die Proportionalität, und die Geeignetheit dar. Die zwei ersten lassen sich daher unter die Bezeichnung „Übermaßverbot“ zusammenfassen, dass sie dafür sorgen, dass die staatlichen Mittel in angemessenem Verhältnis zu dem Zweck ihrer Einführung stehen, während das Element der Geeignetheit des staatlichen Mittels dadurch eine eigene Bedeutung als Kriterium erforderlichen Einschreitens gewinne, dass nur ein zur Abwehr geeignetes Mittel erforderlich sein kann[330].

b. Zusammenfassung der wichtigsten Eigenschaften der „primären-materiellen“ Prinzipien

Um das Ziel, die im positiven Recht immanenten Grundlagenkategorien voneinander zu unterscheiden, besser verfolgen zu können, wäre es vielleicht nützlich, in diesem Punkt die wichtigsten Eigenschaften der schon kurz zitierten „primären-materiellen“ Prinzipien zusammen zu fassen. Das könnte uns auch dabei helfen, die Position der Geringfügigkeitsvorschriften im prozeduralen bzw. im positiven Rechtssystem allgemein besser zu begreifen.

Die bedeutendsten von den im Rahmen dieser Arbeit „primären-materiellen“ genannten Prinzipien stellen das Gebot der Gleichheit (seine Positivierung ist besonders im Art. 3 I GG zu finden), die Maxime der Freiheit (bes. Art. 2 Abs.2 und 104 GG), die Garantie der Menschenwürde (Art. 1 Abs.1 GG) und die Ver-

---

328 Über die Bedeutung des verfassungsrechtlichen Verhältnismäßigkeitsprinzips s.u.a. Eberhard Grabitz, Der Grundsatz der Verhältnismäßigkeit in der Rechtssprechung des Bundesverfassungsgerichts, AÖR 98 (1973), S. 568.

329 Peter Badura, a.a.O., S. 319 mit Verweis auf BVerfGE 30, 292; 55, 159; über die Bedeutung des Prinzips s. auch u.a. Zippelius / Würtenberger , Deutsches Staatsrecht, S. 123 ff.

330 Peter Badura, a.a.O., S. 116; ebenso Ekkehart Stein / Götz Frank, Staatsrecht, 18. Auflage, Mohr Siebeck Verlag, Tübingen 2002, S. 236.

hältnismäßigkeit, das Prinzip des „richtigen Maßes“ nämlich, welches den Kern und die Zusammenfassung der ersten Drei ausmacht (über den positiven Ausdruck der Verhältnismäßigkeit s. insbesondere Art. 20 II, III GG). Dieses stellt das von den Menschen ausgewählte vorrechtliche Kriterium der Gerechtigkeit dar, dessen Bestandteile die drei oben genannten ebenfalls vorrechtlichen Elemente ausmachen. Die notwendige, vorrechtliche Voraussetzung für die Verwirklichung der für die Menschen idealen „verhältnismäßigen Gerechtigkeit“ und ihrer Elemente im Rahmen der Gesellschaft stellt das auch primäre-materielle Prinzip der Wahrheit dar. Diese primären-materiellen Grundlagen des Rechtes weisen die folgenden Eigenschaften auf:

a. Sie sind materielle Prinzipien[331]: Sie existieren nämlich vor der Schaffung der positiven Systeme. Die ersten vier bilden die reinen Naturelemente, den „Körper“ der aus der menschlichen Perspektive „verhältnismäßigen oder idealen Gerechtigkeit“ und die Wahrheit stellt die ebenso vorrechtliche Voraussetzung für ihre Umsetzung dar. Den Kern dieser für die Menschen idealen Gerechtigkeit und das Kriterium für die Richtigkeit bzw. Funktionalität aller positiven Gesetze stellt die Verhältnismäßigkeit, das Prinzip des „richtigen Maßes“ dar. Der Begriff „materiell“ für die Bezeichnung der oben genannten Naturelemente der Gerechtigkeit bezieht sich auf die Idee, dass sie auch in einem hypothetischen Abwesenheitszustand aller positiven Systeme Gerechtigkeitselemente bzw. Kriterien ausmachen würden, nämlich eine wichtige Rolle für die Umsetzung der aus der menschlichen Perspektive idealen Gerechtigkeit spielen würden. Sie existieren *vor dem System* und vermögen auch *ohne System* eine Rolle zu spielen.

331 Diese Naturelemente der Gerechtigkeit könnte man vielleicht mit den von Robert Alexy erwähnten Grundrechten gleichsetzen oder zumindest vergleichen; über die Bedeutung dieser Grundrechte s.u.a. Robert Alexy, Theorie der Grundrechte, 3.Auflage, Frankfurt am Main 1996, S. 30 ff.; über den Zweck und die Struktur der Grundrechte werden viele Theorien vertreten, die dadurch zu unterscheiden sind, dass sie aus anderen Perspektiven das Problem der Existenz und der Funktion der Grundrechte betrachten. E.-W. Böckenförde (Grundrechtstheorie und Grundrechtsinterpretation, in: NJW 1974, S. 1529 ff., S. 1530) unterscheidet z.B. fünf Grundrechtentheorien, die sozialstaatliche Grundrechtstheorie, die Werttheorie der Grundrechte, die liberale oder bürgerlich-rechtsstaatliche, die demokratisch-funktionale und die institutionelle Grundrechttheorie. Die Theorien der Grundrechte nennt Alexy je nachdem, ob sie die Grundrechte auf eine Grundthese oder auf eine Kriterienkombination zurückführen, „Ein Punkt Theorien“ bzw. „kombinierte Theorien“; über das Thema besonders analytisch Robert Alexy, a.a.O., S. 30; über die Grundrechte als Verfahrensgarantien, s.u.a. H. Goerlich, Grundrechte als Verfahrensgarantien, Baden-Baden 1981.

b. Sie sind primäre Prinzipien. Ihre Absicherung stellt nämlich eine „conditio sine qua non“ für die Umsetzung der verhältnismäßigen Gesellschaftsgerechtigkeit dar. Das heißt, sie sind von den Menschen als Gerechtigkeitskriterien ausgewählt und daher als fundamentale, notwendige Voraussetzungen für die Realisierung der Gerechtigkeit in ihrer Gesellschaft eingestuft.
c. Ihre Positivierungen[332] bilden in einem „relativ korrekt funktionierenden System“, wenn nämlich die Defizite des von Menschen gesteuerten und erzeugten Systems, in dem sie tätig sind, zu einer wesentlichen Herunterstufung ihrer Bedeutung in einem konkreten Fall nicht geführt hat, notwendige Voraussetzungen – weil sie selbst den Ausdruck der vorrechtlichen Kriterien dieser Gerechtigkeit im positiven Recht ausmachen - für die Annäherung der aus der menschlichen Perspektive idealen, verhältnismäßigen Gerechtigkeit durch das System. Die Relativierung des für die menschliche Gerechtigkeit absolut wichtigen Charakters ihrer Positivierungen im Rahmen eines von Menschen erzeugten und gesteuerten Systems bedeutet nicht, dass sie an Wert verloren haben, sondern dass das System, in dem sie in Einsatz gebracht worden sind, Unvollkommenheit aufweist.
d. Sie sind generelle[333] Prinzipien. Im Rahmen des Prozesses beziehen sich ihre Positivierungen nicht nur auf einen Teil des Prozesses bzw. regeln sie nicht nur die Durchführung einer konkreten Kategorie von prozeduralen Handlungen. Im Gegensatz dazu bilden sie allgemeine und abstrakte Leitprinzipien des Rechtes.
e. Sie stellen in ihrer vorrechtlichen, idealen Form ein absolutes Maß dar, dessen Wichtigkeit für die Umsetzung der für die Menschen optimalen Gerechtigkeitsform nicht in Frage gestellt werden darf.

---

332 Mit ihren am meisten im Grundgesetz verankerten Positivierungen darf man die „primären materiellen“ Prinzipien in ihrer absoluten Form nicht gleichsetzen; Robert Alexy scheint der gleichen Auffassung zu sein. Laut ihm dürfe man die Grundrechte mit den Grundrechtsnormen nicht gleichsetzen. Dass enge Zusammenhänge bestehen, heiße laut ihm nicht, dass zwischen Grundnorm und Grundrecht nicht zu unterscheiden sei. Er vertritt dennoch dazu die Meinung, dass immer dann wenn jemand ein Grundrecht hat, eine Grundrechtsnorm gelte, die dieses Recht gewähre; analytisch dazu Robert Alexy, Theorie der Grundrechte, S. 39; von einer deutlichen Unterscheidung zwischen Grundrechten und Grundrechtsnormen sprechen auch die Walter Schmidt-Rimpler / Paul Gieseke / Ernst Friesenhahn / Alexander Knur, Die Lohngleichheit von Männern und Frauen, in: AÖR 76 (1950), S. 165 ff., S. 172.

333 Im Gegensatz zu den formellen Prinzipien, welche die Umsetzung der „primären materiellen“ bzw. ihrer Positivierungen im Rahmen des Prozesses konkretisieren.

f. Daher sind sie auch in ihrer idealen Form unveränderlich[334].

g. Im Gegensatz zu den rein formellen Prinzipien stehen sie in unmittelbarer, nämlich nicht von dem Prozess abhängiger, Beziehung zum Ziel der Verwirklichung der vorrechtlichen, für die Menschen idealen Gesellschaftsgerechtigkeit.

h. Als Folge der d., e., und f. gilt auch die Korrekte Funktion ihrer Positivierungen im Rahmen eines „relativ korrekt funktionierenden Prozesses" (eines Verfahrens nämlich, in dem seine Defizite nicht wesentlich dazu geführt haben, dass andere Faktoren ihre Bedeutung relativieren[335]) als bewiesen, im Sinne, dass sie selbst die Kriterien dieser Korrektheit darstellen. Im Gegensatz dazu müsste immer (selbst nämlich in einem perfekt funktionierenden Prozess) die richtige Funktion der rein prozeduralen Prinzipien und Gesetze (weil sie menschliche Werke sind), die die Ersteren im Rahmen des Prozesses konkretisieren oder unterstützen, unter Berücksichtigung ihres Beitrags zu der Umsetzung der „primären-materiellen", bewiesen werden. Während z.B. die Bedeutung des primären-materiellen, generellen Wahrheitsprinzips als absolut und unumstritten im Rahmen eines vollkommenen Systems gilt, muss die Bedeutung seiner vielleicht wichtigsten rein prozeduralen Konkretisierung, nämlich des Grundsatzes des rechtlichen Gehörs, immer in concreto überprüft und bewiesen werden.

i. Die drei ersten von den „primären-materiellen" Prinzipien, die Gleichheit, die Würde der Menschen und die Freiheit (die Elemente nämlich der vorrechtlichen Gerechtigkeit) stellen den Körper der optimalen Gesellschaftsgerechtigkeitsform dar, dessen Kern die Verhältnismäßigkeit bildet. Die absolute Existenz aller Vier bedeutet die Existenz der für die Menschen idealen, vorrechtlichen Gerechtigkeit. Das hat zur Folge, dass in einem für die Menschen idealen Gesellschaftszustand die Existenz des Einen die Existenz des Anderen voraussetzt[336] sowie dass sie in diesem Zustand nie miteinander oder (in einem idealen Prozesszustand) ihre rein prozeduralen

334 Besonders treffend fügt Herbert Schambeck, (a.a.O., S. 165-166) über das Thema hinzu: „Man will es nicht mehr glauben, dass es neben zeit- und ortsgebundenen Wertungen nicht auch eine seinsbedingte Ordnung von Werten geben sollte, die nicht das jeweilige Produkt des organischen Wachstums des Volksgeistes einer bestimmten Epoche oder des Kräftespiels einer Gesellschaft ist"; über das Thema s. auch analytisch Arthur Kaufmann, Naturrecht und Geschichtlichkeit, Tübingen 1957, z.B. S. 25.

335 Auf die Frage, wann es solche Faktoren gibt, welche den absoluten Wert des positiven Ausdrucks eines Naturprinzips im Rahmen des Verfahrens relativieren können, werden wir weiter unten eingehen.

336 Über das Verhältnis der Gleichheit zu der Verhältnismäßigkeit s. z.B. S. 113 ff.; über das Verhältnis der Garantie der Menschenwürde zu der Verhältnismäßigkeit s. z.B. S. 114 ff.; über das Verhältnis der Verhältnismäßigkeit zu der Freiheit s. z.B. S. 117 ff.

Ausdrücke nie miteinander kollidieren können. Wenn ein prozedurales Prinzip, welches eine von den oben erwähnten vier „primären-materiellen“ Prinzipien im Rahmen des Verfahrens unterstützt oder konkretisiert, mit einem anderen, welches auch eine von diesen Grundlagen konkretisiert bzw. unterstützt, kollidiert oder zu kollidieren scheint (z.B. ein Prinzip, welches die vorrechtliche Gleichheit im Rahmen des Verfahrens konkretisiert mit einem anderen, welches als Verhältnismäßigkeitsausdruck interpretiert worden ist), muss man davon ausgehen, a. dass es entweder um einen Definitionsirrtum geht (dass nämlich Verfahrenszustände oder Handlungen, welche als Ausdruck der oben erwähnten Prinzipien interpretiert worden sind, keinen Ausdruck dieser Prinzipien darstellen), b. oder dass die Defizite des Systems im Rahmen des Prozesses dazu geführt haben, dass es den oben erwähnten idealen Zustand nicht erreicht hat. Sie haben nämlich zu der Entstehung solcher Faktoren geführt, welche die für die Menschheit positive Bedeutung eines vorrechtlichen Gerechtigkeitskriteriums in einem konkreten Fall herunterstuft (relativiert) haben. Es geht um solche Fälle, in denen das System, in dem es (durch seine Positivierung) in Einsatz gebracht worden ist, nicht korrekt für die Menschen funktioniert, so dass die korrekte Anwendung eines positiven Prinzips einen für die Menschen negativen Zustand hervorrufen kann.

j. Die Umsetzung der oben erwähnten vier Gerechtigkeitselemente bedarf der Existenz einer vorrechtlichen Voraussetzung, der Wahrheit, sie sind dennoch von dem Element der Wahrheit nicht existenziell abhängig (wie sie z.B. in einem für die menschliche Gesellschaft idealen Zustand voneinander abhängig sind) und deswegen kann man eine Kollision der vier Kernelemente der Gerechtigkeit mit ihrer Voraussetzung (mit der Wahrheit) selbst in einem solchen, aus der menschlichen Perspektive idealen, Zustand nicht ausschließen. Bei einem solchen Fall verdrängen die Ersteren das vorrechtliche Wahrheitsprinzip, was kein reines Element der materiellen[337] Gerechtigkeit sondern nur ihre Voraussetzung ausmacht, weil das einzige Ziel der Wahrheitsfindung die Umsetzung der reinen Elemente der Gerechtigkeit ist. Das heißt, wenn die anderen Vier nicht existieren spielt auch die Entdeckung der Wahrheit keine Rolle.

k. Die „materiellen-primären“ Prinzipien in ihrem absoluten vorrechtlichen Zustand darf man nicht mit den prozeduralen Prinzipien vergleichen bzw. in Abwägung ziehen. Sie stellen in ihrer absoluten Form die Leitideen des Rechts aber keinen Teil des Rechts dar. Auf die erste Stelle der Einstufung

337 In diesem Punkt wäre es vielleicht nützlich noch einmal zu erwähnen, dass hier das Wort „materiell“ keinen absoluten Naturzustand bedeutet, sondern nur einen Zustand, welcher außerhalb des Geltungsbereichs des formellen, positiven Rechtes existieren kann und welcher den für die Menschen idealen Gerechtigkeitszustand ausmacht.

der Rechtsprinzipien dürfen wir nur ihre Positivierungen (z.B. das positivierte Prinzip der Freiheit, der Gleichheit, der Verhältnismäßigkeit) einordnen, deren Existenz in einem „relativ korrekt funktionierenden" System eine notwendige Voraussetzung für die Annäherung der für die Menschen idealen, verhältnismäßigen Gerechtigkeit bildet. Diese Positivierungen der „primären- materiellen" Prinzipien stellen den ersten Teil der sich auf der ersten Stufe der Prinzipienskala befindenden „primären Prinzipien des Rechts" dar.

2. Die dem prozeduralen Recht immanenten „rein formellen" Prinzipien

Die Positivierungen der vorrechtlichen Elemente der verhältnismäßigen Gerechtigkeit, stellen nicht die einzigen Grundlagen, die im Rahmen des Strafprozesses eine wichtige Rolle spielen. Diese könnten sogar ihre Rolle nicht oder zumindest nicht so erfolgreich spielen, wenn sie im Bereich des Verfahrens von anderen, ihnen mehr oder weniger dienenden bzw. sie konkretisierenden „rein formellen" Prinzipien nicht umgeben sein würden.

Es geht um Prinzipien, welche im Gegensatz zu den materiellen ohne Verfahren keinen Existenzgrund hätten. Alle machen reine Prinzipien des Verfahrens aus - gleichgültig, ob sie Prinzipien des rechtlichen oder des parlamentarischen Verfahrens darstellen - nicht so allgemein formulierten, auf bestimmte nämlich Verfahrenshandlungen bzw. Verfahrenssituationen[338] beziehenden, Leitideen des Verfahrens, welche mehr oder weniger, unmittelbar oder mittelbar der korrekten Anwendung der oben erwähnten materiellen Prinzipien (von denen sie sich herleiten) im Rahmen des Verfahrens dienen.

Diese reinen Prinzipien des Verfahrens könnte man in drei wichtige Kategorien unterteilen, in die „formellen-primären", welche genau wie bei den Positivierungen der primären-materiellen auf die höchste Wichtigkeitsstufe der Rechtsprinzipien einzuordnen sind, in die „sekundären" und in die „hauptsächlich kommunikativen". Das einzige zuverlässige Kriterium für diese Einstufung scheint, wie schon kurz erwähnt wurde, der Beitrag zu sein, den sie der zur Verwirklichung der idealen, verhältnismäßigen Gesellschaftsgerechtigkeit leisten.

338 Diese können sogar nicht nur Handlungen des rechtlichen Verfahrens sondern auch eines anderen den Strafprozess umgebenden Verfahrens sein, wie z.B. des parlamentarischen Verfahrens, welche dennoch auch im Rahmen des Strafverfahrens eine für die Umsetzung der Gerechtigkeit wichtige Rolle spielen.

a. Die formellen „existenziell primären" Prinzipien des Verfahrens

aa. Die formellen „existenziell rein primären" Prinzipien

Auf der ersten Stufe der Wichtigkeitsskala der Prinzipien des Rechts befinden sich genau wie die Positivierungen der materiellen-primären Prinzipien auch diejenige formelle, deren Existenz im Rahmen eines „relativ korrekt funktionierenden" positiven Verfahrens, eines Prozesses nämlich, in dem seine Defizite zu einer wesentlichen Relativierung ihrer Bedeutung nicht geführt hat, eine conditio sine qua non für die Umsetzung, für die Existenz im Rahmen des Prozesses der „materiellen" Elemente der Gerechtigkeit darstellt.

Es geht um die „existenziell rein primären" formellen Prinzipien des Verfahrens, um diese formellen Prinzipien nämlich ohne die die Umsetzung der Naturelemente der für die Menschen idealen Gerechtigkeit (Verhältnismäßigkeit, Gleichheit, Freiheit, Menschenwürde, Wahrheit) im Rahmen jedes „relativ korrekt funktionierenden" Verfahrens nicht möglich wäre. Es geht um die unumgängliche Verfahrensunterstützung der materiellen-primären Prinzipien, um Grundlagen nämlich, welche in jedem „relativ korrekt funktionierenden" Verfahren notwendig für die Umsetzung der Elemente der Gerechtigkeit wären. Einige Beispiele solcher „rein primären formellen" Prinzipien werden wir in diesem Punkt zitieren. Das scheint für die bessere Nachvollziehbarkeit der Problematik notwendig zu sein.

Als unumgängliche Unterstützung des Versuchs, im Rahmen des Prozesses das materielle Prinzip der Wahrheit zu realisieren, muss man z.B. die Verfahrensmaxime des rechtlichen Gehörs[339], was in vielen verschiedenen Verfahrensregeln konkretisiert ist[340], betrachten. Ohne rechtliches Gehör könnte kein Prozess zu der Wahrheitsentdeckung bzw. Annäherung und als Folge davon zu der Umsetzung der vorrechtlichen Gerechtigkeit führen[341]. Seine Bedeutung könnte nur im Rahmen eines wesentlich mangelhaften Prozesses relativiert werden.

Einen anderen im Rahmen eines „zumindest relativ korrekt funktionierenden" Prozesses notwendigen Beitrag zu der Wahrheitsentdeckung stellt auch das Instruktionsprinzip[342] dar, welches absichert, dass das Strafverfahren von Amts

339 S. auch Art. 6 III EMRK.

340 S.u.a. §§ 13 II, 163 a, 201, 240, 257, 258 265 StPO.

341 Sehr interessante Bemerkungen über die Mündlichkeit als Konkretisierung des rechtlichen Gehörs in Paul Johann Anselm von Feuerbach, Betrachtungen über die Öffentlichkeit und Mündlichkeit der Gerechtigkeitspflege, Gießen 1821, S. 231.

342 Welches auch als Untersuchungs-, Ermittlungs-, und Prinzip der materiellen Wahrheit bezeichnet wird; Kühne, Strafprozessrecht, a.a.O., S. 195; s. auch §§ 160 II, 163, 244 II, 264 II StPO.

wegen auf Wahrheitsforschung angelegt ist[343]. Ohne die Pflicht, nach der Wahrheit im Verfahren zu suchen, könnte die materielle Wahrheitsmaxime keine Rolle spielen.

Ein in einem relativ korrekt funktionierenden Verfahren unumgängliches Sicherheitsventil für die Verwirklichung des materiellen Prinzips der Gleichheit macht ebenfalls die Maxime der Waffengleichheit[344] aus, welche in der Rechtsprechung des EGMR zusammen mit dem „Fair Trial Prinzip" argumentativ eingebracht worden sei[345]. Ohne fairen Prozess und prozedurale Gleichheit hätte auch das materielle Gleichheitsprinzip im Rahmen des Prozessrechtes keine Anwendung.

Abschließend kann man unter anderem als unvermeidliche, formelle Ergänzung- Konkretisierung der Menschenwürdegarantie die wichtigsten von den Vernehmungsverboten des § 136a StPO und besonders das Verbot der Folteranwendung bei der Vernehmung des Beschuldigten ansehen. Das materielle Element der Garantie der Menschenwürde hätte im Rahmen des Strafprozesses keine Bedeutung, wenn die Aufklärung der Straftaten den Gebrauch jedes geeigneten Mittels rechtfertigen würde[346].

bb. Die „existenziell de facto primären" formellen Prinzipien des Verfahrens

Die zweite Unterkategorie der „existenziell primären" formellen Prinzipien, welche auch in die erste Stufe der Klassifikationsskala der Rechtsprinzipien einzuordnen sind, bilden die „existenziell de facto primären" Prinzipien des Verfahrens. Es geht um den anderen Pol der systeminternen, *für die Existenz der Gerechtigkeitselemente* im Rahmen des rechtlichen Systems notwendigen Maxime. Diese Prinzipien weisen dennoch einen unterschiedlichen Charakter im Vergleich zu den auch notwendigen „existenziell rein primären" Grundlagen des Rechtssystems auf.

Im Gegensatz zu den Ersten würden sie nicht im Rahmen jedes Verfahrens- bzw. positiven Rechtsystems[347] eine notwendige Voraussetzung, eine conditio sine qua non für die Verwirklichung der Elemente der für die Menschen idealen, vorrechtlichen Gerechtigkeit ausmachen. Sie stellen daher keine reine prozedu-

343 Kühne, a.a.O., S. 195.

344 Auf die Frage, inwiefern man im Strafprozessrecht von Waffengleichheit sprechen darf, werden wir in diesem Buch nicht eingehen. Das stellt ein spezielles, schwerwiegendes Problem der Prozessrechtstheorie, was aber mit der Problematik der Geringfügigkeitsvorschriften nicht im Zusammenhang steht, sodass wir es im Rahmen dieser Arbeit untersuchen dürfen.

345 Kühne, a.a.O., S. 186.

346 S.u.a. BverfG, NJW 1984, S. 428 ff.

347 In einem idealen Rechtssystem wäre ihre Existenz nicht nötig.

rale Konkretisierung der „materiellen-primären“ Prinzipien im Rahmen des Verfahrens dar, wie es z.B. bei den „existenziell rein primären“ der Fall ist. Sie müssen dennoch in einem von den Menschen gesteuerten und ihre Umsetzungsdefizite aufweisenden System als absolut nötig für die Verwirklichung und Stabilisierung der materiellen-primären Elemente der Gerechtigkeit angesehen werden[348]. Sie bilden den Rahmen und die Fundamente des Rechtssystems und als Folge davon die wichtigste Barriere gegen die staatliche und die menschliche Willkür.

Ein gutes Beispiel eines „existenziell de facto primären“ Grundsatzes des Verfahrens macht das im § 152 I StPO festgeschriebene Offizialprinzip aus, welches besagt, dass allein der Staat von Amts wegen verfolgt[349]. In einer idealen Gesellschaft wäre der stabilisierende Eingriff des Staates nicht absolut notwendig. Diese Rolle könnten sogar die Bürger übernehmen, ohne dass es negativen Einfluss auf die Verwirklichung der Elemente der Gerechtigkeit bedeutet. In einer Gesellschaft dennoch, welcher die Neigung an Willkür immanent ist, scheint die stabilisierende, limitierende Rolle des Offizialprinzips ein „ultimum refugium“ für die Umsetzung der überrechtlichen Gerechtigkeit zu sein.

Im gleichen Sinn muss man auch z.B. den Grundsatz des gesetzlichen Richters betrachten. Nach dem im Art. 101 GG festgeschriebenen Prinzip darf niemand seinem gesetzlichen Richter entzogen werden. Es besagt nämlich, dass die „Aburteilungsbefugnis von vornherein festgesetzt sein soll, damit Manipulationen in diesem Bereich ausgeschlossen werden“[350]. Die Elemente der verhältnismäßigen Gerechtigkeit könnten dennoch in einem idealen, von der Willkür nicht beeinträchtigten Prozess, durch die Hilfe von jedem Richter realisiert werden. Wie gefährlich dennoch ein solcher Versuch im Rahmen der vom Menschen gesteuerten Systeme wäre, ist jedem bewusst.

Im Rahmen der gleichen Prinzipienkategorie können wir den Akkusations- oder Anklagegrundsatz[351], das Gebot der Bestimmtheit, das Prinzip der Öffentlichkeit des Hauptverfahrens[352], die Verfassungsrechtliche Maxime der Gewaltenteilung sowie die prozessinterne Gewaltenteilung, die Trennung nämlich zwi-

---

348 S. auch Alfred Verdross, Was ist Recht? Die Krise des Rechtspositivismus und das Naturrecht, in: Wort und Wahrheit, 8. Jg. (1953), S. 588, laut dem, die Antwort auf die Frage, warum man die sich tatsächlich durchsetzende Ordnung als gesollt betrachten soll und welcher Wert der sich durchsetzenden Ordnung im Gegensatz zur bloß gedachten Ordnung zukomme, lautet: Die sich durchsetzende Ordnung verschaffe Ruhe und Sicherheit; dazu analytisch Herbert Schambeck, a.a.O., S. 167.

349 Deswegen spricht man auch vom Anklagemonopol des Staates; s.u.a. Werner Beulke, Strafprozessrecht, 11. Auflage, Heidelberg 2010, S. 21.

350 S. Werner Beulke, a.a.O., S. 30.

351 S. § 151 StPO.

352 Zu dem Begriff des Gebots der Öffentlichkeit besonders analytisch Feuerbach, Betrachtungen.

schen Richter und Staatsanwalt einordnen. Den Hauptvertreter der „existenziell de facto primären„ Prinzipien stellt sowohl im Rahmen des Verfahrens als auch allgemein in der verfassungsrechtlichen Ordnung das Legalitätsprinzip dar.

Im weiteren Sinne bildet das Legalitätsprinzip den Grundstein der formellen Gerechtigkeit der staatlichen Gesetze, dadurch dass es die ausnahmslose Anwendung sowie die Absicherung aller positiven Normen gewährleistet. Es geht dennoch nicht nur um einen rein formellen Grundsatz [353], sondern um das formelle Prinzip, welches den größten Beitrag zu den Elementen der materiellen Gerechtigkeit leistet, dadurch dass seine Umsetzung die Anwendung aller prozeduralen Ausdrücke der oben genannten Elemente voraussetzt. Das Legalitätsprinzip ist nämlich das einzige formelle Prinzip, welchem die Gesamtheit der die materielle Gerechtigkeit unterstützenden oder konkretisierenden Prinzipien immanent ist.

Dadurch nämlich, dass das Legalitätsprinzip die ausnahmslose Anwendung aller positivierten Prinzipien der materiellen Gerechtigkeit vorschreibt, zeigt es zwei sehr wichtige für die Umsetzung bzw. für den Bestand dieser Gerechtigkeitselemente Eigenschaften auf. Die erste Eigenschaft, welche auch die anderen „existenziell de facto primären" Prinzipien des Verfahrens aufweisen, liegt darin, dass es den oben genannten Elementen der Gerechtigkeit einen formell vollkommenen[354] und temporal unbeschränkten[355] Schutz leistet. Diese sind daher für die Nachhaltigkeit der Prinzipien des Rechtes zuständig, nämlich dafür, dass sie auch in der Zukunft respektiert werden.

Das Legalitätsprinzip weist aber noch eine Eigenschaft auf, welche allen anderen „existenziell de facto primären" Prinzipien nicht immanent ist. Es stellt das einzige von diesen Prinzipien dar, welches den materiellen Elementen der Gerechtigkeit eine unmittelbare Hilfe leistet. Nicht nur mittelbar, durch die Unterstützung der korrekten Funktion des Systems, in dem die materiellen Elemente der Gerechtigkeit eine Rolle spielen, trägt das Legalitätsprinzip dazu bei, dass sie weiterhin existieren und angewandt werden, sondern auch dadurch, dass es mittelbar ihre ausnahmslose Anwendung verlangt, dadurch nämlich, dass es sich von der Anwendung aller im Recht beinhaltenden Prinzipien und Regeln existenziell abhängig darstellt. Als Folge davon könnte die Aufhebung des Legalitätsprinzips nicht nur für die Umsetzung eines Prinzips in einem konkreten Fall

---

353 Über den Begriff des materiellen und des formellen Rechtsstaates s.u.a. Karl Doehring, Allgemeine Staatslehre, 3. Auflage, Heidelberg 2004, S. 178.

354 Das bedeutet, dass sich seine schützende Funktion nicht nur auf den Schutz von einigen Grundlagen der materiellen Gerechtigkeit sondern über das ganze Gebiet der im Rahmen des Verfahrensrechts existierenden Prinzipien und Regeln erstreckt.

355 Das bedeutet, dass es nicht nur in einem bestimmten Fall (in concreto) die Anwendung und dadurch die Umsetzung der materiellen Elemente der Gerechtigkeit gewährleisten.

sondern auch für alle positivierten Prinzipien und für das ganze Gebäude des positiven Rechts verheerende Folgen haben.

Die Bedeutung des oben erwähnten primären Gewährleistungsbeitrags zu der Existenz der materiellen Elemente der Gerechtigkeit im positiven Rechtssystem, welche sich im Rahmen der menschlichen Gesellschaft als absolut notwendig darstellt, kann nur ausnahmsweise heruntergestuft werden. Das kann nur dann passieren, wenn die Anwendung der de facto primären Prinzipien, deren Zweck die Gewährleistung der Existenz der materiellen-primären Grundlagen im Rechtssystem ausmacht, unter bestimmten Ausnahmezuständen, sich als unverhältnismäßig darstellt, wenn sie sich nämlich gegen das Ziel, was sie verfolgt, wendet.

cc. Die „qualitativ primären" formellen Prinzipien des Verfahrens

Auf die erste Stufe der Klassifikationsskala der Rechtsprinzipien, wo sich die „primären" Prinzipien des Rechtes befinden, kann man wegen ihres notwendigen Charakters noch eine Maximenkategorie einordnen, die „qualitativ primären" Prinzipien des Rechtes. Es geht nicht um Prinzipien, deren Existenz, wie es z.B. bei den „existenziell primären" der Fall ist, erforderlich für die Existenz - Umsetzung der Naturelemente der Gerechtigkeit im rechtlichen Verfahren ist, sondern um Grundlagen des Verfahrens, deren Bestehen im Rahmen eines „relativ korrekt funktionierenden Verfahrens[356]" in der Regel eine notwendige Voraussetzung für die qualitative, für die bestmögliche Umsetzung der Naturelemente des Rechtes im Strafprozess ausmacht.

Die „primären materiellen" Elemente der Gerechtigkeit könnten nämlich im Rahmen des Verfahrens auch ohne die Hilfe, ohne den Beitrag dieser Maximen existieren (umgesetzt werden), ihre qualitative Umsetzung setzt dennoch in der Regel die Existenz der oben genannten Prinzipien voraus. Aus diesem Grund könnten die meisten von diesen Prinzipien - wenn nicht alle - als Konkretisierungsversuch der Funktion eines „existenziell primären" Prinzips (z.B. des Grundsatzes des rechtlichen Gehörs) im Strafverfahren angesehen werden. Beispiele solcher Maxime stellen die Mündlichkeit, das Konzentrationsgebot sowie das Prinzip der Unmittelbarkeit dar.

356 Als „relativ korrekt funktionierend" wird ein rechtliches Verfahren in der vorliegenden Arbeit dann bezeichnet, wenn seine Defizite zu der Entstehung von solchen Faktoren nicht geführt haben, welche die Bedeutung seiner Maximen in einem konkreten Mal herunterstufen, welche nämlich die Unverhältnismäßigkeit der Anwendung seiner Maximen hervorrufen.

Die strafprozessuale Konzentrationsmaxime z.B., welche besagt, dass die Hauptverhandlung möglichst schnell durchgeführt werden soll[357], stellt zweifelsohne eine das Prinzip des rechtlichen Gehörs bzw. das Ermittlungsgebot konkretisierende Grundlage, welche zu der Verbesserung ihrer Wahrheitsentdeckungsfunktion führt. Während die Ersten notwendige Voraussetzungen für die Umsetzung bzw. Existenz der Naturelemente der Gerechtigkeit im Strafverfahren darstellen, sorgt die Konzentrationsmaxime für ihre qualitative Anwendung.

Die oben erwähnte qualitativ erforderliche Wahrheitsfunktion des Konzentrationsgebots verdeutlich auch die Tatsache, dass seine oft zu treffende Gleichsetzung mit dem „sekundären[358]" und inhaltlich nicht so umfangreichen Beschleunigungsprinzip nur zu Widersprüchen führt. Während z.B. einige Theoretiker es für eine spezielle Ausprägung des Beschleunigungsgrundsatzes halten, unterstreichen sie zugleich die Erforderlichkeit seiner Existenz für die qualitative Wahrheitsfindung, dadurch dass sie in seiner Anwendung eine die Wahrheit absichernde Funktion sehen[359]. Der Beschleunigungsbegriff beinhaltet dennoch nicht unbedingt eine Wahrheitsfunktion und die durch die Konzentration des Prozesses erfolgte Umsetzung bzw. qualitative Anwendung des Wahrheitsprinzips setzt nicht unbedingt die Beschleunigung voraus.

Die Konzentrationsmaxime hat keine rein zeitliche Bedeutung, vielmehr besagt sie, dass die Hauptverhandlung als eine Einheit angesehen werden muss, selbst wenn sie viele Tage dauern muss. Besonders treffend hat Karl Peters diese „qualitativ notwendige" Funktion der Maxime beschrieben, laut dem „das Urteil auf Grund der Hauptverhandlung derart zu ergehen hat, dass ihr Gang, Gegenstand und Inhalt den Richtern noch in lebendiger Erinnerung sind."[360]

Einen ähnlichen in der Regel „qualitativ notwendigen" Beitrag zu der bestmöglichen Aufklärung der Sache im Rahmen eines „relativ korrekt funktionierenden Prozesses" weist auch, wie oben zitiert wurde, das Prinzip der Unmittel-

357 S.u.a. Claus Roxin, Strafverfahrensrecht, S. 82, S. 316 ff.; ebenso Urs Kindhäuser, Strafprozessrecht, 2. Auflage, Baden-Baden 2010, s. 216; s. auch § 268 III StPO, laut dem die Verkündung des Urteils spätestens am elften Tag nach Verhandlungsschluss zu erfolgen habe.

358 Über den Begriff der sekundären Prinzipien des Rechtes s. unten S. 134 ff.

359 Vgl. z.B. Urs Kindhäuser, a.a.O., mit Verweis auf BGH St 23, 224 (225 ff.), laut dem das Prinzip den Sinn sicherzustellen hat, dass die Richter ihr Urteil auf der Grundlage frischer Eindrücke und unverblasster Erinnerungen fällen.

360 Karl Peters, Strafprozess. Ein Lehrbuch, 4. Auflage, Heidelberg 1985, S. 552; s. auch Claus Roxin, a.a.O., S. 316-317, laut dem, wenn die mündliche Verhandlung zu lange zurückliege oder zu oft unterbrochen werde, die Richter in die Gefahr geraten, ihr Wissen nicht mehr aus der Erinnerung sondern aus den Protokollen der früheren Verhandlung zu schöpfen.

barkeit[361] auf. Den Kern dieser Maxime, welche auch als Konkretisierungsversuch des Prinzips des rechtlichen Gehörs sowie des Ermittlungsgebots angesehen werden muss, stellt der Gedanke dar, dass ein qualitativer Versuch im Rahmen des Verfahrens sich der Wahrheit anzunähern die möglichst direkte und unverfälschte Wahrnehmung vom Tatgeschehen seitens des Gerichtes voraussetzt[362].

Der Unmittelbarkeitsgrundsatz weist zweierlei Gesichtspunkte auf. Auf der einen Seite bedeutet er, dass „das erkennende Gericht die Beweisaufnahme unmittelbar selbst wahrnehmen muss[363], dass „die für die Entscheidung maßgeblichen Feststellungen vom Tatrichter selbst aus dem Inbegriff der Hauptverhandlung geschöpft werden müssen[364]". Sie unterstreicht nämlich den Bedarf des unmittelbaren Kontakts des Gerichtes zu dem Beweismaterial, als notwendige Voraussetzung einer erfolgreichen Wahrheitsannäherung[365]. Diese Funktion des Grundsatzes bezeichnet Urs Kindhäuser treffend als „formelle Unmittelbarkeit".

Auf der anderen Seite betont das Prinzip die Bedeutung der Unmittelbarkeit des anzuwendenden Beweismittels zu der Verwirklichung des gleichen Ziels. Nach dieser Funktion der Maxime der Unmittelbarkeit, welche vom Kindhäuser als „materielle Unmittelbarkeit" bezeichnet worden ist, seien die „tatnächsten Beweismittel" (z.B. Vorrang des Personalbeweises vor dem Urkundenbeweis, Vorrang des Personalbeweises vor dem Augenscheinbeweis) auszunutzen. Der materiellen Unmittelbarkeit nach darf nämlich ein verfügbares Beweismittel durch Beweissurrogate[366] nicht ersetzt werden. Man hat nämlich die „originären", die unmittelbareren Beweismittel vorzuziehen und grundsätzlich nur sie zu verwenden.

Die kurze Zitierung dieser zwei Beispiele von Verfahrensprinzipien dieser Kategorie verdeutlicht ihren qualitativ notwendigen Charakter. Die Anwendung dieser Maximen weist nämlich in der Regel einen qualitativ unumstrittenen Beitrag zu der Verwirklichung der Naturelemente der Gesellschaftsgerechtigkeit

361 Über den Begriff des Prinzips der Unmittelbarkeit s.u.a. Klaus Geppert, Der Grundsatz der Unmittelbarkeit im deutschen Strafverfahren, Berlin 1979, S. 162 ff., auch BGH NStZ 2004, S. 50.

362 Vgl. etwa Klaus Haller / Klaus Conzen, Das Strafverfahren. Eine systematische Darstellung mit Originalakte und Fallbeispielen, 3. Auflage, Heidelberg 2003, S. 10, 11.

363 Urs Kindhäuser, a.a.O., S. 250.

364 Haller / Conzen, a.a.O., S. 190.

365 s. auch § 261 StPO, laut dem, die für die Entscheidung wichtigen Feststellungen vom Tatrichter selbst aus dem Inbegriff der Hauptverhandlung geschöpft werden müssen; dazu analytisch Haller / Conzen, a.a.O., S. 190, 191, laut denen es sich aus § 261 StPO ergibt, dass nämlich die Beweise durch das erkennende Gericht erhoben werden müssen.

366 Beweissurogate nennt Urs Kindhäuser (a.a.O., S. 250), diejenigen Beweismittel, deren Beweisgegenstand lediglich das Beweisergebnis eines anderen Beweismittels ist.

auf, selbst in diesen Prozessen, wo die Umsetzung (die Existenz) dieser Elemente von der Anwendung der oben erwähnten Grundlagen nicht abhängig zu sein scheint.

Die Annahme des in der Regel qualitativ notwendigen Charakters dieser Prinzipienkategorie darf uns dennoch nicht zu der Schlussfolgerung führen, dass Ausnahmen von diesem Charakter völlig ausgeschlossen sind. Unter Ausnahmezustände, welche die komplexe Natur der Realität und die Defizite der positiven Systeme hervorrufen, können auch diese Prinzipien entweder ihren „qualitativ primären Charakter" verlieren (es kann z.B. geschehen, dass diese Prinzipien ausnahmsweise selbst für die qualitative Umsetzung der Naturelemente der Gerechtigkeit nicht notwendig sind) oder sogar sie sich in ein „existenziell primäres" Mittel umwandeln. In diesen Fällen stellen sie nämlich ein notwendiges Element nicht nur für die qualitative Umsetzung der vorrechtlichen Elemente der Gerechtigkeit im Rahmen des Prozesses sondern auch für ihre Existenz selbst dar. Charakteristisch dafür scheinen z.B. diejenigen Prozesse zu sein, bei denen die Natur des Beweismaterials eine lange und nicht konzentrierte Erledigung nicht erlaubt.

II. Die „sekundären" oder „negativen" Prinzipien des Verfahrens

Auf der zweiten Stufe der Einstufungsskala der dem Strafverfahren immanenten oder in seinem Rahmen eine Rolle spielenden Grundlagen findet man die „sekundären" oder „negativen" Prinzipien des Rechts[367]. In diese Prinzipienkategorie könnte man viele Grundlagen des positiven Rechts einordnen, darunter das Beschleunigungsprinzip, die Gebote der Billigkeit, der Flexibilität des Systems sowie der Justizentlastung. Der Gebrauch der Bezeichnungen „sekundär" und „negativ" für die Beschreibung der oben erwähnten Maximen wirft gleich die Frage auf, was diese Prinzipien von den im vorigen Kapitel kurz zitierten „primären" unterscheidet. Auf diese Frage werden wir gleich eingehen.

367 Die im Rahmen der vorliegenden Arbeit verwendeten Begriffe „primäre" bzw. „sekundäre" Prinzipien des strafrechtlichen prozessualen Systems sind mit den Begriffen der „primären" und „sekundären" Normen von Nawiasky nicht zu verwechseln. Nach Nawiaskys Auffassung sei der Ausdruck formelles Recht mit den sekundären Normen gleichbedeutend, während das materielle Recht sich mit den „primären" Normen deckt. Primäre Normen seien für Nawiasky diejenige, die ein Verhalten vorschreiben, während sekundäre diejenige, die die Rechtsschutzorgane anweisen, gegen die Übertreter der Rechtsnormen Zwang oder Strafe zu verhängen; s. Hilde Kaufmann, Strafanspruch Strafklagrecht, Göttingen 1968, S. 100; Hans Nawiasky, Allgemeine Rechtslehre als System rechtlicher Grundbegriffe, 2. Auflage, Zürich, Köln 1948, S. 99-100.

Wie oben kurz zitiert wurde geht es bei den „primären" Grundlagen des Rechts um Prinzipien, welche im Rahmen eines „relativ korrekt funktionierenden Systems" einen erforderlichen, positiven Beitrag entweder zu der qualitativen Anwendung oder zu der Umsetzung (zu der Existenz nämlich überhaupt) der Naturelemente der menschlichen Gerechtigkeit leisten. Im Gegensatz dazu scheint der Beitrag, die Existenz nämlich überhaupt, der „sekundären" Prinzipien des Rechts zu der Realisierung oder zu der qualitativen Anwendung der Naturelemente des Rechts im Rahmen eines „relativ korrekt funktionierenden Prozesssystems" nicht notwendig zu sein. Ein im Übrigen „relativ funktionales" System bedarf nämlich nicht des Gebrauchs dieser Prinzipien, um seine Ziele der Umsetzung der Naturelemente der Gerechtigkeit oder ihre qualitative Anwendung zu verwirklichen.

Notwendig für die Realisierung des oben erwähnten Ziels wäre ihre Anwendung nur ausnahmsweise, wenn das System aus Gründen, die wir im nächsten Kapitel einigermaßen zu erklären versuchen werden, diese „relativ korrekte" Funktion nicht mehr aufweist, wenn es nämlich entweder schon unverhältnismäßig geworden ist oder sein normaler Verlauf die Unverhältnismäßigkeit zu verursachen droht. Diese Tatsache stellt den Grund dar, welcher die Bezeichnung „negativ" für die Beschreibung der „sekundären" Prinzipien erlaubt.

Während die „primären" Prinzipien des Verfahrens sich dadurch kennzeichnen, dass sie positiv[368] zu der Verwirklichung bzw. Annäherung der „verhältnismäßigen Gerechtigkeit" und ihrer Naturelemente beitragen, erscheinen die „sekundären" Verfahrensmaxime nur ausnahmsweise und nur „negativ" als notwendig. Ihre notwendige Rolle beschränkt sich nämlich nur auf die Wiederherstellung bzw. Stabilisierung/Festigung der „verhältnismäßigen Gerechtigkeit" im Rahmen eines Systems, bei diesen Fällen, in denen die Verhältnismäßigkeit wegen seiner Unvollkommenheit bedroht wird oder schon ausgefallen ist. Bei diesen Fällen, in denen die „sekundären Prinzipien" notwendig sind, stellen sie daher die negative Seite des Verhältnismäßigkeitsgebots dar, dadurch dass sie ihrer Wiederherstellung bzw. Festigung dienen.

In allen anderen Fällen, bei denen die Schwäche des Systems nicht so bedeutend sind, dass sie seine Unverhältnismäßigkeit verursachen, in einem nämlich „relativ korrekt funktionierenden System" weisen diese Prinzipien des Rechts nur eine marginale, qualitative Bedeutung auf, welche dennoch nicht als notwendig für die Umsetzung oder qualitative Anwendung der „verhältnismäßigen Gerechtigkeit" und ihrer Elemente bezeichnet werden kann. Die Richtigkeit dieser Gedanken werden wir durch eine nähere Betrachtung der Bedeutung einiger von diesen Prinzipien versuchen zu verdeutlichen.

---

368 Die Bezeichnung „positiv" bedeutet in diesem Sinne nichts Anderes als, dass diese Prinzipien notwendig sind, damit das System seine Rolle spielen kann.

Bei den sekundären Prinzipien des Verfahrens haben wir unter Anderem die „Billigkeitsfunktion“ der Prozessregel eingeordnet. In einem idealen Verfahrenssystem wäre diese Funktion nicht notwendig, weil die Billigkeit ihren Entscheidungen immanent wäre[369]. Was geschieht aber in den von Menschen gesteuerten und erzeugten Systemen, welche ihre Defizite, hinter den Zielen, die sie selbst gesetzt haben, zurückzubleiben, aufweisen? In einem solchen System wäre, wie oben aufgeführt wurde, „die absolut richtige Problemlösung das Ergebnis einer übermenschlichen Intervention[370]“.

Die Annahme der Unvollkommenheit der menschlichen Systeme und als Folge davon auch des Verfahrenssystems kann uns zu dem Gedanken führen, dass wenn es nicht „absolut richtig“ funktionieren kann, dann nur „relativ korrekt“ oder „relativ fehlerhaft“ seine Rolle spielt. Wie oben kurz zitiert wurde bedeutet die „relative Funktionstüchtigkeit“ eines Systems, dass seine Schwächen in einem konkreten Fall nicht so bedeutend sind, dass sie seine Unverhältnismäßigkeit verursachen können.

Das ist z.B. der Fall, wenn die Abweichung von der formell korrekten Bestrafung des Täters so unbedeutend ist, dass niemand mit dem menschlichen Maß als Kriterium ernsthaft behaupten würde, dass sie zu einem schweren Verstoß gegen die Elemente der verhältnismäßigen Gerechtigkeit führen kann[371]. In einem solchen Fall, wo die Verhältnismäßigkeit des Systems wegen z.B. der fehlerhaften Interpretation einer materiellrechtlichen Norm nicht gestört worden ist, wäre auch der durch den Billigkeitseinsatz Schutz bzw. die Wiederherstellung der Korrektheit nicht erforderlich für die Umsetzung oder qualitative Anwendung der Gerechtigkeitselemente, weil sie sowieso als existierend bzw. als qualitativ angewandt gelten, solange ihr Kern, die Verhältnismäßigkeit nicht gestört worden ist. In solchen Fällen würde daher die Billigkeitsfunktion des Prozesses eine bloß marginale Rolle spielen.

Nur wenn das System in einem bestimmten Fall keine „relative Korrektheit“ aufweist, wenn es sich nämlich unter bestimmten Ausnahmezuständen als unverhältnismäßig darstellt oder zur Unverhältnismäßigkeit zu führen droht, darf man von einem notwendigen „negativen“ Beitrag des Billigkeitsprinzips zu der Stabilisierung bzw. Wiederherstellung der gefährdeten Verhältnismäßigkeit sprechen. Diesen Beitrag kann man, wie oben kurz zitiert wurde, als „negativ bezeichnen, weil es immer die Veränderung, die „Umkehrung“ eines schon existierenden „negativen Zustandes“ (einer Tatsache oder einer Gefahr) bestrebt.

---

369 Vgl. etwa Aristoteles, Nikomachische Ethik, 5. Buch, 11376, laut dem nur das vollkommene Recht wichtiger als das billige sei.

370 Dazu analytisch Ronald Dworkin, Bürgerrechte ernstgenommen, S. 153; Jürgen Habermas, Faktizität und Geltung, S. 259.

371 Das wäre z.B. der Fall, wenn die fehlerhafte Interpretation der Norm seitens des Richters den Täter einer Stunde Freiheit beraubt.

Das gleiche, dass sie nämlich im Rahmen eines „relativ korrekt" funktionierenden Systems nicht notwendig für die Umsetzung bzw. qualitative Anwendung der Elemente der „verhältnismäßigen Gerechtigkeit sind, gilt auch für die anderen von den in dieser Arbeit „sekundären" genannten Prinzipien des Strafverfahrens. All diese Grundlagen weisen nur ausnahmsweise eine notwendige Funktion auf, wenn sich nämlich das System nicht mehr durch die Verhältnismäßigkeit seiner Funktion kennzeichnet oder wenn diese Verhältnismäßigkeit in Gefahr ist.

Die Funktion des Beschleunigungsgrundsatzes gibt noch einen Beweis dafür. Die Sicherung des Beweismittels, der Schutz der Rechte des Beschuldigten und konkreter seiner Würde, sowie die schnelle Wiederherstellung des Gesellschaftsfriedens, die sie unter anderem gewährleistet, hätten in einem verhältnismäßig funktionierenden System nur eine marginale Bedeutung aufzuweisen, weil in diesem System die oben genannten Faktoren relativ, und das heißt mehr oder weniger gut geschützt werden. In einem „relativ korrekt funktionierenden System" könnte die Verzögerung des Verfahrens nicht so bedeutend sein, dass sie zu der Unverhältnismäßigkeit der Rechtspflege führt oder zu führen droht. In diesen Fällen, wo die Verfahrensverzögerung keine verheerende für die Funktionstüchtigkeit des Systems Folgen hat, erscheint auch der zu dem Ziel der Abwendung dieser Verzögerung Gebrauch eines Beschleunigungsmittels als nicht notwendig, als „sekundär".

Notwendig wäre der Beschleunigungsbeitrag zu der Stabilisierung bzw. Wiederherstellung der Verhältnismäßigkeit nur wenn das Verfahren in einem bestimmten Fall nicht mehr „relativ korrekt" funktioniert (wenn es z.B. in einem bestimmten Fall nicht mehr in der Lage ist, das Beweismaterial anders zu schützen oder wenn die angemessene Frist, innerhalb deren der Beschuldigte angehört werden muss, längst überschritten werden kann, falls der Prozess seinem normalen Verlauf folgt[372]).

Im gleichen Licht muss man auch die Funktion der relevanten und in die gleiche Stufe eingeordneten Prinzipien / Gebote, der Entlastung[373] der Justizorgane und der Flexibilität des Systems betrachten. In einem Defizite erweisenden Prozesssystem muss man immer mit der Existenz von Faktoren rechnen, welche zumindest seine relative Belastung verursachen. Wenn die hervorgerufene Belastung nicht so bedeutend zu sein scheint, dass sie die Verhältnismäßigkeit der Entscheidung bzw. des Verfahrens allgemein gefährdet (das könnte z.B. passieren, wenn die Justizbehörden so belastet sind, dass sich ihr Beitrag zu der Wahrheitsfindung in dem konkreten Prozess als Fiktion darstellt), muss man auch den Beitrag zu der Verwirklichung der Elemente der Verhältnismäßigen Gerechtig-

372 Vgl. etwa Claus Roxin, a.a.O., S. 82; Uwe Scheffler, Die überlange Dauer, S. 42, 43.

373 Über die Entlastung der Justizorgane als Element der Effektivität des Systems s.u.a. Norbert Paschmanns, Die staatsanwaltschaftliche Verfahrenseinstellung, S. 99.

keit der auf dem Prinzip der Entlastung der Justizorgane beruhenden Regeln als „sekundär“ betrachten. Sie sind nämlich in der Lage Unzulänglichkeiten des Systems zu korrigieren, das System könnte dennoch selbst die Anwesenheit dieser Probleme angenommen zu der Verwirklichung seines Zieles kommen. Eine zu der Verwirklichung bzw. qualitativen Umsetzung der Elemente der verhältnismäßigen Gerechtigkeit notwendige Rolle könnten auch diese Prinzipien nur dann spielen, wenn ein „negativer Zustand“, nämlich die Unverhältnismäßigkeit des Verfahrens oder Faktoren, die es zu der Unverhältnismäßigkeit führen können, schon existieren.

Die vielleicht wichtigste und zugleich „gefährlichste“ von den in diese Stufe eingeordneten negativen Prozessgrundlagen bildet das Opportunitätsprinzip[374], welches den unmittelbaren negativen Ausdruck der Verhältnismäßigkeit im Rahmen des Strafverfahrens ausmacht. Der Name „Opportunitätsprinzip“, welcher aus dem lateinischen Wort „Opportus“ (Ziel) stammt, verdeutlicht die Bedeutung der Maxime für das Strafverfahren. Sie ist nämlich dazu bestimmt, die Anwendung der positiven Normen zu relativieren, bei diesen Fällen, in denen ihre Unvollkommenheit dazu geführt hat, dass sie ihr Endziel nicht mehr verfolgen können, in diesen Fällen nämlich, wo sie sich als unverhältnismäßig erweisen. Die Mittel für die Anwendung des Opportunitätsprinzips bei diesen Fällen, in denen seine Anwendung als notwendig für die Wiederherstellung/Festigung der Verhältnismäßigkeit erscheint, stellen oft die anderen „negativen“ Prinzipien des Prozesses dar. Die Zweckmäßigkeit kann nämlich hauptsächlich durch Beschleunigung, Entlastung oder Flexibilität realisiert werden.

Das Prinzip der Zweckmäßigkeit weist dennoch nicht nur einen relevanten sondern auch einen besonderen Charakter im Vergleich zu den anderen “negativen“ Prinzipien des Verfahrens auf, welcher seiner Anwendung einen hohen Gefährlichkeitsgrad verleiht. Diese Aussage, die von fundamentaler Bedeutung für die vorliegende Arbeit ist, werden wir in diesem Punkt zu erklären versuchen.

Wie oben aufgeführt wurde liegt die Besonderheit der „sekundären“ oder „negativen“ Prinzipien darin, dass sie sich im Gegensatz zu den primären Prinzipien des Prozesses nur im Rahmen eines „nicht relativ korrekt funktionierenden Systems“ als notwendig für die Umsetzung der Gerechtigkeitselemente oder für ihre qualitative Anwendung erweisen können. Das bedeutet, dass ihre not-

---

374 Über die Bedeutung des Opportunitätsprinzips s.u.a. Christine Pott, Die Außerkraftsetzung, S. 4 ff.; Ulf Kapahnke, Opportunität und Legalität im Strafverfahren. Strafverfolgungsverzicht durch die Staatsanwaltschaft gemäß den §§ 154, 154a StPO nach der Neufassung durch das Strafverfahrensänderungsgesetz 1979 (StVÄG 1979), Tübingen 1982; August Liebehentze, Opportunitätsprinzip und Legalitätsprinzip in England, Marburg 1971; Xaver Speckert, Legalitätsprinzip und Opportunitätsprinzip, Zürich 1951; Manfred Eckert, Legalität und Opportunität im deutschen Strafprozess (unter besonderer Berücksichtigung der geplanten Reform unserer Strafrechtpflege). Eine rechtspolitische Untersuchung, Breslau 1914.

wendige Rolle die Negation konkreter Teile des Verfahrens voraussetzt, bei diesen Fällen, in denen ihr Gebrauch die Unverhältnismäßigkeit des Systems verursacht hat oder dieser Unverhältnismäßigkeit zu verursachen droht.

Diese Negation hat dennoch hinsichtlich der anderen „sekundären" Prinzipien in den meisten Fällen den Charakter einer Abweichung von dem Gebrauch einiger mehr oder weniger wichtiger Teile des Verfahrens, deren die Anwendung sich unter bestimmten Voraussetzungen als Auslöser der Unverhältnismäßigkeit darstellt. Diese ungenutzten Teile des Verfahrens bzw. prozedurale Handlungen sind dennoch nicht immer so gewichtig, dass ihre Versäumung von allein eine schwere Gefahr für die Existenz des Systems bedeutet. Das ist der Grund, aus dem die Anwendung z.B. der Beschleunigungsmaxime oder des Grundsatzes der Entlastung der Justiz in den meisten Fällen auch dann erlaubt ist, wenn sie nicht absolut notwendig für die Wiederherstellung der Verhältnismäßigkeit sind.

Im Gegensatz dazu bringt immer die Anwendung des Opportunitätsprinzips mit sich die oben erwähnte schwere Gefahr, dadurch dass sie eine zumindest im Allgemeinen unmittelbare Negation aller positivierten Elemente der Gerechtigkeit (sowohl des positiven materiellen als auch des positiven prozeduralen Rechtes) impliziert. Die in concreto Abschaffung des „primären" Legalitätsprinzips (welches in seinem weiteren Sinn das Gebot der ausnahmslosen Anwendung der Gesamtheit der positiven und positivierten Prinzipien des Rechts bedeutet) durch das „Opportunitätsprinzip" bringt nämlich immer die Gefahr der Rechtfertigung einer auch im Allgemeinen (nicht in concreto), einer zukünftigen nämlich Abschaffung des Systems in seiner Gesamtheit mit sich.

Im Gegensatz zu den anderen „sekundären" Rechtsmaximen muss daher immer die Anwendung dieses Prinzips als außergewöhnlich gefährlich angesehen werden, bei diesen Fällen, in denen sie nicht absolut notwendig für die Wiederherstellung der Verhältnismäßigkeit ist; anders formuliert: Die Anwendung des Zweckmäßigkeitsprinzips hat nur dann einen positiven Beitrag, wenn sie als absolut notwendig für die Wiederherstellung der Verhältnismäßigkeit des Systems erscheint.

III. Die „hauptsächlich kommunikativen“ Prinzipien des Verfahrens

Das prozedurale System besteht dennoch nicht nur aus Prinzipien, welche in einem „relativ korrekt funktionierenden System“ notwendige Voraussetzungen der Umsetzung bzw. der qualitativen Anwendung der Gerechtigkeitselemente ausmachen (primäre Prinzipien) oder von Prinzipien, welche ausnahmsweise, wenn das System nämlich nicht mehr unverhältnismäßig zu sein scheint, notwendige Elemente für die Wiederherstellung dieser Verhältnismäßigkeit darstellen können (sekundäre oder negative Prinzipien des Verfahrens).

Ihren Platz in allen Verfahrenssystemen (von der Antike bis heute) finden auch Prinzipien „hauptsächlich kommunikativen“ Charakters. Es geht um prozedurale Grundlagen, die niemals einen notwendigen sondern nur einen die Umsetzung der Gerechtigkeitselemente unterstützenden, kommunikativen Beitrag aufweisen. Solche sind beispielsweise die Prinzipien, welche die Position der Justizorgane im Gerichtssaal[375], die Förmlichkeit der Kommunikation im Gericht[376], die Kleidungsregeln[377] der an dem Prozess Beteiligten, oder sogar die Formulierung der prozeduralen bzw. materiellen Normen bestimmen. Die positive Abbildung dieser Prinzipien, ob sie nämlich tatsächlich in einer den Prozess regelnden Vorschrift verankert sind, spielt sogar für ihre Eingliederung in die Einstufung der prozeduralen Prinzipien keine Rolle. Von Bedeutung ist nur, dass sie dem Prozess einen bestimmten Charakter dadurch verleihen, dass sie von den Beteiligten ununterbrochen eingehalten werden. Charakteristisch scheint z.B. in diese Richtung das Beispiel der Formulierung nicht der prozeduralen sondern der materiellrechtlichen Normen zu sein, welche nie als Befehl formuliert sind[378].

375 Diese bestimmen beispielsweise, ob der Staatsanwalt, wie es z.B. in Frankreich der Fall war, „unten“, nämlich gegenüber den Beschuldigten (deswegen hieß er damals auch Parquet) oder „oben“ neben dem Richter als Gerechtigkeitsorgan sitzen muss.

376 Das ist z.B. der Fall, wenn während des Prozesses alle Beteiligten aus Respektsgründen „siezen“ müssen, besonders wenn sie die Justizorgane (die Richter und die Staatsanwaltschaft) ansprechen.

377 Diese, welche z.B. bestimmen, dass alle an dem Prozess Beteiligten Anzug und Krawatte anziehen müssen.

378 Bezüglich der Rolle und der Wichtigkeit der Sprache in einem System s.u.a. die Abbildungstheorie von Aristoteles (Peri Hermineias, 16a, 3 ff.), laut dem die Sprache ein Mittel für die Abbildung der Realität darstellt, welche unabhängig von der Sprache und vor der Sprache existiert. Über das Thema der Rechtssprache, s.u.a. H. Brinckmann, Juristische Fachsprache und Umgangssprache, in: ÖVD 1972, S. 60 ff.; über die Analyse der sprachlichen Begriffe und Zeichen im Rahmen eines Systems, s.u.a. Umberto Eco, Einführung in die Semiotik, 9. Ausgabe, München 2002; Alfred Tarski, The semantic conception of truth and the foundations of semantics, in: Philosophy and Phenomenological

Die Annahme des kommunikativen Charakters der erwähnten Verfahrensprinzipien wirft dennoch die Frage auf, warum kommunikative Prinzipien in einem kommunikativen System wie in dem prozeduralen keinen notwendigen Beitrag zu der Verwirklichung seiner Ziele aufweisen. Anders gefragt: Welche Kommunikationsart ist in einem solchen System nicht notwendig. Eine schnelle Antwort auf diese Frage werden wir hier zu geben versuchen.

Das Verfahren scheint einen vorwiegend kommunikativen Charakter zu haben. Es macht dennoch kein rein kommunikatives Mittel aus. Einen solchen Charakter verleiht ihm hautsächlich sein materieller Beitrag zu der Verwirklichung der Gerechtigkeit[379]. Diese Annahme kann uns zu zwei ersten wichtigen Schlussfolgerungen führen, die eine Antwort auf die oben gestellte Frage zu geben vermögen.

Erstens, dass nicht nur die „hauptsächlich kommunikativen" Grundlagen einen kommunikativen Beitrag im Rahmen des Verfahrens aufweisen, sondern auch diejenige, welche einen materiellen (wesentlichen) Beitrag zu der Verwirklichung der Gerechtigkeitselemente haben und zweitens, dass je notwendiger der Beitrag eines Verfahrensprinzips zu der Umsetzung der Gerechtigkeitselemente im Strafprozesssystem erscheint, desto wichtiger sein kommunikativer Beitrag ist.

Diesen Annahmen nach leisten die „primären" unter den Verfahrensprinzipien den wichtigsten kommunikativen Beitrag, während die „hauptsächlich kommunikativen" einen marginalen leisten. Nicht nur können sie nie[380] eine „materiell" notwendige Rolle für die Umsetzung der Gerechtigkeit spielen, ihr kommunikativer Charakter scheint auch zweitrangig zu sein[381]. Diese spielen nur eine die Rechtspflege unterstützende Rolle, die darin liegt, dass sie das Ver-

---

Research 4, 1943-1944, s. 341 ff.; Rudolf Carnap, Introduction to semantics, Harvard 1942.

379 s.u.a. Hans Ryffel, Rechtssoziologie. Eine systematische Orientierung, Neuwied und Berlin 1974, S. 283, welcher den materiellen Inhalt einer Norm sehr treffend folgendermaßen beschrieben hat „Die Kenntnis der Norminhalte reicht nicht aus. Schon wenn wir die Norm als Norm feststellen müssen wir auch ihren Richtigkeitsanspruch einbeziehen"... „Wir müssen zu verstehen versuchen, weshalb die Norm von den Rechtsgenossen einer vergangenen Zeit akzeptiert worden ist und akzeptiert werden könnte."; s. auch Max Rümelin, Rechtsgefühl und Rechtsbewusstsein: Rede gehalten bei der akademischen Preisverteilung am 6. November 1925 (1925), (Nachdruck) Frankfurt am Main 1970.

380 Im Gegensatz zu den „primären" und den „sekundären" Prinzipien des Verfahrens.

381 Die Realisierung z.B. der Gleichheit scheint im Rahmen des Prozesses immer wichtiger als die „edle" Formulierung einer Norm oder die Kleidungsart der an dem Prozess Beteiligten zu sein.

trauensgefühl der Bürger an das System und als Folge davon ihre Zugehörigkeit und Kooperation fördern[382].

382 Zu der kommunikativen Rolle der positiven Systeme besonders analytisch Jürgen Habermas, Theorie des kommunikativen Handelns, besonders im zweitem Band, laut dem die Anpassung der Bürger an das positive System nur die Folge eines überzeugenden kommunikativen staatlichen Handelns sein könne.

9. Kapitel: Die Bedeutung der Prinzipieneinstufung im Rahmen eines aus der menschlichen Perspektive „immer relativ korrekt funktionierenden“ Systems

Die kurze Darstellung der verschiedenen Prinzipienstufen, welche den Körper des prozeduralen Systems ausmachen, wirft dennoch jetzt die Frage auf, ob diese Einstufung, deren Objekt die oben erwähnten Maximen bilden, eine absolute Bedeutung hat, ob sie nämlich immer in der Lage ist, eine Prinzipienkollision auf die gleiche Art und Weise, durch den Gebrauch der ihr immanenten Wertungen, korrekt zu regeln. Bedeutet z.B. die Einordnung eines Prinzips in eine höhere Stufe, dass sie im Fall der Kollision mit einer „sekundären“ immer vorangehen muss oder gibt es in einem Prozesssystem Parameter, welche die Bedeutung der oben aufgeführten Maximen relativieren können?

Das Beantworten dieser Frage scheint in unserer Arbeit von grundlegender Bedeutung zu sein, die Tatsache angenommen, dass sich die Geringfügigkeitsnormen als Ausdruck hauptsächlich sekundärer Prinzipien und vor allem als Ausdruck des Opportunitätsprinzips darstellen. Eine absolut strikte Geltung der oben aufgeführten Einstufung hätte in unserem Fall die Bedeutung, dass nicht nur die Anwendung der Geringfügigkeits- sondern auch aller Opportunitätsvorschriften immer verboten wäre, soweit die sekundären Prinzipien, die ihnen immanent sind, immer mit vorangehenden primären Prinzipien des Prozesssystems kollidieren.

Bevor wir aber eine Antwort auf die Frage geben, ob diese Einstufung in einem von Menschen gesteuerten System immer einen absoluten Charakter hat, wäre es vielleicht hilfreich erst auf die Frage einzugehen, was überhaupt dieser absolute Charakter der Einstufung bedeuten würde und welche Eigenschaften ein System hat, was eine solche Eingliederungsstabilität immer aufweisen könnte. Dieses wäre nur ein Verhältnismäßigkeitsminimum aufweisendes System, ein Verfahrenssystem nämlich, welches mit dem menschlichen Kriterium immer „relativ korrekt[383]“ funktionieren würde.

In einem solchen „relativ korrekt funktionierenden“ Prozesssystem, das heißt in einem Verfahrenssystem, in dem die Schwäche der Menschen, hinter den Zielen zurückzubleiben, die sie sich selbst mit ihren Gerechtigkeitsvorstellungen gesetzt haben, seine Unverhältnismäßigkeit und als Folge davon eine wesentliche Relativierung der Bedeutung seiner Prinzipien nicht hervorrufen

383 Auf die Frage, welche diese Faktoren sind, welche in der Lage sind, die „relativ korrekte“ Funktion des Systems herunterzustufen, sowie auf ihre Folgen werden wir im nächsten Kapitel eingehen.

würde, hätten die Wertungen der Einstufung eine allgemeine, mehr oder weniger konstante Bedeutung. Seine für die Menschen zumindest „relativ verhältnismäßige Funktion" hätte nämlich folgende Konsequenzen bezüglich der Stellung bzw. Bedeutung der verschiedenen Prinzipien Kategorien/Stufen.

a. Die Positivierungen der „primären materiellen" Prinzipien, welche im Rahmen des Verfahrens in Einsatz gebracht worden sind, würden immer eine Annäherung ihres vorrechtlichen Seins darstellen. Die Interpretation und die Anwendung z.B. des Gleichheitsgrundsatzes[384] würde immer eine Annäherung des vorrechtlichen Gleichheitsprinzips bedeuten und als Folge davon könnte sie in einem solchen für die Menschen idealen Prozesszustand mit der Verhältnismäßigkeit nicht kollidieren. Die Auslegung und Anwendung des positiven Freiheitsprinzips [385] würde immer eine relative Annäherung der Freiheit in ihrem vorrechtlichen für die Menschen idealen Sinn darstellen und dadurch die relative zumindest Verhältnismäßigkeit mit sich bringen.
b. Die Anwendung daher jedes von den vier Positivierungen der Kernelemente der Verhältnismäßigen Gerechtigkeit (der Prinzipien nämlich der Gleichheit, der Freiheit, der Menschenwürde und der Verhältnismäßigkeit), welche in ihrer vorrechtlichen, für die Menschen idealen Form konzentrische einander beinhaltende Kreise darstellen, könnte niemals zu einem Verstoß oder zumindest zu einem wesentlichen Verstoß mit einem anderen von diesen vier positiven Ausdrücken der „primären materiellen" Prinzipien führen.
c. Im Falle einer Kollision der vier positiven Ausdrücke der „primären materiellen" Prinzipien, welche den vorrechtlichen Kern der idealen menschlichen Gerechtigkeit ausmachen (nämlich der Prinzipien der Gleichheit, der Freiheit, der Menschenwürde und der Verhältnismäßigkeit) mit dem positiven Ausdruck ihrer vorrechtlichen Voraussetzung (nämlich mit dem Wahrheitsprinzip) verdrängen die vier Ersten das Wahrheitsgebot. Die Tatsache nämlich, dass ihre (im Rahmen der menschlichen Fähigkeiten und aus der menschlichen Perspektive betrachtet) korrekte Auslegung und Anwendung dazu führt, dass sie sich auch in ihrer positiven Gestalt als Träger und Elemente der Verhältnismäßigkeit erweisen, sowie das Faktum, dass Ziel der Wahrheitsentdeckung nichts Anderes als die Umsetzung/Annäherung der verhältnismäßigen Gerechtigkeit ist, fundieren die Ansicht, dass die Gleichheit, Menschenwürde, Freiheit und ihr Kern, die

384 Der Grundsatz der Gleichheit ist in ihrer positiven Form besonders im Art. 3 I GG zu finden.

385 Der positive Ausdruck des „primären-materiellen" Prinzips der Freiheit ist besonders im Art. 2 Abs. 2 und im Art. 104 des Grundgesetzes verankert.

Verhältnismäßigkeit im Kollisionsfall im Rahmen eines „relativ korrekt funktionierenden" Systems des Wahrheitsprinzips immer vorangehen müssen, weil die Wahrheitsentdeckung, welche die Unverhältnismäßigkeit verursacht, im Widerspruch zu ihrem Ziel stehen würde.

d. Die von den positiven Ausdrücken der „primären materiellen" Prinzipien stammenden und sie im Rahmen des Prozesses konkretisierenden und unterstützenden[386] rein formellen Prinzipien (nämlich die „formellen, existenziell rein primären"[387] und die „formellen, qualitativ primären"[388] Verfahrensmaxime) und ihre Auslegung und Anwendung wären im Rahmen eines aus der menschlichen Perspektive „relativ korrekt funktionierenden" Systems, eines Systems nämlich, wo die „relative Verhältnismäßigkeit" herrscht, immer in der Lage, ihr Ziel, nämlich die Konkretisierung und Unterstützung der „primären materiellen" Prinzipien, mehr oder weniger zu verfolgen. Als Folge davon verdrängen auch sie im Fall einer potentiellen Kollision im Rahmen eines „relativ korrekt funktionierenden" Systems immer die Positivierung der vorrechtlichen Voraussetzung der Gerechtigkeit, nämlich das Prinzip der Wahrheit, aus den gleichen Gründen, welche seine Kollision mit den positiven Ausdrücken der „primären materiellen" Prinzipien entscheiden.

e. In einem solchen System würde jede Kollision zwischen den positiven Ausdrücken der Naturelemente der Gerechtigkeit, die ihren vorrechtlichen Kern bilden, nämlich der Prinzipien der Gleichheit, der Freiheit, der Menschenwürde und der Verhältnismäßigkeit (oder den von ihnen stammenden und sie im Strafverfahren konkretisierenden, formellen, „qualitativ" und „existenziell primären") und den „de facto primären formellen Prinzipien des Prozesses[389]" wegen des „Zusammenspiels" zwei sogar heterogener Faktoren nur als Fiktion betrachtet werden; weil nämlich die positiven Ausdrücke der Kernelemente der Gerechtigkeit und ihre Konkretisierungen im Rahmen eines solchen Systems ihr vorrechtliches Ziel immer mehr oder weniger verfolgen könnten[390], während ihre Anwendung von der Existenz relativ korrekter „de facto primären formellen Prinzipien" immer

386 Qualitativ oder existenziell.

387 Solche sind beispielsweise das Prinzip des rechtlichen Gehörs und das Prinzip der Waffengleichheit.

388 Zu denen gehören beispielsweise die Konzentrationsmaxime, die Mündlichkeit und die Unmittelbarkeit.

389 Als solche haben wir im vorigen Kapitel unter anderen das Legalitätsprinzip, das Prinzip des gesetzlichen Richters und das Offizialprinzip erwähnt.

390 Das geschieht, weil sie sich immer als Träger einer zumindest relativen Verhältnismäßigkeit erweisen könnten. Die Anwendung der Gleichheit z.B. vor einem Gesetz, was in allen auftretenden Fällen als mehr oder weniger treffend erscheint, kann nicht gegen das Prinzip der Verhältnismäßigkeit verstoßen.

unterstützt und gewährleistet werden würde. Das Legalitätsprinzip, welches die ausnahmslose Anwendung aller positiven Gesetze fordert, könnte z.B. in einem System, wo sich alle positiven Regeln als relativ korrekt erweisen, nicht gegen das Prinzip der Verhältnismäßigkeit verstoßen. Den oben kurz zitierten Gedanken könnte man vielleicht besser durch die Hilfe folgenden Schemas wiedergeben.

In einem für die Menschen „relativ korrekt funktionierenden System" sind alle „de facto primären formellen Prinzipien" relativ korrekt.

Das heißt, dass in einem solchen System das Legalitätsprinzip an sich ein relativ korrekt funktionierendes Prinzip ist.

Das an sich relativ korrekte Legalitätsprinzip fordert/unterstützt in einem Verfahrenssystem vor allem die Verwirklichung der Gleichheit vor dem Gesetz, die Umsetzung nämlich des positiven Ausdrucks eines Kernelements der Gesellschaftsgerechtigkeit.

Im Rahmen eines aus der menschlichen Perspektive „relativ korrekt funktionierenden Systems" gibt es keine Kollision oder zumindest keine schwere Kollision zwischen den natürlichen Kernelementen der Gerechtigkeit (Freiheit – Menschenwürde – Gleichheit - Verhältnismäßigkeit); das heißt, dass z.B. die Anwendung der Gleichheit immer eine zumindest relative Verhältnismäßigkeit bedeutet.

In der Praxis hat es z.B. die Bedeutung, dass die Forderung nach Gleichheit vor einem Gesetz in einem solchen System zu einem unverhältnismäßigen Ergebnis nicht führen kann, weil in seinem Rahmen ein allgemeines Gesetz immer mehr oder weniger korrekt (verhältnismäßig) alle auftretenden Fälle regeln kann.

Gleichheit vor ihm bedeutet als Folge davon eine zumindest relative Verhältnismäßigkeit und das Legalitätsprinzip, welches zumindest eine relativ korrekte Unterstützung der Gleichheit gewährleistet, kann nicht mit dem Prinzip der Verhältnismäßigkeit kollidieren. Im Gegensatz dazu könnte niemand eine Kollision des Prinzips der Gleichheit mit dem der Verhältnismäßigkeit im Rahmen eines nicht korrekt funktionierenden Systems ausschließen, bei diesen Fällen, in denen das Erste die für alle gleiche Anwendung eines fehlerhaften bzw. unverhältnismäßigen Gesetzes fordert.

a. Die letzte von den hier kurz zitierten Folgen der relativ verhältnismäßigen Funktion eines Prozesssystems steht zu unserem Versuch die Anwendungsmöglichkeit der Geringfügigkeitsvorschriften zu ermitteln in unmittelbarer Beziehung. Im Rahmen eines solchen Systems sollten die Existenz und die Anwendung jedes von den „sekundären Prinzipien" als überflüssig oder auf jeden Fall als nicht notwendig betrachtet werden. Verfahrensmaxime nämlich, die nur dann, wenn die Verhältnismäßigkeit in einem System schon gestört oder bedroht worden ist, einen notwendigen Charakter für die Wiederherstellung der Verhältnismäßigkeit bzw. für die Abwendung der schon existierenden Gefahr der Verhältnismäßigkeitsstörung erweisen, hätten keinen Platz in einem System in dem immer die zumindest relative Verhältnismäßigkeit herrscht, in dem die Prinzipien, die Regel und ihre Anwendung und Auslegung immer einen genügenden Verhältnismäßigkeitsgrad aufweisen. In einem Prozess z.B., dessen Verfahrensregeln so strukturiert und gebaut wären, dass er niemals eine überlange Dauer haben kann, würde auch die Existenz der Beschleunigungsmaxime eine marginale, unbedeutende und nicht notwendige Rolle spielen. In einem solchen System würde daher immer die Kollision zwischen einem „primären" und einem von den „sekundären Verfahrensmaximen" für die Ersten entschieden werden.

b. Nicht nur die Geringfügigkeitsregeln sondern auch alle Ausdrücke des „sekundären" Opportunitätsprinzips würden hier im Fall einer Kollision von jedem der „primären Prinzipien" verdrängt werden.

10. Kapitel: Die Relativierung dieser Einstufung im Rahmen der positiven Prozesssysteme im Allgemeinen

I. Die wichtigsten Faktoren dieser Relativierung

1. Die Bedeutung und die Folge der Existenz dieser Faktoren im Allgemeinen`

Ist aber ein positives System immer in der Lage, die für die Menschen ideale, verhältnismäßige Funktion all seiner Prinzipien zu gewährleisten, so dass ihre Einstufung immer einen absoluten Charakter haben kann? Kann die oben aufgeführte Annäherung der Verhältnismäßigkeit in einem solchen System immer der Fall sein, so dass z.B. seine primären materiellen Prinzipien immer als eine zumindest relativierte Abbildung ihres vorrechtlichen Seins betrachtet werden dürfen? Die Antwort auf diese Frage vermögen uns noch einmal die schon im Rahmen der vorliegenden Arbeit erwähnten Umsetzungsdefizite der Menschen zu geben, deren zwei wichtige Ausdrücke, für die Relativierung bzw. Beeinträchtigung der Funktion selbst der vollkommensten Systeme sorgen. Es geht um die Möglichkeit eines schweren Fehlers und um das immer wieder im Rahmen der Gesellschaft auftretende, vorsätzliche, sich gegen andere Gesellschaftglieder wendende Handeln. Der Bedeutung dieser zwei Relativierungsgründe, welche ein positives System sehr oft aufweist, werden wir versuchen uns in diesem Punkt kurz anzunähern.

Die erste Bemerkung hinsichtlich der Bedeutung der zwei Faktoren betrifft ihre Beziehung zu den entsprechenden rechtlichen Begriffen der Fahrlässigkeit und des Vorsatzes[391], mit denen die Ersten nicht gleichzusetzen sind[392]. Sie sind einfach verwandt, in dem Sinne, dass der Grund für die Entstehung der positivrechtlichen Begriffe die Existenz der oben genannten Faktoren darstellte.

---

391 Analytisch zu den Begriffen der Fahrlässigkeit und des Vorsatzes Klaus Gehrig, Der Absichtsbegriff in den Straftatbeständen, Berlin 1986; Winfried Hassemer, Kennzeichen des Vorsatzes, in: Gedächtnisschrift für Armin Kaufmann, Köln 1989, S. 289 ff.; Horst Schröder, Aufbau und Grenzen des Vorsatzbegriffs, Festschrift für Wilhelm Sauer, Berlin 1949, S. 207 ff.; Karl Engisch, Untersuchungen über Vorsatz und Fahrlässigkeit im Strafrecht, Berlin 1930.

392 Besonders interessant in diesem Sinn Eberhard Schmidhäuser, Strafrechtlicher Vorsatzbegriff und Alltagsgebrauch, in: Festschrift für Dietrich Oehler, Köln 1985, S. 135.

Im Gegensatz z.B. zu dem strafrechtlichen Begriff der Fahrlässigkeit[393] bezieht sich die Möglichkeit eines schweren Fehlers, welche für unseren Syllogismus von Bedeutung ist, nicht ausschließlich auf das fehlerhafte Verhalten, was zu der Verwirklichung eines strafrechtlichen Tatbestandes führen kann, sondern auch auf jedes fehlerhafte Vorgehen unabhängig davon, ob es strafbar ist 0oder nicht. Auch ein schwerer Fehler, der nicht positivrechtlich strafbar ist, kann für unseren Syllogismus dadurch von Bedeutung sein, dass er die Unverhältnismäßigkeit in der Gesellschaft oder sogar im Verfahrenssystem verursacht. Von Bedeutung für das Weiterführen unseres Syllogismus ist nämlich nur die „Schwere" des potenziellen Fehlers. Charakteristisch scheint dafür das Beispiel einer falschen Auslegung eines Gesetzes bzw. eines Prinzips zu sein.

Nicht nur den Begriff des schweren Fehlers (von diesem der positivrechtlichen Fahrlässigkeit) sondern auch diesen des negativen absichtlichen Handelns müssen wir von dem entsprechenden strafrechtlichen Begriff des Vorsatzes[394] unterscheiden. Diese Unterscheidung kann uns bei dem Versuch helfen, die Gründe der Unverhältnismäßigkeit im Rahmen der menschlichen Systeme besser zu begreifen.

In Gegenüberstellung zu dem strafrechtlichen bedeutet der unsere Argumentation fundierende Begriff nur die Absicht, ein für ein anderes Gesellschaftsmitglied bzw. für die gesamte Gesellschaft negatives Ergebnis zu verursachen, und zwar diejenige, die in der Lage zu sein scheint, die Unverhältnismäßigkeit in der Gesellschaft und in den Verfahrenssystemen zu verursachen. Diese soll nicht unbedingt strafrechtlich interessant sein.

Die Möglichkeit des Auftretens in allen positiven Systemen der oben kurz aufgeführten Faktoren stellt auch den Grund dar, aus dem wir zwischen einem positiven und einem „immer" relativ verhältnismäßigen System unterscheiden müssen. Die Funktion des Zweiten wird nie von diesen zwei Faktoren beeinträchtigt. Einem solchen System, wo immer die aus der menschlichen Perspektive betrachtete Verhältnismäßigkeit herrscht, könnte nie die negative Absicht

---

393 S.u.a. Johannes Wessels / Werner Beulke, Strafrecht, Allgemeiner Teil. Die Straftat und ihr Aufbau, 39. Auflage, Heidelberg 2009, S. 251; über die Elemente der Fahrlässigkeit s. auch Jessica Däbritz, Die Bestimmung strafbaren fahrlässigen Verhaltens in der Forschung am Beispiel ärztlicher Humanerprobungen: ein Beitrag zur methodischen Ermittlung und inhaltlichen Bestimmung von Sorgfaltspflichten in der Humanforschung, Frankfurt am Main 2004.

394 Zu dem Begriff des strafrechtlichen Vorsatzes s.u.a. analytisch Tonio Walter, Der Kern des Strafrechts, Tübingen 2006, insbesondere S. 164 ff., zu dem Thema s. auch Eberhard Schmidhäuser, Die Grenze zwischen vorsätzlicher und fahrlässiger Straftat, JuS 1980, S. 241 ff., S. 241; Hans Grossmann, Die Grenze von Vorsatz und Fahrlässigkeit: ein neuer Beitrag zu einer alten Frage, Hamburg 1924; Hans-Heinrich Jescheck / Thomas Weigend, Lehrbuch des Strafrechts, Allgemeiner Teil, 5. Auflage, Berlin 1996, S. 293.

immanent sein während der Fehler, dessen Existenz nicht ausgeschlossen werden könnte, niemals so gewichtig sein kann, dass er die Verhältnismäßigkeit des Systems aufhebt und genau darin liegt der Hauptunterschied zwischen einem menschlichen und einem „immer relativ korrekt funktionierenden System", dass sich das Erste nicht immer als Verhältnismäßigkeitsträger erweisen kann.

Die Existenz eines Fehlers in einem „immer relativ verhältnismäßigen System" bzw. in einem seiner Glieder (z.B. in einem Prinzip) könnte nie dazu führen, dass die negativen Folgen seiner Anwendung bzw. der Anwendung seiner Glieder ihre positive Rolle übertreffen und als Folge davon in den Schatten stellen können. Als Beispiel eines solchen Fehlers könnte man z.B. eine Auslegung des Gleichheitsgrundsatzes betrachten, welche die Gleichheitsumsetzung auch bei den wesentlich Ungleichen vorsieht. In einem solchen Fall würde natürlich die Gefahr lauern, dass die negativen Folgen der Anwendung der oben zitierten irrtümlichen Auslegung des Systemglieds den potentiell positiven Beitrag seiner Anwendung übertreffen und daher verdrängen würden.

Zusammenfassend kann man sagen, dass die Bewahrung der Verhältnismäßigkeit in einem „immer relativ korrekt funktionierenden System" genau darin liegt, dass die potenziell existierenden, negativen Folgen, welche die Anwendung seiner Glieder verursacht, niemals ihre positive Rolle übertrifft. Im Gegensatz dazu könnte man in den von Menschen gebauten und geleiteten Systemen eine solche negative Konsequenz, wegen der Existenz der zwei oben aufgeführten Faktoren nicht ausschließen.

Auf die Frage, in welchen Fällen genau diese Unverhältnismäßigkeitsfaktoren im Rahmen des Systems auftreten können, kann man keine allgemeine sondern nur in concreto eine Antwort geben unter Berücksichtigung aller Faktoren, welche in einem bestimmten Fall eine Rolle für die Entscheidung der oben genannten Abwägung spielen. Eine von der Begriffsjurisprudenzidee stark geprägte Gegenansicht würde sehr schnell gegen die komplexe Natur der Realität verstoßen und wäre deswegen zum Scheitern verurteilt.

Im Rahmen der vorliegenden Arbeit werden wir uns daher damit begnügen, lediglich die allgemeinen Kategorien der Fälle darzustellen, in denen die von den oben genannten Faktoren verursachte Unverhältnismäßigkeit in einem Verfahrenssystem in Ausdruck kommen kann, wann nämlich im Allgemeinen diese Ausdrücke der oben aufgeführten Umsetzungsdefizite dazu führen, dass die primären Prinzipien des Verfahrens Unverhältnismäßigkeit aufweisen, dass sie ihrer Rolle nicht mehr genügen. Die Antwort auf diese Frage ist für unseren Syllogismus von fundamentaler Bedeutung, weil sie die erste Voraussetzung für die Durchsetzung eines sekundären Prinzips im Kollisionsfall mit einer primären ausmacht. Nur dann können wir von der Möglichkeit überhaupt sprechen, dass ein sekundäres Prinzip potenziell ein primäres verdrängen kann, wenn das zweite Unverhältnismäßigkeit aufweist.

Die auf den oben genannten Faktoren beruhende Unverhältnismäßigkeit der primären Prinzipien können wir in zwei allgemeine Kategorien unterteilen. In die Kategorie der „direkten Unverhältnismäßigkeit", in der ein Prinzip an sich in einem bestimmten Fall (oder immer) Unverhältnismäßigkeit aufweist und in die Kategorie der „indirekten Unverhältnismäßigkeit", in der ein Prinzip, welches sich an sich als verhältnismäßig darstellt, ihre Verhältnismäßigkeit aufgrund der Wechselwirkung der Verfahrenselemente verliert, weil nämlich ein anderes Element, welches die Funktion des Prinzips beeinflusst, Träger der Unverhältnismäßigkeit ist.

Um den Fall der „indirekten Unverhältnismäßigkeit" selbst eines an sich korrekten Prinzips, welche die Wechselwirkung der prozeduralen Mittel voraussetzt, besser begreifen zu können, wäre es vielleicht sinnvoll einen schnellen Blick auf die Bedeutung und Funktion der wissenschaftlichen Systeme und des Verfahrenssystems zu werfen, in dem die prozeduralen Prinzipien als Mittel zu dem Zweck der Umsetzung der verhältnismäßigen Gerechtigkeit tätig sind.

11. Kapitel: Funktion und Charakteristika des Verfahrenssystems

I. Charakteristika der wissenschaftlichen Systeme im Allgemeinen

Ein wissenschaftliches „System" ist nach den Definitionen Kants „die Einheit der mannigfaltigen Erkenntnisse unter einer Idee[395]" oder ein „nach Prinzipien geordnetes Ganzes der Erkenntnis[396]". Coing betrachtet ebenso das System als eine Ordnung von Erkenntnissen nach einem einheitlichen Gesichtspunkt[397]. Die Zusammenfassung der oben kurz zitierten Definitionen schildert die zwei wichtigsten Eigenschaften der wissenschaftlichen Systeme und besonders des prozeduralen Systems, den Zusammenhang ihrer Mittel (bzw. ihre Abhängigkeit von einander) und die Existenz zumindest eines Endziels. Es geht nämlich bei dem Verfahrenssystem um eine Ordnung in sich gegliederter, innerlich logisch verbundener und voneinander abhängiger prozeduralen Mittel, die zu der Verwirklichung eines Zweckes bestimmt sind, um eine Zusammenordnung, was genau das griechische Lehnwort „σύστημα" bedeutet.

Die Bestätigung und Konkretisierung dieser Gedanken, die auf das Jahr 1781 und die „Kritik der reinen Vernunft" Kants zurückzuführen sind, stellten unter anderem die Systembetrachtungen von Anton Friedrich Justus Thibaut (1797) und Karl Christian Kohlschütter ein Jahr später dar. Wissenschaft in enger Bedeutung ist nämlich nach der Ansicht Thibauts „ein Inbegriff systematisch geordneter Sätze, deren wissenschaftliche Verbindung unter einem gemeinschaftlichen höheren Grundsatz entstanden ist, und deren Wahrheit zuletzt auf der Wahrheit des gemeinschaftlichen höheren Grundsatzes beruht."[398] Kohlschütter schließt sich Thibaut an indem auch seine Systemdefinition auf den oben aufgeführten Elementen basiert. Laut ihm „bestehe die Eigenart einer philosophischen Wissenschaft darin, dass alle ihre Sätze auf einen höchsten Grund-

395 Immanuel Kant, Kritik der reinen Vernunft, 1. Auflage, Riga 1781, S. 832.

396 Immanuel Kant, Metaphysische Anfangsgründe der Naturwissenschaft, 1. Auflage, Riga 1786, Vorrede S.IV.

397 Helmut Coing, Bemerkungen zum überkommenen Zivilrechtssystem, in: Festschrift für Hans Dölle, Tübingen 1963, S. 25; vgl. auch Helmut Coing, Zur Geschichte des Privatrechtsystems, Frankfurt am Main 1962, S. 9; vgl. auch Claus-Wilhelm Canaris, Systemdenken und Systembegriff der Jurisprudenz entwickelt am Beispiel des deutschen Privatrechts, 2. Auflage, Berlin 1983, S. 11 ff., S. 12.

398 Analytisch über die Systembetrachtung von Anton Friedrich Justus Thibaut, in desselben, Juristische Enzyklopädie und Methodologie zum eignen Studio für Anfänger und zum Gebrauch academischer Vorlesungen entworfen, Altona 1797.

satz zurückgehen[399]". Die Begründung des Zusammenhangs unter den Sätzen fundiert auch er auf der Existenz des gemeinsamen Zieles, welches den Grund für die Vereinigung aller Prinzipien und Normen des positiven Rechts darstellt[400].

Unabhängig nämlich davon, wie ein Theoretiker den obersten Zweck eines Rechtssystems betrachtet (aus der Sicht des Positivismus, wie z.B. Thibaut und Kelsen[401] oder des Naturrechts, wie z.B. Kohlschütter[402]) steht fest, dass zu den Kennzeichen der wissenschaftlichen Systeme und als Folge davon des Prozessrechts, was ihnen einzugliedern ist, die Existenz eines bzw. mehrerer Ziele und der Zusammenhang der zu seiner (bzw. ihrer) Verwirklichung existierenden (prozeduralen) Mittel (ihre logische Verbindung, ihre Abhängigkeit nämlich voneinander und ihre Wechselwirkung) gehören.

Abschließend und zum Zweck des besseren Verstehens der darauffolgenden Gedanken wäre es vielleicht notwendig, den Begriff des Systems genauer zu definieren. Unter diesem Begriff verstehen wir im Rahmen der vorliegenden Arbeit das „innere System", was die innere Einheit der Rechtsordnung, ihre logische Folgerichtigkeit und sogar ihre endogene Vernünftigkeit beschreibt. Dieses dürfen wir daher mit dem sogenannten „äußeren System" nicht verwechseln, welches die äußere Einteilung des Rechtes in verschiedene Sachgebiete (z.B. des Rechtes allgemein in Strafrecht, Privatrecht und Öffentliches Recht oder des Privatrechts in Sachenrecht, Familienrecht, Handelsrecht, Arbeitsrecht, Erbrecht und Schuldrecht) sowie die quer zu ihnen liegende Einteilung des Rechts in materielles und Prozessrecht beschreibt[403].

II. Die Substanz des Endziels eines Systems im Allgemeinen

Bezüglich des Stoffs des oben erwähnten Zieles der rechtlichen Systeme und über die Frage, ob sie mehrere oder nur ein Ziel im Zentrum haben, herrscht keine Einstimmigkeit. Bezüglich der zweiten Frage scheint z.B. ganz verbreitet die Ansicht zu sein, dass das Recht als ein Gefüge von verschiedenen Zwecken

399 Karl-Christian Kohlschütter, Vorlesungen über den Begriff der Rechtswissenschaft, Leipzig 1798, S. 105.

400 Kohlschütter, a.a.O., S. 106; analytisch zu dem Thema Manfred Baldus, Die Einheit der Rechtsordnung. Bedeutungen einer juristischen Formel in Rechtstheorie, Zivil- und Staatsrechtswissenschaft des 19. und 20. Jahrhunderts, Berlin 1995, S. 24 ff.

401 Analytisch Hans Kelsen, Reine Rechtslehre.

402 A.a.O., S. 106.

403 Eingehend dazu Röhl, a.a.O., S. 443.

zu betrachten ist[404]. Die Vertreter der Ansicht, dass das Rechtssystem eine teleologische Ordnung ist, in der sich die jeweils verfolgten Zwecke aus den vielen Einzelregelungen erschließen lassen, bemühen sich auch heute darum, die verschiedenen Ziele des Systems induktiv aus den oben erwähnten Regelungen herzuleiten. Im Gegensatz dazu, gehen die Vertreter der Auffassungen, dass das Rechtssystem eine „axiomatische[405]" oder eine „axiologische" Ordnung ist, davon aus, dass jedes rechtliche System und als Folge davon auch das prozedurale nur ein einziges Ziel im Zentrum hat und verfolgt. In einer „axiologischen Ordnung" steht nämlich gleich wie bei den „axiomatischen Systemen" nur ein oberster Wert an der Spitze, welchen man aber im Gegensatz zu einem Axiom auch außerhalb des positiven Rechts finden kann. Als solchen Werten wurden unter anderen z.B. die Rechtsidee oder die Gerechtigkeit genannt.

Selbst aber die Frage nach dem Stoff des obersten Zwecks einer Rechtsordnung wurde nicht einheitlich beantwortet. Während die Vertreter der „Naturrechtsidee" diesen Zweck als eine Idee, als ein überrechtliches Prinzip, was in der Natur zu finden ist, betrachten, gehen die Anhänger der „rechtspositivistischen Lehre" davon aus, dass dieses Ziel, eine immer im Gefüge des positiven Rechts zu findende Grundnorm, die sogar axiomatischen Charakters ist, darstellt.

Als Hauptvertreter der positivistischen Lehre gilt Hans Kelsen, welcher die Stufenbaulehre bzw. die Delegationstheorie Adolf Merkls übernommen und weiterentwickelt hat, laut dem der oberste Satz des Rechtssystems ein im positiven Recht beinhaltendes Gesetz, ein positivrechtliches „Axiom", der Grundnorm sei[406]. Aus der gleichen Perspektive ist auch die These von Anton Friedrich Justus Thibaut zu betrachten, welcher die Möglichkeit das Ziel des Rechtes mit Hilfe des idealen Rechts zu finden bestreitet[407]. Stattdessen greift er auf die „höchsten Grundsätze des Gesetzgebers zurück und sucht nach den einheitsbildenden Elementen nur im Rahmen des positiven Rechts[408]". Im gleichen Sinn muss man auch die einfach anders formulierte, acht Jahre später ausgedrückte These von

404 Röhl, a.a.O., S. 444.

405 Unter dem Begriff „axiomatisches System" versteht man ein System, dessen Ziel eine oberste Norm, die Grundnorm ist, die axiomatisch gesetzt worden ist und aus der sich alle andere Prinzipien des Verfahrens axiomatisch-deduktiv herleiten.

406 Analytisch zu dem Thema Hans Kelsen, Reine Rechtslehre, Leipzig und Wien 1934; über die monistische Theorie Kelsens, dass es nämlich nur eine Rechtspyramide und eine Grundnorm gibt, s.u.a. Mario Losano, Turbulenzen im Rechtssystem der modernen Gesellschaft. Pyramide, Stufenbau und Netzwerkcharakter der Rechtsordnung als ordnungsfremde Modelle, Rechtstheorie 38 (2007), S. 9 ff., S. 16; über den Begriff des Rechtspositivismus, s. auch George Pavlakos, Normativity versus Ontology. Law, Facts and practical Reason, in: Rechtstheorie 34 (2003), S. 393 ff.

407 Manfred Baldus, a.a.O., S. 26.

408 Manfred Baldus, a.a.O., S. 26.

Paul Johann Anselm Feuerbach interpretieren, laut dem der Stoff der Wissenschaft nichts Anderes als die positiven Gesetze selbst sei[409] sowie die im Jahr 1814 offenbarte Ansicht von Friedrich Karl von Savigny in seinem Werk „Vom Beruf unsrer Zeit für Gesetzgebung und Rechtswissenschaft". Laut ihm sei die Einheit des Rechtssystems nicht durch die Hilfe eines vom Naturrecht hervorgehenden höchsten Grundsatzes zu begründen, sondern nur „durch die leitenden Grundsätze eines Gesetzbuchs, aus denen die einzelnen Rechtssätze hervorgehen[410]".

Unmittelbar oder mittelbar ausgedrückter, gemeinsamer Topos der positivistischen Betrachtung über das Endziel oder den obersten Grundsatz des Rechtes scheint seine Begründung allein durch die Tatsache zu sein, dass er im Rahmen des positiven Rechts existiert. Jeder Versuch einer durch die Hilfe des Naturrechts moralischen bzw. ethischen Begründung dieser Grundnorm scheint den Rechtspositivisten überflüssig und ohne Bedeutung zu sein. Der oberste Satz „genießt" nämlich laut ihnen eine „axiomatische Geltung"[411]. Eine kurze Dar-

409 Paul Johann Anselm von Feuerbach, Über die Philosophie und Empirie in ihrem Verhältnis zur positiven Rechtswissenschaft, Landshut 1804, S. 74.

410 Friedrich Karl von Savigny, Vom Beruf unsrer Zeit für Gesetzgebung und Rechtswissenschaft (1814) , in: Thibaut und Savigny. Ihre programmatischen Schriften, München 1973, S. 98 ff.

411 Charakteristisch zitiert Winfried Hassemer, Juristische Methodenlehre, S. 6,7 „Die Vehikel, die ins Paradies des Gesetzesstaates führen sollten, hießen (für die Rechtspositivisten) Axiomatisierung und Deduktion und das Erste war die Mutter des Zweiten. Ihr Verhältnis war dergestalt: Wenn es gelänge, das Gesetz vollständig zu axiomatisieren, ihm alle seine Inhalte eindeutig einzuformulieren, dann wäre richterliche Gesetzesauslegung nichts Anderes als Deduktion, als Ableitung der Fallentscheidung allein aus dem Gesetz- ohne Beifügung gesetzesfremder Informationen. Das Gesetz würde seine Fälle selber entscheiden…Sollte eines Tages die Axiomatisierung der Gesetze abgeschlossen sein, so enthielten diese formidablen Kodifikationen sämtliche Informationen, die zur Entscheidung der Fälle vonnöten waren, und zwar in eindeutiger Formulierung. Diese Informationen müsste man dann in der Entscheidungssituation nur noch abrufen und umsetzen, und schon hätte das Gesetz seinen Fall entschieden; das wäre wirklich die Stunde einer verbindlichen juristischen Methode und der Tod eines oligarchischen Richterstaats gewesen."; s. auch Jean-Francois Kervegan, Ein „idealistisches" Plädoyer für den Rechtspositivismus, in: Rechtstheorie 39 (2008), S. 23 ff., S. 23, welcher zitiert „Als herrschende Lehre in der Rechtsphilosophie seit der Mitte des 19. Jahrhunderts hat der Rechtspositivismus die Trennung von rechtlicher und moralischer Normativität zum Rang eines Axioms erhaben." Diese Tatsache bestätigt sogar die Lehre der zwei größten Vertreter des Positivismus, Hans Kelsen und H.L. Hart. Hans Kelsen bezeichnet sogar die Trennung zwischen Recht und Moral als ein Wesensmerkmal des Rechtspositivismus; s. auch Hans Kelsen, Die philosophischen Grundlagen der Naturrechtslehre und des Rechtspositivismus, Charlottenburg 1928, S. 8-9; ebenfalls Herbert L. A. Hart, The concept of law, second edition, New York 1997, S. 302, welcher zitiert „The expression

stellung des Begriffs des „Axioms“ könnte dazu beitragen, unsere Betrachtung des Systems als eine „axiologische Ordnung“ besser zu verstehen.

Das erste und vielleicht wichtigste Kennzeichen eines Axioms, aus dem sich sogar alle andere Eigenschaften, die sie aufweisen, herleiten, beruht auf der Idee, dass es im Gegensatz zu den Prinzipien, deren Anwendung eine Wertung erfordert, als „axiomatisch wahr vorausgesetzte Aussage“ gilt[412]. Von dieser generellen Idee der „axiomatischen Wahrheit“ leiten sich sogar drei weitere, spezielle Eigenschaften der Axiome ab, welche auch der Funktion der „axiomatischen Systeme“ einen besonderen Charakter verleihen im Vergleich zu den „axiologischen Systeme“, deren Endziel ein Prinzip bildet.

Die erste Folge, welche die Annahme der „axiomatisch geltenden Wahrheit“ der Grundnorm mit sich bringt, betrifft die Anschauung, dass die Richtigkeit eines Axioms in Gegenüberstellung zu den Prinzipien keines Beweises bedarf[413]. Die Grundnorm soll gelten, weil sie als solche im Rahmen des positiven Rechts eingeführt worden ist. Jeder Versuch, sie auf der Basis von überrechtlichen und des Rechts vorexistierenden Ideen zu rechtfertigen, scheint keine wesentliche sondern nur eine emotionale Bedeutung zu haben[414]. Die oben erwähnte theoretische Ablehnung jeder vorrechtlichen Abwägung bei der Einführung bzw. Anwendung der positiven Gesetze hatte sogar für die Demokratie und die Menschheit verheerende Folgen, da sie den nationalsozialistischen Regimen und ihrer Gesetze weltweit fruchtbaren Boden bot.

Nicht nur ohne Beweis sondern auch ohne Ausnahme sollen nach der gleichen Auffassung die „Axiome“ gelten. Kein Prinzip und kein Mensch dürfe ihre Geltung ausschließen oder beschränken. Besonders charakteristisch scheinen dafür die Worte von Claus Wilhelm Canaris zu sein: „Während Prinzipien das für den Juristen so charakteristische Wörtchen „grundsätzlich“ in ihrer Fassung enthalten, müssen Axiome nach dem Schema „immer wenn…, dann“ formuliert

---

positivism is used in contemporary Anglo-American literatur to designate one or more of the following contentions: (1) that laws are commands of human beings; (2) that there is no necessary connection between law and morals or law as it is and law as it ought to be; (3) that the analysis or study of meanings of legal concepts is an important study to be distinguished from historical inquiries, sociological inquiries, and the critical appraisal of law in terms of morals, social aims, functions etc. (4) that the legal system is a “closed logical system” in which correct decisions can be deduced from predetermined legal rules by logical means alone (5) that moral judgments cannot be established, as statements of fact can, by rational argument, evidence of proof.”

412 Analytisch über das Thema Claus-Wilhelm Canaris, a.a.O., S. 53, 55 und genauer über die Unterscheidung zwischen Axiomen und allgemeinen Prinzipien S. 59 ff.

413 Canaris, a.a.O., S. 59.

414 Dazu analytisch Hans Kelsen, Reine Rechtslehre.

werden können[415]". „Vollends unvereinbar mit einem axiomatischen System scheint daher auch die Möglichkeit der Prinzipienwidersprüche zu sein[416]".

Diese Besonderheiten, welche die „Axiome" im Vergleich zu den Prinzipien aufweisen, verleihen auch den „axiomatischen Systemen" einen besonderen, von den oben erwähnten Ideen geprägten, Charakter. In diesen Systemen leiten sich deduktiv aus den „Axiomen" die „Theoreme" ab aber immer unter ausschließlicher Verwendung der Gesetze der formalen Logik. Die Einschaltung neuer materialer Gesichtspunkte sei in diesem Entwicklungsprozess nicht erlaubt[417] (genau wie die Auslegung der Gesetze auf der Basis naturrechtlicher Kriterien, wie z.B. die teleologische Auslegung einer positiven Regel). Im Gegensatz dazu sind bei der Konkretisierung bzw. Normativierung allgemeiner Rechtsprinzipien in den „axiologisch deduktiven Systemen" selbstständige Teilwertungen auf jeder einzelnen Stufe dieses Prozesses immer erlaubt und notwendig.

Im Antipode der rechtspositivistischen Lehre, welche das Endziel des Rechts als eine immer im Rahmen des positiven Rechts beinhaltende Grundnorm betrachtet, die „axiomatisch" als korrekt gilt, gehen die Vertreter der Naturrechtslehre davon aus, dass das Ziel aller positiven Gesetze nur eine vorrechtliche Idee, ein vorrechtliches Prinzip sein kann, was gleichzeitig den Grund der Schaffung des gesamten Rechtsgewebes darstellte.

Diesen höchsten Grundsatz macht z.B. laut Kohlschütter[418] die vorrechtliche Idee aus, dass kein Mensch die Würde des anderen durch äußere Handlungen verletzen darf, nämlich die Menschenwürde. In den Rahmen der gleichen naturalistischen Betrachtung des Rechts muss man auch die Anschauung von Claus-Wilhelm Canaris einordnen, laut dem der Gedanke der Einheit der Rechtsordnung auf das Gebot für Gerechtigkeit zurückzuführen sei[419]. Die Einheit der juristischen Systeme stellt laut ihm nichts Anderes dar, als eine Ausprägung des Gleichheitssatzes, „indem sie die Widerspruchslosigkeit der Rechtsordnung zu gewährleisten sucht und letztlich nichts Anderes als die Verwirklichung der generalisierenden Tendenz der Gerechtigkeit darstellt[420]". Diesen naturrechtlichen Gedanken, auf dem Canaris die Idee des „organischen Zusammenhangs" fundierte, hat er in einem Satz besonders treffend zusammengefasst: „Es gilt hinter Lex und Ratio Legis die übergreifende Ratio Juris aufzuspüren[421]".

---

415 Canaris, a.a.O., S. 59.

416 Canaris, a.a.O., S. 59.

417 Canaris, a.a.O., S. 59.

418 Karl-Christian Kohlschütter, a.a.O., S. 106; dazu analytisch auch Manfred Baldus, a.a.O., S. 24 ff.

419 Claus-Wilhelm Canaris, Systemdenken, S. 16 ff.

420 Analytisch Dagmar Felix, Einheit der Rechtsordnung. Zur verfassungsrechtlichen Relevanz einer juristischen Argumentationsfigur, Tübingen 1998, S. 9 ff.

421 Claus-Wilhelm Canaris, a.a.O., S. 46, 47.

III. Das Verfahrenssystem: Eine „axiologisch deduktive“ Zusammenordnung

Im Anschluss an die oben kurz erwähnte Rechtsanschauung muss auch die im Rahmen dieser Arbeit aufgeführte Darstellung des inneren Systems des Prozesses sowie seines Zweckes betrachtet werden, in dem Sinne, dass die Menschen nach den Kriterien ihrer Gerechtigkeit in ihrem Lebensraum – außerhalb der positiven Gesetze - gesucht haben und durch seine Hilfe bestimmt und definiert haben. Das Endziel der Einführung aller positiven Rechtssysteme stellt laut der Arbeit die Annäherung eines nicht rein positiven sondern „materiellen“, nämlich vor dem positiven Recht existierenden Prinzips, der Verhältnismäßigkeit dar [422], welche den Kern der aus der menschlichen Perspektive idealen, vorrechtlichen Gerechtigkeit bildet[423]. Diese bedeutet in ihrem absoluten Sinn das in einem für die Menschen idealen Zustand existierende „gerechte Maß“ sowie die absolute Proportionalität in den Beziehungen aller menschlichen Wesen zu einander.

Die vorliegende Annahme, dass nämlich das Maß der Gerechtigkeit die Verwirklichung der Verhältnismäßigkeit ausmacht, schien auch Gustav Radbruch zu akzeptieren. Das drückte besonders die berühmte „Radbruchsche Formel“ aus, welche ihre Hauptformulierung in dem im Jahr 1946 veröffentlichten Aufsatz „Gesetzliches Unrecht und übergesetzliches Recht“ gefunden hat. Es handelt sich sogar um zwei Formeln: eine Unerträglichkeitsformel, wonach unerträglich ungerechten Gesetzen die Rechtsgeltung abzusprechen ist, und eine Verleugnungsformel, wonach die Gesetze, bei deren Setzung die Gleichheit bewusst verleugnet wird, überhaupt der Rechtsnatur entbehren[424].“

Die Annahme, dass die Verhältnismäßigkeit das vorrechtliche Gerechtigkeitskriterium der Menschen ausmacht, hat, wie oben analytischer dargestellt wurde, folgende Tatsache zur Folge. Erstens, dass sie in ihrer idealen, vorrechtlichen Form unveränderlich ist[425]. Zweitens, dass sie in dieser vorrechtlichen Form ein „absolutes Maß“ bildet, dessen Korrektheit nicht in Frage gestellt werden darf – weil sie selbst das Kriterium der Gerechtigkeit darstellt - und drittens dass, die korrekte Funktion ihrer Positivierung, des im Gesetz beinhaltenden Prinzips der Verhältnismäßigkeit nämlich, im Rahmen eines „immer relativ korrekt funktionierenden Systems“ als bewiesen gelten muss[426].

---

422 S. oben S. 101 ff.

423 S. oben S. 118 ff.; diese Annahme bedeutet dennoch nicht, dass die Arbeit den auch positiven Charakter des Prinzips, welches die oberste Norm eines Systems darstellt, nämlich seine Existenz im Rahmen des positiven Systems, bestreitet.

424 S. oben besonders S. 117; eingehend dazu Gustav Radbruch, Gesetzliches Unrecht und übergesetzliches Recht (1946), GRGA Bd.3 (1990), S.83, 89.

425 S. oben S. 122.

426 S. oben S. 123.

Die erste Schlussfolgerung, zu der uns die Annahme dieser Gedanken führt, ist, dass das Endziel des Prozesses sowie jedes rechtlichen Systems, das Prinzip der Verhältnismäßigkeit, in seinem vorrechtlichen Zustand einen rein axiomatischen Charakter hat. Das bedeutet dennoch nicht, dass es uns zu dem Gedanken leiten muss, das Ziel des Prozesses in seiner positiven Gestalt müsse als Axiom angesehen werden bzw. das Prozesssystem solle als ein axiomatisches System betrachtet werden.

Selbst die Anwendung einer einen absoluten/axiomatischen Charakter beinhaltenden vorrechtlichen Idee im Rahmen des positiven Rechts muss Wertungen unterworfen werden. Selbst ein Axiom kann von den Menschen nicht begriffen werden, bevor es mit einem von den Menschen gestellten Maßstab verglichen und auf diese Art und Weise interpretiert worden ist. Die Frage z.B., was Verhältnismäßigkeit in einem bestimmten Fall bedeutet, kann im Rahmen der Gesellschaft bzw. des positiven Rechtssystems nicht „automatisch" absolut richtig beantwortet werden. Diese stellt einfach die Ansammlung menschlicher Wertungen, die durch die Hilfe ihrer eigenen Vorstellungen und Berechnungen zustande kommen. Die vorliegende Tatsache verdeutlicht sogar auch der wissenschaftliche Charakter des Prozesssystems, welcher vor allem die Wahrnehmung von Erscheinungen und die Ordnung dieser Erscheinungen nach bestimmten Gesetzen voraussetzt (Savoir pour Prevoir: Wissen um vorherzusehen). Das ist genau der Grund, aus dem das Endziel des Prozesses, die aus der menschlichen Perspektive betrachtete Verhältnismäßigkeit im Rahmen dieser Arbeit, trotz ihres absoluten vorrechtlichen Charakters als materielles Prinzip (und nicht als Axiom) bezeichnet wird, weil ihre Auslegung bzw. Anwendung im positiven Rechtssystem menschlichen „Axiologiseis[427]" (Wertungen) bedarf. Im positiven Recht gibt es nämlich keinen Platz für Axiome und in dieser Arbeit geht es um die Verhältnismäßigkeit aus der Perspektive des positiven Rechts betrachtet.

Die Annahme, dass das Endziel des Prozessrechts ein Prinzip, die Verhältnismäßigkeit der Gerechtigkeit ist, veranschaulicht auch die Tatsache, dass es auch, als ein System in dem ein Prinzip herrscht, als „axiologisches System" angesehen werden muss. Die axiologische Gestaltung des Prozesses spiegelt sich dennoch nicht nur im Charakter seines Endzieles wieder. Das gesamte Verfahrenssystem stellt einen Organismus dar, dessen einzelnen Teile, immer das Ergebnis vorexistierenden Wertungen bilden.

In einem System, was von einem Prinzip geleitet und nach der Verwirklichung bzw. Annäherung dieses Prinzips strebt, gilt keine Regelung als korrekt einfach dadurch, dass sie von der jeweiligen Autorität gewollt ist. Die Einführung der prozeduralen Mittel (z.B. Prinzipien, Regeln, Institutionen) muss immer das Ergebnis einer Wertung darstellen, welche zeigt, dass sie im Allgemei-

---

427 Das griechische Wort „Axiologisis" (Plural: Axiologiseis) bedeutet Wertung. Aus diesem Wort stammen die Begriffe „axiologisch" bzw. „axiologisches System."

nen in der Lage sind, zu der Annäherung des Endzieles des Prozesses (zu der verhältnismäßigen Gerechtigkeit nämlich) zu führen.

In einem solchen System herrscht ein Prinzip, nicht weil es von dem Gesetzgeber willkürlich als Grundnorm eingeführt worden ist und die rein formellen Prinzipien, in welche es im Rahmen des Verfahrens weitergeführt und konkretisiert wird, gelten als solche, weil es durch die Hilfe von Wertungen bzw. Abwägungen bewiesen ist, dass sie während des Prozesses der Annäherung der verhältnismäßigen Gerechtigkeit dienen können. Bei dem strafprozeduralen System geht es nämlich um ein „axiologisch deduktives System", in dem jedes Stadium des Deduktionsprozesses, nämlich des Prozesses, durch den die „Genesis" einer spezielleren Norm von einer genereller en stattfindet, neue Teilwertungen voraussetzt.

IV. Die Eigenschaften des „axiologisch deduktiven" Verfahrenssystems

Dieser „axiologisch deduktive" Charakter des Strafprozesses scheint auch in der Lage zu sein, einige der für den Ablauf unseres Syllogismus wichtigsten Eigenschaften des „inneren Prozesssystems" zu erläutern, weil auf diesem Charakter das gesamte Gewebe des Verfahrenssystems beruht. Welche sind aber diese Eigenschaften, die dem Verfahrenssystem seinen „axiologisch deduktiven" Charakter verleihen? Auf diese Frage werden wir hier eingehen.

1. Das Prozesssystem: Ein „lebender Organismus"

Zentrales Charakteristikum der „axiologisch deduktiven" Systeme stellt die Tatsache dar, dass ihre einzelnen Sätze, die Glieder ihres Organismus, „durch inneren Kausalzusammenhang untereinander verkettet sind[428]", dass sich nämlich von einem gemeinsamen vorrechtlichen Endziel deduktiv prozedurale Mittel ableiten und diese durch den Gebrauch „axiologischer Abwägungen" in weitere eingeteilt und konkretisiert werden. Diesen Kausalzusammenhang der untereinander verketteten Glieder des rechtlichen Systems müssen wir sogar als Folge einer deterministischen Vorstellung des Systems betrachten, laut der und dem sogenannten Kausalprinzip wir nur dann etwas als notwendig erkennen, wenn wir es als Folge aus einem gegebenen Grunde begreifen[429].

---

428 Paul Johann Anselm Feuerbach, a.a.O., S. 89; Manfred Baldus, a.a.O., S. 27.

429 Im Gegensatz dazu geht der Indeterminismus davon aus, dass es auch Ereignisse gibt, die nicht notwendig herbeigeführt werden. Da notwendig ist, was aus einer Ursache folgt, bedeutet Abwesenheit der Notwendigkeit das Fehlen einer Ursache; Zu dem

Von dem Endziel des Verfahrenssystems (von der verhältnismäßigen Gerechtigkeit) stammt z.B. der positive Ausdruck des primären materiellen Prinzips der Wahrheit ab, weil ihre Entdeckung im Rahmen des Systems eine notwendige Voraussetzung für die Umsetzung der Gerechtigkeit ausmacht. Von diesem leitet sich deduktiv unter Anderem das „formelle, existenziell rein primäre" Prinzip des „rechtlichen Gehörs[430]" ab, weil der Gesetzgeber durch den Gebrauch „axiologischer", an das vorrechtliche Ziel des Verfahrens nämlich orientierter Bewertungen beschlossen hat, dass die Wahrheit im Rahmen des Verfahrens nur mit der Hilfe des „rechtlichen Gehörs" umgesetzt werden kann, und dieses wird auch durch den Einsatz „axiologischer Abwägungen" in weiteren ihn unterstützenden und absichernden Regeln weitergeführt und konkretisiert.

Diese deduktive, vertikale Produktion neuer speziellerer Normen aus dem obersten Prinzip kann dennoch nur im Rahmen eines „organischen" Systems umgesetzt werden. Was wird aber unter der Bezeichnung „Organismus" und „organisches System" für die prozedurale Zusammenordnung gemeint? In der Lehre Savignys von der „organischen Einheit" des Systems[431] hat an mehreren Stellen die Bezeichnung „organisch" die Bedeutung des „lebendigen"[432]. Das, was „organisch" ist, ist nämlich auch laut Savigny „lebendig".

Diese Definition des lebendigen stellte dennoch keine „Erfindung" Savignys dar. Die Frage nach dem Hintergrund von Savignys Sprechweise führe zwangsläufig auf die philosophische Lehre des deutschen Idealismus zurück[433]. So liegt das Wesen der unorganischen Natur laut Schelling genau darin, dass „ihr die Fähigkeit fehlt, sich selbst zu erregen und zu reproduzieren"[434]. Auf die Frage, was genau diese Fähigkeit des Systems laut der Arbeit im Gegensatz zu der rein positivistischen Betrachtung Savignys[435] - welcher die „organische Einheit" des Systems nicht durch die Hilfe eines vorrechtlichen höchsten Grundsatzes sondern nur durch den leitenden Grundsatz des Gesetzbuches begründet -, bedeutet, werden wir weiter unten eingehen.

Thema eingehend Arthur Schopenhauer, Über die Freiheit des Willens (1839), Sämtliche Werke, Band III, bearbeitet und hrsg. von Frhr. v. Löhneysen, 4. Auflage, Frankfurt am Main 1994, S. 526, welcher zitiert „Nun müsste aber das Freie, da Abwesenheit der Notwendigkeit sein Merkmal ist, das schlechthin von gar keiner Ursache Abhängige sein, mithin definiert werden als das absolut Zufällige"…"Wenn etwas ursachenlos oder absolut zufällig ist, ist es daher frei."; Über die Theorie des Determinismus; s. auch Mitsuyoshi Ikeda, Freiheit, Determinismus und Verantwortung beim jungen G. Simmel, in: ARSP 90 (2004), S. 237 ff., bes. S. 263 ff.

430 S. auch Art 6 III EMRK.

431 Dazu analytisch Friedrich Karl von Savigny, a.a.O., S. 98 ff.

432 Manfred Baldus, a.a.O., S. 57.

433 Manfred Baldus, a.a.O., S. 57.

434 Manfred Baldus, a.a.O., S. 57.

435 Eingehend dazu Savigny, a.a.O., S. 98 ff.

In diesem Punkt werden wir uns einfach damit begnügen, zu sagen, dass tatsächlich die „organische" Gestaltung eines prozeduralen Systems, welche ihm „Lebendigkeit" verleiht, eine conditio sine qua non für den „axiologisch deduktiven" Produktionsprozess in seinem Rahmen ausmacht. Die Glieder (z.B. Prinzipien, Regeln) nur einer „lebendigen" Zusammenordnung sind in der Lage deduktiv weitere Systemglieder zu erzeugen. Sie haben nämlich die Fähigkeit der ohne äußeren Eingriff/Hilfe Weiterentwicklung.

Abschließend und zum Ziel der Vermeidung von Missverständnissen wäre es vielleicht sinnvoll einen kurzen Blick auf den Begriff der „statischen Systeme" in der Lehre Hans Kelsens zu werfen. Ein solches System, in dem sich alle Normen von einem zentralen vorrechtlichen Prinzip ableiten, welches sie in seinem Rahmen konkretisieren, nennt Hans Kelsen, im Gegensatz zu der Bezeichnung „lebendig" dieser Arbeit, „statisches" oder „naturrechtliches" System. „Dynamische" Zusammenordnungen sind dagegen laut Hans Kelsen nur die positivrechtliche[436].

In den „statischen" Systemen entfaltet sich nach seiner Lehre die Grundnorm in die inhaltlich differierenden Normen ihres Systems so wie sich ein Allgemeinbegriff in die unter ihn zu subsumierenden Vorstellungen auflöst. Aus der Grundnorm der Wahrheit oder Wahrhaftigkeit ergeben sich beispielsweise laut Kelsen die Normen: du sollst nicht betrügen, du sollst dein Versprechen halten usw., aus der Grundnorm der Liebe: Du sollst niemanden verletzen, du sollst dem Notleidenden helfen usw., und aus diesen besonderen Normen wieder noch speziellere, so z.B. dass ein Kaufmann die ihm bekannten Mängel seiner Ware nicht verheimlichen soll, dass der Käufer den versprochenen Kaufpreis zur besprochenen Zeit bezahlen soll, dass man niemandes Ehre kränken, dass man niemandem körperlichen Schaden zufügen soll usw. All diese Normen ergeben sich sogar laut seiner These aus der Grundnorm, ohne dass es eines sie erst erzeugenden Normsetzungsaktes - als eines Aktes menschlichen Wollens - bedürfte. Sie seien alle schon von vornherein in der Grundnorm enthalten und aus ihr durch eine bloße Gedankenoperation zu gewinnen[437].

Im Gegensatz dazu liege laut ihm ein „dynamisches" System nur dann vor, wenn die Grundnorm sich darauf beschränkt, einen bestimmten menschlichen Willen zur Setzung von Normen zu ermächtigen; etwa die Norm: gehorche den Eltern. Aus dieser Grundnorm sei laut seiner Lehre durch bloße Gedankenoperation keine besondere Norm zu gewinnen. Es müsse inhaltlich bestimmter Befehl des Vaters oder der Mutter an das Kind geben, etwa dass dieses in die Schule gehen sollte, also ein Normsetzungsakt erfolgen. Diese besondere Norm gelte aber nicht, weil sich ihr Inhalt mit dem der Grundnorm decke, zu diesem im Verhältnis des Besonderen zum Allgemeinen stehe, sondern weil ihre Erzeu-

436 Dazu analytisch Hans Kelsen, Die philosophischen Grundlagen, S. 18-19.

437 Dazu analytisch Hans Kelsen, Die philosophischen Grundlagen, S. 18-19.

gung der in der Grundnorm ausgesprochenen Regel entspreche, im Sinne dass sie auf eben jene Art und Weise gesetzt wurde, die die Grundnorm vorschreibe. „Die von der Grundnorm ermächtigte Autorität kann dann ihrerseits wieder, sei es für den ganzen Bereich ihrer Zuständigkeit, sei es nur für einen Teilbereich, eine andere Autorität delegieren; so etwa die Eltern für das Gebiet der Erziehung der Kinder einen Lehrer; und diese Delegation kann wieder fortgesetzt bzw. weitergegeben werden.[438]" Die Einheit des dynamischen Systems sei daher laut Hans Kelsen die Einheit eines Delegationszusammenhanges[439]."

2. Die „Entelechie" des Systems: Seine „innere Beweglichkeit"

Der im vorigen Kapitel erwähnte „lebendige" Charakter des Rechtssystems verrät noch eine Eigenschaft des Strafverfahrens, welche er zwangsläufig mit sich bringt, seine „innere Beweglichkeit[440]". Die Gesellschaft sowie die Lebensbedingungen der Menschen zeichnen sich durch eine ständige Bewegung aus. Die unendliche Mannigfaltigkeit des menschlichen Lebens führt dazu, dass die Lebensbedingungen und Lebensprobleme fortlaufendem Wechsel unterworfen sind[441].

Diese Komplexität sowie die permanente Bewegung des Gesellschaftssystems beeinflussen auch die innere Funktion des Rechtssystems, weil es nichts Anderes als einen inneren, „konzentrischen Kreis" im Rahmen der Gesellschaft ausmacht, in dem Sinne, dass das Endziel des Rechtssystems, eine innere Voraussetzung für die Realisierung des Gesellschaftszieles darstellt.

---

438 Dazu analytisch Hans Kelsen, Die philosophischen Grundlagen, S. 18-19.

439 Über die deduktive Produktion speziellerer Normen aus anderen generelleren s.u.a. Hans Kelsen, Die philosophischen Grundlagen, S. 18-19; vgl. auch Niklas Luhmann, Die Einheit des Rechtssystems, in: Rechtstheorie 14 (1983), S. 129 ff., S. 134, laut dem das System als „autopoietisch" (selbsterzeugend) betrachtet werden muss, weil seine Einheit nichts Anderes bedeutet, als die rekursive Geschlossenheit der Produktion der Elemente des Systems durch die Elemente des Systems.

440 Den von uns im Rahmen dieser Arbeit verwendeten Begriff „Beweglichkeit" dürfen wir mit der „Beweglichkeit", wie sie von Walter Wilburg gemeint ist, nicht verwechseln. Über den Sinn der „Beweglichkeit" laut Wilburg, s. Walter Wilburg, Entwicklung eines beweglichen Systems im bürgerlichen Recht, Graz 1950, S. 22.

441 Vgl. etwa Manfred Baldus, a.a.O., S. 103, mit Verweis auf Philipp Heck, Das Problem der Rechtsgewinnung, Gesetzesauslegung und Interessenjurisprudenz, Begriffsbildung und Interessenjurisprudenz, Bad Homburg 1968, S. 9 ff., S. 13.

Die Umsetzung des Gesellschaftszieles durch das Recht setzt nämlich voraus, dass auch die inneren Systemglieder[442] sich in einer ständigen Bewegung befinden müssen, damit sie in der Lage sind, dem fortlaufenden Wechsel der Lebensbedingungen bzw. Probleme zu folgen. Diese Eigenschaft des Rechts- und als Folge davon des Verfahrenssystems, welche den oben erwähnten „organischen" Charakter konkretisiert und in Ausdruck bringt, wurde sogar den Juristen sehr schnell bewusst. Im Jahr 1856 beschreibt Georg Friedrich Puchta in seinem Werk „Cursus der Institutionen" die Rechtsordnung als eine Gliederung, die eine Bewegung in sich habe[443]. Diese „besteht aus Gliedern, die verschieden sind und doch durch die Einheit, die Seele des Organismus, zusammengehalten werden[444]".

Diese Systembetrachtung, welche auf die „Entelechie" der aristotelischen Philosophie zurückzuführen ist, veranschaulicht und begründet auch die im vorigen Kapitel kurz zitierte „axiologisch deduktive" Normenproduktion im Rahmen des Rechtssystems. „Entelechie" hat Aristoteles in seinem Werk „Metaphysik" die allen Dingen immanente ständige Bewegung genannt, welche auf ein bestimmtes Endziel „Telos" gerichtet sei[445]. Dieses Ziel, welchem die ständige „innere Bewegung" aller sich in der Natur befindenden Dinge dient, sei laut Aristoteles „das Ding zu seiner Vollendung zu bringen[446]". „Er ist ein objektiver Zweck, den das Ding von Natur aus hat. Der ihm innewohnende Zweck ist: So zu sein, wie es sein solle, und das heißt gut zu sein[447]".

Die oben kurz zitierte Lehre von der „Entelechie" kann sogar Anwendung auf die rechtlichen Systeme und als Folge davon auf die Verfahrenssysteme finden. Um einen vorrechtlichen Zweck verfolgen zu können, sollten sie auch als die positive Abbildung der Realität[448] betrachtet werden. Nur ein „bewegliches"

---

442 Diese sind die prozeduralen Mittel, welche zu der Verwirklichung des Endzieles im Rahmen des Prozesses gesetzt worden sind (z.B. die Prinzipien, die Regel und die Justizorgane).

443 Georg Friedrich Puchta, Cursus der Institutionen, 1. Bd., 5. Auflage, Rudorff 1856, S. 95.

444 Georg Friedrich Puchta, a.a.O., S. 95.

445 S. Aristoteles, Metaphysik I, 7.

446 S. Aristoteles, a.a.O., I, 7; analytisch auch Hans Kelsen, Allgemeine Theorie der Normen, Wien 1979, S. 43.

447 Hans Kelsen, a.a.O., S. 43 mit Verweis auf Aristoteles, a.a.O., I, 7.

448 Vgl etwa Günther Jakobs, Norm, Person, Gesellschaft. Vorüberlegungen zu einer Rechtsphilosophie, 3. Auflage, Berlin 2008, S. 67, laut dem der Begriff der Gesellschaft auf normative Verständigung beschränkt werden kann. Unter dem Begriff „normative Verständigung" ist nach Günther Jakobs „die Vergewisserung zu verstehen, dass eine gemeinsame kommunikativ verbindliche den Individuen nicht verfügbare objektive Aufgabe besteht, nämlich die Gewinnung des Wissens über den normativen Stand und damit die aktuelle Gestalt der Gesellschaft."; s. auch Mariana Sacher, Systemtheorie

System kann „lebendig“ sein und nur die permanente Bewegung der Glieder einer Zusammenordnung verleiht ihnen die Fähigkeit einer ständigen Verbesserung. Nur durch die „innere Bewegung“ kann die verhältnismäßige Gerechtigkeit angenähert werden. Ein stilles Recht „gebärt“ im Gegensatz dazu kein neues, kein vollkommenes Recht.

3. Die „Offenheit“ des Rechtssystems

a. Die „doppelte Natur“ des Rechtssystems und die Bedeutung des Begriffs „Offenheit“

Die in den vorigen Kapiteln kurz erwähnte Verbindung des Rechtssystems mit dem Lebensraum der Menschen, in dem es funktioniert, nämlich mit der Gesellschaft, welche seine Lebendigkeit und Beweglichkeit erlaubt, setzt dennoch noch zwei Eigenschaften dieser Zusammenordnung voraus. Die erste von denen werden wir versuchen in diesem Kapitel darzustellen. Es geht um die „Offenheit“ des Systems. Bevor wir aber eine eigenständige Antwort auf die Frage geben dürfen, was zumindest ungefähr die „Offenheit“ für das Prozessrecht bedeutet, wäre es vielleicht sinnvoll, einen Blick auf die bisherige Definitionen bzw. Auslegungen dieser Eigenschaft eines Rechtsorganismus zu werfen.

Im Rahmen der juristischen Literatur wird die „Offenheit“ des Systems doppeldeutig interpretiert. Zum einen versteht man unter der Bezeichnung „offenes System“ in Gegenüberstellung zu den geschlossenen[449] (welche laut dieser Anschauung als von Kodifikationsgedanken beherrschten Rechtsordnungen bezeichnet werden) eine Zusammenordnung, welche „kasuistisch“ und das heißt auf dem Richterrecht aufgebaut ist. Ein solches System steht laut dieser Ansicht im Gegensatz zu den Zusammenordnungen, die von Kodifikationsgedanken beherrscht sind[450]. Zum anderen trägt manchmal die Bezeichnung „offen“ für ein Rechtssystem die Bedeutung des „Entwicklungsfähigen“. Unter „Offenheit“

---

und Strafrecht. Kritik der rollenbezogenen Zurechnungslehre, in: ZStW 118 (2006), S. 574 ff., S. 576; ebenfalls Günther Jakobs, Das Strafrecht zwischen Funktionalismus und „alteuropäischem“ Prinzipiendenken, oder: Verabschiedung des „alteuropäischen“ Strafrechts?, ZStW 107 (1995), S. 843 ff., S. 859 welcher zitiert: „Die Norm ist nichts Anderes als eine institutionalisierte soziale Erwartung. Die an der Gesellschaft beteiligten, was heißt kommunikativ als maßgeblich dargestellten Individuen werden dann dadurch definiert, dass für sie nunmehr die objektive Welt, also mindestens eine Norm gültig ist.“

449 Dazu analytisch Josef Esser, Grundsatz und Norm in der richterlichen Fortbildung des Privatrechts, 3. Auflage, Tübingen 1974, S. 44, 218 ff.; Claus-Wilhelm Canaris, a.a.O., S. 61.

450 Dazu eingehend Claus-Wilhelm Canaris, a.a.O., S. 61; Josef Esser, a.a.O., S. 44, 218 ff.

versteht man nämlich in diesem Zusammenhang die „Unabgeschlossenheit", die „Modifizierbarkeit" und letzten Endes die „Entwicklungsfähigkeit" eines Rechtsorganismus[451]. Eine nähere Betrachtung der oben kurz zitierten Auslegungen kann uns zu einer objektiveren Anschauung des Begriffs der „Offenheit" führen.

Diese nähere Betrachtung der oben kurz zitierten Auslegungen verdeutlicht folgende Tatsachen: Erstens, dass beide einen gemeinsamen Punkt aufweisen, und zweitens, dass sich die erste Auslegung durch Einseitigkeit kennzeichnet. Bei dem Versuch unsere Definition für die Offenheit des Prozesssystems zu erzeugen werden wir daher damit anfangen, die Schwäche der ersten Auslegung abzulehnen und zu beseitigen.

Großen Nachteil der ersten Auslegung des Begriffs „Offenheit" eines Systems stellt ihre Einseitigkeit dar. Diese liegt darin, dass sie die „doppelte Natur" des Rechtssystems verkennt. Sie nimmt nämlich als „offen" nur ein System an, in dem die Kodifikationen keine Rolle spielen, und als „geschlossen" jedes andere, was von Kodifikationen beherrscht ist. Ein System dürfe dennoch nicht nur aus bloßen Kodifikationen bestehen, sonst wäre es kein „lebendiger" und „beweglicher" Organismus. Das heißt: Ein nur aus Kodifikationen bestehendes System kann dem permanenten Wechsel der Gesellschaftsbedingungen und als Folge davon seinem Ziel nicht folgen. Ein Rechtssystem dürfe aber auch nicht nur auf „richterlichen Entscheidungen" beruhen, weil es dann kein System wäre, es würde nämlich in diesem Fall an Zusammenhang zwischen den mehreren in concreto Entscheidungen und am gemeinsamen Ziel fehlen.

Diese zwei Charakteristika (nämlich den Zusammenhang und das gemeinsame Ziel) eines Systems verleiht ihm nur sein Kodifikationscharakter. Das bedeutet dennoch nicht, dass ein System immer als „geschlossen" bezeichnet werden darf. Seine „Offenheit", die „Offenheit" der Kodifikationen liegt sogar darin, dass sie durch die Hilfe des menschlichen Faktors so erzeugt, interpretiert und angewendet werden, dass sie immer in der Lage sind, sich als Abbildung der komplexen Realität darzustellen. Wenn nämlich ihre Erzeugung, Interpretation und Anwendung an das vorrechtliche Endziel des Systems orientiert sind.

Die Wiederaufnahme des gemeinsamen Punkts, welche in beiden Offenheitsauslegungen zu finden ist, bietet daher die Antwort auf die am Anfang des Kapitels gestellte Frage und erlaubt uns eine bessere Formulierung unserer Gedanken darüber, was man unter dem Begriff „offenes System" bezeichnen darf. Unter der Bezeichnung „offenes System" darf man nämlich kein System verstehen, was die Existenz von Kodifikationen und ihre Bedeutung ablehnt.

Im Gegensatz dazu muss man als „offenes System" immer eine aus Kodifikationen bestehende Zusammenordnung verstehen, in der die Erzeugung, die

451 Claus-Wilhelm Canaris, a.a.O., S. 61; Karl Engisch, Sinn und Tragweite juristischer Systematik, in: Studium Generale 10 Jg. (1957), S. 173 ff., S. 187 ff.

Auslegung und die Anwendung dieser Gesetze durch die Hilfe des menschlichen Faktors (nämlich des Gesetzgebers, und der Justizorgane) ihnen an ihr vorrechtliches Ziel orientierte Entwicklungsfähigkeit verleiht. Nur durch die Hilfe des ein Teil der Zusammenordnung darstellenden menschlichen Faktors kann ein Rechtssystem „offen" sein, im Sinne dass seine Kodifikationen durch einen ständigen Entwicklungsprozess immer in der Lage sind, ihr Ziel erfolgreich zu verfolgen. Zusammenfassend kann man als „Offenheit" des lebendigen Rechtsorganismus die ihm immanente, an sein vorrechtliches Endziel orientierte und durch die Hilfe axiologischer Abwägungen realisierbare Entwicklungsfähigkeit bezeichnen.

b. Die praktische Bedeutung der Annahme der „Offenheit" des Systems

Die „Offenheit" des Rechtssystems zu der Gesellschaft und dem fortlaufenden Wechsel der Lebensbedingungen macht dennoch keine rein theoretische Gestalt ohne praktische Folgen aus. Ihre Bedeutung offenbart sich sogar auf allen Stufen der äußeren und inneren Rechtsordnung. Ausdruck der „Offenheit" der rechtlichen Zusammenordnung stellt beispielsweise der im äußeren System verwirklichte Prozess der Gesetzeserzeugung dar.

Alle Institutionen, die Prinzipien sowie die Regeln, welche sie in den verschiedenen Teilen bzw. in den verschiedenen Situationen des Verfahrens konkretisieren, alle Glieder nämlich der prozeduralen Zusammenordnung, müssen mit einem Kriterium von dem Gesetzgeber im Rahmen der „Legislative" hergestellt und in das System eingeführt werden; sie müssen nämlich an das vorrechtliche Ziel der Zusammenordnung orientiert sein. Dieser zentrale Zweck des Rechtes, die Umsetzung bzw. Annäherung eines Verhältnismäßigkeitszustandes in der Gesellschaft, stellt den einzigen Grund ihrer Erzeugung dar, anders ausgedrückt: Der einzige Grund, aus dem sie in die rechtliche bzw. prozedurale Zusammenordnung eingeführt worden sind, ist diesem vorrechtlichen Ziel als Mittel zu dienen.

Diese „Offenheit" des Systems zu den Gesellschaftsbedürfnissen, welche seine Entwicklungsfähigkeit impliziert, verdeutlicht auch die Tatsache, dass auch die Grundnorm eines Rechtssystems, aus der sich alle andere Prinzipien und Normen deduktiv ableiten, nichts Anderes als ein „vorrechtliches Prinzip" und daher kein positivrechtliches Axiom sein darf. Sie muss nämlich vor dem System existieren – in dem Sinne dass die Menschen nach den Kriterien für ihre inhaltliche Bestimmung in ihrem Lebensraum und vor der Schaffung der positiven Systeme gesucht haben - weil das positive Rechtssystem nur als Mittel zu diesem vorrechtlichen Zweck und nicht als Gerechtigkeitskriterium angesehen werden darf. Das bedeutet, dass die Grundnorm eines Rechtssystems nur dann gerechtfertigt werden darf, wenn sie ein vorrechtliches Ziel ausmacht und nicht, weil sie als solche vom jeweiligen Gesetzgeber „axiomatisch“ eingeführt worden ist. Ihre Existenz darf nur unter Berufung auf ein vorrechtliches Ziel und nicht aus dem Grunde ihrer „axiomatischen“ Einführung gerechtfertigt werden. Die Rechtfertigung des Rechts durch das Recht und für das Recht stünde vor allem im Gegensatz zu dem Begriff des „lebendigen“, „offenen“ Systems. Diese „innere Rechtfertigung“ würde nämlich nichts Anderes als seine „Geschlossenheit“ bedeuten. Als oberstes Prinzip des Rechts- bzw. des Verfahrenssystems haben wir im Rahmen der vorliegenden Arbeit den Grundsatz der Verhältnismäßigkeit definiert.

Nicht nur die im äußeren System stattfindende Rechtserzeugung sondern auch die im inneren System realisierte Auslegung der rechtlichen Institutionen, Prinzipien bzw. Normen muss an ihr vorrechtliches Ziel orientiert sein. Das muss dennoch auf keinen Fall als Ablehnung des Textes der positiven Gesetze für die Anwendung eines abstrakten, hypothetischen Rechts betrachtet werden. Basis jeder Auslegung, welche im Rahmen der rechtlichen Zusammenordnung stattfindet, muss immer der Text eines positiven Gesetzes ausmachen. Anders gesagt: Ausgelegt werden darf nur was schon eingeführt worden ist und nur auf der Basis eines schon existierenden Textes[452]. Diese Auslegung muss aber (falls sie natürlich erforderlich ist) nur mit dem Kriterium des vorrechtlichen Endziels des Systems erfolgen.

Als Folge der „Offenheit“ der rechtlichen Zusammenordnung müssen wir dennoch nicht nur die mit „axiologischen“ Kriterien erfolgte Erzeugung und Auslegung der rechtlichen Gesetze sondern auch die ebenfalls „axiologisch deduktive“ Produktion aller Prinzipien und Regeln in ihrem Rahmen betrachten. Der „axiologische“ Charakter dieser deduktiven Produktion bedeutet nämlich nichts Anderes als, dass die Prinzipien, welche sich aus dem obersten Prinzip deduktiv herleiten sowie diejenige, die sie in den verschiedenen Teilen des Verfahrens konkretisieren, durch ein einziges Kriterium ausgewählt worden sind, ihre Fähigkeit zu der Verwirklichung des Endziels des Systems beizutragen. Ihre Auswahl findet nicht willkürlich statt sondern stellt immer das Ergebnis einer „axiologischen“ Abwägung darüber dar, ob sie tatsächlich in der Lage sind, die bestmögliche Annäherung des oben erwähnten Endzieles zu gewährleisten.

Abschließend scheint bezüglich der Eigenschaft der Offenheit des Systems auch die Anschauung Luhmanns besonders interessant zu sein, obwohl er von einem anderen im Vergleich zu der Arbeit, von einem rein positivistischen nämlich, Standpunkt ausgeht. Dieser beschreibt die Kommunikation als die Elementareinheit aller sozialen Systeme; in der Umwelt aller Teilsysteme der Gesell-

---

452 Diesen Text darf dennoch die an das vorrechtliche Ziel des Rechts orientierte Auslegung grundsätzlich nicht umgehen. Eine komplette Abweichung vom Text des Gesetzes (z.B. als Ausdruck des Opportunitätsprinzips) darf nur als absolute Ausnahme betrachtet werden bzw. angenommen werden.

schaft gebe es nach seiner Ansicht Kommunikation; für diese Teilsysteme bilden sich Kommunikationen nicht nur über ihre Umwelt aus, sondern auch Kommunikationen mit ihrer Umwelt; Erst wenn ein soziales System über eine spezifische Code-Differenz von ja und nein verfügt, lässt es sich daher laut Luhmann als selbstreferenziell geschlossen und folglich als „weltoffen" kennzeichnen[453].

c. Die Kompatibilität der „Offenheit" zu der „Lebendigkeit" des Rechtssystems

Die Annahme der „Offenheit" der rechtlichen Zusammenordnung zu den vorrechtlichen Gerechtigkeitskriterien der Menschen, welche hauptsächlich die Bedeutung hat, dass sie ständig diese Kriterien bearbeiten, aufnehmen und inkorporieren muss, wirft dennoch die Frage nach der Kompatibilität dieser Eigenschaft zu ihrer Fähigkeit, sich „allein" zu entwickeln und neue Normen zu produzieren[454], nämlich zu ihrem „lebendigen" Charakter auf. Bedeutet nämlich die Einmischung des menschlichen Faktors, welcher sich an die vorrechtlichen Gerechtigkeitskriterien orientiert die Gesetze erzeugt und auslegt, die Abschaffung der Eigenschaft der „selbständigen" Lebendigkeit des Systems?

Um diese Frage beantworten zu können, müssen wir unbedingt zwei wichtige Faktoren berücksichtigen, welche die Problematik der Natur des Rechtssystems berühren. Den ersten stellt die oben erwähnte „doppelte Natur" des Rechtssystems und als Folge davon des Prozesses[455] dar. Diese impliziert, dass der menschliche Faktor (der Gesetzgeber und die Justizorgane, die im Rahmen des Verfahrens die Gesetze auslegen und anwenden) keinen zu dem Rechtssystem fremden Körper sondern einen Teil davon ausmacht. Die deduktive Erzeugung, Einführung, Auslegung sowie Anwendung aller positiven Gesetze setzt auch die Existenz des menschlichen Faktors voraus, welcher den anderen Pol des positiven Systems darstellt. Die Zusammenordnung besteht nämlich nicht

---

453 Vgl. Niklas Luhmann, Die Einheit, S. 137 ff. und 133-134, laut dem „Geschlossenheit weder Umweltlosigkeit noch vollständige Determination durch sich selbst bedeutet. Vielmehr ergebe sich die Geschlossenheit daraus, dass alle Operationen immer auch das System reproduzieren; Niklas Luhmann, Soziale Systeme. Grundriss einer allgemeinen Theorie, 4. Auflage, Frankfurt am Main 1994, S. 603; s. auch Niklas Luhmann, Die Codierung des Rechtssystems, in: Rechtstheorie 17 (1986), S. 171 ff.; alles besonders analytisch auch in Marcelo Neves, Von der Autopoiesis zur Allopoiesis des Rechts, in: Rechtstheorie 34 (2003), S. 245 ff., S. 251.

454 Vgl. etwa die Fähigkeit der „Autopoiesis", welche aber Niklas Luhmann mit seiner „Positivität" gleichsetzt, dazu eingehend Niklas Luhmann, Die Einheit, S. 129 ff., S. 136.

455 S. oben besonders S. 167 ff.

nur aus bloß formellen, positiven Normen sondern besitzt auch einen Naturteil, welchen der menschliche Faktor ausmacht.

Die an die vorrechtlichen Ziele orientierte Gesetzeseinführung, -anwendung, bzw. ihre Auslegung durch den Gesetzgeber bzw. durch die Justizorgane bedeutet daher nicht die Unselbständigkeit des Systems, weil diese nichts Anderes als ein Teil des Systems sind. Sie stellen sogar den „lebendigen", den Naturteil des Systems dar, welcher die Verbindung der bloß formellen Normen zu der Gesellschaft gewährleistet.

Nicht nur die Einmischung des menschlichen Faktors sondern auch die durch das Endziel des Rechtssystems realisierte Gesetzeserzeugung, -auslegung, bzw. -anwendung dürfen wir nicht als Ablehnung der „selbständigen" Natur des Systems betrachtet werden. Diese Prozesse bedeuten keine äußere Hilfe bzw. Einmischung fremden Körpers in die „Realität" der rechtlichen Zusammenordnung, welche seine „Selbstständigkeit" abschafft. Im Gegenteil hebt diese „Offenheit" zu der Gesellschaft die „Selbstständigkeit" des Systems nicht auf, weil man es nicht als eine von ihr abgesonderte Gestaltung ansehen darf. Es stellt nämlich nichts Anderes als einen positiven, im Rahmen der Gesellschaft eingeführten „konzentrischen Kreis" dar, dessen Endziel ein vorrechtliches Prinzip ist, und es daher einen Teil seines Lebensraums, der Gesellschaft, ausmacht. Als Folge davon scheint auch die durch das vorrechtliche Ziel des Systems bestimmte Rechtserzeugung, Auslegung und Anwendung die normale Folge seiner Natur zu sein und sie darf nicht als äußere Einmischung betrachtet werden, weil ihm die vorrechtlichen Gerechtigkeitselemente bzw. Kriterien bis zu der untersten Regel hin immer immanent sind[456].

4. Die Einheit des prozeduralen Systems

a. Die Bedeutung der Einheit im Allgemeinen

Die Annahme der im vorigen Kapitel aufgeführten „doppelten Natur" des Systems, nämlich der in seinem Rahmen zu einem gemeinsamen Zweck parallelen Arbeit von Menschen und Normen, sowie die „axiologisch deduktive" Produktion aller Gesetze aus dem obersten vorrechtlichen Prinzip bringen noch eine Eigenschaft des Rechts- bzw. Prozesssystems in Ausdruck. Diese besonders komplexe horizontale Kooperation von Prinzipien, Regeln, Institutionen und Menschen zu einem gemeinsamen Zweck sowie die dem gleichen Ziel dienende ver-

---

456 Die deduktive Produktion aus dem obersten vorrechtlichen Prinzip der Verhältnismäßigkeit, von ihren Kernelementen, sowie von ihrer ebenfalls vorrechtlichen Voraussetzung, der Wahrheit, verdeutlicht die Tatsache, dass alle Gesetze, aus denen ein Rechtssystem besteht, bis zu der untersten Regel vorrechtliche Gerechtigkeitskriterien beinhalten.

tikale deduktive Normenproduktion im Rahmen des Verfahrenssystems wären mit Sicherheit fruchtlos ohne die vielleicht für die Weiterentwicklung unserer Gedanken wichtigste Eigenschaft des Systems, die Einheit seiner Glieder[457]. Diese bedeutet vor Allem die Abhängigkeit aller Verfahrensglieder voneinander bzw. ihre Zusammenarbeit, weil ein aus isolierten Normen bestehendes System sein Endziel nicht erfolgreich verfolgen könnte[458].

Die Annahme des Bedürfnisses einer gegenseitigen Ergänzung und als Folge davon des engen Zusammenhangs aller Teile eines Rechtssystems hat sogar sehr schnell zu der Ablehnung der Idee ihrer Isoliertheit geführt. Die Existenz eines gemeinsamen Zwecks für alle Glieder der Zusammenordnung stellte nämlich den wichtigsten Beweis dafür dar, dass sie in seinem Rahmen nicht als isoliert betrachtet werden dürfen. Diese hinter Lex und Ratio Legis aufzuspürende „Ratio Juris" könnte die einzelnen Wertungen aus ihrer scheinbaren Isoliertheit befreien und in den gesuchten „Organischen Zusammenhang" bringen[459].

Das prozedurale System muss daher aufgrund seines zentralen Zwecks eine innere Einheit aufweisen[460]. Seine Gewissheit über die Existenz dieses inneren Kausalzusammenhangs hat auch Paul Johann Anselm Feuerbach besonders treffend wie folgend in Ausdruck gebracht: „Der unwissende stumpfsinnige Oberflächler jammert über das Chaos der Empirie, der echte Rechtsgelehrte

---

457 Zu dem Begriff der Einheit der Rechtsordnung s.u.a. Karl Engisch, Die Einheit der Rechtsordnung. Bedeutungen einer juristischen Formel in Rechtstheorie, Zivil- und Staatsrechtswissenschaft des 19. und 20. Jahrhunderts, Berlin 1995.

458 Zu der Einheit des rechtlichen Organismus besonders eingehend Hans Kelsen, Die philosophischen Grundlagen, S. 18, welcher zitiert „Müssen zwei Normen, wenn das „Warum" ihrer Geltung in Frage gestellt wird, auf zwei verschiedene, voneinander unabhängige, einander ausschließende Grundnormen zurückgeführt werden... dann bedeutet dies, dass beide nicht in ein und demselben Normensystem Platz finden, dass sie zwei verschiedenen, durch die Besonderheit der beiden Grundnormen individuierten Ordnungen angehören"; Dagmar Felix, Einheit der Rechtsordnung. Zur verfassungsrechtlichen Relevanz einer juristischen Argumentationsfigur, Mohr Siebeck, Tübingen 1998; s. auch Romano Minwegen, Der Topos der „Einheit der Rechtsordnung" und der Rechtspositivismus im Lichte der Logik, in: Rechtstheorie 34 (2003), S. 505 ff., S. 505, welcher u.a. zitiert „laut Kant (Kritik der reinen Vernunft) ist die systematische Einheit dasjenige, was gemeine Erkenntnis allererst zur Wissenschaft, d.i. aus einem bloßen Aggregat derselben zu einem System macht."

459 Claus-Wilhelm Canaris, Systemdenken, S. 46, 47, laut ihm „nur so wird diese Stufe der Allgemeinheit erreicht, auf der die innere Einheit der Rechtsordnung im Eingangs gezeichneten Sinn sichtbar wird."

460 Vgl. etwa Manfred Baldus, a.a.O., S. 27 mit Verweis auf Karl-Salomon Zachariae, Die Wissenschaft der Gesetzgebung: als Einteilung zu einem allgemeinen Gesetzbuche, Leipzig 1806, laut dem einer jeden Gesetzgebung eine systematische Einheit und einen zentralen Zweck aufweise.

sieht in diesem Chaos die Seele der Vernunft, die Übereinstimmung und Harmonie[461]".

Was bedeutet aber diese innere Einheit des Verfahrenssystems? Bei dem Versuch, eine erste Antwort auf diese Frage zu geben sowie die Entstehung des Begriffs „Einheit des Rechtssystems" aufzuspüren, wäre es vielleicht hilfreich, einen kurzen Blick auf eine besonders interessante, obwohl inaktuelle Betrachtung des Begriffs zu werfen. Wenn in der Rechtswissenschaft des 18. Jahrhunderts von einer „Einheit" aller wissenschaftlichen Systeme und besonders des Rechtsorganismus die Rede wäre, wurde diese Einheit nicht oder zumindest nicht nur als Rückführbarkeit aller Sätze der Zusammenordnung auf einen obersten Grundsatz oder auf wenige höchste Grundsätze betrachtet. Im Gegensatz dazu wurde damit die Fähigkeit seiner Glieder verstanden, sich als Teile eines gesamten Plans darzustellen und eine „natürliche Verbindung" aufzuweisen[462].

Die Idee einer „natürlichen Verbindung" aller Glieder des Rechtssystems[463] fand vor allem auf der Lehre von Aristoteles von der „Entelechie" fruchtbaren Boden und vermochte nach den Vertretern radikal naturalistischer Ideen durch die Einheit der Natur gerechtfertigt zu werden. Die aristotelische Lehre von der „Entelechie" prägte sogar besonders die deutsche Philosophie des 19. Jahrhunderts. Im Rahmen eines sogenannten „absoluten"[464] Idealismus wurde beispielsweise im Laufe des 19. Jahrhunderts versucht, den „subjektiven" Idealismus, dessen Kern eine „Subjekt- Objekt Spaltung" ausmacht, zu überwinden. Besonders Hegel hat in seiner Dialektik den Dualismus „an und für sich" zurückgewiesen[465]. „Gebe es die Vorstellung eines Dinges an sich (Kant), eines Objektes unabhängig von uns, so werde darin ein Mangel erkennbar. Die Einheit aller Dinge ist unterbrochen"[466].

Besonders großen Einfluss hatte dennoch die Verbreitung der aristotelischen Philosophie auch auf die Betrachtung der rechtlichen Zusammenordnung. Dieser wurde auch von den Vertretern dieser Ideen eine „natürliche innere Einheit" zugeschrieben. Der enge Zusammenhang, in dem das positive Recht und alle wissenschaftliche Systeme zu den „objektiven" oder „realen" Systemen der Erkenntnis stehen, könnte nämlich die Tatsache erklären, dass die Ersteren „das

461 Dazu analytisch Paul Johann Anselm Feuerbach, Über die Philosophie, S. 89.

462 Johann-Wilhelm Tevenar, Versuch über die Rechtsgelahrtheit, Magdeburg 1801, S. 11.

463 Über den inneren Kausalzusammenhang aller Teile des rechtlichen Systems, vgl. etwa Niklas Luhmann, Funktionen, S. 23, laut dem das System die Interdependenz der Teile im Rahmen eines ganzen sei. Ein System bestehe darin, dass Einheiten (Substanzen) durch Beziehungen als Teile zu einem Ganzen verbunden werden.

464 Der Begriff wurde als Gegensatz zu dem „subjektiven" Idealismus eingeführt, welcher eine Subjekt-Objekt Spaltung annimmt, analytisch Manfred Baldus, a.a.O., S. 181.

465 Zu der Dialektik von Hegel s.u.a. Manfred Baldus, a.a.O., S. 181

466 Dazu analytisch Manfred Baldus, a.a.O., S. 181.

möglichst getreue Korrelat" der Letzteren sein müssen[467]" und als Folge davon die Tatsache der Einheit der Rechtssysteme im Vorbild der Natur begründen.

Die Idee der Einheit des Systems wurde dennoch von der Gesamtheit der sich mit dem Thema beschäftigten Wissenschaftler nicht ohne Weiteres angenommen. Charakteristisch dafür scheint das Beispiel von Gunther Teubner zu sein, der sich offensichtlich gegen die Idee der Herstellung einer begrifflichen oder wertungsmäßigen Einheit des Rechtssystems durch die Hilfe von dogmatischen Mitteln gestellt hat[468]. Das Rechtssystem darf dennoch nicht als eine Zusammensetzung von isolierten Personen, Institutionen, Prinzipien und Regeln, welche keinen Zusammenhang aufweisen[469] betrachtet werden, weil eine solche heterogene Gestaltung der Existenz eines gemeinsamen Ziels widersprechen würde; dieses kann nur durch die „innere Einheit" des Systems umgesetzt werden. Diese Einheit vermag aber nicht durch den Einsatz von Ideen, wie die aristotelische Entelechie, begründet werden.

Die Bekämpfung realer Probleme und die Realisierung realer Ziele, wie die innere Konsequenz des Rechts, die Folgerichtigkeit sowie die Widerspruchslosigkeit der Rechtsordnung setzen die Einheit der Zusammenordnung voraus[470]. Die genaueren Gründe dieser Ablehnung der Isoliertheit der Glieder der rechtlichen Zusammenordnung im Rahmen der vorliegenden Arbeit sowie was genau ihre Einheit bedeutet, werden wir versuchen in diesem Teil der Arbeit analytisch darzustellen. Diese Darstellung benötigt eine nähere Betrachtung des Begriffs der „inneren Einheit" des positiven Rechtssystems, d.h. die Annäherung ihrer speziellen Ausdrücke im Rahmen der strafrechtlichen Zusammenordnung.

b. Der erste Ausdruck der Einheit des positiven strafrechtlichen Systems: Die horizontale Abhängigkeit seiner Glieder

Wie oben kurz zitiert wurde, entfalten alle Glieder des positiven rechtlichen Systems ihren eigentlichen Sinngehalt nur in einem Zusammenspiel gegenseitiger Ergänzung. Ohne diese Kooperation bzw. gegenseitige Abhängigkeit aller die

467 Claus-Wilhelm Canaris, a.a.O., S. 13, laut dem "Daraus folgt, dass auch das juristische System nur dann sinnvoll möglichst ist, wenn sein Objekt, d.h. das Recht ein derartiges „objektives" System überhaupt aufweist."

468 Gunther Teubner, Recht als autopoetisches System, Frankfurt am Main 1989, S. 138 ff.; ebenfalls Eugen Ehrlich, Die juristische Logik, Nachdruck der 2. Auflage, Tübingen 1925, S. 121 ff.

469 Vgl. Canaris, a.a.O., S. 17, 18, laut dem das Recht nicht aus einer unübersehbaren Vielzahl von unzusammenhängenden und allzu leicht miteinander in Widerspruch geratenden Einzelnormen bestehen darf.

470 Dazu analytisch Werner Flume, Allgemeiner Teil des Bürgerlichen Rechts, Bd. 2, Berlin 1965, S. 295, 296.

Zusammenordnung bildenden Elemente von einander, kann das gewünschte Ergebnis, die Verwirklichung der verhältnismäßigen Gerechtigkeit nicht realisiert werden. Diese darf man in zwei Unterkategorien einteilen: in die „horizontale" und in die „vertikale" Abhängigkeit.

Die „horizontale", die wir in diesem Punkt zu analysieren versuchen werden, bedeutet in groben Strichen, dass alle Glieder des strafrechtlichen Systems, die parallel in seinem Rahmen tätig sind, eine gegenseitige Abhängigkeit aufweisen in dem Sinne, dass die Abwesenheit selbst eines von denen, die Umsetzung ihres Endziels, der verhältnismäßigen Gerechtigkeit, durch die anderen mehr oder weniger beeinträchtigen kann. Die Funktionalität des Einen ist nämlich von der Existenz und der Funktion des Anderen absolut abhängig, weil die Funktion des Einen die Funktion des Anderen ergänzt, bei dem Versuch das bestmögliche Ergebnis zu erreichen. Diese Gedanken könnten wir dadurch besser veranschaulichen, dass wir dem strafrechtlichen Rechtssystem die Gestalt einer Gleichung verleihen.

Die Elemente, die Glieder dieser Gleichung bilden der menschliche Faktor des positiven Systems, nämlich die Justizbehörden (hauptsächlich sind hier für unseren Syllogismus der Richter und der Staatsanwalt von Bedeutung) und die Prinzipien und Regeln des materiellen sowie des prozeduralen Strafrechts. Jedes von diesen Gliedern benötigt die Existenz der anderen zwei, um im Rahmen der Zusammenordnung und der menschlichen Gesellschaft eine konstruktive Rolle spielen zu können. Die Gleichung, deren Glieder die oben zitierten von einander abhängigen Elemente ausmachen, könnte man wie folgend darstellen.

(J[471] + „relativ korrekte" Auslegung der Prinzipien und Regeln des materiellen Rechts) + (J + „relativ korrekte" Auslegung + Anwendung der Prinzipien, Regeln und Institutionen des prozeduralen Rechts) = „relativ korrekte" Anwendung des Materiellen Rechts + „relativ korrekter Vollzug der Strafe" (falls es sie geben würde) = Verwirklichung der „relativ verhältnismäßigen" Gerechtigkeit

Diese Gleichung ist zweierlei zu interpretieren. Auf der einen Seite veranschaulicht sie die Abhängigkeit aller positiven Normen von der Auslegung bzw. Anwendung des menschlichen Faktors, sowie die Abhängigkeit des menschlichen Faktors von der Existenz der positiven Normen und auf der anderen Seite bringt sie die Abhängigkeit aller parallel tätigen positiven Normen von einander in Ausdruck.

471 Das Symbol „J" stellt hier eine Abkürzung des Wortes Justizbehörden dar.

aa. Die gegenseitige Abhängigkeit vom menschlichen Faktor und positiven Normen

Wie kommt aber genauer diese Abhängigkeit in Ausdruck? Bei dem Versuch eine Antwort auf diese Frage zu geben, werden wir mit der Annahme anfangen, deren Beweis uns am wenigsten Schwierigkeiten auslöst, mit der Annahme nämlich, dass ein positives Rechtssystem nicht bloß aus Justizpersonen bestehen kann. Der menschliche Faktor spielt sogar in einem System von Kodifikationen eine ergänzende (aber nicht marginale) Rolle in dem Sinne, dass sich seine Tätigkeit immer auf die schon existierenden positiven Gesetze bezieht.

Die oben kurz zitierte Gleichung verdeutlicht die Tatsache, dass jede menschliche Tätigkeit im Rahmen des Systems in Verbindung mit einem positiven Gesetz steht, dass nämlich die von den Menschen durchgeführte Auslegung und Anwendung (sowie der Vollzug einer Strafe) immer die Existenz auslegungs- bzw. anwendungsbedürftigen Kodifikationen unterstellt[472]. Die Existenz bloß des menschlichen Faktors ohne Kodifikationen würde einfach die Abwesenheit jedes positiven Systems bedeuten.

Das Gegenteil wäre dennoch auch undenkbar. Die Kodifikationen, aus denen jedes positive System besteht, könnten ohne die Existenz des menschlichen Faktors im Rahmen eines solchen Systems weder existieren noch ausgelegt bzw. angewandt werden, und wenn die erste und die dritte Annahme als selbstverständlich erscheinen, scheint die zweite, nämlich der Bedarf aller den Rechtssätzen immanenten Rechtsbegriffe an Auslegung, „auslegungsbedürftig“ zu sein. Diese Hypothese, dass alle (oder zumindest fast alle) positiven Rechtsbegriffe die menschliche Auslegung benötigen, werden wir in diesem Punkt zu beweisen versuchen.

Wie oben kurz zitiert wurde, bestehen alle positiven Gesetze aus Begriffen, die in ihrer ganz großen Mehrheit auslegungsbedürftig sind. Solche unbestimmte Begriffe können sogar innerhalb der Rechtsätze nicht nur im Tatbestand sondern auch als Teile der „Rechtsfolge“ auftreten[473]. Die Rechtsbegriffe können wir in zwei wichtige Kategorien unterteilen, in die „normativen“ und in die „deskriptiven“. Bezüglich ihrer Auslegung weist die erste Kategorie, der „normativen Rechtsbegriffe“ die meisten Schwierigkeiten auf.

Diese Begriffe, die man den „deskriptiven“ gegenüberstellt, sind zweierlei interpretiert worden, als Begriffe mit einem normativen Sinn und als Begriffe,

---

472 Das Symbol „J“, welcher die Justizbehörden, nämlich den menschlichen Faktor im Rahmen der oben zitierten Gleichung darstellt, steht z.B. in ihrem Rahmen immer in Verbindung mit einer Kodifikation (z.B. J (Auslegung und Anwendung) x Prinzipien und Regeln des materiellen Rechts, J (Auslegung und Anwendung) x Prinzipien, Regeln und Institutionen des prozeduralen Rechts, J (Vollzug) x Strafe.

473 Dazu analytisch Karl Engisch, Einführung in das juristische Denken, Kohlhammer Urban Taschenbücher, Band 20, Stuttgart 2005, S. 109.

die einen wertbezogenen Sinn haben. Der ersten Auslegung nach versteht man unter der Bezeichnung „normative Begriffe“, diejenigen Rechtsbegriffe, „die im Gegensatz zu den deskriptiven auf Gegebenheiten abzielen, die nicht einfach wahrnehmbar oder erfahrbar sind, sondern nur im Zusammenhang mit der Welt der Normen vorstellbar und verständlich werden[474]“. Dieser Definition nach, kann man in diese Kategorie alle Rechtsbegriffe einordnen, die einen normhaltigen Sinn haben, selbst wenn sie durch die Hilfe von „deskriptiven“ Merkmalen interpretiert werden können.

Im Gegensatz dazu verleiht ihnen die zweite Definition der „normativen“ Begriffe einen engeren Umfang. Nach ihr wäre die eigentliche Bedeutung eines „normativen Begriffs“ erst darin zu finden, „dass es stets einer Wertung bedarf, um einen normativen Begriff im Einzelfall in Anwendung zu bringen[475]“ und das bedeutet, dass das normative Volumen dieser Begriffe immer durch den Gebrauch von Wertungen ausgefüllt werden muss[476].

Den Begriff der „Minderjährigkeit“ muss man z.B. laut dieser Auslegung als „deskriptiven Begriff“ betrachten, weil er durch die Hilfe „deskriptiver“ Merkmale festgestellt werden kann, und trotz der Tatsache, dass er auf einem Gesetz beruht, welches die Grenze der „Minderjährigkeit“ bestimmt[477]. Im Gegensatz dazu müsse die Frage, ob ein Beweggrund „niedrig“, ob eine Schrift „pornographisch“ oder, ob eine Gesinnung „ehrlos“ sei, nur durch die Hilfe einer Wertung entschieden werden. Aus diesem Grund nenne man normative Begriffe dieser Art „wertausfüllungsbedürftig“[478]. Selbst die zweite engere Betrachtung des Begriffs der „normativen“ Merkmale der Rechtssätze angenommen, muss man zugeben, dass der Gebrauch im Rechtssystem solcher Begriffe immer ihre Auslegung durch den Richter oder den Staatsanwalt, die Hilfe nämlich des menschlichen Faktors benötigt.

Nicht nur die „normativen“ Begriffe sind dennoch, wegen ihrer wertbezogenen Natur in besonders hohem Grade unbestimmt[479]. Ähnliche Schwierigkeiten

474 Heinrich Henkel, Recht und Individualität, Berlin 1958, S. 27; analytisch zu den „normativen Merkmalen“ auch Karl-Heinz Kunert, Die normativen Merkmale der strafrechtlichen Tatbestände, Berlin 1958.

475 Karl Engisch, a.a.O., S. 111.

476 Karl Engisch, a.a.O., S. 111.

477 Analytisch dazu Karl Engisch, a.a.O., S. 110, laut dem man die deskriptiven Begriffe z.B. des „Menschen“, des „Todes“ und der „Dunkelheit“ als schlichte Erfahrungsbegriffe vergegenwärtigen kann, auch wenn sie wertbezogen sind, auch wenn ihr Inhalt und Umfang von der Rechtsnorm her bestimmt ist. Die Tatsache dagegen, dass eine Sache „fremd“ ist und damit mögliches Objekt eines Diebstahls bedeutet, dass sie einem anderen als dem Täter „gehört“, und daher in diesem Fall nach der gleichen Ansicht die bürgerrechtliche Eigentumsordnung vorausgesetzt zu sein scheint.

478 Karl Engisch, a.a.O., S. 111.

479 Karl Engisch, a.a.O., S. 109.

können auch bei den sogenannten „deskriptiven Begriffen" auftreten, die sich aus diesem Grund auch bei den meisten Fällen als auslegungsbedürftig erweisen. Diese Annahme scheint sogar nicht selbstverständlich zu sein, denn es geht bei denen um Merkmale, die „wirkliche" oder „wirklichkeitsartige", „grundsätzlich wahrnehmbare" oder sonst wie „erfahrbare" Objekte, wie den „Tod", „das Licht", „den Himmel" und „den Menschen"[480] beschreiben. Selbst aber der Gebrauch dieser in den meisten Fällen in der Natur existierenden Objekte im Rahmen eines rechtlichen Syllogismus weist „Schwierigkeiten" auf, weil selbst sie nie von den Menschen in ihrem vorrechtlichen Zustand empfunden und betrachtet werden können, sondern immer aus der menschlichen Perspektive und im Rahmen der menschlichen Erkenntnisfähigkeiten.

Probleme können daher selbst bei den exaktesten unter diesen Begriffen auftreten, denn sie weisen immer mehr oder weniger unscharfe Grenzen auf. Diese Unbestimmtheitsgrenze hat Philipp Heck durch den Gebrauch der Bezeichnungen „Begriffshof" und „Begriffskern" beschrieben. Laut Philipp Heck kann man bei den unbestimmten Begriffen einen „Begriffskern" und einen „Begriffshof" unterscheiden. Den Inhalt des Kerns bilden die Begriffe, über ihren Inhalt und Umfang wir uns im Klaren sind und der Begriffshof fängt an, wo sich die Zweifel einstellen[481].

Ähnliche Schwierigkeiten scheinen sogar selbst bei der Verwendung von Zahlbegriffen, die einen gewissen Bestimmtheitsgrad zeigen[482], keine Seltenheit zu sein. Charakteristisch dafür ist das Beispiel der Prüfungsnoten darstellenden Zahlbegriffen, für welche ein gewisser Spielraum in Betracht kommen kann[483] oder bei diesen, wo die gleiche Zahl eine ganz verschiedene Bedeutung haben kann. Während z.B. im deutschen Notensystem für die Universitäten die Note Eins für das „ausgezeichnet" steht, stellt die Eins in Griechenland die schlechteste Note des eigenen Wertungssystems dar.

Die Zitierung der oben aufgeführten Gedanken kann uns zu der Schlussfolgerung führen, dass absolut bestimmte Begriffe innerhalb des Rechtes sehr selten sind, dass nämlich von den Rechtsbegriffen nicht nur die „normativen" sondern auch die meisten „deskriptiven" einen auslegungsbedürftigen Charakter

---

480 Karl Engisch, a.a.O., S. 109.

481 Zu den Begriffen des „Begriffskerns" sowie des „Begriffshofs" analytisch Philipp Heck, Gesetzesauslegung und Interessenjurisprudenz, Tübingen 1914, S. 108; desselben, Begriffsbildung und Interessenjurisprudenz, Tübingen 1932, S. 52, 60.

482 Karl Engisch, a.a.O., S. 108, laut dem man die im Rahmen des Rechtes verwendenden Zahlbegriffe als „absolut bestimmt" betrachten kann. „Absolut bestimmte Begriffe sind innerhalb des Rechts selten, immerhin dürfen hierher die auch im Recht verwendeten Zahlbegriffe (insbesondere in der Verbindung mit Maß- und Zeit- und Geldbegriffen) gerechnet werden, 200 Euro, 1 Woche usw."

483 Karl Engisch, a.a.O., S. 258, 259 Fußnote 118c, welcher zwei sehr treffende Beispiele für diesen Spielraum gibt: „Eine glatte Zwei, eine Vier an der oberen Grenze."

erweisen[484], und daher die parallele, „horizontale“ Kooperation des menschlichen Faktors benötigen. Selbst aber diejenigen Begriffe, die man als „absolut bestimmt“ betrachten würde, könnten im Rahmen des positiven Rechtssystems keine Rolle spielen, wenn sie durch die Hilfe des oben erwähnten Faktors nicht angewendet werden würden. Nicht nur die Menschen sind nämlich von der Existenz der Normen im Rahmen des Systems absolut abhängig sondern auch die positiven Normen von der parallelen Tätigkeit des menschlichen Faktors.

Auf diese Betrachtung der Rechtsbegriffe scheint der Einfluss der neukantianischen Philosophie eine ausschlaggebende Rolle gespielt zu haben. Diese hat vor allem dem naturalistischen Denken des empirischen Realismus das methodologische, axiologische Denken entgegengesetzt. Die objektive Realität des empirischen Realismus, die nämlich unmittelbaren Gegebenheiten der Naturwelt wurden im Rahmen des neukantianischen Denkens als ein logisch neutrales Objekt betrachtet, welches nur dann einen Sinn haben kann, wenn es durch die Hilfe von allgemein geltenden Werten interpretiert wird[485].

bb. Die parallele Tätigkeit aller positiven Normen im Rahmen des Systems und ihre „horizontale“, gegenseitige Abhängigkeit

Die im vorigen Teil der Arbeit kurz aufgeführte Abhängigkeit der positiven Gesetze von dem menschlichen Faktor sowie des menschlichen Faktors von den positiven Gesetzen stellt dennoch nicht das einzige Beispiel „horizontaler Abhängigkeit“ der Elemente eines Rechtssystems dar. Nicht nur die Kooperation der positiven Normen mit dem menschlichen Faktor spielt für die Verwirklichung des Endzieles des positiven Rechtssystems eine ausschlaggebende Rolle. Von enormer Bedeutung für die Umsetzung dieses Zwecks ist auch die parallele Kooperation und Abhängigkeit aller der rechtlichen Zusammenordnung immanenten positiver Gesetze von einander. Diese gegenseitige Abhängigkeit aller positiven Normen von einander, die für die Umsetzung des oben erwähnten Zieles notwendige, parallele Tätigkeit von Prinzipien, Regeln und Institutionen könnte man in drei wichtige Kategorien unterteilen, von denen die zwei ersten von elementarer Bedeutung für die Fundierung unseres Syllogismus zu sein scheinen.

---

484 Analytisch dazu Anna Psarouda-Benaki, Die normativen Merkmale des Tatbestands (auf Griechisch), Athen 1971, S. 13. Diese Annahme steht mit der Betrachtung der neukantianischen philosophischen Schule im Einklang.

485 Eingehend dazu Hans Wenzel, Naturalismus und Wertphilosophie im Strafrecht, Mannheim, Berlin, Mainz 1935, S. 43 ff.; zu diesem Einfluss der neukantianischen Philosophie auf die Betrachtung der Rechtsbegriffe s. auch Anna Psarouda-Benaki, a.a.O., S. 17.

Es geht um die gegenseitige Abhängigkeit des materiellen und des prozeduralen Strafrechts von einander, um die interne gegenseitige Abhängigkeit aller positiven, prozeduralen Gesetze von einander sowie um die auch interne gegenseitige Abhängigkeit bzw. Kooperation aller positiven Gesetze des materiellen Strafrechts zu dem Ziel der Realisierung der verhältnismäßigen Gerechtigkeit in der menschlichen Gesellschaft. Von der für die Umsetzung unseres Syllogismus weniger bedeutenden, internen, gegenseitigen Abhängigkeit aller Gesetze des materiellen Rechts von einander werden wir unseren Versuch anfangen, uns der parallelen Tätigkeit und Abhängigkeit aller der strafrechtlichen Zusammenordnung immanenten Gesetze anzunähern und detaillierter zu betrachten.

bb1. Die „interne, horizontale Abhängigkeit" aller Gesetze des materiellen Rechts von einander

Die Annahme, dass Endziel aller positiven Rechtsordnungen die Umsetzung des für die Menschen idealen Gerechtigkeitszustandes in der Gesellschaft ist, verdeutlicht die Tatsache, dass das materielle Strafrecht nichts Anderes als eine positive Ordnung darstellt, welche durch die Einführung vieler Gesetze und durch den parallelen Schutz vieler von den Menschen als solche betrachteten Rechtsgüter den oben erwähnten Zustand zu verwirklichen versucht.

Genauer ausgedrückt bedeutet das, dass die Anerkennung und die Absicherung durch die Einführung der verschiedenen materiellen Gesetze vieler schützenwerten Rechtsgüter nur ein Ziel am Ende hat, nämlich durch das parallele Regeln vieler Bereiche des realen Gesellschaftslebens die Voraussetzungen für die Realisierung der verhältnismäßigen Gerechtigkeit im Rahmen der Gesellschaft zu schaffen[486]. Diese durch das materielle Recht abzusichernden parallel existierenden Rechtsgüter machen nichts Anderes als Bestandteile dieser von den Menschen als ideal angesehener verhältnismäßiger Gerechtigkeit aus.

Die isolierte Existenz bzw. Absicherung durch die materiellen Gesetze nur eines oder nur weniger von diesen Rechtsgütern würde den gewünschten Zustand der für die Menschen verhältnismäßigen Gerechtigkeit nicht verwirklichen können, weil einfach dieser Zustand die parallele Existenz all dieser Elemente bedeutet. Die isolierte Absicherung der Freiheit im Rahmen des materiellen Rechts könnte z.B. nicht zu der Umsetzung des oben erwähnten idealen Zustandes führen, wenn sie von der parallelen Gewährleistung des menschlichen Lebens nicht ergänzt werden würde. Der Schutz des Eigentums würde ebenso keine Rolle spielen ohne die parallele Gewährleistung der Freiheit, es zu benutzen und zur Verfügung zu stellen.

---

486 Vgl. etwa Georg Jellinek, Die sozialethische Bedeutung von Recht, Unrecht und Strafe, 2. Auflage, Berlin 1908, S. 45.

Die „horizontale Abhängigkeit“ aller dem materiellen Strafrecht immanenten positiven Gesetze bedeutet daher nichts Anderes als das Bedürfnis, die Notwendigkeit der gegenseitigen Ergänzung aller parallel existierenden materiellrechtlichen Normen im Rahmen des Systems, um das gewünschte Ergebnis verfolgen zu können. Der Zustand der für die Menschen verhältnismäßigen Gerechtigkeit stellt nämlich das Ergebnis der parallelen Kooperation aller dem materiellen Strafrecht immanenten Gesetze dar und nicht das Resultat der separaten Leistung einer gewissen Norm oder einer Normenkategorie.

bb2. Die „interne, horizontale Abhängigkeit“ aller Gesetze des prozeduralen Rechts von einander

Die verhältnismäßige Gerechtigkeit (und nicht die Zwischenziele der einzelnen Prinzipien und Regeln) macht das Endziel auch des prozeduralen Systems aus[487]. Diese Annahme kann uns noch eine Tatsache erläutern, welche für die Fortführung unseres Syllogismus von elementarer Bedeutung zu sein scheint. Nicht nur die Umsetzung der Zwischenziele der einzelnen Prinzipien des prozeduralen Rechts stellt das Ergebnis der Kooperation, der Zusammenarbeit mehrerer Verfahrensregeln dar, viel mehr kann selbst die Realisierung eines von den oben erwähnten Zwischenzielen allein zu der Umsetzung der verhältnismäßigen Gerechtigkeit nicht beitragen.

Ihre Verwirklichung bedarf im Rahmen des Verfahrens nicht nur der parallelen Abhängigkeit, der Zusammenarbeit aller prozeduralen Regeln zu der Realisierung der Zwischenziele der einzelnen Verfahrensprinzipien, sondern auch der parallelen Tätigkeit dieser Verfahrensprinzipien, weil jedes von den oben erwähnten Zwischenzielen, welche die einzelnen Prinzipien inkorporieren, nicht das Endziel selbst, sondern nur einen kleinen Teil eines prozeduralen Puzzles darstellt.

Besonders die parallele Abhängigkeit der prozeduralen Prinzipien, welche als ein Kernpunkt unseres Syllogismus anzusehen ist, werden wir in diesem Punkt durch die Erwähnung folgenden Beispiels wiederzugeben versuchen. Das Offizialprinzip wird im Strafverfahren durch die aus dem Instruktionsprinzip hervorgehende Pflicht (welches auch als Untersuchungs- oder Ermittlungsprinzip zu finden ist[488]) weitergeführt und konkretisiert. Diese Ergänzung des Offizialprinzips wird durch das Gebot ermöglicht, dass das Strafverfahren auf Wahrheitsforschung von Amts wegen angelegt ist[489]. Keine von diesen beiden wahrheitsbezogenen, nämlich von dem vorrechtlichen Wahrheitsprinzip abgeleiteten Prinzipien scheint dennoch in der Lage zu sein, seine Rolle im Rahmen der

487 Über den Unterschied zwischen Verfahrensziel und Zwischenzielen s. oben S. 107 ff.

488 Dazu analytisch Kühne, Strafprozessrecht, S. 195.

489 Eingehend dazu Kühne, a.a.O., S. 195.

menschlichen Gesellschaft und des Verfahrens erfolgreich zu spielen, wenn es durch ein anderes Prinzip/Gebot, dieses des rechtlichen Gehörs, nicht ergänzt werden würde. Die kurze Zitierung dieses Beispiels verdeutlicht die Tatsache, dass nicht nur die parallel existierenden Glieder des materiellen Rechtes miteinander verkettet sind, um das Endziel der Umsetzung der verhältnismäßigen Gerechtigkeit verfolgen zu können. Auch die dem prozeduralen Recht immanenten, parallel existierenden Prinzipien, Regeln und Institutionen weisen einen horizontalen Kausalzusammenhang zu der Verwirklichung des gleichen Zieles auf.

bb3. Die „horizontale, gegenseitige Abhängigkeit" des materiellen und des prozeduralen Rechts

Die in den letzten zwei Teilen der vorliegenden Arbeit kurz aufgeführte Abhängigkeit der inneren Glieder des materiellen sowie des prozeduralen Rechts stellt nicht das einzige Beispiel horizontaler Abhängigkeit der strafrechtlichen positiven Gesetze dar. Selbst diese zwei Pole der positiven Gerechtigkeit stehen im engsten Zusammenhang zueinander, d.h. weder das materielle Strafrecht noch das formelle Strafrecht (nämlich das prozedurale Strafrecht) sind von alleine imstande im Rahmen des Gerechtigkeitssystems ihre Rolle erfolgreich zu spielen. Das gewünschte Ergebnis des für die Menschen idealen Gerechtigkeitszustandes setzt nämlich immer ihre Kooperation voraus.

Besonders das prozedurale Recht könnte man als existenziell abhängig von den materiellrechtlichen Normen betrachten, in dem Sinne, dass seine Funktion die vorexistierende Tätigkeit des materiellen Rechts unterstellt[490]. Anders ausgedrückt: Die prozedurale Behandlung einer strafwürdigen Tat bedingt immer die materiellrechtliche Abwägung darüber, welche Handlungen nach dem menschlichen Kriterium als unerlaubt bzw. gesellschaftsschädlich angesehen werden müssen sowie welche die gesellschaftsnützliche Rechtsfolge, welche der Begehung einer solchen Tat folgen, sein müssen[491]. Das prozedurale Recht spielt nämlich im Rahmen des positiven strafrechtlichen Systems eine das materielle Recht ergänzende Rolle in dem Sinne, dass es die korrekte Funktion des materiellen Rechts regelt und gewährleistet.

Diese Annahme bringt sogar den zweiten Zweig der in diesem Teil der Arbeit angenommenen, gegenseitigen Abhängigkeit der zwei Pole der positiven Gerechtigkeit in Ausdruck. Der Versuch der Annäherung der verhältnismäßigen Gerechtigkeit durch den dem materiellen Strafrecht zugeschriebenen Schutz vieler parallel existierenden Rechtsgüter könnte nämlich wegen der oben erwähnten

490 Besonders eingehend zu der Abhängigkeit des prozeduralen von dem materiellen Recht Theoharis Dalakouras, Die Wiederaufnahme des Verfahrens (auf Griechisch), Athen 2007, S. 58 ff.

491 Vgl. etwa Ellen Schlüchter, Strafprozessrecht (auf Griechisch), Athen 2000, S. 1.

Umsetzungsdefizite in der menschlichen Gesellschaft scheitern, wenn seine korrekte Umsetzung durch die Hilfe des prozeduralen Rechts nicht gewährleistet werden würde. Die vorliegende Unterstellung des engen Zusammenhangs, der Zusammenarbeit des materiellen und des prozeduralen Strafrechts zu einem zentralen gemeinsamen Zweck, welche die Krönung jeder im positiven Strafrecht auftretenden horizontalen Abhängigkeit ausmacht, stellt eine der wichtigsten Punkte, die unseren Syllogismus fundieren und wird im Rahmen dieser Arbeit besonders häufig auftreten.

c. Der zweite Ausdruck der Einheit des positiven strafrechtlichen Systems: Die „vertikale Abhängigkeit" seiner Elemente

Nicht nur die „horizontale" sondern auch die „vertikale Abhängigkeit" der prozeduralen Normen, welche besonders ihre deduktive Produktion in Ausdruck bringt, scheint von elementarer Bedeutung für die Begründung unseres Syllogismus zu sein. Die pyramidenförmige Gestaltung des prozeduralen Systems, dessen Gipfel ein absolut abstraktes vorrechtliches Prinzip, die Verhältnismäßigkeit, ausmacht, welches durch die auch generellen Charakter aufweisenden primären materiellen Prinzipien konkretisiert wird, die weitere Konkretisierung dieser Grundlagen durch die Hilfe reiner Prinzipien des Verfahrens, die Einteilung dieser Prinzipien in noch konkreteren Regeln und letztendlich die Individualisierung der dem materiellen Recht innewohnenden Gesetze durch die Rechtsprechung demonstrieren die „vertikale Abhängigkeit" der dem strafrechtlichen, materiellen und Verfahrensrecht immanenten Elemente.

Diese bedeutet vor allem a. die Abhängigkeit der konkreteren Elemente von der Existenz von generelleren, welche die Ersteren konkretisieren, b. erläutert die Tatsache, dass die Auslegung der Ersteren durch Berücksichtigung des Inhalts der Zweiten, welche sie konkretisieren, zu erfolgen ist sowie c. das Faktum, dass die konkreteren Prinzipien und Regeln des Verfahrens keinen Existenzgrund hätten, wenn sie sich nicht als Ausdruck generellerer Prinzipien, der primären materiellen Grundlagen des Rechts und ihres Kerns, nämlich des Prinzips der Verhältnismäßigkeit, erweisen könnten. Diese bisher kurz gefasste „vertikale, existenzielle Abhängigkeit" der Systemelemente im Rahmen der prozeduralen Zusammenordnung werden wir in diesem Punkt analytischer zu erläutern versuchen.

aa. Die „vertikale existenzielle Abhängigkeit" der konkreteren von den generelleren Inhaltselementen im Rahmen des Verfahrenssystems

Um die „vertikale existenzielle Abhängigkeit" der konkreteren von den generelleren Normen, welche die Ersteren konkretisieren, besser begreifen zu können, wäre es vielleicht sinnvoll, noch einmal auf die besonders interessante, obwohl rein positivistische, Anschauung Kelsens zurückzugreifen. Diese sowohl „horizontale“ als auch „vertikale“ Abhängigkeit der Normen im Rahmen des Verfahrenssystems, welche den vielleicht wichtigsten Grund der Prinzipienwechselwirkung, mit der wir uns im Rahmen des nächsten Kapitels beschäftigen werden, ausmacht, stellt das Ergebnis und zugleich den brisantesten Ausdruck der Einheit der Rechtsordnung sowie der Annahme des gemeinsamen Zieles aller Teile dieser Einheit dar.

Bei dem Versuch, die Frage zu beantworten, was überhaupt die Einheit in einer Vielfalt von Rechtsnormen sei, was nämlich diese Einheit konstituiert, die man als Rechtsordnung bezeichnet, ist Hans Kelsen mit der „Reinen Rechtslehre“ zu der Idee gelangen, es gäbe eine Grundnorm[492], welche auf dem Gipfel jedes Rechtssystems zu finden sei, und welche den Geltungsgrund aller zu einer und derselben Rechtsordnung gehörigen Normen darstelle[493]. Jedes Rechtssystem scheint daher dieser Betrachtung nach nichts Anderes als ein vertikal gestaltetes Gebäude zu sein, dessen verschiedene Stufen von der abstraktesten, höchsten und von einander „vertikal“ abhängig sind. In einem solchen System stehen nämlich die verschiedenen Normen in einer Abhängigkeitsbeziehung zu einander, in dem Sinne, dass die konkreteren den Konkretisierungsversuch der abstrakteren ausmachen, um das Ziel der Umsetzung der Grundnorm zu verwirklichen, welche den Entstehungsgrund aller Normen eines Systems darstellt. Diese „vertikale Abhängigkeit“ aller Normen im Rahmen eines Rechtssystems scheint auch Immanuel Kant angenommen zu haben. Laut ihm dürfe man nur dann von menschlichen Grundrechten sprechen, wenn eine über dem positiven Recht stehende Ordnung anerkannt werde, welche den positiven Gesetzgeber anweise, sich bei der Gestaltung des positiven Rechtes von der Idee der Würde des Menschen leiten zu lassen[494].

Als Grund der oben erwähnten Verknüpfung der Elemente in einem positiven System hat Kelsen das Prinzip der „Zurechnung“ und nicht der „Kausalität“ angesehen. Der wesentliche Unterschied zwischen dem Prinzip der „Kausalität“ und dem der „normativen Zurechnung“ bestehe laut seiner Anschauung darin,

492 Über die verschiedene Auslegung bzw. Bedeutung der Grundrechte im Laufe der Jahrhunderte s. Alfred Verdross, Die Idee der menschlichen Grundrechte, in: Die Wiener Rechtstheoretische Schule, Schriften von Hans Kelsen, Adolf Merkl, Alfred Verdross, Band 1, herausgegeben von Hans Klecatsky, Rene Marcic, Herbert Schambeck, Europa Verlag Wien, Frankfurt, Zürich, Universitätsverlag Anton Pustet Salzburg, München 1968, S. 693 ff.

493 Dazu analytisch Hans Kelsen, Was ist die Reine Rechtslehre, in: Die Wiener Rechtstheoretische Schule, Europa Verlag Wien, Frankfurt, Zürich, Universitätsverlag Anton Pustet Salzburg, München 1968, S. 611 ff., S. 616.

494 Besonders eingehend dazu Immanuel Kant, Metaphysik der Sitten, 2. Abschnitt, Bd. 4, S. 293, 297.

dass die Verknüpfung der Elemente in dem Fall der „Kausalität“ unabhängig von einem Akt menschlichen oder übermenschlichen Willens sei, während die Verknüpfung im Falle der „Zurechnung“ durch einen Akt menschlichen Willens hergestellt werde, dessen Sinn eine Norm sei. Durch diese Unterscheidung wollte Kelsen nichts Anderes als den Unterschied zwischen dem kausalen vorrechtlichen Gesetz und dem Rechtssatz als dem normativen Rechtsgesetz betonen[495].

Die pyramidenförmige Einstufung der positiven Normen eines prozeduralen Systems stellt nicht den einzigen Beweis der vertikalen Abhängigkeit seiner Elemente dar. Diese wird durch die Einmischung des auch „parallel-horizontal“ tätigen, menschlichen Faktors noch einmal bestätigt. Die Annäherung der verhältnismäßigen Gerechtigkeit in jedem Einzelfall setzt nämlich wegen der komplexen Natur der Realität die Individualisierung aller materiellen und prozeduralen Gesetze voraus. Die generelle Natur aller Gesetze verdeutlicht die Tatsache, dass selbst die konkreteren von denen in concreto Auslegung bzw. Anwendung benötigen, um ihre Rolle im Rahmen des Systems erfolgreich zu spielen. Diese unterste Stufe der Konkretisierung einer rechtlichen Norm ist der Rechtsprechung zugeteilt[496]. Der Einsatz des menschlichen Faktors, welcher hauptsächlich durch die Individualisierung der positiven Normen, nämlich durch das Urteil in Ausdruck kommt, und welchen man als die letzte Konkretisierungsstufe des rechtlichen, pyramidenförmigen Gebäudes ansehen darf, hätte keinen Existenzgrund, wenn es in den oberen Stufen keine positiven Prinzipien (und als Folge davon Regeln und Institutionen) gäbe, die in concreto Auslegung und Anwendung durch die juristische Entscheidung bräuchten.

Die in diesem Teil der Arbeit kurz aufgeführte „vertikale existenzielle Abhängigkeit“ der Glieder der strafrechtlichen und besonders der strafprozessrechtlichen Ordnung darf man daher zusammenfassend zweierlei interpretieren bzw. begründen. Auf der einen Seite dadurch, dass die Eingliederung in die rechtliche Zusammenordnung von konkreteren, spezielleren Prinzipien und Regeln das Ergebnis der Existenz in ihrem Rahmen generellerer Prinzipien, die konkretisierungsbedürftig sind, ausmacht, und auf der anderen Seite dadurch, dass selbst die letzte, durch die Einmischung des menschlichen Faktors geschaffene, Konkretisierungsstufe aller positiven Gesetze, nämlich die juristische Entscheidung

495 Dazu analytisch Hans Kelsen, a.a.O., S. 615.

496 Vgl. etwa Hans Kelsen, Was ist juristischer Positivismus, in: Die Wiener Rechtstheoretische Schule, a.a.O., S. 941 ff., S. 945, laut dem die deduktive Produktion die den Gerichten zugeteilte spezifische Funktion der Setzung individueller Rechtsnormen veranschauliche. „In dem die Gerichte einen konkreten Fall in Anwendung einer generellen Norm entscheiden“, „ist“ laut Kelsen „ihre Entscheidung nichts Anderes als eine individuelle Rechtsnorm.“

von der Existenz aller (nämlich sowohl der generellen als auch der speziellen), auslegungs- bzw. anwendungsbedürftigen positiven Gesetze abhängig ist.

In diesem Punkt wäre es sogar sinnvoll zu betonen, dass die Annahme der horizontalen Abhängigkeit z.B. des menschlichen Faktors von der Existenz der positiven Normen eines Systems seine auch vertikale Abhängigkeit von denen nicht ausschließt, in dem Sinne dass die parallel zu den positiven Gesetzen existierende Tätigkeit des menschlichen Faktors gleichzeitig (aus einer anderen Perspektive betrachtet) die letzte Stufe eines Konkretisierungsversuchs dieser Normen ausmacht. Die juristische Entscheidung stellt nämlich die letzte Stufe dieses Konkretisierungsversuchs dar.

Die im Rahmen dieses Kapitels aufgeführte „vertikale existenzielle Abhängigkeit" aller Systemelemente von anderen, genereller en Charakters, welche die Ersteren konkretisieren, kommt sogar im Verhältnis dieser untereinander verketteten Elemente zueinander hauptsächlich zweierlei in Ausdruck. Negativ ausgelegt bedeutet sie, dass ein spezielles, positives Gesetz keinen Existenzgrund hätte, wenn es dem generellen, von dem es existenziell abhängig ist, keine Hilfe im Rahmen des Systems leisten könnte, nämlich wenn es sich nicht als Konkretisierungsversuch des Ersten darstellen könnte. Positiv ausgedrückt hat diese „vertikale Abhängigkeit" die Bedeutung, dass der Inhalt einer konkreteren Norm immer von dem der generellen, welche die Erste im Rahmen des Verfahrens konkretisiert, abhängig sein muss. Diese besonderen Ausdrücke der „vertikalen Abhängigkeit" der Systemglieder werden wir in diesem Teil der vorliegenden Arbeit zu erläutern versuchen.

bb. Die zwei wichtigsten Ausdrücke der oben erwähnten „existenziellen, vertikalen Abhängigkeit" der Systemglieder

bb1. Die Unterstützung bzw. Ergänzung der generellen Systemglieder durch die Spezielleren

Die „vertikale Abhängigkeit" der Systemglieder stellte Feuerbach, wie oben ganz kurz zitiert wurde, als einen notwendigen inneren Kausalzusammenhang mit dem all diese Systemelemente untereinander verkettet seien, dar [497]. Die Einheit des lebendigen Organismus, welchen die strafrechtliche bzw. strafprozessrechtliche Zusammenordnung ausmacht, benötige nämlich die vertikale Abhängigkeit, um Widersprüche in ihrem Rahmen zu vermeiden, eine gewisse Folgerichtigkeit zu gewährleisten[498] und ein besseres Ergebnis bei dem Versuch das Endziel zu verfolgen zu ermöglichen.

Diese vertikale Abhängigkeit bedeutet daher, dass die miteinander verketteten Glieder des Rechtssystems nicht in Widerspruch zueinander geraten dürfen.

---

497 Feuerbach, a.a.O., 1804, S. 74.

498 Vgl. etwa Flume, a.a.O., 1965, S. 295, 296.

Die speziellen Normen sollen nämlich im Rahmen des Systems immer den konkretisierenden Ausdruck der generellen, welche ihren Existenzgrund ausmachen, darstellen. Negativ ausgedrückt: Wenn eine spezielle Norm in der rechtlichen Zusammenordnung nicht in der Lage ist, ihr Zwischenziel zu erfüllen, nämlich die bessere Anwendung der generellen, von der sie vertikal existenziell abhängig ist, zu ermöglichen, dann hat sie in ihrem Rahmen keinen Platz und muss als ein systemfremder Körper betrachtet werden.

Diesen negativen Ausdruck der vertikalen Abhängigkeit der Systemelemente haben die Theoretiker der Wiener Schule und besonders Adolf Merkl durch die Lehre von den „bedingenden" und den „bedingten" Rechtssätzen besonders treffend in Ausdruck gebracht. „Die bedingten Akte dürfen" laut Adolf Merkl „nur dann und darum in das zu konstruierende Rechtssystem einbezogen werden, weil zwischen ihnen und einem zweifelsfrei diesem System angehörigen anderen Akte eine Einheitsbeziehung besteht. Diese Einheitsbeziehung besteht sogar darin, dass der bedingte Akt den in einem anderen Akte aufgestellten Bedingungen seines Zustandekommens entspreche[499]". Wenn die speziellen Normen die oben erwähnten Bedingungen nicht erfüllen, wenn sie nämlich ihren Geltungsgründen, den generellen Prinzipien, von denen sie existenziell abhängig sind, keine konkretisierende Unterstützung leisten sondern mit ihnen in Widerspruch geraten, haben sie im Rahmen des Systems keinen Existenzgrund.

bb2. Die inhaltliche Abhängigkeit der speziellen von der generellen Norm

Dieses Unterstützungs- bzw. Konkretisierungsgebot der speziellen Normen gegenüber den generellen, von denen sie vertikal, existenziell abhängig sind, bringt noch ein Charakteristikum ihrer Beziehung in Ausdruck. Die speziellen Normen eines Rechtssystems erweisen nämlich immer eine inhaltliche Abhängigkeit von diesen generellen, welche ihren Existenzgrund im Rahmen der Zusammenordnung ausmachen.

Das prozedurale strafrechtliche System stellt ein pyramidenförmiges Gebäude dar, auf dessen höchstem Punkt die „verhältnismäßige Gerechtigkeit", sein Endziel, steht. Diese auf dem höchsten Punkt dieser Pyramide befindende

---

499 Adolf Merkl, Prolegomena einer Theorie des rechtlichen Stufenbaues, in: Die Wiener rechtstheoretische Schule, S. 1311 ff., S. 1336; über die von Adolf Merkl gegebene Definition der „bedingenden" und „bedingten" Rechtssätze s. Adolf Merkl, Prolegomena, a.a.O., S. 1339; da zitiert Adolf Merkl: „Rechtssätze, die Form und Inhalt anderer Rechtssätze mit der Maßgabe vorzeichnen, dass diese abgeleiteten Rechtssätze in anderer als der vorgezeichneten Weise entweder nicht zustande kommen können oder dürfen, dass diese also jedenfalls den Bestand jener anderen Rechtssätze voraussetzen und ihnen ihre eigene Geltung verdanken, nennen wir bedingende Rechtssätze und die, denen sie als Geltungsgrund dienen, bedingte Rechtssätze."

Maxime, welche zugleich die abstrakteste Norm des Systems ausmacht, darf man in ihre auch generellen Charakter aufweisenden vorrechtlichen Elemente sowie in ihre vorrechtliche Voraussetzung, das Prinzip der Wahrheit einteilen, welche sie konkretisieren. Das bedeutet gleichzeitig, dass Kern des Inhalts dieser primären materiellen Prinzipien des Verfahrens (z.B. der Gleichheit, der Freiheit oder der Wahrheit) nichts Anderes als die Verhältnismäßigkeit darstellt.

Die Verwirklichung der verhältnismäßigen Gerechtigkeit bedarf der weiteren Konkretisierung auch dieser generellen Prinzipien im Rahmen des positiven Systems. Diese Annahme hat die Tatsache zur Folge, dass jede einzelne von den oben erwähnten „primären materiellen Prinzipien" in weiteren im Rahmen des positiven Systems sie konkretisierenden, spezielleren rein positiven Prinzipien und Regeln einzuteilen ist. Jedes von denen macht daher das Ende einer Reihe von spezielleren, es konkretisierenden Normen aus, welcher inhaltlichen Kern ihr Existenzgrund, das generelle Prinzip, von dem sie sich vertikal ableiten, darstellt. Den inhaltlichen Kern aller positiven Prinzipien und Regeln, welche den generellen Wahrheitsgrundsatz im Rahmen des Prozesses konkretisieren, z.B. des Prinzips des rechtlichen Gehörs, macht daher die Wahrheitsentdeckung aus, den inhaltlichen Kern aller speziellen Prinzipien und Regeln, welche den generelleren Gleichheitsgrundsatz im Rahmen des Verfahrens in Ausdruck bringen, der Versuch nach der Umsetzung der Gleichheit usw. Jede spezielle Norm scheint demzufolge nichts Anderes zu sein, als ein Konkretisierungsversuch des Inhalts jener generelleren Norm, von der sie sich vertikal ableitet und von deren Inhalt ihr Inhalt abhängig ist.

d. Der generelle Charakter einer Norm als Überlegenheitskriterium in der Delegationstheorie Adolf Merkls

Die vertikale Abhängigkeit aller dem Rechtssystem immanenten Glieder und besonders das Verhältnis spezieller Normen und Normen generellen Charakters zueinander, welche im Rahmen der vorliegenden Arbeit und für die Fundierung unseres Syllogismus eine ausschlaggebende Rolle spielen, stellten für die Vertreter der Wiener Schule und besonders für Adolf Merkl, dessen Theorie des rechtlichen Stufenbaues sowie seine Delegationstheorie den Baustein der reinen Rechtslehre Kelsens bildete, das wichtigste, wenn nicht das einzige Überlegenheitskriterium eines Systemglieds dar.

Die logische Priorität einer Norm im Rahmen der Zusammenordnung, welche darin liegt, dass sie wegen ihres generellen Charakters den Existenzgrund einer speziellen von ihr vertikal abhängigen Norm ausmacht, bedeutet nämlich zugleich, der Delegationslehre Merkls nach, die Überlegenheit der generelleren Norm gegenüber der spezielleren, welche der ersten ihre Existenz im Rechtssystem verdankt. „Die Reihe bedingender und bedingter Rechtssätze stellt sich demnach als eine Rangreihe, bildlich gesprochen als Hierarchie höherer und niedrigerer Akte dar[500]".

Im Rahmen der vorliegenden Arbeit dürfen wir dennoch die vertikale Abhängigkeit nicht als Überlegenheitskriterium betrachten. Wie oben nämlich aufgeführt wurde, stellt der Beitragsgrad einer Norm zu der Umsetzung des Endziels des Rechtssystems das einzige zuverlässige Kriterium ihrer Einstufung dar. Die Annahme dieses Kriteriums schließt daher die Möglichkeit nicht aus, dass sich ein spezielles Prinzips im Rahmen des Verfahrens als gleich wichtig für die Umsetzung des oben erwähnten Ziels wie ein generelleres, von dem das Erste vertikal, existenziell abhängig ist, erweisen kann. Diese Tatsache zeigt sogar deutlich die Einstufung vieler spezieller Prinzipien des Verfahrens zu den „primären" Elementen der prozeduralen Zusammenordnung. Anders ausgedrückt: Zu den primären Prinzipien der prozeduralen strafrechtlichen Zusammenordnung sind nicht nur die abstrakten primären materiellen Maxime, sondern auch viele sie in den verschiedenen Teilen des Verfahrens konkretisierenden und sich von denen vertikal ableitenden, speziellen Prinzipien einzustufen. Niemand könnte zum Beispiel ernsthaft behaupten, dass innerhalb des Strafverfahrens das Prinzip des rechtlichen Gehörs niedrigere Bedeutung zu der Verwirklichung der verhältnismäßigen Gerechtigkeit aufweist im Vergleich zu dem generelleren Prinzip der Wahrheit, von dem sich die Erste deduktiv, vertikal ableitet, und der sie hauptsächlich ihre Existenz verdankt. Die speziellere Norm stellt einfach bei diesem Versuch einen Konkretisierungs- bzw. Unterstützungsversuch der Generellen dar, welche einen temporal oder lokal beschränkten, konkreteren Anwendungs- bzw. Notwendigkeitsbereich im Rahmen des Verfahrens aufweist; je spezieller nämlich eine Norm ist, desto beschränkter scheint ihr Anwendungsbereich, ihr Spielfeld, im rechtlichen Verfahren zu sein. Dieser kleinere Anwendungsbereich der spezielleren Normen eines Systems stellt dennoch die Tatsache nicht in Frage, dass auch sie in dem Bereich ihrer Anwendung nichts Anderes als die Abbildung der generellen Prinzipien, von denen sie sich ableiten, darstellen, welche einfach durch die Anwendung der Ersteren in Ausdruck kommen. In diesen Fällen würde der Vergleich des generelleren mit dem spezielle-

500 S. Adolf Merkl, Prolegomena, a.a.O., S. 1339-1340, welcher charakteristisch zitiert: „Zwischen den einzelnen derart verketteten Rechtssätzen besteht nicht etwa bloß zeitliche, sondern insbesondere auch logische Priorität. Insofern, als ein Rechtssatz nicht ohne den vorgängigen Satz gedacht werden kann, also ihm seine Geltung verdankt, kann er als der höhere und der von ihm abhängige als der niedrigere Rechtssatz oder mit den Ausdrücken Berlings als superordinierte bzw. subordinierte Norm beurteilt werden. Als höher wird somit hier ein Rechtssatz qualifiziert, ohne dessen Existenz bestimmten Handlungen gar nicht den Sinn eines Rechtssatzes beigelegt werden könnte, und zwar kommt ihm selbstverständlich dieser höhere Rang nur im Verhältnis zu jenem Rechtssatze zu, der durch die Entsprechung mit ihm Rechtssatzcharakter annimmt."

ren Gesetz, welches die erste konkretisiert das Paradox beinhalten, dass man zwei gleiche Dinge mit einander vergleicht.

Selbst aber wenn man behaupten würde, dass es manchmal vorkommt, dass einige spezielle Prinzipien oder sogar Regeln, die sie weiterhin konkretisieren (und sich daher ganz unten in dieser vertikalen, Deduktionslinie befinden), zweitrangigen, nämlich niedrigerer Bedeutung Verfahrenselemente darstellen, in dem Sinne, dass sie im Gegensatz zu den generelleren Prinzipien, welche ihren Existenzgrund ausmachen, nicht immer notwendig für die Umsetzung des Endziels des Systems seien, man könnte dennoch das Argumentum nicht bestreiten, dass ihre Notwendigkeit von ihrem speziellen Charakter nicht oder zumindest nicht immer abhängig zu sein scheint.

Die Annahme des oben genannten Kriteriums stellt dennoch auch sein spezieller Charakter in Frage. Vergleichbar seien nämlich danach nur Verfahrensnormen, welche der gleichen deduktiven Produktionslinie angehören. Die spezielleren Normen zum Beispiel, welche sich von dem generellen, primären materiellen Prinzip der Wahrheit ableiten, dürfen nur mit anderen verglichen werden, die auch dem gleichen generellen Prinzip ihre Existenz verdanken, die Grundlagen des Verfahrens, die von dem Gebot der Gleichheit vertikal abhängig sind, nur mit anderen, die auch von der gleichen Maxime abstammen und sie konkretisieren. Man könnte niemals, dieses Einstufungskriterium angenommen, Prinzipien vergleichen, welche verschiedenen generellen Prinzipien ihre Existenz verdanken[501], weil zwischen ihnen kein vertikales, deduktives Produktionsverhältnis existiert. Das im Laufe dieser Arbeit angenommene Einstufungskriterium sowie die in diesem Punkt kurz zitierten Feststellungen haben uns daher dazu geführt, die Beziehung zwischen generelleren und speziellen von dem Verhältnis zwischen superordinierter und subordinierter Norm im Rahmen des strafprozessualen Rechtssystems klar zu unterscheiden.

5. Das Prinzip der Wechselwirkung der Verfahrenselemente und seine Bedeutung für die Fundierung unseres Syllogismus

Die Konsequenzen der im Laufe des vorigen Kapitels kurz zitierten Eigenschaften der rechtlichen bzw. der strafprozeduralen Zusammenordnung sowie ihres einzigen, gemeinsamen Endziels sind besonders im Verhältnis der Verfahrenselemente bzw. Prinzipien zueinander zu sehen. Die bedeutendste von denen für die Fundierung unseres Syllogismus stellt ein Prinzip, das Prinzip der Wechselwirkung der Systemglieder und als Folge davon auch der Grundlagen des Ver-

501 Z.B. eins, was sich von der Wahrheit ableitet, mit einem anderen, welches sich als Gleichheits- bzw. Freiheitskonkretisierung darstellt.

fahrens dar. Es geht nicht um ein Prinzip, was neben die anderen Prinzipien des Prozesses zu stellen ist, weil es ihnen bei dem Versuch das Ziel der Umsetzung der verhältnismäßigen Gerechtigkeit im Rahmen des Rechtssystems keine parallele bzw. vertikale Hilfe leistet, sondern um eine allgemeinen Charakters Maxime, deren Rolle einfach darin beschränkt ist, nämlich zu veranschaulichen, in welcher Beziehung alle gegenseitig abhängigen Verfahrenselemente bzw. Prinzipien zueinander stehen. Die Bedeutung dieses Prinzips werden wir im vorliegenden Teil der Arbeit zu erläutern versuchen.

Die strafrechtliche Zusammenordnung stellt, wie oben aufgeführt wurde, einen lebendigen Organismus mit einem, gemeinsamen Zweck dar. Die innere, auf die Umsetzung dieses einheitlichen Ziels gerichtete, Beweglichkeit der Systemelemente bringt auch ihre Einheit mit sich, deren wichtigsten Ausdruck die Abhängigkeit bzw. Kooperation der Glieder dieser Zusammenordnung ausmacht[502].

Die Tatsache des gemeinsamen Ziels des Strafsystems und die daraus hervorgehenden Eigenschaften der Beweglichkeit bzw. Abhängigkeit seiner Glieder haben ferner die Annahme der Wechselwirkung der voneinander abhängigen Elemente des Verfahrens zur Folge, welche nichts Anderes bedeutet, als, dass der Fehler, die Unvollständigkeit eines Systemglieds, zum Beispiel eines Prinzips, in der Lage ist, die Richtigkeit eines anderen zu beeinträchtigen, mit dem sich der Erste in Abhängigkeitsbeziehung im Rahmen des Systems befindet.

Um die Problematik besser verstehen zu können, müssen wir die strafrechtliche Zusammenordnung als eine Gleichung betrachten, deren Ergebnis die jeweilige Entscheidung darstellt. Diese Gleichung besteht aus vielen horizontal voneinander abhängigen Elementen, von denen die meisten auch eine vertikale Abhängigkeitsbeziehung aufweisen. In dieser Gleichung darf der potentielle Mangel, die Unverhältnismäßigkeit jedes Glieds wegen ihrer Einheit und Abhängigkeit nicht isoliert betrachtet werden. Die den Umsetzungsdefiziten der Menschen zurückzuführende Unzulänglichkeit eines beliebigen Elements der oben genannten Gleichung scheint nämlich imstande zu sein, die Funktion jedes anderen ihr immanenten Gliedes, mit dem es in ihrem Rahmen in Abhängigkeitsbeziehung steht (und dadurch das Ergebnis der gesamten Gleichung) zu beeinträchtigen, selbst wenn das zweite Element isoliert betrachtet keine Schwäche aufweist. Auf eine konkretere Betrachtung solcher Fälle werden wir im nächsten Kapitel eingehen. In diesem Punkt werden wir uns nur auf die Erwähnung eines provisorischen bzw. behelfsmäßigen Beispiels beschränken, welches dennoch in

---

502 Vgl. etwa Canaris, Systemdenken, a.a.O., S. 17, 18 laut dem das Recht nicht aus einer unübersehbaren Vielzahl von unzusammenhängenden und allzu leicht miteinander in Widerspruch geratenden Einzelnormen besteht. Die Prinzipien entfalten daher laut Canaris (a.a.O., S. 53 ff., S. 55) ihren eigentlichen Sinngehalt erst in einem Zusammenspiel wechselseitiger Ergänzung und Beschränkung.

der Lage zu sein scheint, den Kern des Prinzips der Wechselwirkung zu erläutern.

Die wichtigsten Elemente der oben erwähnten Gleichung stellen, wie im Rahmen der vorliegenden Arbeit schon aufgeführt wurde, die positiven Gesetze des materiellen und des prozeduralen Rechts sowie der menschliche Faktor, welcher für die korrekte Auslegung und Anwendung aller positiven Normen zuständig ist, dar. Im Rahmen dieser Gleichung stehen alle drei Systemglieder in Abhängigkeitsbeziehung zueinander, in dem Sinne, dass nur ihre Kooperation zu dem Ergebnis der für die Menschen verhältnismäßigen Gerechtigkeit führen kann. Die materiellen und die prozeduralen Normen würden ohne Auslegung und Anwendung, die dem menschlichen Faktor zugeteilt ist, keine Rolle spielen, genau wie die dem prozeduralen Recht immanenten Prinzipien, Regeln und Institutionen ohne das materielle Recht usw.

Was passiert aber, wenn eins von diesen voneinander abhängigen Gliedern Unverhältnismäßigkeit aufweist? Kann es die Funktion eines anderen mit ihm in Verbindung stehenden und isoliert betrachtet „makellosen" Gliedes beeinträchtigen? Was passiert z.B., wenn das auch im Rahmen des Verfahrensrechts tätige, primäre Prinzip der Gleichheit aller vor dem Gesetz mit einem schon angewandten, dennoch aus der menschlichen Perspektive betrachtet absolut unverhältnismäßigen materiellen Gesetz zu tun hat?

Das Prinzip der Gleichheit an sich zählt zu den primären Prinzipien des strafrechtlichen Systems. Aus der menschlichen Perspektive betrachtet stellt es eins der Kernelemente der verhältnismäßigen Gerechtigkeit und daher eine notwendige Voraussetzung für ihre Umsetzung im Rahmen eines „relativ korrekt funktionierenden Systems" dar. Das bedeutet z.B., dass, wenn die materiellen Gesetze, welche sie unterstützt, eine zumindest relative Verhältnismäßigkeit aufweisen, ihre für alle Bürger gleiche Anwendung eine notwendige Voraussetzung der Umsetzung der verhältnismäßigen Gerechtigkeit in der Gesellschaft ausmacht.

Wenn aber das System, in dem ein „korrektes" Prinzip seine Rolle spielt, Unverhältnismäßigkeit aufweist, wenn z.B. in unserem Fall ein materielles Gesetz sich als so gefährlich darstellt, dass seine auch bei anderen Bürgern gleiche Anwendung verheerende Folgen für die Umsetzung der Gesellschaftsgerechtigkeit hätte, beeinträchtigt diese Unverhältnismäßigkeit des Systems die Bedeutung selbst eines an sich absolut notwendigen Prinzips, in dem Sinne, dass die Anwendung der Gleichheit für die Unterstützung eines unverhältnismäßigen Gesetzes, mit dem sie in Abhängigkeitsbeziehung steht, nicht zu der Verwirklichung der verhältnismäßigen Gerechtigkeit führen kann. Selbst die primärenmateriellen Prinzipien des Verfahrens verlieren daher in solchen Fällen ihren „notwendigen/primären" Charakter infolge der Wechselwirkung mit anderen

Elementen der Systemgleichung, welche sich als Träger der Unverhältnismäßigkeit darstellen[503].

Die in den vorigen Kapiteln aufgeführten Eigenschaften des Systems und besonders das in diesem Teil der Arbeit kurz erläuternde Prinzip der Wechselwirkung der Systemelemente bilden infolgedessen das Fundament für ein besseres Verständnis der „indirekten Unverhältnismäßigkeit", nämlich auf welche Art und Weise die in einem Glied des Systems innewohnende Unverhältnismäßigkeit, welche die „relative Korrektheit" der Zusammenordnung abschafft, in der Lage ist, den notwendigen für die Umsetzung ihres Endziels Charakter selbst eines an sich „korrekten", in ihrem Rahmen tätigen, Prinzips abzubauen, und es als Unverhältnismäßigkeitsträger darzustellen. Die in diesem Kapitel kurz erläuterte Entstehung der „indirekten Unverhältnismäßigkeit" spielt für die Weiterleitung unseres Syllogismus eine ausschlaggebende Rolle, weil die Unverhältnismäßigkeit eines „primären Prinzips" des strafrechtlichen, prozeduralen Systems[504] die erste Voraussetzung für die Durchsetzung eines „sekundären" gegen das „primäre" im Fall einer Kollision ausmacht. Dieser ersten Voraussetzung werden wir uns in diesem Teil der vorliegenden Arbeit anzunähern versuchen.

503 Vgl. etwa Albert Bleckmann, Staatsrecht I, Staatsorganisationsrecht, Grundlagen, Staatszielbestimmungen und Staatsorganisationsrecht des Bundes, Köln, Berlin, Bonn, München 1993, S. 319, laut dem dem Postulat der Lehre und Rechtsprechung folgend das Rechtsstaatsprinzip der Durchsetzung der materiellen Gerechtigkeit diene, das aber bedeute, dass das Rechtsstaatsprinzip sicherstellen müsse, dass die staatlichen Entscheidungen alle schützenswerten Interessen sächlich gerecht miteinander abwägen.

504 Diese Unverhältnismäßigkeit eines „primären Prinzips" ist immer im Fall aller modernen, europäischen, strafrechtlichen Systeme, aus Gründen, die wir kurz im Rahmen des nächsten Kapitels zu erläutern versuchen werden, „indirekt."

12. Kapitel: Die erste Voraussetzung für die Durchsetzung eines „sekundären“ Prinzips gegen ein „primäres“ im Falle ihrer Kollision: Die Unverhältnismäßigkeit eines „primären Prinzips“

Im Rahmen des vorigen Kapitels haben wir uns damit beschäftigt, die Entstehungsgründe der „indirekten Unverhältnismäßigkeit“ zu erläutern. Auf die Fragen, was ungefähr die „Unverhältnismäßigkeit“ inhaltlich bedeutet, sowie, welche Rolle die Unverhältnismäßigkeit einer „primären Maxime“ des strafrechtlichen Organismus für die Fundierung unseres Syllogismus spielt, werden wir in diesem Teil der Arbeit eingehen.

Als einziges zuverlässige Kriterium für die Einstufung der dem strafrechtlichen System immanenten Prinzipien wurde, wie oben analytisch aufgeführt worden ist, der Beitrag ausgewählt, den sie zu der Verwirklichung der für die Menschen idealen, verhältnismäßigen Gerechtigkeit leisten. Auf der höchsten Stufe dieser Skala befinden sich die „primären Rechtsprinzipien“, weil sie im Rahmen eines „relativ korrekt funktionierenden“ Systems einen absolut notwendigen Beitrag entweder zu der qualitativen Anwendung oder zu der Umsetzung (zu der Existenz nämlich überhaupt) der Naturelemente der menschlichen Gerechtigkeit aufweisen[505]. Sie machen nämlich einen erforderlichen Verhältnismäßigkeitsausdruck aus.

Im Gegensatz zu den „primären Rechtsprinzipien“ ist der Beitrag der „sekundären“ oder „negativen Prinzipien“ des Rechts zu der qualitativen Anwendung oder zu der Umsetzung der Gerechtigkeitselemente im Rahmen eines „re-

505 Bei den „existenziell rein primären“ Prinzipien des prozeduralen, strafrechtlichen Systems geht es nämlich, wie schon im Rahmen der vorliegenden Arbeit aufgeführt worden ist (s. oben S. 126 ff.), um Grundlagen, welche im Rahmen jedes „relativ korrekt funktionierenden“ Systems, absolut notwendig für die Umsetzung, für die Existenz der Elemente der Gerechtigkeit sind. Bei den „existenziell de facto primären Prinzipien“ (s. oben S. 127 ff.) geht es auf der anderen Seite um Prinzipien, welche nicht in jedem System eine conditio sine qua non für die Umsetzung der Elemente der für die Menschen idealen Gerechtigkeit darstellen würden. Sie müssen dennoch im Rahmen eines von Menschen gesteuerten Systems als absolut notwendig für die Umsetzung der oben erwähnten Elemente betrachtet werden. Bei den „formellen-qualitativ primären“ (S. oben S. 130 ff.) Prinzipien des prozeduralen, strafrechtlichen Systems geht es um Maxime, welche im Rahmen eines „relativ korrekt funktionierenden Systems“ eine notwendige Voraussetzung für die qualitative, für die nämlich bestmögliche Umsetzung der Naturelemente der Gerechtigkeit ausmachen.

lativ korrekt funktionierenden Systems", eines Systems nämlich, in dem die Umsetzungsdefizite der Menschen seine Unverhältnismäßigkeit und als Folge davon eine wesentliche Relativierung der Bedeutung seiner Prinzipien nicht hervorgerufen hat, nicht notwendig. In einem solchen System würde immer eine potentielle Kollision zwischen einem „primären" und einem „sekundären" Prinzip für das Erste entschieden werden.

Ein von Menschen erzeugtes und gesteuertes System kann dennoch nicht immer diese „relativ korrekte Funktion" aufweisen, weil es die Konsequenzen ihrer Umsetzungsdefizite mit sich bringen kann, welche die unverhältnismäßige Funktion des Systems und seiner Prinzipien (selbst der primären) verursachen oder zu verursachen drohen. Bezüglich der Grundlagen des Rechtssystems bedeutet diese Unverhältnismäßigkeit im Allgemeinen, dass die negativen Folgen ihrer Anwendung ihren positiven Beitrag zu der Umsetzung der Elemente der verhältnismäßigen Gerechtigkeit in einem bestimmten Fall übertreffen können.

Diese potentielle Unverhältnismäßigkeit der Zusammenordnung und als Folge davon ihrer primären Prinzipien stellt die erste Voraussetzung dar, welche dem Einsatz der „sekundären" Maxime des Rechts einen notwendigen Charakter verleihen könnte. Als notwendig könnte man nämlich ihren Beitrag zu der Umsetzung des Endziels des Systems nur dann betrachten, wenn das Verfahren eine „relativ korrekte Funktion" nicht aufweist, wenn es nämlich entweder schon unverhältnismäßig geworden ist oder sein normaler Verlauf die Unverhältnismäßigkeit zu verursachen droht. Diese Tatsache, dass sie notwendig nur für die Wiederherstellung/Festigung der verhältnismäßigen Gerechtigkeit sein können, begründet auch ihren Charakter als negative Prinzipien[506].

Die Entdeckung der potentiellen Unverhältnismäßigkeit eines „primären" Prinzips des strafrechtlichen Systems spielt daher im Rahmen unserer Arbeit eine ausschlaggebende Rolle, dass sie die erste Voraussetzung für die Durchsetzung eines „sekundären" Prinzips im Fall der Kollision gegen ein „primäres" Prinzip ausmacht. Dieser ersten Voraussetzung und ihren zwei allgemeinen Unterkategorien werden wir uns in diesem Teil der Arbeit anzunähern versuchen.

I. Die „direkte" Unverhältnismäßigkeit eines Rechtsprinzips

Die erste von diesen zwei Unverhältnismäßigkeitskategorien macht der Fall der „direkten" Unverhältnismäßigkeit eines Prinzips aus. Was bedeutet aber die Bezeichnung „direkt" und was unterscheidet diesen Fall von der anderen Gestalt der Unverhältnismäßigkeit, nämlich der „indirekten"? Auf diese Fragen werden wir versuchen hier einzugehen.

---

506 Dazu analytisch oben S. 134 ff.

Unter der Bezeichnung „direkte“ Unverhältnismäßigkeit einer Maxime des Rechtssystems verstehen wir im Rahmen der vorliegenden Arbeit ihre Eigenschaft, „an sich“ unverhältnismäßig zu sein. Im Gegensatz zu dem oben kurz erwähnten Fall der „indirekten Unverhältnismäßigkeit“ eines Prinzips, welche Folge der Wechselwirkung der Systemelemente darstellt, bedeutet diese, dass ein bestimmtes Prinzip als „an sich“ unverhältnismäßig angesehen werden darf, dass nämlich sein positiver Beitrag zu der Umsetzung der verhältnismäßigen Gerechtigkeit im Rahmen des Rechtssystems niemals seine negativen Folge übertreffen kann, weil es an sich einen Träger der Unverhältnismäßigkeit darstellt.

Diese „direkte“ Unverhältnismäßigkeit eines Prinzips kann einen absoluten oder einen relativen Charakter aufweisen. Direkte, „absolute“ Unverhältnismäßigkeit weist ein Element bzw. ein Prinzip, welches in die rechtliche Zusammenordnung eingeführt worden ist, nur dann auf, wenn es im Rahmen dieses Systems niemals einen selbst unbedeutenden Beitrag zu der Umsetzung der Gerechtigkeitselemente leisten kann. Ein solches Prinzip, welches „von Natur aus“ niemals einen selbst unbedeutenden Beitrag zu der Umsetzung bzw. qualitativen Anwendung der Gerechtigkeitselemente leisten kann, würde beispielsweise ein Prinzip darstellen, welches das Schweigegebot des Angeklagten während des ganzen Prozesses (dass er z.B. kein Recht auf rechtliches Gehör in seinem Rahmen hat) vorschreiben würde. Die Einführung einer solchen aus „direkter“, absoluter Unverhältnismäßigkeit gekennzeichneten Norm scheint daher, wegen ihres absolut negativen Charakters nämlich, zumindest in den modernen Systemen der westlichen Welt ausgeschlossen zu sein.

Den zweiten und gewöhnlichsten - im Sinne dass er keine rein theoretische Gestalt, die niemals in den modernen Systemen auftreten kann (wie z.B. der Fall der direkten „absoluten“ Unverhältnismäßigkeit) - Zweig der „direkten“ Unverhältnismäßigkeit macht der Fall der direkten, „relativen“ Unverhältnismäßigkeit aus. Es geht um diese Fälle der direkten Unverhältnismäßigkeit, in denen dem Systemelement bzw. dem Prinzip, welches „an sich“ Unverhältnismäßigkeit aufweist, auch ein positiver Beitrag zu der Verwirklichung des Endziels des Systems zuzuschreiben ist. Sein positiver Beitrag ist dennoch so unbedeutend, dass er niemals seine negativen Folgen übertreffen kann.

Als ein solcher Fall, eines „an sich“ „relativ“ unverhältnismäßigen Verfahrenselements, könnte z.B. ein hypothetisches „Foltergebot“ als Teil des Ermittlungsverfahrens betrachtet werden. In diesem Gebot und in der Furcht, die es verursacht, könnte man sogar unter Voraussetzungen einen positiven Beitrag zu der Wahrheitsentdeckung erkennen. Dieser Beitrag ist dennoch im Verhältnis zu den für die Menschenwürde verheerenden Folgen einer solchen Praxis so winzig, dass die Einführung eines Foltergebots bzw. einer Foltermöglichkeit niemals als verhältnismäßig angesehen werden darf. Es geht nämlich um ein „von Natur aus“, „von Geburt her“ unverhältnismäßiges Gebot, weil sein positiver

Beitrag im Rahmen eines positiven Rechtssystems die katastrophalen Folge seiner Anwendung niemals aufwiegen könnte. Aus der gleichen Perspektive könnte man auch eine hypothetische Verbergungspflicht der Wahrheit seitens des Verteidigers betrachten.

Die Frage, die jetzt auftaucht und ein wichtiges Element für die Fundierung unseres Syllogismus bildet, lautet: Wäre es denkbar, dass die „direkte" Unverhältnismäßigkeit die Eigenschaft eines primären Rechtsprinzips ausmacht, so dass die erste Voraussetzung für seine Verdrängung durch ein sekundäres im Fall einer Kollision auf diese Weise erfüllt worden ist? Bei dem Versuch eine Antwort auf die vorliegende Frage zu geben, wäre es vielleicht nützlich zwischen den zwei wichtigsten Kategorien der primären Prinzipien zu unterscheiden.

Bei den „primären materiellen" Prinzipien der rechtlichen Zusammenordnung und ihren positiven Abbildungen im Rahmen des Strafverfahrens (Prinzipien der Wahrheit, der Verhältnismäßigkeit, der Gleichheit und der Menschenwürde) geht es nicht um formelle Prinzipien, um künstliche Grundlagen nämlich, welche von den Menschen erzeugt worden sind, um dem Endziel des Systems zu dienen, sondern um von den Menschen in einem Diskursprozess ausgewählten materiellen, vorrechtlichen Maxime, die den Kern der für die Menschen idealen Gerechtigkeit ausmachen.

Dieser Charakter der „primären materiellen" Prinzipien und ihrer positiven Abbildungen, dass sie nämlich die vorrechtlichen Kriterien der für die Menschen idealen, verhältnismäßigen Gerechtigkeit bilden, veranschaulicht auch die Tatsache, dass sie nie als „an sich" unverhältnismäßig angesehen werden dürfen. Ihren „von Natur aus" verhältnismäßigen Charakter (bzw. ihre verhältnismäßige Funktion) kann nur die „nicht relativ korrekte" Funktion des Systems, in dem sie tätig sind, beeinträchtigen, nämlich ihre Wechselwirkung mit anderen Systemelementen, welche Träger der Unverhältnismäßigkeit ausmachen. Bei den primären materiellen Grundlagen des Rechts und ihren positiven Abbildungen ist nämlich die „direkte" Unverhältnismäßigkeit ausgeschlossen.

Ist das aber auch bei den formellen primären Prinzipien des Rechts der Fall? Könnte man also ausschließen, dass die Menschen „von Natur aus unverhältnismäßige" Prinzipien erzeugen? Ihr formeller Charakter könnte ein Argument für die potentielle Existenz auch der „direkten" Unverhältnismäßigkeit bei diesen Prinzipien geben. Die formellen Prinzipien könnten nämlich grundsätzlich einen „von Geburt her" fehlerhaften Charakter aufweisen.

Bei den „primären" formellen Rechtsgrundlagen gibt es dennoch noch ein Parameter, der für die Aufklärung dieser Frage zu berücksichtigen ist. Diese stellen nämlich keine beliebigen Maxime dar, unter denen, welche die Menschen im Rahmen des Systems und für das System erzeugt haben. Im Gegensatz dazu machen diese Grundlagen, worunter auch viele Konkretisierungen der „primären materiellen" zählen, die unabdingbare formelle Voraussetzung für die Umsetzung bzw. qualitative Anwendung der verhältnismäßigen Gerechtigkeit und ihrer Elemente im positiven Rechtssystem aus.

Die Annahme, dass eine „primäre“ selbst „formelle“ Maxime des Strafverfahrens „an sich“, „direkt“ unverhältnismäßig wäre, würde daher nichts Anderes als ein Widerspruch in sich darstellen. Die potentielle Unverhältnismäßigkeit eines „primären“ Rechtsprinzips kann deswegen nur als Folge ihrer Wechselwirkung mit anderen Elementen des Systems, nämlich nur als „indirekt“ betrachtet werden. Dieser[507] für die Fundierung unseres Syllogismus so gewichtigen „indirekte Unverhältnismäßigkeit“ der „primären“ Rechtsprinzipien werden wir uns in diesem Teil der Arbeit anzunähern versuchen.

II. Die „indirekte“ Unverhältnismäßigkeit eines Prinzips des rechtlichen Systems

Die im vorigen Kapitel kurz dargestellte Definition der „direkten“ Unverhältnismäßigkeit macht die Tatsache deutlich, dass sie nicht zu den Eigenschaften eines „primären“ Rechtsprinzips gehören kann. Eine „primäre“ Maxime darf nämlich nicht als ein „von Geburt her“ fehlerhaftes, menschliches Erzeugnis, dessen positive Beitrag zu der Umsetzung bzw. zu der qualitativen Anwendung der Elemente der verhältnismäßigen Gerechtigkeit die negativen Folgen seiner Anwendung niemals aufwiegen kann. Die potenziell unverhältnismäßige Funktion eines solchen „von Natur aus“ notwendigen Prinzips kann nur als Ergebnis der Wechselwirkung der Systemelemente betrachtet werden, seine Unverhältnismäßigkeit kann nämlich nur „indirekt“ sein.

Wie kann aber die Unverhältnismäßigkeit eines Gliedes der rechtlichen Zusammenordnung, welche ihre „nicht relativ korrekte“ Funktion verursacht, aufgrund der Wechselwirkung den „primären“ Charakter eines Prinzips in solchen Maßen beeinträchtigen, dass die negativen Folgen seiner Anwendung in einem konkreten Fall (und nicht immer wie bei den direkten) seinen im Rahmen eines „relativ korrekt funktionierenden“ Systems unabdingbaren positiven Beitrag übertreffen? Den zwei wichtigsten Kategorien der Entstehung der „indirekten“ Verhältnismäßigkeit eines „an sich“ absolut notwendigen für die Umsetzung bzw. qualitative Anwendung der Gerechtigkeitselemente „primären“ Prinzips der strafrechtlichen Zusammenordnung werden wir uns in diesem Teil der Arbeit anzunähern versuchen.

507 Sie ist so bedeutend für die Fundierung unseres Syllogismus, wie oben auch aufgeführt wurde, weil sie die erste Voraussetzung für die Durchsetzung eines sekundären Prinzips im Fall der Kollision mit einem primären ausmacht.

1. Die unverhältnismäßige Auslegung und Anwendung eines „primären“ Prinzips

Die im Rahmen der vorliegenden Arbeit schon[508] kurz aufgeführte „horizontale Abhängigkeit“ der Systemglieder und besonders die Abhängigkeit aller Rechtsprinzipien von dem menschlichen Faktor (in dem Sinne, dass sie nur dann in der rechtlichen Zusammenordnung eine Rolle spielen dürfen, wenn sie besonders von dem Richter bzw. dem Staatsanwalt ausgelegt und angewendet werden) vermögen uns eine erste Antwort auf die Frage zu geben, auf welche Art und Weise die Wechselwirkung der Systemelemente die Unverhältnismäßigkeit eines „primären“ Prinzips verursachen kann.

Der erste wichtige Ausdruck „indirekter“ Unverhältnismäßigkeit eines primären Prinzips stellt daher das Ergebnis seiner Wechselwirkung mit dem auch Teil der strafrechtlichen Zusammenordnung ausmachenden menschlichen Faktor dar. Die unverhältnismäßige Auslegung bzw. Anwendung eines „primären“ Prinzips kann nämlich einen wichtigen Grund darstellen, welcher zu der Unverhältnismäßigkeit selbst einer „an sich“ absolut notwendigen für die Umsetzung bzw. qualitative Anwendung der Gerechtigkeitselemente Grundlage führen kann.

Ein gutes Beispiel, welches uns zu der Bestätigung dieser Annahme führen kann, bietet das Prinzip der Öffentlichkeit[509] an. Dieses stellt ein „an sich“ verhältnismäßiges „primäres“ Prinzip dar, ein Prinzip nämlich, dessen Beitrag zu der Verwirklichung der verhältnismäßigen Gerechtigkeit im Rahmen eines „relativ korrekt funktionierenden“ Systems als absolut notwendig angesehen werden kann. Dieser „unabdingbare“ Charakter des Prinzips gewährleistet dennoch nicht seine immer relativ verhältnismäßige Funktion in einem die menschlichen Umsetzungsdefizite aufweisenden System. Diese können sogar dazu führen, dass es auch in einigen Fällen Unverhältnismäßigkeit aufweist, dass nämlich die negativen Folgen, welche seine Anwendung für das Endziel des Systems impliziert, seinen positiven zu der Umsetzung dieses Ziels Beitrag in den Schatten stellen.

Einen solchen Fall macht z.B. die fehlerhafte Einführung und Anwendung des oben genannten Prinzips in einen Teil des strafrechtlichen Verfahrens, in dem es keinen oder einen nicht so bedeutenden Beitrag zu der Verwirklichung der verhältnismäßigen Gerechtigkeit leisten kann. Die fehlerhafte Auslegung

508 S. oben S. 175 ff.

509 Zu der Bedeutung des Prinzips der Öffentlichkeit für das Strafverfahren s.u.a. analytisch Bockelmann, Öffentlichkeit und Strafrechtspflege, in: NJW 1960, S. 217 ff., S. 218; Feuerbach, Betrachtungen, S. 147 ff.; Gottfried Weber, Nachlese über das öffentliche und mündliche Verfahren, Darmstadt 1818, S. 55 ff.; Winfried Hassemer, Grundsätzliche Aspekte des Verhältnisses von Medien und Strafjustiz, in: StV 2005, S. 167-168.

z.B. der Öffentlichkeit als eine Maxime des Ermittlungsverfahrens bzw. ihre Anwendung in diesem Teil des Prozesses könnte dazu führen, dass seine negativen Folgen seinen positiven Beitrag deutlich übertreffen. Bei dem Versuch, diese Behauptung zu erläutern, müssen wir dennoch von dem positiven Beitrag des oben erwähnten Prinzips anfangen.

Seine Umsetzung bzw. Anwendung im rechtlichen Verfahren trägt hauptsächlich zu der Verwirklichung zweier „primärer materieller“ Prinzipien, zweier Kernelemente der verhältnismäßigen Gerechtigkeit, dieser der Gleichheit und der Wahrheit, bei. Es gehört zu diesen Prinzipien, deren Existenz die Umsetzung der zwei oben erwähnten Elemente gewährleisten kann, in einem System, in dem sie aufgrund seiner Defizite potentiell in Gefahr geraten können. Niemand könnte z.B. ernsthaft behaupten, dass in einem Prozess, zu dessen Maximen die Öffentlichkeit nicht gehört, die oben erwähnten Umsetzungsdefizite der Menschen angenommen, immer Gleichheit und Wahrheit herrschen würde. Diese spielt dennoch hauptsächlich im Rahmen des Hauptverfahrens eine ausschlaggebende Rolle für die Absicherung der zwei oben zitierten Elemente. Das bedeutet zugleich, dass die Abwesenheit der Maxime der Öffentlichkeit von dem Vorverfahren bzw. von dem Ermittlungsverfahren zu der Abschaffung der verhältnismäßigen Gerechtigkeit nicht führen könnte, wenn die Öffentlichkeit im Hauptverfahren, dessen Teil das Urteil ausmacht, gewährleistet werden kann. Zusammenfassend kann man sagen, dass der Beitrag des Prinzips der Öffentlichkeit zu der Umsetzung der Kernelemente der Gerechtigkeit im Rahmen des Vorverfahrens bzw. des Ermittlungsverfahrens nicht als absolut notwendig, als „primär“ angesehen werden darf.

Im Gegensatz dazu weist seine Auslegung als Prinzip des Ermittlungsverfahrens auch negative für die Verwirklichung des Endziels der Zusammenordnung Folgen auf. Seine Einführung in diesen Teilen des Prozesses könnte nämlich sogar als einen schweren Verstoß gegen ein anderes „primäres materielles“ Prinzip, dieses der Menschenwürde betrachtet werden. Die für das empfindlichste Subjekt des strafrechtlichen Prozesses negative Öffentlichkeit, welcher es in jedem Strafverfahren ausgesetzt wird, könnte für seine im weiteren Sinn verstandene „Würde“ katastrophale Folgen haben, in einem Teil des Prozesses, wo noch kein hinreichender Tatverdacht gegen es besteht, und in dem es genau aus diesem Grund noch den Schutz eines „geschlossenen“ Verfahrens benötigt.

Die fehlerhafte Auslegung der Öffentlichkeit als ein Prinzip des Vorverfahrens bzw. des Ermittlungsverfahrens und ihre Anwendung in diesen Teilen des Prozesses könnte daher selbst ihren verhältnismäßigen Charakter in Frage stellen. Sie könnte dazu führen, dass ihr positiver zu der Verwirklichung der Kernelemente der verhältnismäßigen Gerechtigkeit Beitrag durch ihre negativen für diese Elemente Folgen deutlich übertroffen wird. Während nämlich die Anwendung des Prinzips in diesen Teilen des Verfahrens zu der Umsetzung der primären materiellen Elemente der verhältnismäßigen Gerechtigkeit nicht als notwendig, nämlich als „primär“ anzusehen ist, vernichtet sie ein anderes Kernelement, ein anderes „primäres materielles“ Prinzip, dieses der Menschenwürde.

Die „nicht relativ korrekte“, die unverhältnismäßige Funktion des Systems, welche hier durch die fehlerhafte Auslegung eines Prinzips in Ausdruck kommt, hat daher zur Folge, dass selbst eine „primäre“ Maxime, ein Prinzip nämlich, dessen Beitrag zu der Umsetzung bzw. qualitativen Anwendung der Kernelemente der verhältnismäßigen Gerechtigkeit im Rahmen eines „relativ korrekt funktionierenden“ Systems als absolut notwendig anzusehen ist, Unverhältnismäßigkeit aufweist, dass nämlich seine negativen für die Umsetzung dieser Kernelemente der Gerechtigkeit (der „primären materiellen“ Prinzipien) Folgen seinen positiven Beitrag zu ihrer Verwirklichung deutlich übertreffen.

Ein anderes Beispiel „indirekter Unverhältnismäßigkeit“ eines „primären“ Prinzips aufgrund seiner fehlerhaften Auslegung bietet uns die Maxime des rechtlichen Gehörs. Bei dem geht es auch um eine Grundlage des rechtlichen bzw. strafrechtlichen Systems, deren Beitrag zu der Umsetzung eines Kernelementes der Gerechtigkeit, dieses der Wahrheit, im Rahmen eines „relativ korrekt funktionierenden“, nämlich eines verhältnismäßigen Systems, als absolut notwendig angesehen werden kann.

Die Unverhältnismäßigkeit des Systems, in dem sie tätig ist, welche in unserem Beispiel als „fehlerhafte Auslegung“ eines „primären“ Prinzips in Ausdruck kommt, kann dennoch dazu führen, dass ihre für die Kernelemente der Gerechtigkeit negativen Folgen den positiven Beitrag, den sie zu ihrer Realisierung aufweist, in einigen Fällen übertreffen, dass sie nämlich einen Träger der Unverhältnismäßigkeit darstellt. Das könnte z.B. in diesen Fällen der Fall sein, wenn das Gebot, welches dieses Prinzip beinhaltet als ein von der Zeit unabhängiges Gebot interpretiert werden würde.

Eine solche fehlerhafte Auslegung, welche die Bedeutung hätte, dass dieses Gebot selbst dann vollständig gewährleistet werden soll, wenn es ein überlanges Verfahren impliziert, könnte unter bestimmten Bedingungen einen so schweren Verstoß gegen ein anderes „primäres materielles“ Prinzip, dieses der Verhältnismäßigkeit, verursachen, dass sein positiver zu der Wahrheitsfindung Beitrag als sekundär bzw. unwesentlich betrachtet werden kann. Eine 10jährige Suche nach der Wahrheit würde z.B. immer im Fall eines Vergehens einen schweren Verstoß gegen das Prinzip der Verhältnismäßigkeit darstellen, weil die Aufklärung einer nicht schwerwiegenden Straftat die Störung des Gesellschaftsfriedens, die ein 10jähriges Verfahren mit sich bringt, niemals aufwiegen könnte.

In solchen Fällen fehlerhafter Auslegung einer Maxime, wie z.B. in unserem Beispiel dieser der Wahrheit oder des sich von ihr deduktiv ableitenden rechtlichen Gehörs, kann die Anwendung selbst eines „an sich“ absolut notwendigen für die Umsetzung des Endziels des Systems „primären“ Prinzips Unverhältnismäßigkeit aufweisen, in dem Sinne dass seine negativen für ein „primäres materielles“ Gerechtigkeitselement (in unserem Fall für das „primäre materielle“

Prinzip der Verhältnismäßigkeit) Folgen den positiven zu der Verwirklichung der verhältnismäßigen Gerechtigkeit Beitrag, den es aufweist, in den Schatten stellen, weil nämlich seine Anwendung einen schweren Verstoß gegen ein anderes „primäres" Prinzip zur Folge hat.

2. Die Wechselwirkung eines „primären" Prinzips mit anderen Unverhältnismäßigkeit aufweisenden positiven Gesetzen

Einen weiteren sehr wichtigen Grund für die Entstehung der oben genannten „indirekten Unverhältnismäßigkeit" eines „primären" Prinzips macht die gegenseitige Wechselwirkung der positiven Gesetze im Rahmen der strafrechtlichen Zusammenordnung aus. Diese Eigenschaft der Zusammenordnung stellt, wie oben kurz aufgeführt wurde, das Ergebnis „horizontaler" bzw. „vertikaler" Abhängigkeit ihrer positiven Elemente dar.

Diese Abhängigkeit scheint in der Lage zu sein, die Bedeutung selbst einer im Rahmen eines „relativ korrekt funktionierenden Systems" „an sich" für die Umsetzung der „verhältnismäßigen Gerechtigkeit" absolut notwendigen Maxime herunterzustufen, sie nämlich zu einem Ausdruck der Unverhältnismäßigkeit zu verwandeln in dem Sinne, dass ihre negativen Folgen, den positiven Beitrag, den sie zu der Umsetzung bzw. qualitativen Anwendung der Gerechtigkeit und ihrer Kernelemente leistet, deutlich übertreffen.

Eine kurze Antwort auf die Frage „wie, nämlich auf welche Art und Weise die horizontale und die vertikale Abhängigkeit eines primären Prinzips mit einem anderen positiven Element der Zusammenordnung, welches die Umsetzungsdefizite der Menschen in sich trägt, seine Unverhältnismäßigkeit hervorrufen kann" werden wir versuchen durch die Hilfe des darauffolgenden Beispiels zu geben.

Wie schon im Rahmen der vorliegenden Arbeit[510] zitiert wurde, befinden sich die im Rahmen des prozeduralen Rechts eine Rolle spielenden positiven Gesetze (z.B. Prinzipien und Regeln des Verfahrens) in einer horizontalen Abhängigkeitsbeziehung zu den Gesetzen des materiellen Rechts, in dem Sinne, dass die Ersteren die korrekte, die verhältnismäßige Durchsetzung der Letzteren innerhalb des Systems unterstützen. Diese Annahme macht ebenfalls die Tatsache deutlich, dass die Bedeutung der rein bzw. nicht rein prozeduralen Prinzipien im Rahmen der strafrechtlichen Zusammenordnung, ihr Beitrag nämlich zu der Umsetzung der Elemente der „verhältnismäßigen Gerechtigkeit" nur in Bezug auf die materiellen Gesetze, die sie in einem geschichtlichen Augenblick unterstützen, bewertet werden kann.

---

510 S. oben S. 184 ff.

Eine solche „primäre materielle“ Maxime des Verfahrens, welche zugleich ein Kernelement der verhältnismäßigen Gerechtigkeit bildet, stellt das Gebot der Gleichheit aller vor dem Gesetz dar. Ihr positiver Beitrag zu der Umsetzung des Endziels des Systems gilt im Rahmen einer „relativ korrekt funktionierenden Zusammenordnung“ als bewiesen, weil sie selbst ein Kernelement der verhältnismäßigen Gerechtigkeit ausmacht.

Was passiert aber, wenn das materielle Gesetz, dessen für alle Bürger gleiche Anwendung durch das oben erwähnte Gebot gewährleistet wird, sich als Träger z.B. eines schweren Fehlers darstellt, wenn nämlich die Folge der oben erwähnten Umsetzungsdefizite es dazu gebracht hat, dass die negativen Konsequenzen seiner Anwendung seinen positiven Beitrag zu der Umsetzung bzw. qualitativen Anwendung der Gerechtigkeitselemente, nämlich der „primären materiellen“ Prinzipien des Rechts, in einem bestimmten Fall deutlich übertreffen? Dient der Umsetzung der verhältnismäßigen Gerechtigkeit die Gleichheit vor einem unverhältnismäßigen Gesetz?

In einem solchen Fall wäre der schwere Fehler des materiellen Gesetzes, von dem das „primäre“ Prinzip der Gleichheit „horizontal“ abhängig ist, in der Lage, die Unverhältnismäßigkeit selbst eines unabdingbaren, materiellen Kernelements der verhältnismäßigen Gerechtigkeit zu verursachen. Die negativen Folgen seiner Anwendung könnten nämlich seinen positiven Beitrag zu der Verwirklichung des Endziels des Systems in den Schatten stellen, in dem Sinne, dass die Gleichheit dieses Endziel der strafrechtlichen Zusammenordnung bzw. ihr Ziel nicht mehr verfolgen kann.

Wie kann aber die „indirekte Unverhältnismäßigkeit“ eines Prinzips, welche die Folge seiner „horizontalen“ Abhängigkeit von einem anderen Systemelement und ihrer Wechselwirkung ausmacht, andere von ihm „vertikal“ abhängigen Prinzipien beeinträchtigen? Auf diese Frage werden wir durch die Hilfe des oben zitierten Beispiels in diesem Teil der Arbeit eingehen. Die Anwendung der Gleichheit vor einem unverhältnismäßigen Gesetz hat die Unverhältnismäßigkeit selbst dieses „primären materiellen“ Prinzips zur Folge, in dem Sinne, dass es nicht mehr sein Ziel zu verfolgen vermag.

Einen sehr wichtigen Gleichheitsausdruck stellt im Rahmen des strafrechtlichen Verfahrens das Legalitätsprinzip dar. Obwohl dieses Prinzip sich nicht direkt deduktiv von der Maxime der Gleichheit ableitet, kann man trotzdem behaupten, dass es zu diesem „primären materiellen“ Prinzip der Gleichheit in einer Beziehung „vertikaler Abhängigkeit“ steht. Es kann nämlich als ein unter anderen von der Gleichheit „vertikal abhängiges“ Prinzip betrachtet werden, weil es die oben erwähnte Maxime innerhalb des strafrechtlichen Prozesses konkretisiert und unterstützt.

Die vorliegende Tatsache bringt dennoch noch eine weitere Annahme ans Licht, dass nämlich im Fall unseres Beispiels das von der Gleichheit „vertikal abhängige“ Legalitätsprinzip eine unter bestimmten Bedingungen unverhältnismäßige Grundlage unterstützt und konkretisiert, es fördert nämlich die Anwendung der Gleichheit vor einem den schweren Fehler beinhaltenden materiellen Gesetz. In einem solchen Fall scheint die Unverhältnismäßigkeit eines Prinzips in der Lage zu sein, die Funktion einer anderen von ihm „vertikal" abhängigen Grundlage zu beeinträchtigen, selbst wenn es sich um eine „an sich" vollkommene, „primäre" Maxime des Verfahrens handelt.

In unserem Beispiel, in dem die Anwendung der Gleichheit vor dem Gesetz zu der Umsetzung des Endziels des Systems nicht führen kann, aufgrund des fehlerhaften, des unverhältnismäßigen Charakters des materiellen Gesetzes, von dem es „horizontal" abhängig ist, ist auch die Anwendung des von dem Prinzip der Gleichheit „vertikal" abhängigen Legalitätsprinzips als unverhältnismäßig anzusehen, aus den gleichen Gründen, welche die „indirekte" Unverhältnismäßigkeit des Prinzips der Gleichheit in diesem Beispiel verursachen, weil ihre negativen Folgen für die Umsetzung der Gerechtigkeitselemente seinen positiven Beitrag deutlich übertreffen.

Während nämlich die ausnahmslose Anwendung des Legalitätsprinzips in diesem Fall die Durchsetzung eines Kernelements der Gerechtigkeit, eines „primären materiellen" Prinzips, dieses der Gleichheit, fördert, verstößt sie zugleich gegen ein weiteres „primäres materielles" Prinzip, welches sogar den Kern dieser Gerechtigkeit ausmacht, dieses der Verhältnismäßigkeit. Die oben erwähnte negative Folge der Anwendung des Legalitätsprinzips stellt daher seinen positiven Beitrag in den Schatten, weil dieser Beitrag , die Durchsetzung der Gleichheit, unter bestimmten Bedingungen keinen Ausdruck der Verhältnismäßigkeit mehr darstellt, und die Gleichheit ohne Verhältnismäßigkeit keine Rolle mehr zu der Umsetzung des Endziels des Systems zu spielen vermag[511].

3. Zusammenfassung: Die erste Voraussetzung für die Durchsetzung eines „sekundären" Prinzips im Falle der Kollision mit einem „primären": Eine „doppelte Kollision"; die Regel der „doppelten Kollision"

Bei den „primären" Prinzipien des Verfahrens geht es, wie schon im Rahmen der vorliegenden Arbeit aufgeführt wurde, um Grundlagen, welche notwendige Bestandteile für die Umsetzung bzw. qualitative Anwendung der verhältnismäßigen Gerechtigkeit jedes „relativ korrekt funktionierenden" Systems ausma-

511 Ein gutes Beispiel, welches unsere Gedanken zu bestätigen vermag, wäre z.B. die für alle Bürger gleiche Anwendung eines Gesetzes, welches die Folter erlaubt, angesichts des Gebots für Legalität. Die strikte Anwendung der Gleichheit und des sie unterstützenden Legalitätsprinzips hätte in diesem Fall die Abschaffung des Endziels des Systems, nämlich der Verhältnismäßigkeit zur Folge.

chen. Sie stellen nämlich im Rahmen einer Zusammenordnung, in der die oben erwähnten Umsetzungsdefizite der Menschen die Unverhältnismäßigkeit eines „an sich verhältnismäßigen" primären Prinzips nicht verursacht haben bzw. nicht zu verursachen drohen, entweder selbst Elemente dieser „verhältnismäßigen Gerechtigkeit" (die Positivierungen der „primären materiellen") oder für die Umsetzung bzw. qualitative Anwendung dieser Elemente absolut notwendige Bestandteile des Verfahrens dar.

In einem immer „relativ korrekt funktionierenden" System würden daher die „primären" Prinzipien im Fall der Kollision alle „sekundären" verdrängen, weil es bei diesen um Prinzipien geht, deren Beitrag sich nur dann als notwendig darstellt, wenn das Verfahren die oben erwähnte „relativ korrekte" Funktion nicht mehr aufweist, wenn es nämlich entweder schon unverhältnismäßig geworden ist oder sein normaler Verlauf die Unverhältnismäßigkeit zu verursachen droht[512].

Die rechtlichen Systeme kennzeichnen sich dennoch nicht immer durch ihre „relativ korrekte", nämlich verhältnismäßige Funktion. Die in einem Systemglied beinhaltenden Defizite können sogar unter Bedingungen die Funktion selbst eines „an sich" verhältnismäßigen „primären" Prinzips beeinträchtigen, in dem Sinne dass die negativen Folgen seiner Anwendung seinen positiven Beitrag zu der Umsetzung eines oder mehrerer Elemente der verhältnismäßigen Gerechtigkeit, eines oder mehrerer der „primären materiellen" Prinzipien des rechtlichen Systems übertreffen kann.

Was bedeutet aber genauer die „unverhältnismäßige" Funktion eines „primären" Prinzips? Was muss man unter dem Begriff „negative Folgen" der Anwendung einer „primären" Grundlage des Rechts verstehen, welche die Unverhältnismäßigkeit ihrer Funktion verursachen, bei den Fällen, in denen sie den positiven Beitrag des Prinzips übertreffen können? Eine Antwort auf diese Frage vermag die Erläuterung des positiven Beitrags dieser Prinzipien zu der Verwirklichung der verhältnismäßigen Gerechtigkeit zu geben.

Der „positive" Beitrag jedes Prinzips der rechtlichen Zusammenordnung, besteht darin, dass es die Umsetzung bzw. qualitative Anwendung eines oder mehrerer der Gerechtigkeitselemente, nämlich eines oder mehrerer von den „primären materiellen" Prinzipien, unterstützt. Dieser Beitrag kann sogar zweierlei stattfinden; unmittelbar durch die direkte Unterstützung der Umsetzung eines „primären materiellen" Prinzips oder mittelbar durch seinen Beitrag zu der Verwirklichung eines „primären formellen", eines Prinzips des Verfahrens nämlich, welches Konkretisierung bzw. Ausdruck eines „primären materiellen", von dem es sich deduktiv ableitet, im Rahmen des Prozesses, ausmacht. Ein Prinzip, welches keinen (positiven oder zumindest negativen, wie z.B. im Fall der „sekundären" Maxime des Verfahrens) Beitrag zu der Umsetzung dieser Ge-

512 S. oben analytischer S. 147-148.

rechtigkeitselemente aufweist, findet keinen Platz im Rahmen der rechtlichen Zusammenordnung.

Im Anschluss an diese Annahme muss man auch nach dem Sinn der „negativen“ Folgen der Anwendung eines Prinzips suchen. Diese bedeuten im Gegensatz zu dem „positiven“ Beitrag einer Maxime die Teil- bzw. Komplettabschaffung seitens des Prinzips eines oder mehrerer von den oben zitierten Elementen der verhältnismäßigen Gerechtigkeit, nämlich mindestens eines der „primären materiellen“ Prinzipien des Verfahrens.

Mit einem solchen Verstoß gegen ein „primäres materielles“ Element der Gerechtigkeit kann man selbst im Rahmen eines „relativ korrekt funktionierenden“ Systems rechnen. Die Anwendung des „primären“ Grundsatzes der Mündlichkeit impliziert z.B. in jedem Fall einen Verstoß gegen das „primäre materielle“ Element der Menschenwürde. Dieser Verstoß scheint dennoch bei den meisten Fällen so unbedeutend zu sein im Vergleich zu dem positiven Beitrag des Prinzips, zu der Unterstützung nämlich eines anderen „primären materiellen“ Elements der Gerechtigkeit, dieses der Wahrheit, dass die Anwendung des Mündlichkeitsprinzips in diesen Fällen als verhältnismäßig angesehen werden muss. Zu der Unverhältnismäßigkeit eines Prinzips kann im Gegensatz dazu der oben erwähnte Verstoß nur dann führen, wenn er so gewichtig ist, dass die negativen Folgen der Anwendung des Prinzips seinen positiven Beitrag zu der Umsetzung der Elemente der verhältnismäßigen Gerechtigkeit deutlich in den Schatten stellen. Das könnte z.B. in unserem Beispiel der Fall sein, wenn selbst im Fall einer absolut geringfügigen Straftat das Gebot der Mündlichkeit als ein ausnahmslos von dem Willen des Angeklagten unabhängiges Gebot interpretiert werden würde, was einen schweren Verstoß gegen das Recht auf die Persönlichkeit und als Folge davon gegen die Würde des Angeklagten ausmachen würde.

Die „indirekte“ Unverhältnismäßigkeit eines „primären“ Prinzips der rechtlichen Zusammenordnung bedeutet daher nichts Anderes als eine Kollision dieses Prinzips mit einem anderen von den „primären materiellen“ Prinzipien des Rechts, welche als so gewichtig anzusehen ist, dass sie seinen positiven Beitrag zu der Verwirklichung der verhältnismäßigen Gerechtigkeit in einem bestimmten Fall deutlich übertrifft. Diese „in concreto“ unverhältnismäßige Funktion eines „primären“ Prinzips stellt sogar die erste Voraussetzung für seine Kollision mit einer sekundären „Rechtsgrundlage“ dar.

Nur dann darf nämlich ein „sekundäres“ Prinzip im Rahmen des Systems mit einem „primären“ kollidieren, wenn es schon eine andere Kollision zwischen zwei „primären“ Prinzipien gibt, welche die Unverhältnismäßigkeit des umstrittenen „primären“ verursacht hat oder zu verursachen droht. Es geht nämlich um eine doppelte Kollision, in dem Sinne, dass die erste Voraussetzung für die Kollision bzw. für die Durchsetzung eines „sekundären“ Rechtsprinzips gegen eine „primäre“ Grundlage der rechtlichen Zusammenordnung eine andere vorausgesetzte Kollision zwischen zwei „primären“ Prinzipien darstellt. Diese

Annahme erlaubt uns daher, wenn es um die Frage nach der Erfüllung der ersten Voraussetzung für die Kollision eines „primären" mit einem „sekundären" Rechtsprinzip geht, auf die Regel der „doppelten Kollision" zurückzugehen.

13. Kapitel: Die in concreto „Geeignetheit" und „Erforderlichkeit" der Verdrängung des „unverhältnismäßigen primären" Prinzips durch das „sekundäre" für die Wiederherstellung der Verhältnismäßigkeit des Systems

Die im Rahmen des vorigen Kapitels dargestellte Unverhältnismäßigkeit einer „primären" Maxime der strafrechtlichen Zusammenordnung bedeutet dennoch nicht auf jeden Fall, dass die in einem bestimmten Fall bedrohte oder sogar schon abgeschaffte verhältnismäßige Funktion der Gerechtigkeit durch die Verdrängung des „Problemträgers" mit Hilfe eines „sekundären", „negativen" Prinzips des Systems wiederhergestellt werden kann. Diese könnte sogar unter Umständen zu dem Gegenergebnis führen.

Die erste Voraussetzung für die Verdrängung eines „primären" Prinzips im Fall seiner Kollision mit einem „sekundären" muss daher von der Erfüllung einer Zweiten gefolgt werden. Die Verdrängung des „primären" durch ein „negatives" Prinzip muss nämlich „geeignet" und „erforderlich" sein, die Wiederherstellung der Verhältnismäßigkeit des Systems zu erzielen. Die komplexe Natur der Realität erlaubt dennoch auch[513] hier keine einheitliche Antwort auf die Frage, wann diese Voraussetzung als erfüllt angesehen werden muss. Eine Antwort auf diese Frage kann daher nur durch die Hilfe genereller Kriterien erfolgen, deren Erfüllung nur in concreto überprüft werden darf. Einiger der wichtigsten dieser generellen Prüfsteine der oben erwähnten „Geeignetheit" und „Erforderlichkeit" und ihrer Bedeutung werden wir versuchen uns in diesem Teil der Arbeit anzunähern.

I. Die Geeignetheit der Anwendung eines „sekundären" Prinzips für die Wiederherstellung der „Verhältnismäßigkeit" des Systems in einem konkreten Fall

Bevor wir aber mit der Aufzählung der wichtigsten dieser allgemeinen „Geeignetheitskriterien" des Einsatzes eines „sekundären" Prinzips für die Wiederher-

513 Genau wie es bei der im Rahmen des vorigen Kapitels aufgeführten ersten Voraussetzung der Fall ist.

stellung der Verhältnismäßigkeit des Systems beginnen, wäre es vielleicht wichtig eine kurze Definition des Begriffs zu geben. „Geeignetheit" eines „negativen" Prinzips durch die Verdrängung eines unverhältnismäßigen „primären" die verhältnismäßige Funktion der positiven strafrechtlichen Gerechtigkeit wiederherzustellen bedeutet im Rahmen der vorliegenden Arbeit, dass die positiven Folgen für die Annäherung der oben genannten Gerechtigkeit der Verdrängung eines unverhältnismäßigen „primären" Prinzips in einem bestimmten Fall (in concreto) die negativen Folgen, die die Abschaffung (die nicht Anwendung) eines so wichtigen Gerechtigkeitselements mit sich bringt, übertreffen[514].

Die Tatsache nämlich an sich, dass sich die Funktion eines „primären" Prinzips in einem bestimmten Fall durch „indirekte Unverhältnismäßigkeit" kennzeichnet, spricht überhaupt nicht von allein dafür, dass es nicht angewandt werden soll oder vielmehr dafür, dass es durch den Gebrauch eines „sekundären" abgeschafft werden soll. Der Annahme der Unverhältnismäßigkeit eines „primären" Prinzips in einem konkreten Fall muss nämlich immer die Überprüfung der Geeignetheit seiner Verdrängung, die Verhältnismäßigkeit wiederherzustellen, folgen. Auf eine schnelle Aufführung und inhaltliche Erläuterung einiger der wichtigsten Geeignetheitskriterien, deren Erfüllung immer kombiniert zu prüfen ist, werden wir hier eingehen.

1. Die „Schwere" der Unverhältnismäßigkeit, welche die Anwendung einer „primären" Grundlage in einem konkreten Fall verursacht

Geeignetheit eines „sekundären" Prinzips, durch die Verdrängung eines in einem bestimmten Fall unverhältnismäßigen „primären" die verhältnismäßige Funktion der Zusammenordnung wiederherzustellen, bedeutet, wie oben kurz

514 Über die Bedeutung des Teilgrundsatzes der Geeignetheit, wie es sich im Rahmen der Rechtsprechung des BGH sowie der Theorie entwickelt hat, s.u.a. Gernot Brammer, Das Verhältnismäßigkeitsprinzip nach deutschem und belgischem Recht, Aachen 2000, S. 70-75; allgemein über das Prinzip der Verhältnismäßigkeit und seine Elemente s.u.a. Rupprecht Krauss, Der Grundsatz der Verhältnismäßigkeit, Hamburg 1955; Hans Kutscher, Der Grundsatz der Verhältnismäßigkeit im deutschen Recht, in: Der Grundsatz der Verhältnismäßigkeit in europäischen Rechtsordnungen, Heidelberg 1985; Lothar Hirschberg, Der Grundsatz der Verhältnismäßigkeit, Göttingen 1981; Walter Jellinek, Gesetz, Gesetzesanwendung und Zweckmäßigkeitserwägungen: zugleich ein System der Ungültigkeitsgründe von Polizeiverordnungen und –verfügungen; eine staats- und verwaltungsrechtliche Untersuchung, Tübingen 1913; Rainer Dechsling, Das Verhältnismäßigkeitsgebot, in: Studien zum Öffentlichen Recht und zur Verwaltungslehre, Band 40, München 1989; Eberhard Grabitz, Der Grundsatz der Verhältnismäßigkeit, S. 568 ff.

erwähnt wurde, dass die positiven Folgen, welche diese Verdrängung mit sich bringt, die negativen Folgen der in concreto Abschaffung eines sehr wichtigen Gerechtigkeitselements übertreffen. Diese Annahme führt uns zwangsläufig zu der Schlussfolgerung, dass bei dieser Geeignetheitsabwägung auch die „Schwere" der Unverhältnismäßigkeit, die die Anwendung eines „primären" Prinzips in einem bestimmten Fall verursacht, zu berücksichtigen ist.

Diese Prüfung der Schwere der verursachten Unverhältnismäßigkeit darf man dennoch nicht mit der ersten Voraussetzung der Kollision eines „primären" mit einem „sekundären" Prinzip, nämlich mit der Überprüfung der Unverhältnismäßigkeit der Funktion eines „primären" „an sich" in einem konkreten Fall, verwechseln. Hier geht es nämlich nicht mehr darum, ob die in concreto Anwendung einer „primären" Rechtsgrundlage Unverhältnismäßigkeit aufweist oder Unverhältnismäßigkeit zu verursachen droht. Das gilt schon als Tatsache. Hier geht es einfach darum, wie „schwerwiegend", wie „gefährlich" sich diese „in concreto Unverhältnismäßigkeit" für die Umsetzung der Gerechtigkeit im Allgemeinen darstellt, genauer ausgedrückt: Je „schwerwiegender" die Unverhältnismäßigkeit, die in einem bestimmten Fall die Anwendung eines „primären" Prinzips verursacht hat oder zu verursachen droht, desto notwendiger für die Wiederherstellung der verhältnismäßigen Funktion des Systems stellt sich seine Verdrängung durch den Einsatz eines „negativen" Rechtsprinzips dar.

Die vorliegende Hypothese könnte sich vielleicht durch den Gebrauch eines Beispiels erläutern lassen. Es ergibt keinen Zweifel, dass der Versuch der Entdeckung der Wahrheit in einem Prozess über ein Vergehen, welcher drei Jahre dauert, als unverhältnismäßig angesehen werden muss, weil seine negative Folgen, nämlich der Verstoß gegen den Rechtsfrieden, die Freiheit und die Menschenwürde seinen positiven Beitrag zu der Umsetzung der Gerechtigkeit durch die Aufspürung der Wahrheit in diesem konkreten Fall deutlich in den Schatten stellen. In einem solchen Fall käme deswegen in Frage die Möglichkeit einer Verdrängung der oben erwähnten „primären" Grundlage der Wahrheit durch den Einsatz „sekundärer" Verfahrensprinzipien, wie diese der Beschleunigung oder der Entlastung der Justiz. Je länger jedoch der Prozess der Wahrheitsentdeckung in diesem Fall dauern würde, desto notwendiger würde sich der Bedarf der Anwendung eines „negativen" Prinzips darstellen, unter Berücksichtigung natürlich auch der anderen Geeignetheitskriterien sowie des Gebots der Erforderlichkeit, um die gestörte Verhältnismäßigkeit des Systems wiederherzustellen.

2. Die qualitative „Wichtigkeit“ der Durchsetzung des in concreto unverhältnismäßigen „primären“ Prinzips für die Gerechtigkeit im Allgemeinen

Mit der Annahme des vorliegenden Geeignetheitskriteriums der Verdrängung eines „primären“ Prinzips durch den Gebrauch eines „negativen“ überschreiten wir zum ersten Mal die Grenze der „in concreto“ Überprüfung der Verhältnismäßigkeit. Während nämlich die erste Voraussetzung für die Annahme der Kollision zwischen einer „primären“ und einer „sekundären“ Rechtsgrundlage eine Untersuchung der „in concreto Unverhältnismäßigkeit“ der Ersten ausmacht und während das im vorigen Teil der Arbeit erste Kriterium der zweiten Voraussetzung, nämlich der Geeignetheit, auf dem „Maß“ dieser „in concreto Unverhältnismäßigkeit“ basiert, stellt das vorliegende Kriterium den ersten Versuch dar, die Verhältnismäßigkeit der Anwendung eines Prinzips nicht nur im Rahmen des konkreten Falls sondern auch „im Allgemeinen“ zu überprüfen. Um den Inhalt dieses auf den ersten Blick unverständlichen Unterschieds zwischen Verhältnismäßigkeit „in concreto“ und „im Allgemeinen“, welcher den Kern des vorliegenden Kriteriums ausmacht, einiger Maßen zu erläutern, werden wir in diesem Punkt vom Beispiel einer anderen „primären“ Maxime, dieser der Legalität, Gebrauch machen.

Das staatsrechtliche Legalitätsprinzip stellt, wie schon im Rahmen dieser Arbeit erwähnt wurde, die wichtigste Bürgschaft der Absicherung des formellen Rechtsstaates dadurch dar, dass es die ausnahmslose Anwendung der positiven Normen durch die Bindung der Staatsorgane an das Gesetz gewährleistet[515]. Diese „primäre“ Maxime, welche sich in mehreren Vorschriften des Strafverfahrensrechts zum strafprozessrechtlichen Legalitätsprinzip, nämlich zu einer Maxime des strafrechtlichen Verfahrens konkretisiere[516], macht daher in ihrem weiteren Sinn kein streng auf der Strafverfolgung beschränktes Element des Strafverfahrens aus. Im Gegensatz dazu bringt sie in ihrem weiteren Sinn ein sehr wichtiges Gebot für die Umsetzung der Gerechtigkeit im Allgemeinen in Ausdruck. Sie bedeutet die Pflicht aller Organe der strafrechtlichen Gerechtigkeit, allen positiven Gesetzen, sowohl den materiellrechtlichen als auch allen Prinzipien und Regeln des positiven Verfahrensrechts zu folgen und sie anzuwenden. Auf diesem Prinzip beruht nämlich die Gesamtheit der positiven Gesetze der strafrechtlichen Gerechtigkeit.

---

515 Dazu analytisch Christine Pott, Die Außerkraftsetzung, S. 4.

516 Über die historische Entwicklung der Diskussion um das L.P. bzw. O.P. s.u.a. Xaver Speckert, Legalitätsprinzip, S. 7; Ulf Kapahnke, Opportunität, S. 3; vgl. auch Carl Joseph Anton Mittermeier, Umfassende Darstellung des neuen deutschen Strafprozesses, in: „Archiv des Criminalrechts“ 1842, S. 61 ff.

Die vorliegende Annahme kann uns daher zu der Erläuterung bzw. Begründung unseres Kriteriums führen. Die im Rahmen der vorliegenden Arbeit mehrmals erwähnten Umsetzungsdefizite der Menschen verdeutlichen z.B. die Tatsache, dass es manchmal vorkommt, dass das Legalitätsprinzip die Anwendung eines in einem bestimmten Fall (in concreto) nicht absolut passenden materiellen Gesetzes fordert. In diesen Fällen kann die Anwendung dieses „primären" Prinzips als Auslöser einer „in concreto" Unverhältnismäßigkeit betrachtet werden.

Diese Unverhältnismäßigkeit im Einzelfall bedeutet dennoch nicht zwingend, dass die Anwendung des Legalitätsprinzips durch das Opportunitätsprinzip verdrängt werden muss. Diese Annahme einer solchen potentiellen Verdrängung unterstellt die Erfüllung noch einer Voraussetzung. Die Wichtigkeit der Wiederherstellung der Verhältnismäßigkeit im Einzelfall, welche durch die Verdrängung des Legalitätsprinzips zu verwirklichen ist, muss man auch mit der Wichtigkeit der Anwendung des „primären" Prinzips für die Umsetzung der Gerechtigkeit „im Allgemeinen" in Abwägung ziehen. Je wichtiger (qualitativ) die Durchsetzung des „primären" Prinzips für die Realisierung der Gerechtigkeit im Allgemeinen ist, desto weniger soll seine Verdrängung durch ein „negatives" angenommen werden.

Die Abschaffung des Legalitätsprinzips, auf der die Gesamtheit der positiven Normen, das ganze positive strafrechtliche System beruht, für die Wiederherstellung der Verhältnismäßigkeit in einem konkreten Fall, könnte z.B. verheerende Folgen für die Umsetzung der verhältnismäßigen Gerechtigkeit im Allgemeinen haben. Sie könnte nämlich zu dem Absturz des gesamten Systems sowie des formellen Rechtsstaates dadurch führen, dass sie die nicht Anwendung der schon existierenden positiven Normen rechtfertigen würde. Die Abschaffung daher einer für die Verwirklichung der Gerechtigkeit „im Allgemeinen" so wichtigen Maxime zur Wiederherstellung der Gerechtigkeit in einem bestimmten Fall muss nur als absolute Ausnahme angenommen werden, nur nämlich bei den Fällen, in denen die durch die Anwendung des Prinzips verursachte oder drohende „in concreto" Unverhältnismäßigkeit eine ernste Drohung auch für die Verhältnismäßigkeit der Gerechtigkeit „im Allgemeinen" darstellt. Analytischer auf die Frage, in welchen Fällen diese Voraussetzung erfüllt werden kann, werden wir im Rahmen des letzten Kapitels eingehen.

3. Das dritte Geeignetheitskriterium: Die „Qualität" der negativen Folgen der Verdrängung eines „primären" Prinzips durch den Gebrauch einer „negativen" Rechtsgrundlage

Im Gegensatz zu den zwei schon aufgeführten Kriterien der Geeignetheit der Verdrängung einer „primären" Grundlage des Rechts durch die Anwendung eines „sekundären" für die Wiederherstellung der verhältnismäßigen Funktion des Systems (bzw. für die Stabilisierung/Festigung der Verhältnismäßigkeit, welche die in concreto unverhältnismäßige Funktion eines „primären Prinzips abzuschaffen droht), die sich auf die Funktion des in concreto unverhältnismäßigen, „primären" Prinzips beziehen, beziehen sich die zwei letzten Geeignetheitskriterien auf die Anwendung und zwar auf die Nachteile der Anwendung eines „sekundären" Prinzips in solchen Fällen.

Wie oben schon aufgeführt wurde, bedeutet diese Wiederherstellung der verhältnismäßigen Funktion des Systems durch den Einsatz eines „negativen" Prinzips, dass die Vorteile der oben erwähnten Verdrängung für die Umsetzung der Verhältnismäßigkeit im Allgemeinen die Nachteile der in concreto Abschaffung eines „primären" Prinzips bzw. mehrerer „primären" Prinzipien in den Schatten stellen kann. Im Rahmen dieser Abwägung spielen auch die negativen Folgen der Anwendung eines „sekundären" Prinzips eine ausschlaggebende Rolle, je unwichtiger nämlich der Verstoß gegen eine „primäre" Maxime des Rechts ist, welchen die Anwendung eines „negativen" Prinzips verursacht, desto leichter muss die Anwendung des „negativen" angenommen werden. Die Schwere dieser Folgen kann man sogar nicht nur aus der Perspektive ihrer Qualität sondern auch aus dieser ihrer Quantität ermitteln. Die qualitative Einstufung der negativen Folgen der Verdrängung eines „primären" durch den Einsatz eines „sekundären" Rechtsprinzips werden wir in diesem Teil der Arbeit durch den Gebrauch eines Beispiels zu veranschaulichen versuchen.

Wie schon im Rahmen der vorliegenden Arbeit erwähnt wurde, stellt die Anwendung eines (oder jedes) „negativen" Rechtsprinzips nicht immer einen gleich so gewichtigen Verstoß gegen das in concreto unverhältnismäßige „primäre" Prinzip dar. Die „qualitative Schwere" der Abschaffung des Letzteren hängt nämlich davon ab, welche „negative" Maxime sie verursacht sowie wie und wann, z.B. in welchem Stadium des Verfahrens, das „negative" Prinzip, welches ein „primäres" abschafft, in Einsatz kommt. Eine schnelle Annäherung der Anwendung der „sekundären" Grundlage der Beschleunigung könnte uns sogar dabei helfen, die vorliegenden Gedanken vollständiger darzustellen.

Diese „sekundäre" Maxime der rechtlichen Zusammenordnung kommt zum Einsatz für die Wiederherstellung der verhältnismäßigen Funktion eines Verfahrens, bei diesen Fällen, in denen der Versuch nach der Entdeckung der Wahrheit seine unverhältnismäßig lange Dauer zu Folge hat. Das einheitliche (immer gleiche) Ziel ihrer Anwendung bedeutet dennoch nicht, dass auch ihre Folgen als qualitativ gleich oder zumindest ähnlich einzustufen sind.

Während nämlich die Beschleunigung des Verfahrens, welche durch das „Ausschneiden“ nicht so bedeutender für die Wahrheitsentdeckung jedoch zeitaufwändiger Teile eines Beweismittels[517] in Anwendung kommt, keine vollständige Abschaffung des „primären“ Wahrheitsprinzips ausmacht und daher sein Gebrauch relativ problemlos angenommen werden kann, vermag der Einsatz des gleichen Prinzips unter anderen Umständen zu einer kompletten Abschaffung der Wahrheitsgrundlage zu führen.

Im Gegensatz zu dem oben erwähnten Fall stellt beispielsweise die durch den Entzug aller Zeugenaussagen oder durch die Abschaffung bzw. Herunterstufung der Apologie, der Verteidigungsrede des Angeklagten erfolgte Verfahrensbeschleunigung einen qualitativ „schweren“, wenn nicht verheerenden Verstoß gegen die „primäre“ Wahrheitsgrundlage, welche in solchen Fällen vollständig aufgelöst werden kann. Ein ähnlicher, „qualitativ übermäßiger“ Gebrauch des Prinzips der Beschleunigung, welcher in der großen Mehrheit der Fälle zu der Wiederherstellung der abgeschafften bzw. bedrohten verhältnismäßigen Funktion der Zusammenordnung keinen positiven Beitrag leisten kann, muss nur als absolute Ausnahme angenommen werden unter Berücksichtigung aller Geeignetheits- bzw. Erforderlichkeitskriterien dieser Anwendung für die Wiederherstellung der verhältnismäßigen Gerechtigkeit[518].

517 Als solchen (zeitaufwändigen aber nicht besonders wichtigen für die Entdeckung der Wahrheit Teil eines Beweismittels) könnte man z.B. die Vorlesung großer Teile des Tagebuches des Angeklagten über seinen Alltag in einem Zeitraum vor der potentiellen Begehung der Tat betrachten.

518 Das ist z.B. der Fall, wenn die negativen Folgen der Fortsetzung des Versuchs die Wahrheit im Rahmen des Verfahrens zu entdecken, die negativen Folgen der „qualitativ übermäßigen“ Anwendung des „negativen“ Prinzips übertreffen, während zugleich sein Einsatz die einzige oder zumindest mildeste Lösung des Problems darstellt.

4. Das vierte Kriterium der Geeignetheit: Die „quantitative Würdigung" der negativen Folgen des Einsatzes einer „sekundären" Rechtsgrundlage

Nicht nur die „Qualität" der negativen Folgen, welche die Anwendung einer „negativen" Maxime im Rahmen des rechtlichen Systems mit sich bringt, muss bei der Überprüfung ihrer Geeignetheit für die Wiederherstellung/Festigung der verhältnismäßigen Gerechtigkeit berücksichtigt werden. Auch die „Quantität" der negativen Folgen dieses Einsatzes spielt bei diesem Versuch eine ausschlaggebende Rolle; nämlich gegen je weniger „primäre" Prinzipien die Anwendung eines „sekundären" verstößt, desto leichter muss sein Einsatz angenommen werden.

Der Gebrauch nicht aller „sekundären" Prinzipien beeinträchtigt, wie schon im entsprechenden Kapitel aufgeführt wurde519, quantitativ in gleichem Maße die Umsetzung der „primären" Prinzipien des strafrechtlichen Verfahrens. Während beispielsweise die Fundierung eines neuen Gesetzes, welches die Beschleunigung des Strafverfahrens durch die Beschränkung der erlaubten Dauer der Ermittlungen vorschreibt, in den meisten Fällen hauptsächlich gegen die „primäre" Wahrheitsmaxime verstößt[520], sorgt die Anwendung des Opportunitätsprinzips durch die Ablehnung des im weiteren Sinn verstandenen Legalitätsprinzips (und als Folge davon des gesamten formellen Rechtsstaates, was auf ihm beruht) für eine Negation der Gesamtheit der Grundlagen, welche im Rahmen des strafrechtlichen Prozesses eine Rolle spielen[521] sowie der formellen Gesetze des materiellen Rechts. Diese auch quantitative Gefährlichkeit der Anwendung des Zweckmäßigkeitsprinzips stellt sogar noch eine der Leitideen dar, die unseren Syllogismus über die Anwendungsmöglichkeit der Geringfügigkeitsvorschriften im Rahmen des letzten Kapitels der vorliegenden Arbeit fundieren werden.

519 S. oben S. 134 ff.

520 Die Anwendung in diesem Fall des „negativen" Flexibiltitätsprinzips bzw. der ebenfalls „negativen" Maxime der Beschleunigung für den Entwurf eines neuen Gesetzes verstößt z.B. nicht gegen das „primäre" Prinzip der Gleichheit, weil jeder Angeklagte ab dem Zeitpunkt des Entwurfs des neuen Gesetzes dem gleichen abgekürzten Prozess unterworfen werden wird.

521 S. oben S. 138 ff.

II. Die „Erforderlichkeit" des Einsatzes eines „sekundären" Prinzips für die Wiederherstellung bzw. Festigung der gefährdeten Verhältnismäßigkeit des Systems

Allein die Erfüllung der zwei oben aufgeführten Voraussetzungen, die den Einsatz eines „negativen" Prinzips zunächst rechtfertigen[522], ist dennoch nicht in der Lage die Abschaffung eines so wichtigen Verfahrenselements, nämlich eines „primären" Rechtsprinzips zu rechtfertigen. Angesichts der Wichtigkeit der Folgen, die ein solcher Einsatz mit sich bringt, soll die Verdrängung eines „primären" Prinzips durch den Gebrauch eines „sekundären" nicht nur eine „geeignete" sondern auch eine „erforderliche" Lösung für die Wiederherstellung der Verhältnismäßigkeit des Systems darstellen. Sie muss nämlich die bestmögliche, die Lösung mit den möglichst geringsten negativen Folgen sein, die zu der Umsetzung des oben erwähnten Ziels führen kann[523].

Je gewichtiger die negativen Folgen, welche der Gebrauch eines „sekundären" Prinzips impliziert, desto schwieriger soll seine Erforderlichkeit angenommen werden. Die Abschaffung des Verfahrens aus Opportunitätsgründen soll z.B. nur als ultimum refugium akzeptiert werden, nämlich nur dann, wenn die Anwendung eines weniger gefährlichen Mittels nicht zu der Realisierung des gewünschten Ergebnisses führen könnte. Auf die Frage jedoch, in welchen Fällen genau die Anwendung des Opportunitätsprinzips bzw. von Zweckmäßigkeit beinhaltenden Vorschriften durch die Abschaffung „primärer" Prinzipien der

522 Diese zwei Voraussetzungen sind a. die im Rahmen des Systems schon existierende Unverhältnismäßigkeit bzw. die gefährdete Verhältnismäßigkeit der Zusammenordnung sowie b. die Geeignetheit des Einsatzes eines „negativen" Prinzips durch die Abschaffung eines „primären" die schon verlorene Verhältnismäßigkeit wiederherzustellen oder die gefährdete Verhältnismäßigkeit des Systems zu festigen.

523 Das Prinzip der Erforderlichkeit oder des geringsten Eingriffs, wie es sich im Rahmen der Theorie sowie der Rechtssprechung des BGH entwickelt hat, besagt, dass von mehreren möglichen und geeigneten Maßnahmen diejenigen auszuwählen sind, die den Einzelnen und die Allgemeinheit voraussichtlich am wenigsten beeinträchtigt. Dazu analytisch Volkmar Götz, Allgemeines Polizei- und Ordnungsrecht, 5. Auflage, Göttingen 1978, Rn 255, über den Teilgrundsatz der Erforderlichkeit im Allgemeinen; s.u.a. Marc d' Avoine, Die Entwicklung des Grundsatzes der Verhältnismäßigkeit. Insbesondere gegen Ende des 18. Jahrhunderts, Wuppertal 1994, S. 12 ff., über die verschiedenen vorgeschlagenen Kriterien für die Überprüfung der Erforderlichkeit s.u.a. Gernot Brammer, Das Verhältnismäßigkeitsprinzip, S. 70-75; analytisch zu dem – nach seinem Erfinder benannten - „wohlfarts-ökonomischen Pareto Kriterium" Reinhard Schlink, Abwägung im Verfassungsrecht, in: Schriften zum Öffentlichen Recht, Band 299, Berlin 1976, S. 168 ff.

strafrechtlichen Zusammenordnung als „erforderlich“ angesehen werden darf, werden wir nicht hier sondern im Rahmen des letzten Kapitels eingehen, weil dieses genau das Forschungsobjekt unserer Arbeit darstellt.

In diesem Punkt, am Ende nämlich der theoretischen Darstellung der Gedanken, die zu der Fundierung unseres Syllogismus beitragen, werden wir uns nur auf eine kurze Zusammenfassung einiger der wichtigsten von ihnen beschränken. Die „indirekte“ Unverhältnismäßigkeit einer „primären“ Maxime der rechtlichen Zusammenordnung, welche die Folge der menschlichen Umsetzungsdefizite ausmacht, kann nicht von alleine seine Verdrängung durch den Gebrauch eines „negativen“ rechtfertigen. Der Einsatz eines „sekundären“ kann nur dann als gerechtfertigt angesehen werden, wenn es in der Lage zu sein scheint, die schon gestörte (durch die Funktion des „primären“) Verhältnismäßigkeit wiederherzustellen oder sie zu festigen, bei diesen Fällen, in denen sie durch die Funktion des „primären“ in Gefahr geraten ist. Diese Verhältnismäßigkeit des Einsatzes jeder „negativen“ Maxime, welche die zweite Voraussetzung für ihre Anwendung durch die Verdrängung eines oder mehrerer „primären“ ausmacht, bedeutet nichts Anderes als seine Geeignetheit und Erforderlichkeit.

14. Kapitel: Die Anwendung der Kollisionsregeln auf die §§ 153, 153a StPO

Im Rahmen der vorigen Kapitel der vorliegenden Arbeit haben wir versucht, das Bauwerk des Rechtes und besonders des strafrechtlichen Verfahrens systematisch darzustellen sowie die Einstufung der Prinzipien, aus denen es besteht, zu begründen und zu veranschaulichen. Diese Einstufung, deren einziges Kriterium der Beitrag der Maxime zu der Verwirklichung des Endziels des Systems ausmacht, vermag uns auch dabei zu helfen, die Rolle und die Nützlichkeit der Geringfügigkeitsvorschriften im Rahmen des Verfahrenssystems zu entdecken und zu begreifen.

Die erste Frage, welche dieser Versuch voraussetzt, ist, ob wir die oben genannten Vorschriften direkt in das Einstufungssystem der Prinzipien einordnen dürfen, ob nämlich eine unmittelbare Kollision zwischen diesen Normen und den Prinzipien, gegen welche die Anwendung der Ersteren verstößt, denkbar ist (das wäre der Fall, wenn man sie als Prinzipien betrachten dürfte) oder ob dieser Vergleich, diese Kollision nur indirekt, mittelbar durch den Rückgriff auf die Prinzipien, welche die Anwendung der Vorschriften unterstützt und konkretisiert, erfolgen kann, was der Fall ist, wenn sie nicht als Prinzipien sondern nur als Regeln der prozeduralen Zusammenordnung angesehen werden. Nur Prinzipien können nämlich wegen ihrer Natur unmittelbar mit anderen Prinzipien kollidieren, während ihre Kollision mit Regeln des Systems nur indirekt, durch den Rückgriff der Regeln auf die Prinzipien, erfolgt, welche die Einführung dieser Regeln im Rahmen des Systems konkretisiert und unterstützt. Geht es aber bei den Geringfügigkeitsvorschriften der §§ 153 und 153a StPO um Prinzipien oder doch um Regeln der strafrechtlichen prozeduralen Zusammenordnung? Ein schneller Blick auf die Begriffe des „Prinzips“ und der „Regel“ sowie auf die Problematik ihrer Unterscheidung scheint uns, bei dem Versuch den Charakter und die Stellung der oben genannten Vorschriften im prozeduralen System zu veranschaulichen, besonders behilflich zu sein.

I. Die vorgeschlagenen Kriterien für die Unterscheidung zwischen „Prinzipien“ und „Regeln“ der rechtlichen Zusammenordnung

Die Unterscheidung zwischen Regeln und Prinzipien sowie die Entdeckung ihrer eigenen Charakteristika stellt dennoch keine leichte Aufgabe für die Rechtstheoretiker dar, wegen der strukturellen Ähnlichkeiten[524], die sie aufweisen. Es geht nämlich bei beiden Kategorien von Systemelementen um Normen[525]. Es herrscht aus diesem Grund keine Einstimmigkeit, weder über die vorgeschlagenen Unterscheidungskriterien noch über das Thema, ob es überhaupt die Möglichkeit gibt, sie zu unterscheiden. Die empfohlenen Kriterien für die Unterscheidung sind als Folge der oben erwähnten Schwierigkeit zahlreich. Eine kurze Aufzählung einiger der wichtigsten von ihnen werden wir in diesem Teil der Arbeit unternehmen.

Die Gesamtheit der Normen, aus denen ein rechtliches System besteht, nämlich hauptsächlich seine Regeln und Prinzipien, machen, wie schon im Rahmen der vorigen Kapitel aufgeführt wurde, Elemente generellen Charakters der positiven Gerechtigkeit aus. Diese für die Gesamtheit der Prinzipien und Normen des rechtlichen Systems angenommene Generalität bedeutet dennoch nicht, dass die Prinzipien und die Regeln den gleichen bzw. einen ähnlichen Generalitätsgrad aufweisen. Diese These, welche, wegen des korrespondierenden Charakters des Systems und der Beziehung der vertikalen Abhängigkeit zwischen den Systemelementen, besonders plausibel zu sein scheint, stellt zugleich den theoretischen Hintergrund des am meisten benutzten und angenommenen Kriteriums für die Unterscheidung zwischen Regeln und Prinzipien, des Kriteriums der Generalität, dar. Laut diesem Kriterium stellen die Prinzipien Normen relativ hohen Generalitätsgrades dar im Gegensatz zu den Regeln, welche nur eine geringe Generalität aufweisen[526].

Das Kriterium der Generalität für die Unterscheidung zwischen Prinzipien und Regeln wurde dennoch nicht ohne Weiteres angenommen. Charakteristisch dafür scheint sogar die Stellung eines anderen großen Rechtstheoretikers zu sein. Entscheidend für die Einordnung einer Norm zu den Prinzipien des Rechtes ist laut Karl Larenz nicht oder nicht unbedingt ihr Allgemeinheitsgrad sondern ihre Eignung als Rechtfertigungsgrund[527]. Im gleichen Sinn muss auch die Stellung von Esser angesehen werden, laut dem das Prinzip nicht selbst Weisung

---

524 Vgl. etwa Andras Jakab, Prinzipien, in: Rechtstheorie 37 (2006), S. 49 ff., bes. S. 56 ff., welcher davon ausgeht, dass es keinen strukturellen Unterschied zwischen Prinzipien und Regeln gibt.

525 Robert Alexy, Theorie der Grundrechte, S. 73.

526 Besonders analytisch dazu Robert Alexy, Theorie der Grundrechte, S. 73; s. auch August Simonius, Über Bedeutung, Herkunft und Wandlung der Grundsätze des Privatrechts, in: ZSR 71 (1952), S. 239 ff.; George C. Christie, The Model of the Principles, in: Duke Law Journal 1968, S. 649 ff., S. 669; Joseph Raz, Legal principles and the Limits of Law, in: The Yale Law Journal 81 (1972), S. 823 ff., S. 838.

527 Karl Larenz, Richtiges Recht, München 1979, S. 26.

sondern Grund, Kriterium und Rechtfertigung für die Weisung sei. Es sei Grund für die Regeln und nicht selbst Regel[528].

Besonders interessant unter den vorgeschlagenen Unterscheidungskriterien scheint auch die klassische Definition Alexys zu sein. Laut Alexy stellen die Regeln nichts Anderes als Festsetzungen im Raum des rechtlich und tatsächlich Möglichen dar. Während nämlich die Prinzipien „prima facie[529] Sollen" enthalten, kann dagegen das „Sollen" der Regeln nur als „definitiv" betrachtet werden[530]. Diesen nur mittelbar ein Gebot beinhaltenden Charakter einer Regel hat auch Claus Wilhelm Canaris besonders treffend beschrieben, bei dem Versuch zwischen Prinzipien und Begriffen der rechtlichen Zusammenordnung zu unterscheiden. Laut ihm enthalten die Rechtsbegriffe, selbst bei diesen Fällen, in denen sie richtig gebildet sind, die Wertung lediglich mittelbar bzw. verschlüsselt, während sie ein Prinzip immer unmittelbar enthält. Ein Prinzip legt im Gegensatz zu den Begriffen die ihm immanente Wertung immer klar offen, es zeichnet sich nämlich immer durch die Explizitheit seines Wertungsgehaltes aus[531]. Die oben erwähnten zwei wichtigen Methoden stellen dennoch nicht die einzigen vorgeschlagenen Kriterien für die Unterscheidung zwischen Regeln und Prinzipien dar. Unter den zahlreichen vorgeschlagenen Unterscheidungsmethoden könnte man z.B. die Art und Weise der Entstehung, d.h. den Unterschied zwi-

---

528 Josef Esser, Grundsatz und Norm, S. 51; ebenso Andras Jakab, Prinzipien, laut dem die Prinzipien eine metanormative Funktion aufweisen können; nämlich auf der einen Seite eine ex ante (programmierende Funktion) z.B. für die Gesetzgebung und auf der anderen Seite eine ex post (nämlich eine die Normen begründende) Funktion; ebenfalls Frank Riechelmann, Sind Grundrechte keine Normen?, in: Rechtstheorie 37 (2006), S. 381 ff., S. 381, laut dem die Prinzipien Gründe, Kriterien oder Rechtfertigung einer konkret-gültigen Weisung sind, die durch einen Rechtssatz zum Ausdruck kommt. Aus diesem Grund gelten die Rechtssätze und die Normen unmittelbar, während die Prinzipien nur mittelbar gelten; bezüglich der Bedeutung der Rechtssätze s.u.a. Sabine Wesser, Der Rechtssatz, Rechtstheorie 37 (2006), S. 257 ff., S. 259, laut der der Satz jede Verknüpfung (oder Trennung) von Begriffen bzw. durch Begriffe bestimmten Denkinhaltes, gleich, ob sich diese auf Körperliches oder Unkörperliches, Wirkliches oder Unwirkliches beziehen, sei.

529 Zum Begriff „prima facie" besonders analytisch Martin Borowski, Grundrechtliche Leistungsrechte (Positive rights as fundamental rights), in: JöR 50, 2002, S. 314 ff., S. 314.

530 Vgl. Alexy, Theorie der Grundrechte, a.a.O., S. 89 ff., laut dem manchmal auch die Regeln einen „prima facie" Charakter aufweisen können, welcher dennoch von dem „prima facie" Charakter der Prinzipien zu unterscheiden sei; vgl. auch Martin Borowski, Grundrechte als Prinzipien, Baden- Baden 2007, S. 78 ff.; auch Martin Borowski, Die Glaubens- und Gewissensfreiheit des Grundgesetzes, Tübingen 2006, S. 197, 198.

531 Claus-Wilhelm Canaris, Systemdenken, S. 50.

schen „geschaffenen" und „gewachsenen" Normen[532], die „Bestimmbarkeit" der Anwendungsfälle[533], den Bezug zu Rechtsideen[534] oder zu einem obersten Rechtsgesetz sowie die Bedeutung für die Rechtsordnung erwähnen[535].

Die zahlreichen vertretenen Thesen über die Art und Möglichkeit überhaupt der Unterscheidung zwischen Regeln und Prinzipien der rechtlichen Zusammenordnung, deren nur einen Teil die oben kurz erwähnten Kriterien ausmachen, kann man sogar in drei generelle Kategorien einordnen. Es geht um die Übereinstimmungsthese, um die schwache und um die starke Trennungsthese[536]. Der Ersten dieser Thesen nach kann man zwischen Regeln und Prinzipien nicht unterscheiden, weil zwischen ihnen kein normologischer Unterschied bestehe. Sie bilden nämlich keine unterschiedlichen Normenkategorien, weil sie einfach Familienähnlichkeit aufweisen[537]. Laut der schwachen Trennungsthese, unter deren Vertretern auch Simonius und Hughes zu erwähnen sind[538], weist der zwischen Prinzipien und Regeln des Rechtssystems existierende normstrukturelle Unterschied nur eine graduelle Natur auf. Dieser Kategorie ist daher besonders das Kriterium der Generalität bzw. der Allgemeinheit zuzuordnen. Im Gegensatz schließlich zu den zwei schon erwähnten Meinungskategorien, welche die strukturelle zumindest Ähnlichkeit von Prinzipien und Regeln vertreten, geht die starke Trennungsthese von der These aus, dass der Unterschied in der Struktur der oben genannten Systemelementen nicht nur gradueller sondern auch klassifikatorischer Natur ist[539]. Zu den wichtigsten Vertretern der Möglichkeit einer

532 S. Alexy, a.a.O., S. 74.

533 Vgl. etwa Frank Riechelmann, a.a.O., S. 383, laut dem Prinzipien von Regeln zu unterscheiden seien. „Regeln geben konkrete definitive Anweisungen. Charakteristisch für Regeln ist, dass sie der Subsumtion unterliegen. Im Gegensatz zu ihnen unterliegen Prinzipien nicht der Subsumtion".

534 Dazu analytisch Karl Larenz, Methodenlehre der Rechtswissenschaft, 5. Auflage, Berlin, Heidelberg, New York, Tokyo 1983, S. 218, 404.

535 Dazu besonders analytisch Robert Alexy, a.a.O., S. 74.

536 Eingehend zum Thema Martin Borowski, Die Glaubens- und Gewissensfreiheit des Grundgesetzes, bes. S. 196 ff.

537 Martin Borowski, a.a.O.; als wichtigen Vertreter dieser Meinung könnte man unter Anderem Aulis Aarnio („Taking Rules Seriously" in: Law and the states in modern times. Proceedings of the 14th IVR World Congress in Edinburgh, August 1989, 1. Auflage 1990, S. 180 ff.) sowie Klaus Günther (s. besonders „Der Sinn der Angemessenheit", Frankfurt am Main, 1. Auflage 1988, S. 270 ff.) erwähnen.

538 Dazu analytisch A. Simonius, Über Bedeutung, S. 239; Graham Hughes, Rules, Policy and Decision Making, in: The Yale Law Journal 77 (1968), S. 411 ff., S. 419.

539 Dazu analytisch Martin Borowski, a.a.O.

„starken" Unterscheidung zwischen Regeln und Prinzipien der Zusammenordnung sind unter Anderem Alexy und Dworkin zu finden[540].

II. Die in der Arbeit vertretene Ansicht über das Kriterium der Unterscheidung

Die pyramidenförmige Gestaltung des rechtlichen Systems, auf dessen Gipfel ein absolut generelles Prinzip steht, von der schon im Rahmen der vorliegenden Arbeit die Rede war[541], sowie die „vertikale Abhängigkeit" aller dem strafrechtlichen, materiellen und Verfahrensrecht immanenten Elemente[542], welche hauptsächlich die Abhängigkeit der konkreteren Normen der Zusammenordnung von der Existenz anderer, generellerer, die ihren Existenzgrund ausmachen, bedeutet, spricht für die Akzeptanz des Generalitätskriteriums, bei dem Versuch zwischen den zwei Begriffen zu unterscheiden. Trotz der großen Schwierigkeit, welche die strukturelle Ähnlichkeit aller Normen des Systems impliziert und welche eine klare und strikte Unterscheidung der oben genannten Normenkategorien nicht erlaubt, könnte man zumindest einige erste Unterscheidungsmerkmale erwähnen.

Es geht nämlich bei den Prinzipien um mehr oder weniger generelle, d.h. auf den Einzelfall. nicht konkretisierte „Soll-Sätze", welche unmittelbar/explizit (das ist der Fall z.B. bei den Positivierungen der primären-materiellen Rechtsgrundlagen[543]) oder auch manchmal mittelbar (wie beispielsweise bei den meisten rein prozeduralen Prinzipien[544]), die Werte, die Zwischenziele[545], die sie beinhalten, in Ausdruck bringen.

---

540 S.u.a. Dworkin, Taking rights seriously,, S. 24 ff.; Robert Alexy, Rechtsregeln und Rechtsprinzipien, in: Archiv für Rechts- und Sozialphilosophie, Beiheft NF 25 (1985), S. 13-29, S. 19.

541 S. oben S. 184.

542 S. oben S. 184 ff.

543 Der generelle Soll-Satz z.B. „In jedem Verfahren soll die Wahrheit entdeckt werden", welcher die Positivierung des primären materiellen Prinzips der Wahrheit in Ausdruck bringt, drückt gleichzeitig explizit/unmittelbar sein Zwischenziel, nämlich das Gebot der Wahrheitsentdeckung aus.

544 Im Gegensatz zu dem Soll-Satz, welchen das primäre-materielle Prinzip der Wahrheit beinhaltet, drückt der Soll-Satz eines anderen „rein prozeduralen" Prinzips, welches das oben erwähnte Wahrheitsgebot im Rahmen des Verfahrens konkretisiert, dieses der Ermittlung, sein Zwischenziel nur unmittelbar aus. Dieses Prinzip drückt nämlich nicht explizit sein Zwischenziel (die Entdeckung der Wahrheit) aus, sondern nur mittelbar durch den Gebrauch des Soll-Satzes „In jedem Verfahren soll ermittelt werden (um die Wahrheit entdecken zu können)."

545 S. oben S. 107-108.

Der erfolgreiche Einsatz dieser generellen Gebote benötigt dennoch die Existenz im Rahmen des rechtlichen Systems auch speziellerer Elemente, welche die Anwendung der generellen Soll-Sätze in den verschiedenen Teilen des Verfahrens detaillieren bzw. diese Anwendung in den vielen potenziell auftretenden Einzelfällen konkretisieren können. Diese Rolle wurde im Rahmen des korrespondierenden, pyramidenförmigen, prozeduralen Systems hauptsächlich einer anderen Normenkategorie, der Kategorie der „Regeln" zugeteilt. Sie veranschaulichen die konkreten Einzelfälle, in denen ein generelles Gebot, ein Prinzip in Einsatz gebracht werden soll bzw. die Details dieses Einsatzes und sind unerlässlich für seine korrekte Anwendung[546]. Das oben erwähnte generelle Wahrheitsgebot wird beispielsweise im Rahmen des Verfahrens durch speziellere Normen ergänzt, die seiner korrekten Funktion dienen. Eine solche Norm stellt z.B. nach der Meinung des Gesetzgebers die Regel dar, dass die Zeugenaussagen unter Umständen einen Eid benötigen sowie die noch konkreteren Regelungen, welche das Eidverfahren weiterhin konkretisieren.

Selbst aber das zuverlässigste unter den Unterscheidungskriterien, dieses der Generalität, vermag eine absolut richtige Trennlinie zwischen den zwei Normenkategorien wegen der strukturellen Ähnlichkeit, die sie aufweisen, nicht zu ziehen. Die einzige Prinzipienkategorie, die sich klar sowohl von den anderen (rein prozeduralen Charakters) Prinzipien als auch von den Regeln der strafrechtlichen Verfahrenszusammenordnung unterscheiden lässt, stellt die Kategorie der „primären- materiellen" Maxime bzw. ihre Positivierungen im Rahmen des Systems (nämlich die Prinzipien der Verhältnismäßigkeit, der Freiheit, der Menschenwürde, der Gleichheit, sowie ihre überrechtliche Voraussetzung, das Prinzip der Wahrheit) dar.

Sie sind die einzigen Prinzipien, deren Rechtfertigungsgrund sie selbst ausmachen. Sie sind nämlich wegen ihres vorrechtlichen Charakters selbst der Grund und Kriterium ihrer Existenz und ihre Rechtfertigung benötigt nicht den Rückgriff auf andere Elemente des rechtlichen Systems. Sie stellen selbst ein Zwischenziel und kein Mittel für seine Umsetzung im Rahmen des rechtlichen Systems dar und daher sind die Einzigen, die einen absoluten Generalitätsgrad aufweisen, in dem Sinne dass sie keinen Konkretisierungsversuch eines anderen positiven Prinzips im rechtlichen Verfahren ausmachen.

Im Gegensatz zu diesen vorrechtlichen Elementen der Zusammenordnung stellen alle anderen „rein positiven" Normen, sowohl die rein prozeduralen Prinzipien als auch die positiven Regeln einen Konkretisierungsversuch der Ersteren

546 Besonders treffend hat diese Annahme Claus-Wilhelm Canaris (Systemdenken, a.a.O., S. 50), bei dem Versuch zwischen „Prinzip" und „Begriff" zu unterscheiden, in Ausdruck gebracht. Laut Canaris „ist die Begriffsbildung zur Vorbereitung der Subsumtion unerlässlich und daher soll den Prinzipien ein korrespondierendes System von Rechtsbegriffen zugeordnet werden."

im Rahmen des Verfahrens dadurch dar, dass sie einfach die prozeduralen Mittel ausmachen, welche die korrekte Anwendung der „primären-materiellen“ Prinzipien im rechtlichen Prozess unterstützen. Die Existenz dieser rein prozeduralen Prinzipien und Regeln kann daher im Gegensatz zu den „primären-materiellen“ Grundlagen nur durch den Rückgriff auf die Letzteren, die sie im Rahmen des Verfahrens unterstützen, gerechtfertigt werden. Hinter jedem prozeduralen „Soll-Satz“ steht nämlich immer ein „Warum“, was nur durch den Rückgriff auf ein „primäres-materielles“ Prinzip, zu beantworten ist. Die Antwort z.B. auf die Frage, warum die Maxime der Ermittlung im Rahmen des Verfahrens notwendig ist, kann nicht mit dem Satz „weil die Ermittlung nötig ist“ sondern nur mit dem Satz „weil die Ermittlung die Entdeckung der Wahrheit unterstützt“ beantwortet werden.

Diese strukturelle Ähnlichkeit der „rein prozeduralen“ Verfahrensprinzipien und der Regeln des Systems veranschaulicht die große Schwierigkeit, die der Versuch sie zu unterscheiden in sich birgt. Zwischen ihnen gibt es nämlich nur eine manchmal schwer zu erkennende qualitative Differenzierung ihres Generalitätsgrades, in dem Sinne, dass die Regeln den Versuch der Konkretisierung auf den Einzelfall eines generelleren Gebots darstellen, was aber auch selber den Konkretisierungsversuch eines „primären-materiellen“ Prinzips im Rahmen des Verfahrens ausmacht.

Im Licht der oben zitierten Gedanken könnten wir die Natur der Vorschriften der §§ 153 und 153a StPO untersuchen. Der besonders geringe Generalitätsgrad, den sie aufweisen, führt uns dazu, sie zu der Kategorie der prozeduralen Regeln und nicht zu den Prinzipien des Verfahrens einzuordnen. Die Richtigkeit dieser Schlussfolgerung werden wir sogar durch eine schnelle Betrachtung des Opportunitätsprinzips, welches hauptsächlich die Geringfügigkeitsvorschriften im Rahmen des strafrechtlichen Prozesses konkretisieren und unterstützen, zu bestätigen versuchen.

Die sekundäre Maxime der Opportunität beschreibt die „generelle Möglichkeit“ einer Einschränkung der Verfolgungspflicht, einer Ausnahme von ihrer Anwendung nach Maßgabe gesetzlicher Vorschriften, aus Zweckmäßigkeitsgründen[547]. Wie aus dieser provisorischen Definition hervorgeht ist die korrekte, die verhältnismäßige Anwendung der Maxime nur dann realisierbar, wenn sie von anderen spezielleren Vorschriften im positiven System konkretisiert wird. Es geht um die positiven Regeln hauptsächlich der §§ 153 ff. StPO, welche den konkreten Rahmen der Anwendung des generellen Gebots vorschreiben. Einen Teil dieser Vorschriften machen auch die Geringfügigkeitsregeln aus. Der beschreibende Charakter dieser Vorschriften, welche eine Konkretisierung der Voraussetzungen für die Anwendung der Opportunität durch die Aufzählung der Einzelfälle, in denen sie zu verwenden ist, sowie der Mittel dieser Anwendung

547 S. Hans-Heiner Kühne, Strafprozessrecht, a.a.O., S. 201.

ausmachen, veranschaulicht die Tatsache, dass sie nicht als prozedurale Prinzipien sondern als Regeln des Verfahrenssystems einzustufen sind.

III. Die Folgen der Zuordnung der Geringfügigkeitsvorschriften zu den Regeln des Systems

Die Zuordnung der Vorschriften der §§ 153 und 153a StPO zu den Regeln der prozeduralen Zusammenordnung ist für unseren Versuch, die Verhältnismäßigkeit ihrer Anwendung im rechtlichen Verfahren zu überprüfen, von elementarer Bedeutung. Sie verdeutlicht nämlich die Tatsache, dass die Zuordnung dieser Regeln zu dem Kollisionssystem der Prinzipien nur mittelbar, durch einen Rückgriff auf die Prinzipien, die sie im Rahmen des Verfahrens konkretisieren und unterstützen, stattfinden darf, dass nämlich ein unmittelbarer Vergleich, eine unmittelbare Kollision dieser Regeln mit den Prinzipien, welche die Anwendung der Ersteren abschafft, unmöglich ist. Diese darf nur mittelbar, durch den Rückgriff auf die Prinzipien, deren Ausdruck die Geringfügigkeitsvorschriften darstellen, realisiert werden[548]. Die Überprüfung der Verhältnismäßigkeit der Anwendung der Geringfügigkeitsvorschriften setzt daher den Vergleich bzw. die Kollision der Prinzipien, deren Ausdruck sie ausmachen, mit den Prinzipien, welche ihre Anwendung verdrängt, voraus.

Diese stellen zumindest unmittelbar Ausdruck nur „sekundärer" Verfahrensmaxime dar, unter denen die bedeutendste das Opportunitätsprinzip zu sein scheint[549]. Es geht nämlich bei der Grundlage der Zweckmäßigkeit nicht nur um das Prinzip (unter denen, deren Ausdruck die §§ 153 und 153a StPO darstellen), dessen Sinn den Inhalt aller anderen von den Geringfügigkeitsregeln unterstützten sekundären Prinzipien (dieser der Flexibilität, Beschleunigung, Billigkeit und der Entlastung der Justiz) umfasst, sondern auch um das Prinzip, welches den größten sowohl qualitativen als auch quantitativen Verstoß gegen die primären Prinzipien des Rechts aufweist.

Dieser, den gesamten sowohl positiven als auch negativen Beitrag aller anderen von den Geringfügigkeitsvorschriften unterstützten sekundären Prinzipien

548 Diese Tatsache hat Claus-Wilhelm Canaris besonders treffend ausgedrückt bei dem Versuch die Stellung der Rechtsbegriffe im Rahmen des rechtlichen Systems zu veranschaulichen; s. Claus-Wilhelm Canaris, Systemdenken, a.a.O., S. 50, laut dem man nie vergessen dürfe, dass diese (die Begriffe) teleologischer Natur seien und dass daher im Zweifelsfall immer der Rückgriff auf die ihnen enthaltene Wertung und das heiße auf das entsprechende Prinzip erforderlich sei.

549 Über den positiven Beitrag der Geringfügigkeitsvorschriften s. oben S. 80 ff.

beinhaltende, Charakter des Opportunitätsprinzips[550] erlaubt uns, es als Vertreter aller anderen bei unserem Versuch zu verwenden. Die Annahme der Verhältnismäßigkeit der Anwendung der Bagatellvorschriften würde nämlich nichts Anderes bedeuten als, dass die Zweckmäßigkeitserwägungen, welche den oben erwähnten Vorschriften immanent sind, in der Lage sind, die Verdrängung aller „primären Prinzipien", die ihre Anwendung impliziert, in den Schatten zu stellen, dass nämlich das sekundäre Prinzip der Opportunität im Fall der Geringfügigkeitsvorschriften die oben erwähnten primären Prinzipien verdrängen kann[551].

Von den Prinzipien des Rechts, deren Ablehnung die Anwendung der §§ 153 und 153a StPO impliziert, war auch schon im Rahmen der vorliegenden Arbeit die Rede[552]. In diesem Punkt werden wir nur zwei wichtige Gedanken zitieren, welche für die Weiterentwicklung unseres Syllogismus von elementarer Bedeutung zu sein scheinen. Die erste von denen bezieht sich auf die Idee, dass die Geringfügigkeitsregeln einen Ausdruck hauptsächlich des Opportunitätsprinzips ausmachen. Diese Annahme veranschaulicht nämlich die Tatsache, dass im Mittelpunkt der „primären Prinzipien", deren Abschaffung der Einsatz der oben genannten Regeln mit sich bringt, das Legalitätsprinzip steht[553]. Die Zweite, welche die Erste ergänzt und konkretisiert, hängt mit der Natur des Legalitätsprinzips in seinem weiteren Sinn zusammen. Die Abschaffung dieser Grundlage stellt nämlich nicht nur die Negation eines „primären Prinzips" dar; sie bedeutet viel mehr den Abbau des ganzen rechtlichen, positiven Systems, dessen Fundament die Legalitätsmaxime bildet. Die Ablehnung dieses Prinzips vermag nämlich unter Voraussetzungen die komplette Abschaffung aller im Rahmen des Systems immanenten Grundlagen zu verursachen.

Diese, die Abschaffung aller anderen dem positiven System immanenten „primären Prinzipien" beinhaltende, Natur der Negation des Legalitätsprinzips durch die Anwendung der §§ 153 bzw. 153a StPO, gibt uns sogar die Möglichkeit bei dem Versuch, die Kollision des „sekundären" Opportunitätsprinzips mit den „primären Prinzipien", deren Ablehnung der Einsatz der umstrittenen Vorschriften mit sich bringt, darzustellen, auf die analytische Erwähnung jedes einzelnen von diesen „primären" Maxime zu verzichten.

Das Problem der Verhältnismäßigkeit der Anwendung der Geringfügigkeitsregeln dürfen wir daher einfach als ein Kollisionsproblem zwischen dem

550 S. oben S. 138 ff.

551 Über die wichtigsten Schwächen der Geringfügigkeitsvorschriften bzw. über die Prinzipien, welche ihre Anwendung abschafft s. oben, besonders S. 22 ff.

552 S. oben S. 15 ff., 22 ff.

553 Zu dieser Schlussfolgerung kommen wir, die Tatsache angenommen, dass das Opportunitätsprinzip die Ausnahmefälle regelt, in denen die Maxime der Legalität aus Verhältnismäßigkeitsgründen nicht angewandt werden muss.

„sekundären“ Opportunitätsprinzip und der „primären“ Legalitätsmaxime betrachten, bei dem wir die im Rahmen der vorliegenden Arbeit dargestellten Regeln, welche die Kollision zwischen den „primären“ und den „sekundären“ Systemgrundlagen regeln, in Anwendung ziehen werden. Im Rahmen des nächsten Kapitels werden wir nämlich auf die Frage eingehen, inwiefern das durch Flexibilitäts-, Beschleunigungs-, Billigkeits- sowie Entlastungserwägungen in Ausdruck kommende Opportunitätsprinzip in der Lage ist, im konkreten Fall der Geringfügigkeitsregeln die Anwendung des „primären“ Legalitätsprinzips zu verdrängen.

15. Kapitel: Die Überprüfung der drei Voraussetzungen für die Verdrängung eines „primären" durch ein „sekundäres" Prinzip im Falle der Geringfügigkeitsvorschriften

I. Die erste Voraussetzung: Die „in concreto" Unverhältnismäßigkeit der Anwendung des Legalitätsprinzips

Die Annahme der im Rahmen dieser Arbeit kurz aufgeführten qualitativen Standards für die Zuordnung eines Prinzips zu den „primären" Grundlagen der rechtlichen Zusammenordnung, nämlich seiner Notwendigkeit für die Umsetzung bzw. für die qualitative Anwendung der Elemente der „verhältnismäßigen Gerechtigkeit" im Rahmen des Systems, hat uns zu der Schlussfolgerung geführt, dass nicht nur die „primären-materiellen" Maxime und ihre Positivierungen wegen ihrer Natur sondern auch alle rein prozeduralen „primären Rechtsprinzipien" keine „direkte Unverhältnismäßigkeit" aufweisen können. Das Legalitätsprinzip kann daher nie als „an sich", als „von Geburt her" Unverhältnismäßig angesehen werden.

Die vorliegende Unterstellung sagt dennoch nicht aus, dass bei dieser Grundlage der Fall der „indirekten Unverhältnismäßigkeit" ausgeschlossen ist. Diese als Folge der gegenseitigen (vertikalen und horizontalen) Abhängigkeit sowie der Wechselwirkung aller Glieder der rechtlichen Zusammenordnung zu betrachtende Unverhältnismäßigkeit eines „primären Prinzips" bedeutet nichts Anderes als, dass es wegen der Wechselwirkung mit einem anderen, die Folgen der menschlichen Umsetzungsdefizite aufweisenden, Systemelement in einen so schweren Verstoß mit einem anderen „primären Prinzip" gerät, dass seine negativen Folgen für die Elemente der „verhältnismäßigen Gerechtigkeit" zumindest in einem bestimmten Fall (in concreto) den positiven für die Umsetzung dieser Elemente Beitrag des Prinzips in den Schatten stellen[554].

Wie kann aber diese „Kollision[555]", welche die erste Voraussetzung für die Kollision überhaupt einer „sekundären" mit einer „primären" Maxime der rechtlichen Zusammenordnung bzw. für die Durchsetzung der Letzteren im Fall des Legalitätsprinzips entstehen, so dass sie die Existenz der Opportunitätsgrundlage bzw. die Einführung der Geringfügigkeitsvorschriften zumindest zunächst ein-

554 Dazu analytisch oben S. 210 ff.

555 Über die Regel der „doppelten Kollision" s. oben. S. 210 ff.

mal rechtfertigen kann? Bei dem Versuch diese Möglichkeit analytischer darzustellen werden wir noch mal auf den Gebrauch eines Beispiels zurückgreifen.

Wie schon mehrmals im Rahmen der vorliegenden Arbeit aufgeführt wurde, vermag nicht allein die verhältnismäßige Funktion der Prinzipien des prozeduralen Rechts die verhältnismäßige Gerechtigkeit im Rahmen des Systems zu realisieren. Diese setzt auch und vor allem die „relative Korrektheit", die Verhältnismäßigkeit der Gesetze des materiellen Rechts voraus, auf dem die Grundlagen der prozeduralen Gerechtigkeit Anwendung finden. Diese „horizontale Abhängigkeit" der Elemente der materiellen und der prozeduralen Gerechtigkeit im Rahmen des rechtlichen Systems bringt auch deutlich die Möglichkeit ihrer Wechselwirkung in Ausdruck. Diese bedeutet nichts Anderes als, dass die Anwendung selbst eines „an sich" verhältnismäßigen prozeduralen Prinzips für die Unterstützung eines unverhältnismäßigen materiellen Gesetzes zu der „indirekten Unverhältnismäßigkeit" des Ersteren führen kann, in dem Sinne, dass die negativen für die Umsetzung der Gerechtigkeitselemente Folgen dieser Anwendung in der Lage sind, den positiven Beitrag des Prinzips zumindest in concreto zu überschatten.

Das „primäre" Legalitätsprinzip stellt beispielsweise hauptsächlich den Ausdruck einer anderen „primären", sogar „materiellen-primären" Grundlage des Rechts dar, dieser der Gleichheit aller vor dem Gesetz, von der das Erstere „mittelbar[556]" vertikal abhängig ist. Der „primäre", der „an sich verhältnismäßige" Charakter dieser Prinzipien schließt dennoch nicht die Möglichkeit aus, dass das materielle Gesetz, dessen Anwendung sie gewährleisten, in jedem konkreten Fall eine „relativ korrekte", eine „verhältnismäßige" Funktion aufweist. Die komplexe Natur der Realität, in der unzählige Fallkombinationen auftreten können, sowie die immer mehr oder weniger abstrakte Formulierung der Gesetze unterzeichnen die Bedeutung dieser Gedanken. Niemand könnte z.B. die Möglichkeit der Unverhältnismäßigkeit eines Gesetzes ausschließen, bei diesen Fällen, in denen die Geringfügigkeit einer Straftat durch in concreto auftretenden und nicht vom Gesetz wegen der Generalität seiner Formulierung vorgesehenen Faktoren in solchen Maßen verstärkt wird, dass die Belastung des komplexen und aufwendigen rechtlichen Mechanismus mit dieser Straftat zumindest in concreto als unverhältnismäßig angesehen werden darf. In Betracht kommt auch dazu die Möglichkeit, dass die in einem konkreten Fall auftretenden außergewöhnlichen Schwierigkeiten für die Aufklärung der Straftat bzw. dem Zeitauf-

---

556 Die Abhängigkeit des Legalitätsprinzips von dem „primären- materiellen" Gebot der Gleichheit muss man nur als „mittelbar" betrachtet, in dem Sinne, dass es keine direkte Konkretisierung dieses Gebots im Rahmen des Verfahrens ausmacht. Eine „unmittelbare" vertikale Abhängigkeitsbeziehung könnte man z.B. im Gegensatz dazu im Fall des Prinzips der Waffengleichheit im Zivilprozess ansehen.

wand[557] dieses Versuchs in keinem Verhältnis zu dem geringfügigen Charakter der Tat steht.

Diese in concreto unverhältnismäßige Funktion eines materiellen Gesetzes vermag dennoch auch die Funktion der „primären“ Prinzipien, die seine Geltung gewährleisten und mit denen es in Abhängigkeitsbeziehung im Rahmen der Gleichung der positiven Gerechtigkeit steht zu beeinträchtigen. Die Gewährleistung eines in concreto unverhältnismäßigen materiellen Gesetzes von dem von ihm horizontal abhängigen „primären-materiellen“ Gebot der Gleichheit vor dem Gesetz impliziert auch die zumindest „in concreto“ Unverhältnismäßigkeit des „an sich“ absolut notwendigen „primären“ Prinzips, weil es in diesen Fällen gegen sein Ziel im Rahmen des Systems, gegen das Kernelement der Gerechtigkeit, nämlich das „primäre“ Prinzip der Verhältnismäßigkeit verstößt. Die Anwendung der Maxime der Gleichheit vor dem Gesetz muss nämlich bei diesen Fällen als zumindest in concreto unverhältnismäßig angesehen werden, weil seine negativen Folgen für die Umsetzung der Elemente der Gerechtigkeit (Verstoß gegen das Prinzip der Verhältnismäßigkeit) seinen positiven zu ihrer Verwirklichung Beitrag (Umsetzung der Gleichheit) deutlich überschreitet. Das hat natürlich auch zur Folge, dass die als Ergebnis seiner horizontalen Abhängigkeit von dem in einem bestimmten Fall ungeeigneten materiellen Gesetz angesehene in concreto Unverhältnismäßigkeit des Prinzips der Gleichheit in der Lage ist, die in concreto Unverhältnismäßigkeit des von ihm mittelbar vertikal abhängigen auch „primären“ Prinzips der Legalität zu verursachen, weil es einfach in diesen Fällen das Gebot „der Gleichheit vor einem unverhältnismäßigen Gesetz“ weiterhin gewährleistet und stabilisiert[558].

In einem solchen Fall eines in concreto Verstoßes der „primären“ Prinzipien der Legalität und der Gleichheit gegen eine andere „primäre“ Maxime, welche zugleich ihr Ziel im Rahmen des rechtlichen Systems ausmacht, dieser der Verhältnismäßigkeit, wird zunächst einmal die erste Voraussetzung für die Kollision der oben erwähnten Prinzipien mit der „sekundären“ Grundlage der Opportunität erfüllt[559]. Die Erfüllung dieser ersten Voraussetzung vermag dennoch nicht allein die Verdrängung der „primären“ Prinzipien der Gleichheit und der Legalität durch das „sekundäre“ Opportunitätsprinzip zu rechtfertigen. Diese würde die Erfüllung zweier weiterer Kriterien benötigen.

557 Ein solcher Fall könnte mindestens zunächst einmal den Einsatz der Geringfügigkeitsvorschriften rechtfertigen, die Tatsache angenommen, dass sich der § 154 I 2 StPO nur auf den Fall der Mehrfachtäter bezieht.

558 Auch dieses Prinzip verstößt daher gegen das Prinzip der Verhältnismäßigkeit, so dass sein positiver zu der Umsetzung der „verhältnismäßigen Gerechtigkeit“ Beitrag von den negativen Folgen seiner Anwendung in einem bestimmten Fall überschattet wird.

559 Über die Regel der „doppelten Kollision“ s. oben S. 210 ff.

II. Die zweite Voraussetzung: die „Geeignetheit“ der §§ 153, 153a die „in concreto“ gestörte Verhältnismäßigkeit wiederherzustellen

Die „in concreto“ Unverhältnismäßigkeit des „primären“ Legalitätsprinzips, welche aufgrund der in einem bestimmten Fall gravierenden Geringfügigkeit einer strafbaren Tat auftreten kann, bedeutet nicht ohne Weiteres, dass es durch den Einsatz des Opportunitätsprinzips bzw. der Opportunitätsdenken beinhaltenden Geringfügigkeitsvorschriften verdrängt werden muss. Eine solche Verdrängung würde dazu voraussetzen, dass die Vorschriften der §§ 153 bzw. 153a StPO als reine Ausdrücke des „sekundären“ Opportunitätsprinzips geeignet und erforderlich sind, die „in concreto“ durch die Anwendung des „primären“ Legalitätsprinzips gestörte oder gedrohte Verhältnismäßigkeit zu stabilisieren bzw. wiederherzustellen[560]. Die erste von diesen zwei weiteren Voraussetzungen werden wir versuchen im Rahmen des vorliegenden Kapitels zu beleuchten.

Bei der Eigenschaft der Geeignetheit eines „sekundären“ Rechtsprinzips, die in einem konkreten Fall gestörte oder bedrohte Verhältnismäßigkeit des Systems wiederherzustellen bzw. zu stabilisieren, geht es nicht um eine einheitlich zu prüfende Voraussetzung sondern um eine Zusammensetzung vieler voneinander nicht abhängigen Kriterien, die in ihrer Gesamtheit, summarisch, zu untersuchen sind[561]. Die Unabhängigkeit dieser Kriterien voneinander bedeutet nämlich nichts Anderes als dass die Erfüllung jedes einzelnen von denen separat zu untersuchen ist sowie, dass die Erfüllung des Einen die Erfüllung des Anderen nicht voraussetzt. Diese vereinzelte, sporadische Erfüllung oder nicht, eines der schon im Rahmen der vorliegenden Arbeit erwähnten Kriterien[562] bedeutet dennoch nicht zugleich die Akzeptanz bzw. nicht Akzeptanz der „Geeignetheit“ eines „sekundären“ Prinzips. Eine solche Annahme kann nur das Ergebnis einer umfangreichen Abwägung sein, welche die summarische Prüfung aller wichtigen Geeignetheitskriterien in einem konkreten Fall voraussetzt. Eine schnelle Prüfung der wichtigsten „Geeignetheitskriterien“ im Fall der Bagatellproblematik bzw. der Geringfügigkeitsvorschriften werden wir hier unternehmen.

Wie schon im Rahmen dieser Studie aufgeführt wurde, stellt die Abschaffung der Legalität durch das Opportunitätsprinzip immer einen schweren „quantitativen“ Verstoß[563] gegen die Prinzipien dar, deren Anwendung durch den Ein-

---

560 Über die Funktion der „sekundären“ oder „negativen“ Prinzipien des Rechtssystems, s. oben S. 134 ff.

561 Über die vier wichtigsten von den Kriterien der „Geeignetheit“ s. oben S. 214 ff.

562 S. oben S. 214 ff.

563 Über das vierte Kriterium der „Geeignetheit“ der Anwendung einer „negativen“ Rechtsgrundlage für die Wiederherstellung bzw. Festigung der Verhältnismäßigkeit des Systems, nämlich über die „quantitative“ Würdigung der negativen Folgen des Einsat-

satz des Ersten gewährleistet wird. Dieser Verstoß überschreitet sogar die Grenze eines Einzelfalls wegen des Charakters des Legalitätsprinzips als Garantie, als wichtigste Bürgschaft der Absicherung des formellen Rechtsstaates.

Die Grundlage der Legalität weißt nämlich nicht nur einen in concreto, für die Gerechtigkeit des Einzelfalls notwendigen Charakter auf. Seine Durchsetzung stellt zugleich im Allgemeinen die wichtigste Bürgschaft für die Langlebigkeit[564] des positiven Systems in seiner Gesamtheit dar[565]. Eine Abschaffung des Prinzips, auf der die Gesamtheit der positiven Normen beruht, für die Wiederherstellung der Verhältnismäßigkeit in einem konkreten Fall bringt daher immer „quantitativ“ schwere negativen Folgen für die Umsetzung der Gerechtigkeit im Allgemeinen mit sich, in dem Sinne, dass sie den Weg für die Rechtfertigung einer auch zukünftigen Abweichung von der Anwendung aller positiven und positivierten Prinzipien des Systems bzw. aller „primären“ Grundlagen frei macht[566].

Die „quantitativ“ umfangreichen Folgen der Verdrängung des Legalitätsprinzips durch die Maxime der Opportunität für die Umsetzung der Gerechtigkeit im Allgemeinen stellt dennoch nicht ihre einzige Schwäche dar. Die oben erwähnte Abweichung von der Anwendung, die Beschränkung der Funktion nämlich aller (quantitatives Kriterium) „primären“ Prinzipien des positiven Systems kann unter Umständen durch den Einsatz des Opportunitätsprinzips auch „qualitativ“ große Ausmaße annehmen[567].

---

zes eines „sekundären“ Prinzips s. oben S. 221; über die „quantitative“ Schwere des Verstoßes gegen die „primären“ Rechtsprinzipien im Fall der Anwendung des Opportunitätsprinzips s. oben S. 138 ff.

564 S. oben S. 217: „Diese stellt sogar die wichtigste Bürgschaft der Absicherung des formellen Rechtsstaates dadurch dar, dass es die ausnahmslose Anwendung der positiven Normen durch die Bindung der Staatsorgane an das Gesetz gewährleistet.“

565 Über dieses zweite Kriterium der „Geeignetheit“ (Die „Wichtigkeit“ der Durchsetzung des in concreto unverhältnismäßigen „primären“ Prinzips für die Gerechtigkeit im Allgemeinen: Je wichtiger „qualitativ“ die Durchsetzung des „primären“ Prinzips für die Realisierung der Gerechtigkeit im Allgemeinen ist, desto weniger soll seine Verdrängung durch ein „negatives“ angenommen werden) s. oben S. 217 ff.

566 Zu den „quantitativ“ schweren Folgen, welche die Anwendung der Geringfügigkeitsvorschriften mit sich bringt, kann man natürlich auch die Abschaffung eines großen Teiles des materiellen Strafrechts wegen der absoluten Unbestimmtheit (s. oben S. 22 ff.) durch die sich die oben erwähnten Vorschriften kennzeichnen, einordnen.

567 Über das dritte Kriterium der Geeignetheit, nämlich die „Qualität“ der negativen Folgen der Verdrängung eines „primären“ Prinzips durch den Gebrauch einer „sekundären“ Rechtsgrundlage (Je unwichtiger „qualitativ“ der Verstoß gegen eine „primäre“ Maxime des Rechts ist, welche die Anwendung eines „negativen“ Prinzips verursacht, desto leichter muss die Anwendung des „negativen“ angenommen werden), s. oben S. 219 ff.

Der Verstoß gegen alle „primären“ Prinzipien des Rechts, deren Existenz im Rahmen des Systems die Maxime der Legalität gewährleistet, welchen ihre Abschaffung durch die Anwendung von Opportunitätsvorschriften impliziert, weist nicht immer die gleiche oder ähnliche „qualitative Schwere“ auf. Diese variiert sogar, je nachdem, wann (nämlich in welchem Stadium des Verfahrens) und wie (auf welche Art und Weise oder unter welchen Bedingungen) die oben erwähnte Abschaffung stattgefunden hat.

Eine Einstellung des Verfahrens wegen Geringfügigkeit, welche beispielsweise nach dem Ende des Hauptverfahrens durchgeführt wird, stellt nämlich immer einen „qualitativ“ leichteren Verstoß gegen die Prinzipien des Verfahrens dar, deren Anwendung durch die Einstellung des Prozesses abgeschafft wird, im Vergleich zu dem Absehen von der Verfolgung überhaupt, welches auch für die Fälle der Geringfügigkeit von § 153 I vorgesehen ist. Die Gründe für diese „qualitative“ Unterscheidung der Folgen der Anwendung der Geringfügigkeitsvorschriften sind sogar auf den ersten Blick leicht zu erkennen.

Die Einstellung z.B. eines kleinen Teils des Verfahrens (beispielsweise des Verfahrens der Rechtsmittel) für eine geringfügige Tat bedeutet nämlich immer die Abschaffung aller (quantitative Folge der Anwendung des O.P.) Prinzipien, die in diesem Verfahrensteil normalerweise Anwendung finden würden und deren Anwendung das Legalitätsprinzip als wichtigste Bürgschaft der formellen Gerechtigkeit gewährleistet. Dieser Angriff macht dennoch keine komplette Abschaffung der oben erwähnten Prinzipien aus, in dem Sinne, dass sie schon im Rahmen z.B. des Hauptverfahrens die Möglichkeit hatten, ihren Beitrag zu der Umsetzung der Gerechtigkeit mehr oder weniger zu leisten. Bei diesen Fällen scheint daher die Qualität des Verstoßes des Opportunitätsprinzips nicht immer gewichtig zu sein und man darf von einer Teilabschaffung der in diesem Teil des Verfahrens eine Rolle spielenden „primären“ Prinzipien seitens des Opportunitätsprinzips sprechen.

Die Teilabschaffung der Verfahrensprinzipien durch den Einsatz von Opportunitätsvorschriften scheint dennoch nicht immer der Fall zu sein. Diese Tatsache macht der § 153 I StPO deutlich, welcher die Möglichkeit des Absehens von der Verfolgung überhaupt einer „geringfügigen“ Tat vorschreibt. Im Gegensatz zu dem oben kurz zitierten Fall bedeutet nämlich die Verwirklichung der in diesem Paragraf verankerten Möglichkeit die „komplette“ Abschaffung aller Prinzipien des Verfahrens, in dem Sinne, dass sie nicht im geringsten die Möglichkeit haben, ihren Beitrag zu der Umsetzung der Gerechtigkeit im Rahmen eines Verfahrens zu leisten[568]. Der Verstoß der Geringfügigkeitsvorschriften bzw. des

568 Charakteristisch für die „qualitative“ Schwere der Folgen der Anwendung des § 153 I StPO scheinen zum Beispiel die durch sie verursachte Negation des gesetzlichen Richters (s. oben S. 19-20) sowie die Herabwürdigung selbst der prozeduralen Wahrheit in diesen Fällen zu sein (s. oben S. 58 ff.).

Opportunitätsprinzips gegen das Legalitätsprinzip scheint daher in diesen Fällen „qualitativ" so gewichtig zu sein, dass er die komplette Abschaffung, die Zerstörung des gesamten prozeduralen Systems zu verursachen vermag.

Zusammengefasst bringt die Anwendung der Geringfügigkeitsvorschriften der §§ 153 und 153a StPO einen schweren „quantitativen" Verstoß gegen die „primären" Prinzipien des Rechts immer mit sich (viertes Kriterium der Geeignetheit), dessen Folgen, wegen der Erforderlichkeit des Legalitätsprinzips nicht nur für die Gewährleistung der Anwendung aller positiven Normen im Einzelfall sondern auch im Allgemeinen (zweites Kriterium), die Gerechtigkeit des Einzelfalls längst überschreiten und die Rechtspflege auch im Allgemeinen, in der Zukunft, zu beeinträchtigen vermögen. Diese Folgen weisen sogar im Fall der Anwendung des § 153 I StPO ein solches „qualitatives" Gewicht auf (drittes Kriterium), dass sie in diesen Fällen das gesamte prozedurale System, die Gerechtigkeit des Verfahrens in ihrer Gesamtheit, abzuschaffen vermögen. Im Licht dieser Feststellungen werden wir auf die Untersuchung des Ersten und zugleich letzten Geeignetheitskriteriums eingehen, nämlich in wie fern bzw. in welchen Fällen die potenziell in concreto auftretende Unverhältnismäßigkeit der Anwendung des Legalitätsprinzips in der Lage sei, die Zerstörung des gesamten prozeduralen Systems als potentielle Lösung des Problems zu rechtfertigen.

In welchen Fällen kann man dennoch die in concreto durch die Anwendung des Legalitätsprinzips verursachte Unverhältnismäßigkeit als schädlicher für die Umsetzung der verhältnismäßigen Gerechtigkeit im Vergleich zu der Zerstörung des gesamten prozeduralen Systems betrachten? Das könnte beispielsweise der Fall sein, wenn die Unverhältnismäßigkeit des Systems, welches auf dem Legalitätsprinzip beruht, dazu führen kann, dass es (nämlich das System) in diesen Fällen keinen Existenzgrund mehr hat. Es geht dabei um Fälle einer absoluten Abweichung des Systems von seinem Ziel, welche manchmal den Charakter eines nicht wieder gutzumachenden Schadens der Verhältnismäßigkeit annehmen kann.

Charakteristisch dafür scheint beispielsweise der Fall zu sein, in dem die Fortsetzung des Verfahrens für eine geringfügige Tat nicht mehr wieder gutzumachenden Schaden der Gesundheit des Beklagten bzw. Angeklagten herbeiführen kann, wenn z.B. der Angeklagte, vor dem die Öffentlichkeit des Hauptverfahrens steht, schwer krank ist oder wenn die plötzliche Verschlechterung seiner psychischen Krankheit dazu führt, dass seine Teilnahme an dem Verfahren die schwere Gefahr eines nicht mehr wieder gutzumachenden psychischen Kollapses verbirgt. In diesen Fällen würde die Umsetzung der negativen Folgen (z.B. des Todes) der Fortsetzung des Verfahrens bedeuten, dass das Rechtssystem zumindest im Bezug auf das bestimmte Gesellschaftsglied, auf den Beschuldigten bzw. Angeschuldigten, keinen Existenzgrund mehr hat, weil ihm durch das System nicht mehr geholfen werden kann. Das Ziel der Wiedereingliederung, welches ein wichtiges Kapitel für die Umsetzung der Verhältnismäßigkeit in der

Gesellschaft darstellt, fällt daher für immer im Bezug auf diesen Teil der Gesellschaft aus.

In diesen Rahmen der absoluten Abweichung des Systems von seinem Ziel wegen einer in concreto auftretenden Unverhältnismäßigkeit könnte man dennoch mindestens noch einen weiteren Fall einordnen, dessen Folgen aber im Gegensatz zu dem ersten Fall unmittelbar die Gesamtheit der Gesellschaft betreffen. Es geht dabei um Fälle, bei denen die strikte Anwendung des materiellen bzw. des prozeduralen Gesetzes gegen eine bestimmte Person verheerende Folgen für das gesamte Gesellschaftsgewebe sowie für das gesellschaftliche System, deren Teil auch das rechtliche System ausmacht, mit sich bringen kann. Die Zerstörung des Gesellschaftssystems durch das rechtliche System würde in diesen Fällen nichts Anderes als die Selbstvernichtung des Zweiten bedeuten.

Charakteristisch dafür scheint das schon im Rahmen der vorliegenden Arbeit zitierte Beispiel der Verhaftung und der Einleitung eines Verfahrens wegen der umstrittenen Begehung einer geringfügigen Tat gegen den Präsidenten eines fremden Landes, welcher sich im Lande zu Besuch befindet, zu sein. Eine strikte Anwendung der materiellen bzw. der prozeduralen Gesetze des Landes, welche in einem solchen Fall zu einem Krieg mit verheerenden Folgen für die ganze Gesellschaft führen könnte, würde nichts Anderes als die Selbstvernichtung des Systems und der Gewebe, die sich auf ihm beruhen, bedeuten. Im gleichen Licht müssen wir auch das ähnliche Beispiel der Inhaftierung eines Atomwissenschaftlers betrachten, obwohl er die einzige Person ist, welche das Land von einer Atomkatastrophe retten kann. Diese und andere ähnliche Fälle scheinen in der Lage zu sein, wegen des Gefährlichkeitsgrades, den sie aufweisen, selbst eine komplette Abweichung vom System zu rechtfertigen.

Nichts könnte sogar zunächst einmal die Möglichkeit ausschließen, dass solche besonders schwerwiegenden Unverhältnismäßigkeitsfälle in den Anwendungsbereich von Geringfügigkeitsfälle regelnden Vorschriften eingeordnet werden könnten, weil die „qualitative Schwere" der Unverhältnismäßigkeit, von der hier die Rede ist, sich nicht auf die Schwere der Tat sondern auf das Gewicht der Folgen der strikten Anwendung des Gesetzes in einem konkreten Fall bezieht. Das scheint dennoch im Fall der §§ 153 bzw. 153a StPO nicht der Fall zu sein. Eine grammatikalische Auslegung der „Geringfügigkeitsvorschriften" vermag sogar diese Tatsache noch deutlicher darzustellen. Die Formulierung der §§ 153 und 153a StPO, welche sich, wie schon im Rahmen der vorliegenden Arbeit aufgeführt wurde, durch absolute Unbestimmtheit kennzeichnet[569], bringt nämlich als einziges Anwendungskriterium der Vorschriften die besonders abstrakte Einstufung der begangenen Tat zu den Bagatellsachen mit sich. Von besonders negativen für die Person des Angeklagten bzw. Beklagten Folgen der strikten Anwendung des Gesetzes ist in diesen Vorschriften überhaupt nicht die

569 S. oben S. 21 ff.

Rede[570]. Eine Ausdehnung des Sinns dieser Paragraphen würde auch gegen das ursprüngliche Ziel des historischen Gesetzgebers verstoßen, welches nichts Anderes als die schnelle Erledigung der Bagatellsachen war. Die negativen Folgen der oben erwähnten Fälle könnten außerdem leicht durch den generellen Schutz, welchen das in der Verfassung verankerte Prinzip der Verhältnismäßigkeit gewährleistet, vermieden werden.

Als einziges Ziel, was den §§ 153 und 153a StPO zugeschrieben ist, bleibt deswegen die schnelle Erledigung der Kleinkriminalität. Dieses Ziel vermag dennoch nicht die schwere „quantitativen" und „qualitativen" Folgen ihrer Anwendung zu rechtfertigen, die bis zu der Zerstörung des gesamten prozeduralen Systems reichen können. Der Einsatz dieser Vorschriften scheint überhaupt nicht in der Lage zu sein, das Kriterium der „Geeignetheit" zu erfüllen. Man könnte sie sogar als übermäßig bezeichnen, weil die negativen Folgen ihrer Anwendung für die Umsetzung der Elemente der verhältnismäßigen Gerechtigkeit ihren positiven Beitrag deutlich übertreffen. Im Fall der §§ 153 bzw. 153a StPO dürfen wir daher nicht auf die Untersuchung des dritten Kriteriums, dieses der „Erforderlichkeit" eingehen, weil die Anwendung der oben genannten Vorschriften sich überhaupt nicht als „geeignet" darstellt, die in concreto gestörte Verhältnismäßigkeit wiederherzustellen. Bei den §§ 153 und 153a StPO handelt sich nämlich um den nicht durchdachten Versuch, das Bagatellproblem auf der prozeduralen Ebene, durch die Einführung von systemfremden Regelungen, zu lösen. Es geht um eine systematische Inkonsequenz, welche überhaupt nicht die notwendigsten Voraussetzungen für die Durchsetzung der sekundären Prinzipien des Systems, die sie in Ausdruck bringt, zu erfüllen vermag.

---

570 Im Gegensatz zum Beispiel zu dem auf politischen Straftaten bezogenen § 154 d I laut dem der Generalbundesanwalt von der Verfolgung... absehen könnte, wenn die Durchführung des Verfahrens die Gefahr eines schweren Nachteils für die Bundesrepublik Deutschland herbeiführen würde..., oder zu dem auf Auslandstaten bezogenen § 153 c III nach dem die Staatsanwaltschaft auch von der Verfolgung von Straftaten absehen könnte... wenn die Durchführung des Verfahrens die Gefahr eines schweren Nachteils für die Bundesrepublik Deutschland herbeiführen würde oder wenn der Verfolgung sonstige überwiegende öffentliche Interessen entgegenstünden.

Epilog

In eine detaillierte Analyse bzw. Darstellung der verschiedenen empfohlenen Lösungsmodelle dieses stark kritisierten Versuchs werden wir hier nicht eingehen, weil Ziel der vorliegenden Arbeit nicht die bloße Wiederholung der mehrmals schon vorgeschlagenen[571] Bekämpfungsmethoden ausmacht. Vielmehr stellt den Kern der Abhandlung der Versuch die rechtssystematische Dimension des Problems zu beleuchten, durch die Zurückführung der umstrittenen Vorschriften auf das System, dessen Glieder sie ausmachen, und ihre Betrachtung aus systematischer Perspektive; aus diesem Grund werden wir uns hier nur auf eine schnelle Erwähnung folgender Punkte beschränken.

Bei den §§ 153 und 153a StPO geht es zusammenfassend um Unverhältnismäßigkeit aufweisende, gefährliche Vorschriften, weil das Problem der Belastung der Justiz mit Bagatellsachen „an sich", nämlich selbst bei diesen Fällen, in denen die geringe Schuld des Täters vom mangelhaften „öffentlichen Interesse" begleitet wird, nicht in der Lage zu sein scheint, die „qualitative" und „quantitative" Schwere der Folgen ihrer Anwendung zu rechtfertigen, wenn dieses Problem von parallel existierenden und einen außerordentlichen[572] Charakter aufweisenden Umständen nicht gefolgt wird, welche die Funktionalität des Systems im Fall der in concreto strikten Anwendung des Gesetzes zu vernichten drohen und den Einsatz von Opportunitätsabwägungen notwendig für die Stabilisierung bzw. Wiederherstellung der Verhältnismäßigkeit des Systems machen. Ein solches Problem, nämlich die Belastung der Justiz durch die Beschäftigung mit Bagatellsachen, die Abwesenheit der zweiten Voraussetzung angenommen, könnte sogar einfach durch den Einsatz des materiellen bzw. des prozeduralen Gesetzgebers gelöst werden, nämlich durch die weitere Vereinfachung des Verfahrens

571 Zu den vielen vorgeschlagenen Lösungsmodelle eingehend in: Verhandlungen des Einundfünfzigsten Deutschen Juristentages, Band II Sitzungsberichte, Teil N, C.H., München 1976; s. auch Jürgen Baumann, Grabgesang für das Legalitätsprinzip, in: ZRP 1972, S. 273 ff., S. 273, welcher unter anderem den Vorschlag gemacht hat, die Bagatellkriminalität im Bereich der Vermögens- und Eigentumsdelikte in die Ordnungswidrigkeiten zu verlagern. Das sei sachgerecht vor allem nach der Einführung des EG zum OWiG im Jahr 1968, weil schwere sozialschädliche Verhaltensweisen in das StGB gehören, während die geringer sozialschädlichen Verhaltensweisen oder Tatbestände in das OWiG. „Der Gesetzgeber sollte sich daher nicht hinter dem Opportunitätsprinzip verstecken dürfen."; zu dem Thema auch analytisch Hans Joachim Hirsch, Zur Behandlung der Bagatellkriminalität, S. 218 ff., S. 236 ff., S. 252 ff.; Volker Hertwig, Die Einstellung, S. 256 ff.

572 Nur dieser „außerordentliche" Charakter der Folgen der strikten Anwendung des Gesetzes kann das Kriterium der „Erforderlichkeit" des Einsatzes der Geringfügigkeitsvorschriften erfüllen, in dem Sinne, dass in diesen Fällen der Einsatz des materiellen bzw. des prozeduralen Gesetzgebers für die Lösung des Problems nicht möglich wäre.

für eine von vornherein bestimmte Kategorie von „geringfügigen“ Delikten oder sogar durch die Entkriminalisierung von Taten, bei denen die Strafwürdigkeit an Bedeutung verloren hat[573].

Eine konstruktive, verhältnismäßige Funktion der umstrittenen Vorschriften, so dass sie ihrer Rolle als Ausdruck mehrerer „sekundärer“ Prinzipien des Rechtssystems genügen können, würde letzten Endes ihre Umgestaltung, mit Berücksichtigung vor allem der drei folgenden Parameter, bedeuten:

a. Bestimmung dcs zumindest allgemeinen Rahmens, in dem eine Tat als „geringfügig“ angesehen werden darf, in dem nämlich die Schuld des Täters als „gering“ und das „öffentliche Interesse“ an der Tat entweder nicht existiert (im Fall des § 153) oder als so unbedeutend anzusehen ist (im Fall des § 153a), dass das öffentliche Interesse an der Bestraffung durch die Auferlegung der Auflagen und Weisungen beseitigt werden kann.[574]

---

573 Über die Möglichkeit der Lösung des Problems durch das materielle Recht s.u.a. Thomas Weigend, Das „Opportunitätsprinzip“, S. 106 ff., welcher besonders treffend zitiert: „Da das Problem, nämlich die übermäßige Reichweite der Strafvorschriften, im materiellen Recht liegt, spricht viel dafür auch die Lösung dort zu platzieren. Die Einordnung solcher Strafverzichtsregelungen im materiellen Strafrecht hat zunächst den Vorzug der systematischen Korrektheit.“; für eine Lösung des Problems im Rahmen des materiellen Rechts Claus Roxin, Zur systematischen Einordnung des § 42 StGB, in: Festschrift für Franz Pallin, Wien 1989, S. 345-346; vgl. auch Heinz Schöch, Entkriminalisierung, Entpönalisierung, Reduktionismus. Quantitative Prinzipien in der Kriminalpolitik, in: Festschrift für Horst Schüler- Springorum, Köln Berlin Bonn München 1993, S. 245 ff., S. 255.

574 Das wird unter anderem dazu dienen, dass die zwei Begriffe, diese der „geringen Schuld“ und des „geringen oder fehlenden öffentlichen Interesses“ klar voneinander unterscheiden und nicht absichtlich eins werden, was in der heutigen Praxis und wegen der Unbestimmtheit beider Begriffe der Fall ist. Über den relativen Charakter des Begriffs „öffentliches Interesse“ in der heutigen Praxis s.u.a. Justus Krümpelmann, Die Bagatelldelikte, S. 222 ff.; Rene Bloy, Zur Systematik der Einstellungsgründe im Strafverfahren, in: GA 1980, S. 160 ff., S. 175, laut denen der relative Charakter des fehlenden öffentlichen Interesses indirekt dadurch in Ausdruck käme, dass bei der Darstellung in der Literatur der zu berücksichtigenden Faktoren die Vorstellung zugrunde gelegt werde, es sei eine Abwägung wiederstreitender Einzelkomponenten vorzunehmen; vgl. auch Rene Bloy, a.a.O., S. 175, welcher zitiert: „Demgemäß entfällt das öffentliche Interesse an der Strafverfolgung im Sinne des § 153 StPO bereits dann, wenn die Strafbedürftigkeit in einer Weise herabgesetzt ist, dass es im Anblick auf gravierendere Verfehlungen, die unbedingt verfolgt werden müssen als verantwortbar erscheint, das vorhandene geringe Präventionsbedürfnis zu vernachlässigen.“; zu der Unbestimmtheit des Begriffs des „öffentlichen Interesses“ analytisch Horst Vogel, Das „öffentliche Interesse an der Strafverfolgung“ und seine prozessuale Bedeutung, München 1966, S. 81 ff.; ebenso Helmut Fischer, Die Erklärung des öffentlichen Interesses durch die Staatsan-

b. Begriffliche Ausdehnung der Formulierung der Vorschriften durch die Annahme neben dem Kriterium der Geringfügigkeit der Tat „an sich“ noch einer Voraussetzung ihrer Anwendung, dieser der einen außerordentlichen Charakter aufweisenden und in concreto auftretenden Umständen, welche die Funktionalität des Systems zu vernichten oder zumindest zu herunterstufen im Falle der strikten Anwendung des Gesetzes drohen[575], so dass der Einsatz der Geringfügigkeitsvorschriften die Kriterien der Geeignetheit und Erforderlichkeit erfüllen kann. Diese Voraussetzung ist sogar mit der Voraussetzung der „Abwesenheit des öffentlichen Interesses“ nicht zu verwechseln. Während nämlich die Zweite (die Abwesenheit des öffentlichen Interesses) die Fälle negativ bestimmt, in denen eine potentielle Abweichung von der strikten Anwendung des Gesetzes in Frage käme, würde die Erste positiv fordern, dass in diesen Fällen eine Abweichung von der Anwendung des Gesetzes aus Verhältnismäßigkeitsgründen erforderlich ist.

c. Beschränkung der „qualitativen“ Folgen der Anwendung der umstrittenen Prinzipien, durch die Aufhebung der Möglichkeit der Abschaffung des kompletten[576] Verfahrens, welche der § 153 I gewährleistet, bei den Fäl-

---

waltschaft nach § 232 Abs. 1 StGB und §§ 376, 377 StPO, Köln 1967, S. 24; zu den Konkretisierungsversuchen des Begriffs des „öffentlichen Interesses“ s.u.a. Dietrich Boxdorfer, Das öffentliche Interesse, S. 319-320, laut dem von einer Verfahrenseinstellung abzusehen ist a. wenn nach Art oder Umstände der Straftat für die Öffentlichkeit eine Bestraffung des Täters erkennbar werden müsse b. wenn in der Straftat die Einbürgerung gewisser Ungesetzlichkeiten im Sozialleben erkennbar werde und diese zu verhindern sei c. wenn wegen der Unbelehrbarkeit oder etwaiger Vorstrafen bei dem Täter die Vermutung sich aufdränge, dass nur eine Strafe ihn von künftigen Verfehlungen abhalten werde d. wenn wegen des Ausmaßes der Straftat, also wegen außergewöhnlicher Tatfolgen ein mutmaßliches Interesse der Allgemeinheit an einem Straferkenntnis bestehe und e. wenn aus kriminalpolitischen Aspekten die Tathintergründe ein Straferkenntnis notwendig erscheinen lassen.

575 S. z.B. BGH Beschluss v. 17.6.2004 - 5 StR 115/03 (LG Hamburg) (Einstellung wegen des hohen Alters des Beschuldigten) mit Anmerkung von Günter Gribbohm, Anmerkung zu dem BGH, Beschluss v. 17.6.2004 - 5 StR 115/03 (LG Hamburg), in: NStZ 2005, S. 36 ff.; charakteristisch in diese Richtung scheint die Möglichkeit zu sein, welche der Art. 248 der japanischen StPO dem Staatsanwalt gewährleistet, eine Anklage wegen des Alters des Beschuldigten oder wegen der der Tat nachfolgenden Umständen zu unterlassen (s. Erhard Kausch, der Staatsanwalt, S. 237.

576 Vgl. etwa Thomas Weigend, Unverzichtbares, a.a.O., S. 301, welcher besonders treffend zu den unverzichtbaren Strukturelementen des Strafverfahrens die Unparteilichkeit der über Schuld oder Unschuld des Angeklagten entscheidenden Instanz einordnet, mit der Begründung dass ohne sie eine Mindestbedingung rechtsstaatlichen Verfahrens nicht erfüllt werden könnte. „Das würde bedeuten, dass gegen sanktionierende Ent-

len, in denen die Fortsetzung des Verfahrens keine außerordentlichen und besonders gefährlichen Folgen für die Umsetzung der Verhältnismäßigkeit impliziert.

Anschließend an diesen Gedanken darf einfach gesagt werden, dass die Berücksichtigung dieser Parameter den einzigen Weg für die Erfüllung der Rolle der Geringfügigkeitsvorschriften als „negativen Ausdruck“ der Verhältnismäßigkeit, als Ausdruck nämlich mehrerer „sekundärer“ Prinzipien und vor allem der Opportunitätsmaxime, darstellt.

scheidungen von Strafverfolgungsbehörden ungeachtet deren formell „objektiven“ Rechtsposition immer die Anrufung einer richterlichen Instanz möglich sein sollte. Nicht unproblematisch ist daher die Möglichkeit einer einseitigen Sanktionierung durch die Staatsanwaltschaft ohne richterliche Zustimmung nach §153a Abs.1 Satz 7.“

Literaturverzeichnis

Aarnio, Aulis, „Taking Rules Seriously", in: Law and the states in modern times. Proceedings of the 14th IVR World Congress in Edinburgh, August 1989, 1. Auflage 1990, S. 180 ff.

Alexy, Robert, Rechtsregeln und Rechtsprinzipien, in: Archiv für Rechts- und Sozialphilosophie, Beiheft NF 25 (1985), S. 13 ff.

Alexy, Robert, Theorie der Grundrechte, 3. Auflage, Frankfurt am Main 1996.

Amelung, Knut, Grundsätzliches zur Freiwilligkeit der Einwilligung des Verletzten, in: NStZ 2006, S. 317 ff.

Androulakis, Nikolaos, Grundbegriffe des Strafprozesses (auf Griechisch), 3. Auflage, Athen 2007.

Angsar, Ohly, „Volenti non fit iniuria" - Die Einwilligung im Privatrecht, Tübingen 2002.

Aristoteles, Metaphysik.

Aristoteles, Nikomachische Ethik, Zitros Verlag, Thessaloniki 2006.

Aristoteles, Peri Hermineias.

Augustinus, De libero arbitrio - Der freie Wille, Zweisprachige Ausgabe, eingeleitet, übersetzt und herausgegeben von Johannes Brachtendorf, Ferdinand Schöning, Padendorf 2006.

D' Avoine, Marc, Die Entwicklung des Grundsatzes der Verhältnismäßigkeit. Insbesondere gegen Ende des 18. Jahrhunderts, Wuppertal 1994.

Badura, Peter, Staatsrecht. Systematische Erläuterung des Grundgesetzes, 3. Auflage, München 2003.

Baldus, Manfred, Die Einheit der Rechtsordnung. Bedeutungen einer juristischen Formel in Rechtstheorie, Zivil- und Staatsrechtswissenschaft des 19. und 20. Jahrhunderts, Berlin 1995.

Baumann, Jürgen, Grabgesang für das Legalitätsprinzip, in: ZRP 1972, S. 273 ff.

Bentham, Jeremy, Introduction to the principles of morals and legislation (1789), 2. Auflage Oxford 1996.

Beulke, Werner, Untreue zum Nachteil der CDU durch Dr. Kohl (Anmerkung zu dem LG Bonn, Beschluss v.28. 2. 2001 - 27 AR 2/01), in: NStZ 2001, S. 426 ff.

Beulke, Werner, Strafprozessrecht, 11. Auflage, Heidelberg 2010.

Bierbrauer, Günter / Haffke, Bernhard, Schuld und Schuldunfähigkeit, in: Winfried Hassemer / Klaus Lüderssen (Hrsg.), Sozialwissenschaften im Studium des Rechts Bd. III, Strafrecht, München 1978, S. 165 ff.

Binder, Julius, Philosophie des Rechts, Berlin 1925.

Bix, Brian, Alexy, Robert, Radbruchs Formula, and the nature of legal theory, in: Rechtstheorie 37 (2006), S. 139 ff.

Bleckmann, Albert, Staatsrecht I, Staatsorganisationsrecht, Grundlagen, Staatszielbestimmungen und Staatsorganisationsrecht des Bundes, Köln, Berlin, Bonn, München 1993.

Bloy, Rene, Zur Systematik der Einstellungsgründe im Strafverfahren, in: GA 1980, S. 160 ff., zit.: Zur Systematik.

Bock, Wolfgang, Über die Möglichkeit von Erkenntnis in der Rechtswissenschaft. Zum methodischen Verhältnis von Rechtsdogmatik, Rechtskonkretisierung, Rechtsphilosophie und Sozialwissenschaften aus kantianischer Perspektive, in: Rechtstheorie 36 (2005), S. 449 ff.

Bockelmann, Paul, Öffentlichkeit und Strafrechtspflege, in: NJW 1960, S. 217 ff.

Böckenförde, Ernst-Wolfgang, Grundrechtstheorie und Grundrechtsinterpretation, in: NJW 1974, S. 1529 ff.

Boxdorfer, Dietrich, Das öffentliche Interesse an der Strafverfolgung trotz geringer Schuld des Täters. Grenzen der Anwendung des §§ 153a StPO; in: NJW 1976, S. 317 ff., zit.: Das öffentliche Interesse.

Borowski, Martin, Grundrechtliche Leistungsrechte (Positive Rights as Fundamental Rights), in: JöR 50 (2002), S. 314 ff.

Borowski, Martin, Die Glaubens- und Gewissensfreiheit des Grundgesetzes, Tübingen 2006.

Borowski, Martin, Grundrechte als Prinzipien, Baden-Baden 2007.

Brammer, Gernot, Das Verhältnismäßigkeitsprinzip nach deutschem und belgischem Recht, Aachen 2000, zit.: Das Verhältnismäßigkeitsprinzip.

Brinckmann, Hans, Juristische Fachsprache und Umgangssprache, in: ÖVD 1972, S. 60 ff.

Bruns, Hans-Jürgen, Tatverdacht und Schlüssigkeitsprüfung im strafprozessualen Ermittlungsverfahren, in: Hans-Joachim Hirsch u.a. (Hrsg.), Gedächtnisschrift für Hilde Kaufmann, Berlin, New York 1986, S. 863 ff.

Claus-Wilhelm, Systemdenken und Systembegriff der Jurisprudenz entwickelt am Beispiel des deutschen Privatrechts, 2. Auflage, Berlin 1983, zit.: Systemdenken.

Canaris, Claus-Wilhelm, Die Bedeutung der iustitia distributiva im deutschen Vertragsrecht: Aktualisierte und stark erweiterte Fassung des Vortrags vom 2. Juli 1993, München 1997.

Carnap, Rudolf, Introduction to semantics, Harvard 1942.

Christie, George, The model of the principles, in: Duke Law Journal 1968, S. 649 ff.

Coing, Helmut, Zur Geschichte des Privatrechtsystems, Frankfurt am Main 1962.

Combe, Daniel, Stellung und Objektivität der Staatsanwaltschaft im Ermittlungsverfahren, Band 5, Göttingen 2007.

Däbritz, Jessica, Die Bestimmung strafbaren fahrlässigen Verhaltens in der Forschung am Beispiel ärztlicher Humanerprobungen: Ein Beitrag zur methodischen Ermittlung und inhaltlichen Bestimmung von Sorgfaltspflichten in der Humanforschung, Frankfurt am Main 2004.

Dahs, Hans, Das rechtliche Gehör im Strafprozess, München und Berlin 1965.

Dahs, Hans, Absprachen im Strafprozess - Wirksamkeit eines Rechtsmittelverzichts (Anmerkung zu dem BGH Beschluss v. 3.3.2005), in: NStZ 2005, S. 580 ff.

Dalakouras, Theoharis, Die Wiederaufnahme des Verfahrens (auf Griechisch), Athen 2007.

Dalakouras, Theoharis, Beweisverbote bezüglich der Achtung der Intimsphäre. Unter besonderer Berücksichtigung der Grundrechtsproblematik sowie des griechischen Rechts, Berlin 1988.

Dechsling, Reiner, Das Verhältnismäßigkeitsgebot, in: Studien zum Öffentlichen Recht und zur Verwaltungslehre, Band 40, München 1989.

Degenhart, Christoph, Staatsrecht I., Staatsorganisationsrecht, 25. Auflage, Heidelberg 2009.

Deiters, Mark, Legalitätsprinzip und Normgeltung, Tübingen 2006.

Dencker, Friedrich, Die Bagatelldelikte im Entwurf eines EGStGB, in: JZ 1973, S. 144 ff.

Deu, Teresa-Armenta, Criminalidad de bagatela y principio de oportunidad, Alemania y Espana, Barcelona 1991.

Deu, Teresa-Armenta, Prinzipien und Systeme des Strafverfahrens: Das spanische System als Bezugspunkt, in: ZStW 114 (2002), S. 736 ff.

Dicke, Detlev-Christian, Das allgemeine Gleichheitssatz und die Selbstbindung der Verwaltung, in: Verw Arch 59 (1968), S. 293 ff.

Doehring, Karl, Allgemeine Staatslehre, 3. Auflage, Heidelberg 2004.

Dworkin, Ronald, Bürgerrechte ernstgenommen (auf Deutsch), Frankfurt am Main 1984.

Dworkin, Ronald, A matter of principle, Cambridge 1985.

Dworkin, Ronald, Laws Empire (1986), Oxford 2003.

Eckart, Illian, Der Verzicht Privater im Verwaltungsrecht, Bonn 1993.

Eckert, Manfred, Legalität und Opportunität im deutschen Strafprozess (unter besonderer Berücksichtigung der geplanten Reform unserer Strafrechtpflege). Eine rechtspolitische Untersuchung, Breslau 1914.

Eco, Umberto, Einführung in die Semiotik, 9. Ausgabe, München 2002.

Ehrlich, Eugen, Die juristische Logik, Neudruck der 2. Auflage, Tübingen 1925.

Engisch, Karl, Untersuchungen über Vorsatz und Fahrlässigkeit im Strafrecht, Berlin 1930.

Engisch, Karl, Sinn und Tragweite juristischer Systematik, in: Studium Generale 10 Jhg. (1957), S. 173 ff.

Engisch, Karl, Wahrheit und Richtigkeit im juristischen Denken, Berlin 1963.

Engisch, Karl, Die Einheit der Rechtsordnung. Bedeutungen einer juristischen Formel in Rechtstheorie, Zivil- und Staatsrechtswissenschaft des 19. und 20. Jahrhunderts, Berlin 1995.

Engisch, Karl, Einführung in das juristische Denken, Kohlhammer Urban Taschenbücher, Band 20, Stuttgart 2005.

Erb, Volker, Legalität und Opportunität. Gegensätzliche Prinzipien der Anwendung von Strafrechtsnormen im Spiegel rechtstheoretischer, rechtsstaatlicher und rechtspolitischer Überlegungen, Berlin 1999.

Esser, Albin, Grundsatz und Norm in der richterlichen Fortbildung des Privatrechts, 3. Auflage, Tübingen 1974, zit.: Grundsatz und Norm.

Felix, Dagmar, Einheit der Rechtsordnung. Zur verfassungsrechtlicher Relevanz einer juristischen Argumentationsfigur, Tübingen 1998.

Fezer, Gerhard, Vereinfachte Verfahren im Strafprozess, in: ZStW 106 (1994), S. 1 ff.

Feuerbach, Paul Johann Anselm von, Über die Philosophie und Empirie in ihrem Verhältnis zur positiven Rechtswissenschaft, Landshut 1804, zit.: Über die Philosophie.

Feuerbach, Paul Johann Anselm von, Betrachtungen über die Öffentlichkeit und Mündlichkeit der Gerechtigkeitspflege, Gießen 1821, zit.: Betrachtungen.

Fischer, Helmut, Die Erklärung des öffentlichen Interesses durch die Staatsanwaltschaft nach § 232 Abs. 1 StGB und §§ 376, 377 StPO, Köln 1967.

Flume, Werner, Allgemeiner Teil des Bürgerlichen Rechts, Berlin 1965.

Friedman, Milton, „The Quantity Theory of Money. A restatement in studies in the quantity theory of money, edited by Milton Friedman, reprinted in: Milton Friedman, The optimum quantity of money, Berlin 2005.

Gehrig, Klaus, Der Absichtsbegriff in den Straftatbeständen, Berlin 1986.

Geppert, Klaus, Der Grundsatz der Unmittelbarkeit im deutschen Strafverfahren, Berlin 1979.

Goerlich, Helmut, Grundrechte als Verfahrensgarantien, Baden-Baden 1981:

Goodman, Nelson, Languages of Art, 1. Ausgabe, 1969 (auf Deutsch: Sprachen der Kunst. Entwurf einer Symboltheorie, Frankfurt am Main 1995).

Götz, Volkmar, Allgemeines Polizei- und Ordnungsrecht, 5. Auflage, Göttingen 1978.

Grabitz, Eberhard, Der Grundsatz der Verhältnismäßigkeit in der Rechtsprechung des Bundesverfassungsgerichts, in AÖR 98 (1973), S. 568 ff., zit.: Der Grundsatz der Verhältnismäßigkeit.

Gribbohm, Günter, Anmerkung zu dem BGH, Beschluss v. 17.6.2004 - 5 StR 115/03 (LG Hamburg), in: NStZ 2005, S. 38 ff.

Grossmann, Hans, Die Grenze von Vorsatz und Fahrlässigkeit: Ein neuer Beitrag zu einer alten Frage, Hamburg 1924.

Günther, Hans, Staatsanwaltschaft. Kind der Revolution, Frankfurt am Main 1973.

Günther, Klaus, Der Sinn der Angemessenheit, 1. Auflage, Frankfurt am Main 1988.

Gutmann, Thomas, Freiwilligkeit als Rechtsbegriff, München 2001.

Habermas, Jürgen, Theorie des kommunikativen Handelns, Frankfurt am Main 1981.

Habermas, Jürgen, Vom pragmatischen, ethischen und moralischen Gebrauch der praktischen Vernunft, in: Jürgen Habermas, Erläuterungen zur Diskursethik, Frankfurt am Main 1991, S. 102 ff.

Habermas, Jürgen, Faktizität und Geltung. Beiträge zur Diskurstheorie des Rechts und des demokratischen Rechtsstaats, Frankfurt am Main 1994, zit.: Faktizität und Geltung.

Hall, Jerome, General Principles of Criminal Law, second edition, Indianapolis-New York 1960.

Haller, Klaus / Conzen, Klaus, Das Strafverfahren. Eine systematische Darstellung mit Originalakte und Fallbeispielen, 3. Auflage, Heidelberg 2003.

Hart, Herbert L.A., The concept of law, second edition, New York 1997.

Hassemer, Winfried, Kennzeichen des Vorsatzes, in: Gedächtnisschrift für Armin Kaufmann, Köln 1989, S. 289 ff.

Hassemer, Winfried, Pacta sunt servanda- auch im Strafprozeß? - BGH NJW 1989, 2270, in: JuS 1989, S. 890 ff.

Hassemer, Winfried, Grundsätzliche Aspekte des Verhältnisses von Medien und Strafjustiz, in: StV 2005, S. 167-168.

Hassemer, Winfried, Juristische Methodenlehre und richterliche Pragmatik, in: Rechtstheorie 39 (2008), S. 1 ff.

Heck, Philipp, Gesetzesauslegung und Interessenjurisprudenz, Tübingen 1914.

Heck, Philipp, Begriffsbildung und Interessenjurisprudenz, Tübingen 1932.

Heck, Philipp, Das Problem der Rechtsgewinnung, Gesetzesauslegung und Interessenjurisprudenz, Begriffsbildung und Interessenjurisprudenz, Bad Homburg 1968.

Heghmanns, Michael, Die prozessuale Rolle der Staatsanwaltschaft, in: GA 2003, S. 433 ff.

Heidegger, Martin, Platons Lehre von der Wahrheit, Berlin 1947.

Henkel, Heinrich, Recht und Individualität, Berlin 1958.

Henkel, Heinrich, Strafverfahrensrecht, 2. Auflage, Stuttgart 1968.

Her, Lai-Jier, Das beschleunigte Verfahren (§§ 417-420 StPO) nach dem Verbrechensbekämpfungsgesetz. Unter besonderer Berücksichtigung des Beschleunigungsgebots im Strafprozess, Tübingen 1998.

Herrnstadt, Ernst, Straflosigkeit strafbarer Handlungen nach § 153 StPO, Gleiwitz 1929.

Hertwig, Volker, Die Einstellung des Verfahrens wegen Geringfügigkeit. Eine empirische Analyse der Handhabung der §§ 153, 153a StPO in der staatsanwaltschaftlichen und gerichtlichen Praxis, Göttingen 1982, zit.: Die Einstellung.

Hertz, Adolf, Die Geschichte des Legalitätsprinzips, Borna-Leipzig 1935.

Hetzer, Wolfgang, Wahrheitsfindung im Strafprozess, unter Mitwirkung psychiatrisch / psychologischer Sachverständiger, Berlin 1982.

Heyke, Hans-Eberhard, Über die Würde des Menschen, in: Rechtstheorie 36 (2005), S. 281 ff.

Hirsch, Hans-Joachim, Zur Behandlung der Bagatellkriminalität in der Bundesrepublik Deutschland- Unter besonderer Berücksichtigung der Stellung der Staatsanwaltschaft-, in: ZStW 92 (1980), S. 218 ff.

Hirschberg, Lothar, Der Grundsatz der Verhältnismäßigkeit, Göttingen 1981.

Hoffmann, Thomas-Michael, Beurteilungsspielräume der Staatsanwaltschaft als prozessuales Prinzip- eine Schranke auch bei der Haftprüfung nach den §§ 121 ff. StPO?, in: NStZ 2002, S. 566 ff.

Holt, James Clarke, Magna Carta and medieval government, London 1969.

Hughes, Graham, Rules, Policy and Decision Making, in: The Yale Law Journal 77 (1968), S. 411 ff.

Hünerfeld, Peter, Kleinkriminalität und Strafverfahren, in: ZStW 90 (1978), S. 905 ff.

Ikeda, Mitsuyoshi, Freiheit, Determinismus und Verantwortung beim jungen G. Simmel, in: ARSP 90 (2004), S. 237 ff.

Jahn, Mathias, Zurück in die Zukunft - Die Diskurstheorie des Rechts als Paradigma des neuen konsensualen Strafverfahrens, in: GA 2004, S. 272 ff.

Jakab, Andras, Prinzipien, in: Rechtstheorie 37 (2006), S. 49 ff.

Jakobs, Günther, Das Strafrecht zwischen Funktionalismus und „alteuropäischem“ Prinzipiendenken, oder: Verabschiedung des „alteuropäischen“ Strafrechts?, in: ZStW 107 (1995), S. 843 ff.

Jakobs, Günther, Norm, Person, Gesellschaft. Vorüberlegungen zu einer Rechtsphilosophie, 3. Auflage, Berlin 2008.

Jellinek, Georg, Die sozialethische Bedeutung von Recht, Unrecht und Strafe, 2. Auflage, Berlin 1908.

Jellinek, Georg, Allgemeine Staatslehre, 3. Auflage, Berlin 1929.

Jellinek, Walter, Gesetz, Gesetzesanwendung und Zweckmäßigkeitserwägungen: Zugleich ein System der Ungültigkeitsgründe von Polizeiverordnungen und -verfügungen; eine staats- und verwaltungsrechtliche Untersuchung.

Jescheck, Hans-Heinrich / Weigend, Thomas, Lehrbuch des Strafrechts Allgemeiner Teil, 5. Auflage, Berlin 1996.

Joecks, Wolfgang, Studienkommentar StPO, 2. Auflage, München 2008.

Jostes, Kerstin, Leistungsstörungen und Fehlverhalten von Gericht und Staatsanwaltschaft bei der Einstellung von Strafverfahren gem. 153 a StPO, Frankfurt am Main 2004.

Kant, Immanuel, Versuch den Begriff der negativen Größen in die Weltweisheit einzuführen, Königsberg 1763.

Kant, Immanuel, Kritik der reinen Vernunft, 1. Auflage, Riga 1781.

Kant, Immanuel, Metaphysische Anfangsgründe der Naturwissenschaft, 1. Auflage, Riga 1786.

Kant, Immanuel, Kritik der praktischen Vernunft, Riga 1788.

Kant, Immanuel, Grundlegung zur Metaphysik der Sitten (hrsg. von Berndt Kraft und Dieter Schönecker), Hamburg 1999.

Kapahnke, Ulf, Opportunität und Legalität im Strafverfahren. Strafverfolgungsverzicht durch die Staatsanwaltschaft gemäß den §§ 154, 154 a StPO nach der Neufassung durch das Strafverfahrensänderungsgesetz 1979 (StVÄG 1979), Tübingen 1982.

Kargl, Walter / Sinner, Stefan, Der Öffentlichkeitsgrundsatz und das öffentliche Interesse in § 153a StPO, in: Jura 1998, S. 231 ff., : zit. Der Öffentlichkeitsgrundsatz.

Karlsruher Kommentar zur Strafprozessordnung und zum Gerichtsverfassungsgesetz mit Einführungsgesetz (hrsg. von Prof. Dr. Gerd Pfeifer), 5. Auflage, München 2003.

Katz, Alfred, Staatsrecht. Grundkurs im öffentlichen Recht, 16. Auflage, Heidelberg 2005, zit.: Staatsrecht.

Kaufmann, Arthur, Naturrecht und Geschichtlichkeit, Tübingen 1957.

Kaufmann, Arthur, Läßt sich die Hauptverhandlung in Strafsachen als rationaler Diskurs auffassen?, in: Dogmatik und Praxis des Strafverfahrens. Beiträge anlässlich des Colloquiums zum 65. Geburtstag von Gerhard Kielwein, Jung / Müller-Dietz (Hrsg.), Carl Heymanns Verlag KG, Köln Berlin Bonn München 1989, S. 15 ff., zit.: Läßt sich die Hauptverhandlung.

Kaufmann, Arthur, Negativer Utilitarismus. Ein Versuch über das bonum commune, München 1994.

Kaufmann, Arthur, Problemgeschichte der Rechtsphilosophie, in: Kaufmann / Hassemer / Neumann (Hrsg.), Einführung in Rechtsphilosophie und Rechtstheorie der Gegenwart, 7. Auflage, Heidelberg 2004, S. 26 ff.

Kaufmann, Hilde, Strafanspruch, Strafklagerecht, Göttingen 1968.

Kausch, Erhard, Der Staatsanwalt. Ein Richter vor dem Richter? Untersuchungen zu § 153a StPO, Berlin 1980.

Kellermann, Hans-Hugo, Probleme des gesetzlichen Richters unter besonderer Berücksichtigung der großen Strafverfahren, Tübingen 1971.

Kelsen, Hans, Die philosophischen Grundlagen der Naturrechtslehre und des Rechtspositivismus, Charlottenburg 1928, zit.: Die philosophischen Grundlagen.

Kelsen, Hans, Reine Rechtslehre, Leipzig und Wien 1934.

Kelsen, Hans Was ist Gerechtigkeit (1953), Stuttgart 2007.

Kelsen, Hans, Was ist die Reine Rechtslehre, in: Die Wiener Rechtstheoretische Schule, Schriften von Hans Kelsen, Adolf Merkl, Alfred Verdross, hrsg. von Hans Klecatsky, Rene Marcic, Herbert Schambeck, Europa Verlag Wien, Frankfurt, Zürich, Universitätsverlag Anton Pustet, Salzburg, München 1968, S. 611 ff.

Kelsen, Hans, Was ist juristischer Positivismus, in: Die Wiener Rechtstheoretische Schule, a.a.O., S. 1311 ff.

Kelsen, Hans, Allgemeine Theorie der Normen, Wien 1979.

Kervegan, Jean-Francois, Ein „idealistisches“ Plädoyer für den Rechtspositivismus, in: Rechtstheorie 39 (2008), S. 23 ff.

Kim, Joo-Hwan, Zur Konkretisierung des allgemeinen Gleichheitssatzes des Art. 3 Abs. 1 GG, Frankfurt am Main 2000.

Klug, Ulrich, Phänomenologische Aspekte der Strafrechtsphilosophie von Kant und Hegel, in: Phänomenologie, Rechtsphilosophie, Jurisprudenz. Festschrift für Gerhart Husserl zum 75. Geburtstag, Frankfurt am Main 1969, S. 212 ff.

Kindhäuser, Urs / Neumann, Ulfrid / Paeffgen, Hans-Ulrich, Nomos Kommentar, Strafgesetzbuch, 3. Auflage, Baden-Baden 2010.

Kindhäuser, Urs, Strafprozessrecht, 2. Auflage, Baden-Baden, 2010.

Knapp, Georg-Friedrich, Staatliche Theorie des Geldes, München und Leipzig 1918.

Kohler, Eva, Beschleunigte Strafverfahren im deutschen und französischen Recht, Berlin 2001.

Kohlhaas, Max, Die Stellung der Staatsanwaltschaft als Teil der rechtssprechenden Gewalt, Neuwied 1963.

Kohlschütter, Karl-Christian, Vorlesungen über den Begriff der Rechtswissenschaft, Leipzig 1798.

Kolz, Alexander, Einwilligung und Richtervorbehalt, Frankfurter Kriminalwissenschaftliche Studien 95, Frankfurt am Main 2006.

Korosec, Damjan, Das materiellrechtliche Institut der Geringfügigkeit der Tat im slowenischen Strafrecht, in: ZStW 115, (2003), S. 742 ff.

Krauss, Rupprecht, Der Grundsatz der Verhältnismäßigkeit, Hamburg 1955.

Krauß, Detlef, Das Prinzip der materiellen Wahrheit im Strafprozess, in: Festschrift für Friedrich Schaffstein zum 70. Geburtstag, Göttingen 1975, S. 411 ff.

Krawczyk, Lucian, Rechtsstaatswidrige Verfahrensdauer durch langes Verfahren vor dem Bundesverfassungsgericht (Anmerkung zu dem EGMR, Urt. v. 22.1.2009-Nr. 45749/06 und Nr. 51115/06), in: JR 2009, S. 172 ff.

Krugmann, Michael, Gleichheit, Willkür und Evidenz, in: JuS 1997, S. 7 ff.

Krümpelmann, Justus, Die Bagatelldelikte, Berlin 1966.

Kühne, Hans-Heiner, Strafprozessrecht, 8. Auflage, Heidelberg 2010.

Kühne, Hans-Heiner, Die Instrumentalisierung der Wahrheitsfindung im Strafverfahren, in: GA 2008, S. 361 ff.

Karl-Heinz Kunert, Die normativen Merkmale der strafrechtlichen Tatbestände, Berlin 1958.

Kunz, Karl-Ludwig, Das strafrechtliche Bagatellprinzip. Eine strafrechtsdogmatische und kriminalpolitische Untersuchung, Berlin 1984.

Kußmann, Michael, Einwilligung und Einverständnis bei Täuschung, Irrtum und Zwang, Bonn 1988.

Kutscher, Hans, Der Grundsatz der Verhältnismäßigkeit im deutschen Recht, in: Der Grundsatz der Verhältnismäßigkeit in europäischen Rechtsordnungen, Heidelberg 1985.

Landau, Herbert, Die Pflicht des Staates zum Erhalt einer funktionstüchtigen Strafrechtspflege, in: NStZ 2007, S. 121 ff.

Larenz, Karl, Richtiges Recht, München 1979.

Larenz, Karl, Methodenlehre der Rechtswissenschaft, 5. Auflage, Berlin, Heidelberg, New York, Tokyo 1983.

Laue, Christian, Das öffentliche Interesse an der Beschleunigung des Verfahrens, in: GA 2005, S. 648 ff.

Laum, Bernhard, Heiliges Geld, Tübingen 1924.

Leibholz, Gerhard, Die Gleichheit vor dem Gesetz, 2. Auflage, München, Berlin1959.

Lemaitre, George, Un univers homogene de masse constante et de rayon croissant rendant compte de la vitesse radiale des nebuleuses extragalactiques, in: Annales de la Societe Scientifique de Bruxelles, 1927.

Liebehentze, August, Opportunitätsprinzip und Legalitätsprinzip in England, Marburg 1971.

Liegl, Christian, Die Drohung mit einem an sich rechtmäßigen Verhalten. Eine strafrechtliche Untersuchung mit Bezügen zum Zivil-, Arbeits-, Wettbewerbs-, und Kartellrecht, Regensburg 2001.

Lindemann, Michael, Zur Absprache im Strafverfahren (Anmerkung zu dem BGH, Urt. v.12.3.2008- 3 StR 433/07), in: JR 2009, S. 79 ff.

Liszt, Franz von, Über den Einfluss der soziologischen und anthropologischen Forschungen auf die Grundbegriffe des Strafrechts. Mitteilungen der IKV, Bd. IV, in: Strafrechtliche Vorträge und Aufsätze, Bd. 2, Berlin 1905, S. 75 ff.

Löffelmann, Markus, Die normativen Grenzen der Wahrheitsforschung im Strafverfahren. Ideen zu einer Kritik der Funktionsfähigkeit der Strafrechtspflege, Berlin 2008.

Lohner, Erwin, Der Tatverdacht im Ermittlungsverfahren. Begriff, rechtliche Ausgestaltung, praktische Handhabung und Kontrolle am Beispiel der polizeilichen Verdachtsfeststellung, Frankfurt am Main 1994.

Lorenz, Werner, General Principles of Law. Their elaboration in the Court of Justice of the European Communities, in: American Journal of Comparative Law 13 (1964), S. 1 ff.

Lorenzen, Henning, Legalitätsprinzip und Opportunitätsprinzip – Kritische Betrachtungen aus der und für die Strafverfolgungspraxis -, in: Ostendorf, Heribert (Hrsg.): Strafverfolgung und Strafverzicht. Festschrift zum

125jährigen Bestehen der Staatsanwaltschaft Schleswig- Holstein, Köln, Berlin, Bonn, München 1992, S. 548 ff.

Losano, Mario, Turbulenzen im Rechtssystem der modernen Gesellschaft. Pyramide, Stufenbau und Netzwerkcharakter der Rechtsordnung als ordnungsfremde Modelle, in: Rechtstheorie 38 (2007), S. 9 ff.

Löwe, Ewald / Rosenberg, Werner, Die Strafprozessordnung und das Gerichtsverfassungsgesetz, Großkommentar, 25. Auflage, Berlin 1997.

Luhmann, Niklas, Funktionale Methode und juristische Entscheidung, in: AÖR 1969, Bd. 94, S. 1 ff.

Luhmann, Niklas, Legitimation durch Verfahren, Neuwied am Rein 1969.

Luhmann, Niklas, Funktionen und Folgen formaler Organisation, zweite Auflage (Nachdruck) Berlin 1972, zit.: Funktionen.

Luhmann, Niklas, Rechtssoziologie 1, Reinbek bei Hamburg 1972.

Luhmann, Niklas, Die Einheit des Rechtssystems, in: Rechtstheorie 14 (1983), S. 129 ff.

Luhmann, Niklas, Die Codierung des Rechtssystems, in: Rechtstheorie 17 (1986), S. 171 ff.

Luhmann, Niklas, Soziale Systeme. Grundriss einer allgemeinen Theorie, 4. Auflage, Frankfurt am Main 1994.

Männlein, Ulrike, Empirische und kriminalpolitische Aspekte zur Anwendung der Opportunitätsvorschriften §§ 153, 153 a StPO durch die Staatsanwaltschaft, Bielefeld 1992.

Martens, Sebastian, Durch Dritte verursachte Willensmängel, Tübingen 2007, zit.: Durch Dritte.

Maunz, Theodor / Dürig, Günter, Grundgesetz, Kommentar, München, 53. Auflage 2009.

Merkl, Adolf, Das Recht im Lichte seiner Anwendung, in: Deutsche Richterzeitung 1918, S. 56 ff.

Merkl, Adolf, Prolegomena einer Theorie des rechtlichen Stufenbaues, in: Gesellschaft, Staat und Recht, Festschrift für Hans Kelsen, herausgegeben von Alfred Verdross, Wien 1931, S. 252 ff.

Merkl, Adolf, Prolegomena einer Theorie des rechtlichen Stufenbaues, in: Die Wiener Rechtstheoretische Schule, a.a.O., S. 1311 ff., zit.: Prolegomena.

Messner, Johannes, Das Naturrecht, 3. Auflage, Innsbruck 1958.

Meyendorff, John, A study of Gregory Palamas, 2. Auflage, Leighton Buzzard 1974.

Meyer-Goßner, Lutz, Strafprozessordnung, 52. Auflage, München 2009.

Michael, Andreas, Der Grundsatz in dubio pro reo im Strafverfahrensrecht. Zugleich ein Beitrag über das Verhältnis von materiellem Recht und Prozessrecht, Frankfurt am Main 1981.

Mill, John-Stuart, Über die Freiheit (auf Deutsch), Leipzig 1991.

Mill, John-Stuart, Utilitarismus (auf Deutsch), Hamburg 2006.

Minwegen, Romano, Der Topos der „Einheit der Rechtsordnung“ und der Rechtspositivismus im Lichte der Logik in: Rechtstheorie 34 (2003), S. 505 ff.

Mises, Ludwig, Theorie des Geldes und der Umlaufsmittel (unveränderter Nachdruck der zweiten neuarbeiteten Auflage vom 1924), Berlin 2005.

Mittermeier, Carl Joseph Anton, Umfassende Darstellung des neuen deutschen Strafprozesses, in: Archiv des Kriminalrechts 1842, S. 61 ff.

Montenbruck, Axel, In dubio pro reo aus normtheoretischer straf- und strafverfahrensrechtlicher Sicht, Berlin 1985.

Montesquieu, Charles de, De l' esprit de lois, Paris 1748.

Naucke, Wolfgang, Der Begriff der „geringen Schuld“ (§ 153 StPO) im Strafsystem, in: Festschrift für Reinhart Maurach, Karlsruhe 1972, S. 197 ff.

Nawiasky, Hans, Allgemeine Rechtslehre als System rechtlicher Grundbegriffe, 2. Auflage, Zürich, Köln 1948.

Neumann, Ulfrid, Zur Interpretation des forensischen Diskurses in der Rechtsphilosophie von Jürgen Habermas, in: Jürgen Habermas / Niklas Luhmann, Theorie der Gesellschaft oder Sozialtechnologie, Frankfurt am Main 1971, S. 142 ff., zit.: Zur Interpretation des forensischen Diskurses.

Neumann, Ulfrid / Schuth, Ulrich, Neuere Theorien von Kriminalität und Strafe, Darmstadt 1980.

Neumann, Ulfrid, Juristische Argumentationslehre, Darmstadt 1986.

Neumann, Ulfrid, Materiale und prozedurale Gerechtigkeit im Strafverfahren, in: ZStW 101 (1989), S. 52 ff.

Neumann, Ulfrid, Rechtspolitische Aspekte der Weisungsgebundenheit des Staatsanwalts, in: Vom unmöglichen Zustand des Strafrechts, Frankfurt, Berlin, New York, Wien 1995, S. 197 ff.

Neumann, Ulfrid, Juristische Methodenlehre und Theorie der juristischen Argumentation, in: Rechtstheorie 32 (2001), S. 239 ff.

Neumann, Ulfrid, Wahrheit im Recht. Zu Problematik und Legitimität einer fragwürdigen Denkform, Baden-Baden 2004.

Neumann, Ulfrid, Alternativen zum Strafrecht, in: Ulfrid Neumann / Cornelius Prittwitz (Hrsg.), Kritik und Rechtfertigung des Strafrechts, Frankfurt am Main 2005, S. 89 ff.

Neves, Marcelo, Von der Autopoiesis zur Allopoiesis des Rechts, in: Rechtstheorie 34 (2003), S. 245 ff.

Noll, Peter, Die ethische Begründung der Strafe, Tübingen 1962.

Nowakowski, Friedrich, Die Behandlung der Bagatellkriminalität in Österreich-Unter besonderer Berücksichtigung der Stellung der Staatsanwaltschaft-, in: ZStW 92 (1980), S. 255 ff.

Paeffgen, Hans-Ulrich, Das externe Weisungsrecht des Justizministers - Ein obsoletes Institut?, in: Gedächtnisschrift für Ellen Schlüchter, S. 563 ff., Köln, Berlin, Bonn, München 2002.

Park, Ro-Seop, Die Wahrheitsfindung im Ermittlungsverfahren, Frankfurt am Main 2003.

Paschmanns, Norbert, Die staatsanwaltschaftliche Verfahrenseinstellung wegen Geringfügigkeit nach §§ 153, 153a StPO - Entscheidungsgrenzen und Entscheidungskontrolle, Frankfurt am Main 1988.

Paterson, Dennis, Recht und Wahrheit, Baden- Baden 1996.

Pavlakos, George, Normativity versus ontology, law, facts and practical reason, in: Rechtstheorie 34 (2003), S. 393 ff.

Peifer, Karl-Heinz, Die Rechtskraft der Einstellungsbeschlüsse nach §§ 153 ff. StPO, Bonn 1965:

Peters, Karl, Strafprozess. Ein Lehrbuch, 4. Auflage, Heidelberg 1985.

Platon, Theaitetos (auf Deutsch von F. Schleiermacher).

Platon, Politeia (Der Staat).

Platon, Nomoi.

Popper, Karl, Logik der Forschung, 9. Auflage, Tübingen 1989.

Pott, Christine, Die Außerkraftsetzung der Legalität durch das Opportunitätsdenken in den Vorschriften der §§ 154, 154 a StPO: Zugleich ein Beitrag zu einer kritischen Strafverfahrenstheorie, Bad Homburg 1996.

Psarouda-Benaki, Anna, Die normativen Merkmale der Tatbestand (auf Griechisch), Athen 1971.

Puchta, Georg- Friedrich, Cursus der Institutionen, 1. Band, 5. Auflage, Rudorff 1856.

Radbruch, Gustav, Gesetzliches Unrecht und übergesetzliches Recht (1946), GRGA Bd.3 (1990), S.83, 89.

Rawls, John, Eine Theorie der Gerechtigkeit (Theory of justice), auf Deutsch, Frankfurt am Main 1979.

Raz, Joseph, Legal principles and the limits of Law, in: The Yale Law Journal 81 (1972), S. 823 ff.

Raz, Joseph, The morality of freedom, Oxford 1986.

Reiniger, Robert, Metaphysik der Wirklichkeit (Nachdruck der 2. Auflage aus dem Jahr 1948), München 1970, zit.: Metaphysik.

Riechelmann, Frank, Sind Grundrechte keine Normen?, in: Rechtstheorie 37 (2006), S. 381 ff.

Roxin, Claus, Zur systematischen Einordnung des § 42 StGB, in: Festschrift für Franz Pallin, Wien 1989, S. 345 ff.

Roxin, Claus, Strafverfahrensrecht, 26. Auflage, München 2009.

Roxin, Imme, Die Rechtsfolgen schwerwiegender Rechtsstaatsverstöße in der Strafrechtspflege, 2. Auflage, München 1995.

Rümelin, Max, Rechtsgefühl und Rechtsbewusstsein: Rede gehalten bei der akademischen Preisverteilung am 6. November 1925, Tübingen 1925, Nachdruck Frankfurt am Main 1970.

Ryffel, Hans, Rechtssoziologie. Eine systematische Orientierung, Neuwied und Berlin 1974.

Sacher, Mariana, Systemtheorie und Strafrecht. Kritik der rollenbezogenen Zurechnungslehre, in: ZStW 118 (2006), S. 574 ff.

Safferling, Christoph, Audiatur et altera pars - die prozessuale Waffengleichheit als Prozessprinzip? Qui statuit aliquid parte inaudita altera; Aequm liquet statuerit haud aequs fuit, in NStZ 2004, S. 181 ff.

Saliger, Frank, Grenzen des § 153 a StPO und der Fall Kohl. Zugleich Besprechung von LG Bonn, Beschluss v. 28.2.2001, in: GA 2005, S. 155 ff.

Saliger, Frank, Absprachen im Strafprozess an den Grenzen der Rechtsfortbildung - BGH (G5), in: NJW 2005, S. 1440 ff. und in: JS 2006, S. 8 ff.

Savigny, Friedrich Carl von, Vom Beruf unsrer Zeit für Gesetzgebung und Rechtswissenschaft (1814), in: Thibaut und Savigny. Ihre programmatischen Schriften, München 1973.

Savigny, Friedrich Carl von, System des heutigen römischen Rechts (1840), Darmstadt 1956.

Schambeck, Herbert, Der Begriff der „Natur der Sache", in: Arthur Kaufmann (Hrsg.), Die ontologische Begründung des Rechts, Darmstadt 1965, S. 164 ff.

Scheffler, Uwe, Die überlange Dauer von Strafverfahren. Materiellrechtliche und prozessuale Rechtsfolgen, Berlin 1991, zit.: Die überlange Dauer.

Schlink, Reinhard, Abwägung im Verfassungsrecht, in: Schriften zum Öffentlichen Recht, Band 299, Berlin 1976, S. 1688 ff.

Schlüchter, Ellen, Strafprozessrecht (auf Griechisch), Athen 2000.

Schmidhäuser, Eberhard, Freikaufverfahren mit Strafcharakter im Strafprozess?, in: JZ 1973, S. 509 ff., zit.: Freikaufverfahren.

Schmidhäuser, Eberhard, Die Grenze zwischen vorsätzlicher und fahrlässiger Straftat, in: JuS 1980, S. 241 ff.

Schmidhäuser, Eberhard, Strafrechtlicher Vorsatzbegriff und Alltagsgebrauch, in: Festschrift für Dietrich Oehler, Köln 1985.

Schmidt, Eberhard, Lehrkommentar zur Strafprozessordnung und zum Gerichtsverfassungsgesetz Teil 1. Die rechtstheoretischen und die rechtspolitischen Grundlagen des Strafverfahrensrechts, 2. Auflage, Göttingen 1964.

Schmidt-Rimpler, Walter / Gieseke, Paul / Friesenhahn, Ernst / Knur, Alexander, Die Lohngleichheit von Männern und Frauen, in: AÖR 76 (1950), S.165ff.

Schmitt, Carl, Verfassungslehre (1928), 4. Auflage, Berlin 1965.

Schöch, Heinz, Kriminologie und Sanktionsgesetzgebung, in: ZStW 92 (1980), S. 142 ff.

Schöch, Heinz, Entkriminalisierung, Entpönalisierung, Reduktionismus. Quantitative Prinzipien in der Kriminalpolitik, in: Festschrift für Horst Schüler-Springorum, Köln, Berlin, Bonn, München 1993, S. 245 ff.

Schopenhauer, Arthur, Über die Freiheit des Willens (1839), Sämtliche Werke, Band III, 4. Auflage, Frankfurt am Main 1994.

Schreiber, Hans-Ludwig, Gesetz und Richter, Frankfurt am Main 1976.

Schröder, Horst, Aufbau und Grenzen des Vorsatzbegriffs, in: Festschrift für Wilhelm Sauer, Berlin 1949, S. 207 ff.

Schröer, Eike, Das beschleunigte Verfahren gem. §§ 417-420 StPO, Berlin 1998.

Schuth, Ulrich, Die Einstellung unter Auflagen im System der Verfahrensvorschriften des Sanktionsrechts, Gießen 1979.

Schulenburg, Johanna, Legalitäts- und Opportunitätsprinzip im Strafverfahren, in: JuS 2004, S. 765 ff.

Schulz, Lorenz, Grenzen prozessualer Normativierung. Aspekte der Unschuldsvermutung, in: GA 2001, S. 226 ff.

Schünemann, Bernd, Die Verständigung im Strafprozeß – Wunderwaffe oder Bankrotterklärung der Verteidigung?, in: NJW 1989, Heft 31, S. 1895 ff.

Schürer, Karl-Heinz, Die Entwicklung des Legalitätsprinzips seit der Emmingerschen Verordnung, Hamburg 1965.

Simonius, August, Über Bedeutung, Herkunft und Wandlung der Grundsätze des Privatrechts, in: ZSR 71 (1952), S. 239 ff.

Sowada, Christoph, Der gesetzliche Richter im Strafverfahren, Berlin, New York 2002.

Speckert, Xaver, Legalitätsprinzip und Opportunitätsprinzip, Zürich 1951.

Stein, Ekkehart / Götz, Frank, Staatsrecht, 18. Auflage, Tubingen 2002.

Tarski, Alfred, The semantic conception of truth and the foundations of semantics, in: Philosophy and Phenomenological Research 4 (1943-1944), S. 341 ff.

Terbach, Matthias, Einstellungsverfahren: die verfassungskonform relativierte Zustimmungssperre als Rechtsschutz gegen die rechtswidrig verweigerte Zustimmung der Staatsanwaltschaft zur Verfahrenseinstellung nach §§ 153, 153a StPO, Baden-Baden 1996.

Teubner, Gunther, Recht als autopoetisches System, Frankfurt am Main 1989.

Tevenar, Johann-Wilhelm, Versuch über die Rechtsgelehrtheit, Magdeburg 1801.

Thibaut, Anton Friedrich Justus, Juristische Enzyklopädie und Methodologie zum eignen Studio für Anfänger, und zum Gebrauch akademischer Vorlesungen entworfen, Altona 1797.

Thomas von Aquin, Kommentar zur aristotelischen Metaphysik (1588), Frankfurt am Main 1964.

Tiedermann, Klaus, Das Strafprozessrecht, in: Roxin, Arzt, Tiedermann (Hrsg.), Einführung in das Strafrecht und das Strafprozessrecht, Heidelberg 1994, S. 113 ff.

Trechsel, Stefan, Struktur und Funktion der Vermutung der Schuldlosigkeit, in: SJZ 77 (1981), S. 317 ff.

Tschentscher, Axel, Prozedurale Theorien der Gerechtigkeit, Baden-Baden 2000.

Verdross, Alfred, Grundlinien der antiken Rechts- und Staatsphilosophie, 2. Auflage, Wien 1948.

Verdross, Alfred, Was ist Recht? Die Krise des Rechtspositivismus und das Naturrecht, in: Wort und Wahrheit, 8. Jg. (1953), S. 588 ff.

Verdross, Alfred, Die Idee der menschlichen Grundrechte, in: Die Wiener Rechtstheoretische Schule, a.a.O., S. 693 ff.

Vogel, Horst, Das öffentliche Interesse an der Strafverfolgung und seine prozessuale Bedeutung, München 1966.

Vogler, Theo, Straf- und strafverfahrensrechtliche Fragen in der Spruchpraxis des Europäischen Gerichthofs für Menschenrechte, in: ZStW 89 (1977), S. 785 ff.

Wagner, Heinz, Rechtliches Gehör im Ermittlungsverfahren, in: ZStW 109 (1997), S. 545 ff.

Walter, Tonio, Der Kern des Strafrechts, Tübingen 2006.

Waßmer, Martin-Paul, Rechtsstaatswidrige Verfahrensverzögerung im Strafverfahren als Verfahrenshindernis von Verfassungswegen, in: ZStW 2006, S. 159 ff.

Weber, Gottfried, Nachlese über das öffentliche und mündliche Verfahren, Darmstadt 1818.

Weigend, Thomas, Das „Opportunitätsprinzip" zwischen Einzelfallgerechtigkeit und Systemeffizienz, in: ZStW 109 (1997), S. 102 ff.

Weigend, Thomas, Unverzichtbares im Strafverfahrensrecht, in: ZStW 113 (2001), S. 270 ff., zit.: Unverzichtbares.

Weinberger, Ota, Theorie der Utilität, in: Rechtstheorie 34 (2003), S. 195 ff.

Welzel, Hans, Naturalismus und Wertphilosophie im Strafrecht, Mannheim, Berlin, Mainz 1935.

Wessels, Johannes / Beulke, Werner, Strafrecht Allgemeiner Teil. Die Straftat und ihr Aufbau, 39. Auflage, Heidelberg 2009.

Wesser, Sabine, Der Rechtssatz, Der Rechtssatz, in: Rechtstheorie 37 (2006), S. 257 ff.

Weßlau, Edda, Absprachen im Strafverfahren, in: ZStW 116 (2004), S. 150 ff.

Wilburg, Walter, Entwicklung eines beweglichen Systems im bürgerlichen Recht, Graz 1950.

Zachariae, Karl-Salomon, Die Wissenschaft der Gesetzgebung: Als Einteilung zu einem allgemeinen Gesetzbuche, Leipzig 1806.

Ziemann, Sascha, Gläubigerbenachteiligung durch Zahlung einer Geldauflage an die Staatskasse gemäß § 153 a StPO? (Anmerkung zu dem BGH, Urt. v. 5.6.2008- IX ZR 17/07), in: JR 2009, S. 167 ff.

Zippelius, Reinhold, Das Wesen des Rechts. Eine Einführung in die Rechtsphilosophie, München 1997.

Zippelius, Reinhold / Würtenberger, Thomas, Deutsches Staatsrecht. Ein Studienbuch, 32. Auflage des von Theodor Maunz begründeten Werkes, München 2008.

Zwickel, Erich, Die Durchbrechung des Legalitätsgrundsatzes durch § 153 StPO, Zoppot, Freie Stadt Danzig 1932.

FRANKFURTER KRIMINALWISSENSCHAFTLICHE STUDIEN

Band 1 Peter Böning: Die Lehre vom Unrechtsbewußtsein in der Rechtsphilosophie Hegels 100 S., 1978.

Band 2 Wolfgang Schneider: Kriminelle Straßenverkehrsgefährdung (§ 315c Abs. 1 Ziff. 2, Abs. 3 StGB). Eine kriminologische und strafrechtliche Untersuchung zur Problematik dieser Verkehrsstraftaten unter Berücksichtigung ausländischer Rechte. 342 S., 1978.

Band 3 Lothar Kuhlen: Die Objektivität von Rechtsnormen. Zur Kritik des radikalen labeling approach in der Kriminalsoziologie. 178 S., 1978.

Band 4 Günther Grewe: Straßenverkehrsdelinquenz und Marginalität. Untersuchungen zur institutionellen Regelung von Verhalten. 148 S., 1978.

Band 5 Dieter Haberstroh: Strafverfahren und Resozialisierung. Eine Studie über Verstehen und Nicht-Verstehen, über Verstanden-Werden und Nicht-Verstanden-Werden und deren Bedingungen in der Hauptverhandlung. 202 S., 1979.

Band 6 Thomas Vogt: Die Forderungen der psychoanalytischen Schulrichtungen für die Interpretation der Merkmale der Schuldunfähigkeit und der verminderten Schuldfähigkeit (§§ 51 a.F., 20, 21 StGB). 182 S., 1979.

Band 7 Andreas Michael: Der Grundsatz in dubio pro reo im Strafverfahrensrecht. Zugleich ein Beitrag über das Verhältnis von materiellem Recht und Prozeßrecht. 214 S., 1981.

Band 8 Ilias G. Anagnostopoulos: Haftgründe der Tatschwere und der Wiederholungsgefahr (§§ 112 Abs. 3, 112 a StPO). Kriminalpolitische und rechtssystematische Aspekte der Ausweitung des Haftrechts. 1984.

Band 9 Helga Müller: Der Begriff der Generalprävention im 19. Jahrhundert. Von P.J.A. Feuerbach bis Franz v. Liszt. 1984.

Band 10 Frowin Jörg Kurth: Das Mitverschulden des Opfers beim Betrug. 1984.

Band 11 Martin J. Worms: Die Bekenntnisbeschimpfung im Sinne des § 166 Abs. 1 StGB und die Lehre vom Rechtsgut. 1984.

Band 12 Jong-Dae Bae: Der Grundsatz der Verhältnismäßigkeit im Maßregelrecht des StGB. 1985.

Band 13 Helmut Fünfsinn: Der Aufbau des fahrlässigen Verletzungsdelikts durch Unterlassen im Strafrecht. 1985.

Band 14 Christoph Krehl: Die Ermittlung der Tatsachengrundlage zur Bemessung der Tagessatzhöhe bei der Geldstrafe. 1985.

Band 15 Walter-Hermann Kiehl: Strafrechtliche Toleranz wechselseitiger Ehrverletzungen - Zur ratio legis der §§ 199, 233 Strafgesetzbuch -. 1986.

Band 16 Matthias Krahl: Die Rechtsprechung des Bundesverfassungsgerichts und des Bundesgerichtshof zum Bestimmtheitsgrundsatz im Strafrecht (Art. 103 Abs. 2 GG). 1986.

Band 17 Patrick Carroll Campbell: § 220a StGB. Der richtige Weg zur Verhütung und Bestrafung von Genozid? 1986.

Band 18 Winfried Hassemer (Hrsg.): Strafrechtspolitik. Bedingungen der Strafrechtsreform. 1987.

Band 19 Felix Herzog: Prävention des Unrechts oder Manifestation des Rechts. Bausteine zur Überwindung des heteronom-präventiven Denkens in der Strafrechtstheorie der Moderne. 1987.

Band 20 Astrid Michalke-Detmering: Die Mindestanforderungen an die rechtliche Begründung des erstinstanzlichen Strafurteils. Zur Auslegung des § 267 StPO. 1987.

Band 21 Lothar Kuhlen: Die Unterscheidung von vorsatzausschließendem und nichtvorsatzausschließendem Irrtum. 1987.

Band 22 Michael Buttel: Kritik der Figur des Aufklärungsgehilfen im Betäubungsmittelstrafrecht (§ 31 BtMG). 1988.

Band 23 Matthias Kögler: Die zeitliche Unbestimmtheit freiheitsentziehender Sanktionen des Strafrechts. Eine vergleichende Untersuchung zur Rechtslage und Strafvollstreckungspraxis in der Bundesrepublik Deutschland und den USA. 1988.

Band 24 Klaus Lüderssen / Cornelius Nestler-Tremel / E wa Weigend(Hrsg.): Modernes Strafrecht und ultima-ratio-Prinzip. 1990.

Band 25 Jürgen Taschke: Die behördliche Zurückhaltung von Beweismitteln im Strafprozeß. 1989.

Band 26 Daniela Westphalen: Karl Binding (1841-1920). Materialien zur Biographie eines Strafrechtsgelehrten. 1989.

Band 27 Sigrid Jans: Die Aushöhlung des Klageerzwingungsverfahrens. 1990.

Band 28 Dimitris Spirakos: Folter als Problem des Strafrechts. Kriminologische, kriminalsoziologische und (straf-)rechtsdogmatische Aspekte unter besonderer Berücksichtigung der Folterschutzkonvention und der Pönalisierung der Folter in Griechenland. 1990.

Band 29 Stephan Moll: Strafrechtliche Aspekte der Behandlung Opiatabhängiger mit Methadon und Codein. 1990.

Band 30 Stefan Werner: Wirtschaftsordnung und Wirtschaftsstrafrecht im Nationalsozialismus. 1991.

Band 31 Xanthi Bassakou: Beiträge zur Analyse und Reform des Absehens von Strafe nach § 60 StGB. 1991.

Band 32 Rainer Runte: Die Veränderung von Rechtfertigungsgründen durch Rechtsprechung und Lehre. Moderne Strafrechtsdogmatik zwischen Rechtsstaatsprinzip und Kriminalpolitik. 1991.

Band 33 Olaf Hohmann: Das Rechtsgut der Umweltdelikte. Grenzen des strafrechtlichen Umweltschutzes. 1991.

Band 34 Klaus Jochen Müller: Das Strafbefehlsverfahren (§§ 407 ff. StPO). Eine dogmatisch-kriminalpolitische Studie zu dieser Form des schriftlichen Verfahrens unter besonderer Berücksichtigung der geschichtlichen Entwicklung – zugleich ein Beitrag zum StVÄG 1987. 1993.

Band 35 Sang-Don Yi: Wortlautgrenze, Intersubjektivität und Kontexteinbettung. Das strafrechtliche Analogieverbot. 1991.

Band 36 Birgit Malsack: Die Stellung der Verteidigung im reformierten Strafprozeß. Eine rechtshistorische Studie anhand der Schriften von C. J. A. Mittermaier. 1992.

Band 37 Rüdiger Schäfer: Die Privilegierung des "freiwillig-positiven" Verhaltens des Delinquenten nach formell vollendeter Straftat. Zugleich ein Beitrag zum Grundgedanken des Rücktritts vom Versuch und zu den Straftheorien. 1992.

Band 38 Cornelius Nestler-Tremel: AIDS und Strafzumessung. 1992.

Band 39 Christine Gutmann: Freiwilligkeit und (Sozio-)Therapie – notwendige Verknüpfung oder Widerspruch? 1993.

Band 40 Walter Kargl: Der strafrechtliche Vorsatz auf der Basis der kognitiven Handlungstheorie. 1993.

Band 41 Jürgen Rath: Zur strafrechtlichen Behandlung der aberratio ictus und des error in objecto des Täters. 1993.

Band 42 Martin Fischer: Wille und Wirksamkeit. Eine Untersuchung zum Problem des *dolus alternativus*. 1993.

Band 43 Regina Harzer: Der Naturzustand als Denkfigur moderner praktischer Vernunft. Zugleich ein Beitrag zur Staats- und Rechtsphilosophie von Hobbes und Kant. 1994.

Band 44 Helmut Pollähne: Lockerungen im Maßregelvollzug. Eine Untersuchung am Beispiel der Anwendung des nordrhein-westfälischen Maßregelvollzugsgesetzes im Westfälischen Zentrum für Forensische Psychiatrie (Lippstadt). 1994.

Band 45 Hans-Joachim Leonhardt: Rechtsmittelermessen der Staatsanwaltschaft. Eine Gegenüberstellung von § 296 StPO mit Nummern 147 und 148 Richtlinien für das Strafverfahren und das Bußgeldverfahren (RiStBV). 1994.

Band 46 Rolf Grünebaum: Zur Strafbarkeit des Therapeuten im Maßregelvollzug bei fehlgeschlagenen Lockerungen. 1996.

Band 47 Barbara Bialas: Promille-Grenzen, Vorsatz und Fahrlässigkeit. 1996.

Band 48 Christine Pott: Die Außerkraftsetzung der Legalität durch das Opportunitätsdenken in den Vorschriften der §§ 154, 154a StPO. Zugleich ein Beitrag zu einer kritischen Strafverfahrensrechtstheorie. 1996.

Band 49 Wolfgang Köberer: *Iudex non calculat*. Über die Unmöglichkeit, Strafzumessung sozialwissenschaftlich-mathematisch zu rationalisieren. 1996.

Band 50 Institut für Kriminalwissenschaften Frankfurt a.M. (Hrsg.): Vom unmöglichen Zustand des Strafrechts. 1995.

Band 51 Petra Kamberger: Treu und Glauben (§ 242 BGB) als Garantenstellung im Strafrecht? 1996.

Band 52 Anastassios Triantafyllou: Das Delikt der gefährlichen Körperverletzung (§ 223a StGB) als Gefährdungsdelikt. (Zugleich ein Beitrag zur Dogmatik der Gefährdungsdelikte). 1996.

Band 53 Norbert Kissel: Aufrufe zum Ungehorsam und § 111 StGB. Grundrechtlicher Einfluß bei der Feststellung strafbaren Unrechts. 1996.

Band 54 Susanne Ehret: Franz von Liszt und das Gesetzlichkeitsprinzip. Zugleich ein Beitrag wider die Gleichsetzung von Magna-charta-Formel und Nullum-crimen-Grundsatz. 1996.

Band 55 Stefan Braum: Geschichte der Revision im Strafverfahren von 1877 bis zur Gegenwart. Zugleich eine Kritik der Kontinuität politischer Macht im Recht. 1996.

Band 56 Katja Diel: Das Regreßverbot als allgemeine Tatbestandsgrenze im Strafrecht. 1997.

Band 57 Christoph Koller: Die Staatsanwaltschaft – Organ der Judikative oder Exekutivbehörde? Die Stellung der Anklagebehörde und die Gewaltenteilung des Grundgesetzes. 1997.

Band 58 Frank Schößler: Anerkennung und Beleidigung. Rechtsgut und Strafzweck des § 185 StGB. 1997.

Band 59 Regina Engelstädter: Der Begriff des Unfallbeteiligten in § 142 Abs. 4 StGB. Zugleich eine Kritik an aktuellen Zurechnungslehren. 1997.

Band 60 Jörg Reinhardt: Der Ausschluß und die Ablehnung des befangen erscheinenden Staatsanwaltes. 1997.

Band 61 Jens Christian Müller-Tuckfeld: Integrationsprävention. Studien zu einer Theorie der gesellschaftlichen Funktion des Strafrechts. 1998.

Band 62 Peter Maria Rohe: Verdeckte Informationsgewinnung mit technischen Hilfsmitteln zur Bekämpfung der Organisierten Kriminalität. Zugleich eine rechtsvergleichende Analyse der polizeilichen Abhörbefugnisse in den U.S.A. 1998.

Band 63 Dirk Fabricius: Was ein Lehrbuch lehrt ... Eine exemplarische Untersuchung von Jakobs *Strafrecht – Allgemeiner Teil*. 1998.

Band 64 Stefan Sinner: Der Vertragsgedanke im Strafprozeßrecht. 1999.

Band 65 Sebastian Schattenfroh: Die Staatsphilosophie Giovanni Gentiles und die Versuche ihrer Verwirklichung im faschistischen Italien. 1999.

Band 66 Athanassia Dionyssopoulou: Der Tatbestand der Geldwäsche. Eine Analyse der dogmatischen Grundlagen des § 261 StGB. 1999.

Band 67 Klaus von Lampe: *Organized Crime*. Begriff und Theorie organisierter Kriminalität in den USA. 1999.

Band 68 Christian Hanssen: "Trennung der Märkte". Rechtsdogmatische und rechtspolitische Probleme einer Liberalisierung des Drogenstrafrechts. 1999.

Band 69 Institut für Kriminalwissenschaften und Rechtsphilosophie Frankfurt a.M. (Hrsg.): Irrwege der Strafgesetzgebung. 1999.

Band 70 Konstantinos Chatzikostas: Die Disponibilität des Rechtsgutes Leben in ihrer Bedeutung für die Probleme von Suizid und Euthanasie. 2000.

Band 71 Bettina Wirmer-Donos: Die Strafrechtstheorie Karl Christian Friedrich Krauses als theoretische Grundlage des spanischen Korrektionalismus. 2001.

Band 72 Christine Löw: Die Erkundigungspflicht beim Verbotsirrtum nach § 17 StGB. 2001.

Band 73 Florian Ufer: Der Verwertungswiderspruch in Theorie und Praxis. Prozessuale Obliegenheiten des Verteidigers und ihre Bedeutung für die Rechtsposition des Beschuldigten. 2002.

Band 74 Katja Melzer: Psychisch kranke Straftäterinnen. Frauen im Maßregelvollzug. 2001.

Band 75 Gregor Kuntze-Kaufhold: Lebenswelt und Unparteilichkeit. Kriterien für eine Rechtsanwendungslehre am Beispiel der Analyse von fünf Hauptverhandlungen in Strafverfahren. 2002.

Band 76 Iris Kristina Passek: Die erstinstanzliche Zuständigkeit der Oberlandesgerichte in Staatsschutzstrafsachen. Historische Entwicklung und aktuelle Probleme. 2002.

Band 77 Michael Krebs: Die Weisungsgebundenheit des Staatsanwalts unter besonderer Berücksichtigung des rechtstatsächlichen Aspekts. 2002.

Band 78 Kerstin Degenhardt: Europol und Strafprozeß. Die Europäisierung des Ermittlungsverfahrens. 2003.

Band 79 Domenico Siciliano: Das Leben des fliehenden Diebes: Ein strafrechtliches Politikum. 2003.

Band 80 Marc Colussi: Produzentenkriminalität und strafrechtliche Verantwortung. 2003.

Band 81 Thilo Lars Hild: Grenzen einer strafrechtlichen Regulierung des Kapitalmarktes. Eine kriminalrechtliche Untersuchung von Börsengängen und Aktienhandel in Deutschland und den USA. 2004.

Band 82 Philipp Rau: Schweigen als Indiz der Schuld. Ein Vergleich des deutschen und englischen Rechts zur Würdigung des Schweigens des Beschuldigten. 2004.

Band 83 Alexandra Pfeiffer: Die Regelung der Lebendorganspende im Transplantationsgesetz. 2004.

Band 84 Elena Fischer: Recht auf Sterben?! Ein Beitrag zur Reformdiskussion der Sterbehilfe in Deutschland unter besonderer Berücksichtigung der Frage nach der Übertragbarkeit des Holländischen Modells der Sterbehilfe in das deutsche Recht. 2004.

Band 85 Jörg Ziethen: Grundlagen probabilistischer Zurechnung im Strafrecht. 2004.

Band 86 Stefanie Schork: Ausgesprochen schuldig. Dogmatische und metadogmatische Untersuchungen zum Schuldspruch. 2005.

Band 87 Claudia Schubert: Verbotene Worte? Versuch einer Neubestimmung im Umgang mit rassistischen Äußerungen jenseits des Strafrechts. 2005.

Band 88 Ulfrid Neumann / Cornelius Prittwitz (Hrsg.): Kritik und Rechtfertigung des Strafrechts. 2005.

Band 89 Denis Basak: Die Zuständigkeitsregeln internationaler Strafgerichte und Art. 101 GG. Zum Verhältnis der deutschen Strafgerichtsbarkeit zu den Internationalen Tribunalen für Jugoslawien und Ruanda sowie zum Ständigen Internationalen Strafgerichtshof. 2005.

Band 90 Hsiao-Wen Wang: Der universale Strafanspruch des nationalen Staates. Eine Untersuchung über das Weltrechtsprinzip im Internationalen Strafrecht. 2005.

Band 91 Leonie Frenz: Faktizität des Rechts in der forensischen Psychiatrie. Eine Untersuchung im LKH Moringen. 2005.

Band 92 Eva-Maria Unger: Schutzlos ausgeliefert? Der Europäische Haftbefehl. Ein Beispiel für die Missachtung europäischer Bürgerrechte. 2005.

Band 93 Marcus Bastelberger: Die Legitimität des Strafrechts und der *moralische Staat*. Utilitaristische und retributivistische Strafrechtsbegründung und die rechtliche Verfassung der Freiheit. 2006.

Band 94 Marc Reiß: Rechtliche Aspekte der Präimplantationsdiagnostik. Unter besonderer Berücksichtigung der Rechte der von einem Verbot betroffenen Paare. 2006.

Band 95 Alexander Kolz: Einwilligung und Richtervorbehalt. 2006.

Band 96 Vasco Reuss: Eine Kritik der juristischen Vernunft. Rezeptionsversuche der Negativen Dialektik Adornos für die Dogmatik des Strafrechts. 2007.

Band 97 Lutz Eidam: Die strafprozessuale Selbstbelastungsfreiheit am Beginn des 21. Jahrhunderts. 2007.

Band 98 Christiane Rüdiger: Schutzinteresse und Deliktsstruktur der „Bestechungsdelikte“ (§§ 331 ff. StGB). 2007.

Band 99 Urte Eisenhardt: Das nemo tenetur-Prinzip: Grenze körperlicher Untersuchungen beim Beschuldigten. Am Beispiel des § 81a StPO. 2007.

Band 100 Institut für Kriminalwissenschaften und Rechtsphilosophie Frankfurt a. M. (Hrsg.): Jenseits des rechtsstaatlichen Strafrechts. 2007.

Band 101 Nils Möckelmann: Die rechtliche, psychiatrische und gesellschaftliche Beurteilung jugendlicher Straftäter in der jüngeren deutschen Geschichte. Eine Analyse anhand zweier Strafverfahren mit Gutachten des Psychiaters Ernst Rüdin aus den Jahren 1915/1917 unter Berücksichtigung der Entwicklungen bis zur Gegenwart. 2007.

Band 102 Alexa Albrecht: Zur Erosion der Menschenrechte im demokratischen Rechtsstaat. Reaktionen der Systeme und der Zivilgesellschaft. 2007.

Band 103 Dirk Lange: Die politisch motivierte Tötung. 2007.

Band 104 Ulfrid Neumann / Cornelius Prittwitz (Hrsg.): „Personale Rechtsgutslehre“ und „Opferorientierung im Strafrecht“. 2007.

Band 105 Lisa Kathrin Sander: Grenzen instrumenteller Vernunft im Strafrecht. Eine Kritik der Präventionsdoktrin aus strafrechtsgeschichtlicher und empirischer Perspektive. 2007.

Band 106 Stephan Werner: Zur Notwendigkeit der Verteidigeranwesenheit während der polizeilichen Beschuldigtenvernehmung. 2008.

Band 107 Inti Schubert: Europol und der virtuelle Verdacht. Die Suspendierung des Rechts auf informationelle Selbstbestimmung. 2008.

Band 108 Bong-Jin Ko: Menschenwürde und Biostrafrecht bei der embryonalen Stammzellenforschung. 2008.

Band 109 Wanja Andreas Welke: Die Repersonalisierung des Rechtskonflikts. Zum gegenwärtigen Verhältnis von Straf- und Zivilrecht. 2008.

Band 110 Jan Helmrich: Die Berufung gewerblicher Sicherheitskräfte auf Notwehr und Nothilfe. Zugleich ein Beitrag zu den Grundlagen des Notwehr- und Nothilferechts. 2008.

Band 111 Alexander Köstler-Loewe: Strafrecht US-Style: „Three Strikes and You're Out!" Baseball, Rückfall und Kriminalpolitik? 2008.

Band 112 Christina Bott: Die Medienprivilegien im Strafprozess. Zeugnisverweigerungsrecht und Beschlagnahmeverbot zum Schutz der Medien im Strafverfahren. 2009.

Band 113 Mario Riechmann: Organisierte Kriminalität und Terrorismus. Zur Funktionalisierung von Bedrohungsszenarien beim Abbau eines rechtsstaatlichen Strafrechts. 2009.

Band 114 Dirk Simon: Präzeptoraler Sicherheitsstaat und Risikovorsorge. 2009.

Band 115 Stefan Kirsch: Der Begehungszusammenhang der Verbrechen gegen die Menschlichkeit. 2009.

Band 116 Heng-da Hsu: Zurechnungsgrundlage und Strafbarkeitsgrenze der Fahrlässigkeitsdelikte in der modernen Industriegesellschaft. 2009.

Band 117 Dennis Teschner: Die soziale Kontrolle im virtuellen Raum. Eine juristische, soziologische und soialpsychologische Untersuchung der Instrumentalisierbarkeit von Internetkriminalität. 2009.

Band 118 Daniel Schilling: Fragmentarisch oder umfassend? Wege strafrechtlichen Zugriffs bei der Veruntreuung fremden Vermögens am Beispiel des deutschen und des italienischen Untreuestrafrechts. 2009.

Band 119 Andreas Stüdemann: Die Entwicklung der zwischenstaatlichen Rechtshilfe in Strafsachen im nationalsozialistischen Deutschland zwischen 1933 und 1945. Kontinuität und Diskontinuität im Auslieferungsrecht am Beispiel der Rechtsentwicklung im NS-Staat. 2009.

Band 120 Matthias Achenbach: Strafrechtlicher Schutz des Wettbewerbs? Eine kritische Analyse von Sinn und Zweck der Straftatbestände zum Schutz des Wettbewerbs. 2009.

Band 121 Vera Backhaus: Der gesetzliche Richter im Staatsschutzstrafrecht. Zur Verfassungsmäßigkeit des § 120 Abs. 2 GVG. 2010.

Band 122 Verena Maria Brenneis: Rechtspolitische Implikationen von Gefährlichkeitsprognosen im Vollzug von Maßregeln nach § 63 StGB. Zum Subjektstatus von Eingewiesenen. 2010.

Band 123 Maike Hoenigs: Zur Existenzberechtigung des Straftatbestandes der Rechtsbeugung. Korrelat oder Widerspruch zur richterlichen Unabhängigkeit. 2010.

Band 124 Christine Würfel: Freiheit als Grundlage der Schuld. 2012.

Band 125 Charlotte Rau: Compliance und Unternehmensverantwortlichkeit. Materiellrechtliche Fragen der sanktionsrechtlichen Unternehmensverantwortlichkeit unter Berücksichtigung von Compliance-Maßnahmen. 2010.

Band 126 Marc Fornauf: Die Marginalisierung der Unabhängigkeit der Dritten Gewalt im System des Strafrechts. 2010.

Band 127 Sabine Benthin: Subventionspolitik und Subventionskriminalität. Zur Legitimität und Rationalität des Tatbestandes zum Subventionsbetrug (§ 264 StGB). 2011.

Band 128 Philipp Horrer: Bestechung durch deutsche Unternehmen im Ausland. Strafrechtsentwicklung und Probleme. 2011.

Band 129 Marianne Varwig: Zum Tatbestandsmerkmal des Vermögensschadens (§ 263 StGB). Eine kritische Untersuchung mittels der vier klassischen Auslegungsmethoden. 2011.

Band 130 Alexander Rieger: Verfassungsrechtliche Legitimationsgrundlagen richterlicher Unabhängigkeit. Zugleich eine Auseinandersetzung mit der Debatte um eine Selbstverwaltung der Justiz. 2011.

Band 131 Moritz von Schenck: Pönalisierung der Folter in Deutschland – de lege lata et ferneda. 2011.

Band 132 Kerstin Bohn: Der gesetzliche Richter als rechtsstaatstragendes Prinzip in europäischen Staaten. Eine Untersuchung der Fallzuteilung unter besonderer Berücksichtigung Englands. 2011.

Band 133 Cornelius Trendelenburg: Ultima ratio? Subsidiaritätswissenschaftliche Antworten am Beispiel der Strafbarkeit von Insiderhandel und Firmenbestattungen. 2011.

Band 134 Susana Campos Nave: Rechtsstaatliche Regeltreue? Corporate Compliance als zwingende Antwort des freiheitsliebenden Unternehmens im Wirtschaftsstrafrecht. 2012.

Band 135 Christine Ditscher: Europäische Beweise. Der Rahmenbeschluss über die Europäische Beweisanordnung zur Erlangung von Sachen, Schriftstücken und Daten zur Verwendung in Strafsachen. 2012.

Band 136 Fedor Brunner: Das Phänomen des Mietnomaden in der Rechtspraxis. Strukturelle Hintergründe, zivilrechtliche Mechanismen und Perspektiven. 2012.

Band 137 Konstantinos Diakonis: Die Geringfügigkeitsvorschriften als Teil der Problematik der Kollision zwischen primären und sekundären Prinzipien des Rechts. 2012.

www.peterlang.de